HISTORIA

DE

LAS INDIAS

ESCRITA POR

FRAY BARTOLOMÉ DE LAS CASAS

OBISPO DE CHIAPA

AHORA POR PRIMERA VEZ DADA Á LUZ

POR

EL MARQUÉS DE LA FUENSANTA DEL VALLE

Y D. JOSÉ SANCHO RAYON.

TOMO V.

MADRID
IMPRENTA DE MIGUEL GINESTA
calle de Campomanes, núm. 8.

1876

ADVERTENCIA PRELIMINAR.

Con el presente volúmen, en que termina el libro III y último de la Historia de las Indias de Fr. Bartolomé de las Casas, damos fin por hoy á nuestra tarea; no tardaremos, Dios mediante, en emprenderla de nuevo, imprimiendo parte de su «Apologética Historia», y algun otro Tratado inédito del mismo autor, al propio tiempo que su Biografía, escrita por nuestro querido amigo el erudito Académico de la Historia D. Antonio María Fabié. Ésta, enriquecida con nuevos datos y peregrinas noticias, ocupará casi un tomo, por lo cual no nos ha sido posible publicarla en el presente, como hubiéramos deseado, pues sólo podíamos disponer de quince ó veinte pliegos.

Hemos puesto por Apéndice 51 capítulos entresacados de su «Apologética Historia» y precedidos de la portada y prólogo del libro; tanto para que nuestros lectores puedan formar juicio de esta obra, cuanto porque su autor pensó intercalarla en la que acabamos de imprimir, como puede verse por lo que dice al final del cap. 67 del libro I, y se comprueba con la primitiva numeracion de los de la Apologética, el primero de los cuales era el 68. De este MS. pensamos publicar en breve, sino todo lo que ahora queda inédito, al ménos lo que se refiere á México y al Perú, que es la mayor parte.

En los capítulos 199 y 203 se han suprimido dos largas digresiones: sobre la poligamia de los antiguos, la una, y la otra acerca de la costumbre, antiquísima tambien, de matar ó quemar las mujeres cuando sus maridos ó señores morian, ó de enterrarlas vivas con ellos; ambas para disculpar á estas naciones y probar que los indios eran ménos bárbaros y crueles, en lo general, que aquellos.

Hé aquí ahora un ligerísimo extracto de lo que contiene este tomo, para facilitar el uso de su índice :

Continuando nuestro autor el libro III de su Historia, refiere y extracta la capitulacion del. Rey con Diego Velazquez, nombrándole Adelantado de la tierra de Yucatán, y de lo demás que por allí á su costa se descubriese (capítulo 124). Cuenta varios sucesos de la isla de Santo Domingo, como el alzamiento de Enriquillo contra los españoles, y su causa (125 y 126), seguido del de otros dos indios llamados Ciguayo y Tamayo (127); la epidemia de viruelas que acabó de despoblar la Isla, y la plaga de hormigas que vino despues (128). Primeros ingenios para la fabricacion del azúcar y vuelo que tomó esta industria (129). Sus gestiones en la corte, con éxito vario, en favor de los indios (130 al 141 y 147 al 153), hasta que, creyendo haber conseguido su objeto, volvió á embarcarse para Santo Domingo (155 y 156). Refutacion de lo que dice Fernandez de Oviedo en su «Historia», acerca de los indios y del padre Casas (142 al 146). Salida de Hernando de Magallanes en demanda del Estrecho que hoy lleva su nombre (154). Llega Las Casas á Santo Domingo (157); sale para Cumaná (158), de donde vuelve á la Española, y en ella recibe la noticia de haber dado muerte los indios á los que allí habia dejado, quemando la casa y atarazana (159). Escribe al Rey lo sucedido, y él, de allí á algunos meses, se mete fraile (160). El nuevo Gobernador del Darien, Lope de Sosa, que iba á relevar á Pedrárias, muere ántes de desembarcar, y, por consiguiente, continua en el gobierno Pedrárias, de cuya gobernacion se refieren varios sucesos (161 al 164). Vá un tal Jacome de Castellon á castigar á los indios de Cumaná (165), con lo cual, y con varias consideraciones acerca de los Consejeros del Rey, que mandaban, ó al ménos toleraban, los excesos que nuestros españoles cometian en las Indias (166 y 167), concluye el libro III y último de esta Historia.

Contiene el Apéndice :

Descripcion, productos naturales, clima, etc., de la isla de Santo Domingo (cap. 1 al 23); inteligencia y disposicion natural de sus habitantes, y en general de los de todas las Indias (33 al 39), y ligera reseña de su religion, supersticiones y sacrificios (120 al 125, 166, 167 y 181). Reyes en esta Española, y forma de gobierno que tenian ántes del descubrimiento (197 al 199); casamientos, entierros, juegos y demas costumbres en ella y en otras partes de las Indias (203 al 205). Forma de gobierno, costumbres, ritos y supersticiones de otros varios reinos y provincias de aquellas comarcas (242 al 245), cuyos dos últimos capítulos referentes á la provincia de Cumaná y valle de Chiribichi, están sacados á la letra, segun él dice, de lo que cuenta en su sétima década Pedro Mártir de Angleria; concluyendo con una relacion bastante extensa de los motivos que tuvieron los indios del valle de Chiribichi para dar muerte á los dos religiosos que habia en aquel monasterio, en la que rectifica los errores cometidos por el mismo Pedro Mártir en el cap. 2.° de su sétima década (246), y con lo que hacian las gentes de la costa de Pária, como Venezuela, Santa Marta, el Cenú, etc., en los entierros y sepulturas de sus muertos (247).

DE LAS INDIAS.

LIBRO TERCERO.

CAPÍTULO CXXIV.

Ya tocamos en el cap. 105, al fin dél, como el Rey hizo
Adelantado á Diego Velazquez y Gobernador y Capitan general de toda la tierra que habia descubierto Francisco Hernandez y Juan de Grijalva, que era la isla de Cozumel y Yucatán, y toda la que agora llamamos la Nueva España, y
aunque arriba se pudiera y debiera referir, cuando del año
de 18 hablamos, todavía no parece haber perdido mucho su
lugar; y, dejado agora Cortés y sus compañeros haciendo las
obras que se dirán, si á Dios place, diremos las cosas notables
que acaescieron en el año de 19 hasta el de 20, así en esta
isla Española como en España, pero primero demos cuenta
de las mercedes que el Rey hizo á Diego Velazquez, por
donde la rebelion y maldad que Cortés le hizo, más clara, y
fea, y más culpable, parecerá. Envió, pues, Diego Velazquez
á un hidalgo llamado Gonzalo de Guzman, con su poder, para
que se juntase con Pánfilo de Narvaez, el mismo que ya arriba
dejamos dicho haber sido por Procurador de la isla de Cuba
enviado, para que encareciendo al Rey los servicios que en

descubrir á su costa aquella tierra le habia hecho Diego Velazquez, de lo cual trujo probanza, le hiciese merced de cons-
tituillo en dignidad de Adelantado con otras mercedes que
pidió en sus memoriales. El obispo de Búrgos, D. Juan de Fonseca, que por la muerte del Gran Chanciller, como arriba fué
contado, tornó á alear y á ser principal y como Presidente,
segun de ántes lo era, del Consejo de las Indias, estaba muy
aficionado á Diego Velazquez, y lo habia comenzado á favorecer mucho los dias pasados, ó porque lo tenia por servidor
del Rey, ó porque, segun se dijo, lo queria casar con una señora, doña Mayor de Fonseca, sobrina suya; vistas las relaciones y probanzas y peticiones que Narvaez y Guzman, de
parte de Diego Velazquez, en el Consejo presentaron, favo-
recióle mucho, y como al cabo se hacen las determinaciones
en los Consejos segun las quieran guiar los Presidentes ó que
tienen lugar dello, por la mayor parte, cuanto más que habia
entónces allí entre ellos personas que eran en cargo á
Diego Velazquez, por habelles señalado buenos repartimientos
de indios, puesto que ya por industria del clérigo Bartolomé
de las Casas se les habian quitado, juntáronse todas buenas
voluntades para favorecer á Diego Velazquez, y así le conce-
dieron las mercedes y todo lo que para él se pidió con abundancia. La capitulacion de lo cual es ésta que comienza desta
manera:

«El Rey: Por cuanto vos, Diego Velazquez, Lugar teniente
de Gobernador de la isla Fernandina, que ántes se llamaba de
Cuba, é nuestro Capitan é repartidor della, me hicistes relacion que vos, por la mucha voluntad que teneis al servicio de
la católica Reina, mi señora, é mio, é al acrecentamiento de
nuestra Corona real, habeis descubierto á vuestra costa cierta
tierra, que por la relacion que teneis de los indios que della
tomastes se llama Yucatán é Cozumel, á la cual, los cristianos
españoles que en vuestro nombre la descubrieron, pusieron
nombre Sancta María de los Remedios, y asimismo babeis
descubierto otras ciertas islas, é que despues de descubiertas
las dichas islas é tierra firme, é por saber los secretos dellas,

con licencia é parecer de los padres Hierónimos, que por nuestro mandado en la isla Española residen, á vuestra costa tornastes á enviar otra armada á la dicha tierra para la descubrir más é ver los puertos dellas, la cual va proveida por un año de la gente y mantenimientos necesarios á vuestra costa, é porque vos, continuando el dicho propósito é voluntad que teneis á nuestro servicio, querríades enviar por otras partes gente é navíos para descubrir, sojuzgar é poner debajo de nuestro yugo é servidumbre las dichas tierra é islas que así habeis descubierto ó descubriéredes á vuestra costa é mision, é descubrir otras, me suplicastes é pedisteis por merced vos hiciese merced de la conquista dellas, é vos hiciese y otorgase las mercedes é con las condiciones siguientes....»

En el capítulo 1.ª, se le concedió licencia para que á su costa descubriese cualesquiera islas y tierra firme que hasta entónces no estuviesen descubiertas, con que no fuesen contenidas dentro de los límites de la demarcacion del rey de Portugal. En el cap. 2.ª, le concedió é mandó que las tales tierras las pudiese conquistar como su Capitan, y poner debajo de su señorío y servidumbre, con que en el dicho descubrimiento é conquista guardase las instrucciones que se le diesen para el buen tractamiento é pacificacion é conversion de los indios naturales de las tales tierras, so las penas en ellas contenidas. Llamó conquista y poner debajo de su yugo y servidumbre las gentes, que no dijera más el turco, por la ignorancia y ceguedad de los del Consejo, que no advertian que los tales vocablos no convenian á ningun Rey cristiano, y tal como el de Castilla, ignorando tambien la diferencia que hay de los infieles, que nos impugnan, enemigos de nuestra fe, y que nos tienen usurpadas nuestras tierras, á los indios que estaban en sus tierras pacíficos y que no debian nada á los cristianos y ni á los reyes de Castilla. Destos vocablos se usó muchos años en el Consejo de las Indias, en tanto que duró la ceguedad suya susodicha, hasta que el clérigo Bartolomé de las Casas, despues de muchos años, les hizo cognoscer su yerro. En el cap. 3.ª, le hace merced de consti-

tuillo Adelantado por toda su vida de las dichas tierras que
descubrió y de las que á su costa descubriese. En el cap. 4.°,
le hace merced, acatando la voluntad de serville y gastos
que habia hecho en el descubrimiento y que habia de hacer,
en alguna enmienda y remuneracion dello, le hizo merced
que llevase la quincena parte de todo el provecho que en
cualquiera manera de aquellas tierras el Rey tuviese, por su
vida y de un heredero, y que habiendo poblado y pacificado
cuatro islas y habiendo ya tracto seguro, en la una, cual él
escogiese, hobiese la veintena parte de todas las rentas y provechos que al Rey se siguiesen, por cualquiera manera, perpétuamente para sí é sus herederos. En el 5.°, le concedió que
de toda la ropa, armas y bastimentos, que de Castilla trujese
á las dichas tierras, por toda su vida, no pagase derechos algunos. En el 6.°, le hizo merced de cierta hacienda de pan
caçabí y de puercos que el Rey tenia en la Habana, para que
se gastase en lo dicho. En el 7.°, señalóle 300.000 maravedís
de salario cada año en las dichas tierras. En el 8.°, le hizo
merced de la escobilla y relieves de las fundiciones del oro;
ésto es la basura que de los crisoles, fundido el oro, sale,
donde suele sacarse una buena parte de oro. En el 9.°, que
hechas las fortalezas que fuesen menester en las dichas tierras se ternia respeto á sus servicios para dalle las tenencias
dellas. En el 10, que suplicaria al Papa que concediese Bula
para que los españoles que muriesen en aquella demanda
fuesen absueltos á culpa y á pena. En el 11, que á los que allí
poblasen no pagasen del oro que cogiesen de las minas más del
diezmo los dos primeros años, y de allí al tercero año la nona
parte, hasta llegar y parar en la quinta parte. En el 12, que
por seis años, los que poblasen, no pagasen nada de la sal que
comiesen, sino hobiese por parte del Rey arrendamiento. En
el 13, que en cada navío que enviase á la dicha negociacion
el Rey le mandase proveer de un clérigo de misa á costa del
Rey. En el 14, que el Rey proveyese de un médico y boticarios y medicinas, y dos cirujanos. En el 15, que le mandaria
dar 20 arcabuces de a dos arrobas. En el 16, daba licencia á

todos los que les llevasen mantenimientos y otras cosas, por diez
años, sin pagar derechos al Rey ningunos En el 17, se le concedió que pudiese llevar de las islas. Española y las demas, de
la gente española que en ellas hobiese la que quisiere ir á
poblar las dichas tierras, con que no viniese daño á la poblacion dellas. En el postrero, dijo el Rey que ternia cuidado de
honralle y hacelle mercedes, segun sus servicios, como á
criado. Y en el pié de la Capitulacion promete el Rey de
guardalle y cumplille lo capitulado, si él lo guardase y cumpliese con las instrucciones que le mandó dar para el buen
tractamiento y conversion de los indios, y para traellos de
paz, etc. Fué hecha la dicha Capitulacion en Zaragoza de
Aragon, á 13 dias del mes de Noviembre de 1518 años; fué
señalada del obispo de Búrgos, y del obispo de Badajoz, y de
D. García de Padilla, y del licenciado Zapata, y refrendada
de Francisco de los Cobos, que depues fué Comendador mayor
de Leon. De donde parece que en el mismo tiempo, ó cuasi,
porque cinco dias ántes y el mismo mes y año que el Rey
concedió la gobernacion de aquellas tierras y las susodichas
ciudades á Diego Velazquez, se le alzó Cortés con su flota ó
armada en 18 de Noviembre, como parece aquí arriba en el
capítulo 115, y al fin con todas las mercedes que el Rey le
habia hecho, y con mucho más segun parecerá; de todas
las cuales es manifiesto serle obligado á restitucion, sin el
valor de la armada y los gastos della, y todos los daños que
por esta causa á Diego Velazquez vinieron hasta que murió,
que no fueron pocos, y más las angustias de su ánima, viendo
que su criado, y á quien perdonó, y honró, y sublimó con
todo su bien temporal, y riquezas, y estado, y honra, se le
alzó y lo robó y despojó, sin que le valiese razon y justicia:
y de todo ello nunca vimos en Cortés señal de restitucion y
satisfaccion, sino siempre con la sangre y trabajos ajenos
triunfar.

CAPÍTULO CXXV.

Por este tiempo cosas acaescieron notables en esta isla Española, y una fué, que como los indios della se iban acabando, y no cesasen por eso de los trabajar, y angustiar los españoles que los tenian, uno dellos, llamado Valenzuela, vecino de la villa de Sant Juan de la Maguana, harto mozo liviano, que sucedió en la inicua y tiránica posesion dellos á su padre, tenia un repartimiento cuyo Cacique y señor se llamaba Enriquillo, que habia sido criado, siendo niño, en el monasterio de Sant Francisco, que hobo en una villa de españoles llamada la Vera-Paz, y la provincia segun la lengua de los indios Xaraguá, la última sílaba aguda, donde tuvo su reino el rey Behechío, la penúltima luenga, y que fué uno de los cinco reinos desta isla, y el principal de que mucho en el libro I y II habemos hablado, el cual los frailes habian enseñado á leer y escribir, y en costumbres asaz bien doctrinado, y él de su inclinacion no perdia nada, y supo bien hablar nuestra lengua, por lo cual siempre mostró por sus obras haber por los religiosos aprovechado. La tierra y señoríos deste fué la provincia que los indios llamaban Baorúco, la penúltima luenga, en las sierras que están á la mar del Sur desta isla, 30, y 40, y 50, y 70 leguas del puerto de Sancto Domingo, la costa hácia el Poniente abajo. Este Cacique y señor de aquella provincia del Baorúco, salido de la doctrina de los religiosos y hecho hombre, casóse con una señora india, mujer de buen linaje y noble, llamada Doña Lucía, como cristianos, en haz de la Sancta Madre Iglesia. Era Enrique, alto y gentil hombre de cuerpo, bien proporcionado y dispuesto, la cara no tenia hermosa ni fea, pero teníala de hombre grave y severo, el cual servia con sus indios al dicho mancebo Va-

lenzuela como si se lo debiera, como dicen, de fuero, sufriendo su injusta servidumbre y agravios que cada dia rescibia, con paciencia; entre los pocos y pobres bienes que tenia
poseia una yegua, ésta le tomó contra su voluntad el mozo
tirano á quien servia, despues desto, no contento con aquel
robo y fuerza, procuró de violar el matrimonio del Cacique
y forzalle la mujer, y como el Cacique lo sintiese, porque se
quejó á él mismo diciéndole que por qué le hacia aquel agravio y afrenta, dicen que le dió de palos para que se cumpliese
el proverbio, agraviado y aporreado. Fuése á quejar de sus
agravios al Teniente de Gobernador que en aquella villa residia, llamado Pedro de Vadillo; halló en él el abrigo que siempre hallaron en las justicias destas Indias y ministros del
Rey los indios, éste fué que lo amenazó que le haria y acon-
teceria si más venia á él con quejas de Valenzuela, y áun dijeron que lo hechó en la cárcel ó en el cepo. El triste, no
hallando remedio en aquel ministro de justicia, despues que
le soltaron, acordó de venir á esta ciudad de Sancto Domingo á quejarse á la Audiencia de las injurias y denuestos rescibidos, con harta pobreza, cansancio y hambre, por no tener
dinero ni de que habello. El Audiencia le dió su carta de favor,
pero remitiéndolo al dicho teniente Vadillo sin otro remedio;
y ésto fué tambien el consuelo que las Audiencias, y aún
tambien el Consejo del Rey, que reside en Castilla, daban á
los agraviados y míseros, remitillos, conviene á saber, á los
agraviantes y sus propios enemigos. Tornado á la villa, que
estaba 30 leguas, presentó sus papeles, y la justicia que halló
en Vadillo, fué, segun se dijo, tratándolo de palabra y con
amenazas peor que de primero; pues sabido por su amo Valenzuela, no fueron menores los malos tractamientos y asom-
bramientos, que lo habia de azotar, y matar, y hacer y acon-
tecer, y aún, segun yo no dudo, por la costumbre muy enve-
jecida, y el menosprecio. en que los indios fueron siempre
tenidos, señores y súbditos, y la libertad y duro señorío que
los españoles sobre ellos tuvieron para los afligir, sin temor de
Dios y de la justicia, que le daria de palos ó bofetadas ántes

que dalle de cenar, para consuelo y descanso de su camino.
Sufrió las nuevas injurias y baldones el cacique Enriquillo
(llamábanlo así los que lo cognoscieron niño, cuando estaba
con los padres de Sant Francisco, y de allí nació nombrallo
comunmente por este nombre diminutivo), sufriólas, digo y
disimuló, y habida licencia de su amo, que con más justa razon
pudiera ser señor suyo el indio, porque acabado el tiempo que
eran ciertos meses del año que se remudaban las cuadrillas
para venir á servir, y el Cacique era el que iba y venia, y los
traia, y el que si faltaba un indio que no viniese, lo habia él de
llorar y padecer, con cárcel é injurias, y aún palos y bofetadas, y otras angustias y denuestos, vuelto á su tiempo, con-
fiado en su justicia y en su tierra, que era áspera, donde no
podian subir caballos, y en sus fuerzas y de sus pocos indios
que tenia, determinó de no ir más á servir á su enemigo, ni
enviarle indio suyo, y por consiguiente, en su tierra se defender; y ésto llamaron los españoles y llaman hoy, alzarse y ser
rebelde Enrique, y rebeldes y alzados los indios, que con
verdad hablando no es otra cosa sino huir de sus crueles enemigos, que los matan y consumen, como huye la vaca ó buey
de la carnecería; el cual, como no fuese ni llevase ndios para
el servicio de Valenzuela en el tiempo establecido, estimando
el Valenzuela que por los agravios rescibidos estaria enojado
y alborotado, y como ellos decian, alzado, fué con 11 hombres á traello por fuerza y sobre ello maltratallo. Llegado allá,
hallólo á él y á su gente no descuidado, sino con armas, que
fueron lanzas, por hierros clavos y huesos de pescados, y arcos,
y flechas, y piedras y lo demas de que pudieron armarse; saliéronle al encuentro, y el cacique Enriquillo delante, y dijo
á Valenzuela que se tornase, porque no habia de ir con él, ni
de sus indios nadie, y como el mozo Valenzuela lo tuviese
como esclavo y mayor menosprecio que si fuera estiércol de la
plaza, como todos los españoles han tenido siempre y tienen
á estas gentes por más que menospreciadas, comenzó á decirle de perro y con todas las injuriosas palabras que se le
ofrecieron denostalle, y arremete á él y á los indios que es-

taban con él, los cuales dan en ellos, y con tanta priesa, que le mataron uno ó dos de sus españoles, y descalabraron á todos los más, y los otros volvieron las espaldas. No quiso Enrique que los siguiesen, sino que los dejasen ir, y dijo á Valenzuela: «Agradecé, Valenzuela, que no os mato, andad, ios y no volvais más acá, guardaos.» Tornóse Valenzuela con los suyos á Sant Juan de la Maguana, más que de paso, y su soberbia lastimada, puesto que no curada. Suénase luégo por toda la isla que Enriquillo es alzado, provéese por el Audiencia que vaya gente á subjuzgallo, juntáronse 70 ó 80 españoles y vánlo á buscar, los cuales, despues de muy cansados y hambrientos de muchos dias, halláronlo en cierto monte; salió á ellos, mató ciertos y hirió á otros, y todos desbaratados y humillados acordaron con harta tristeza y afrenta suya de se tornar. Cunde toda la isla la fama y victorias de Enriquillo, húyense muchos indios del servicio y opresion de los españoles, y vánse á refugio y bandera de Enriquillo, como á castillo roquero inespugnable, á se salvar, de la manera que acudieron á David, que andaba huyendo de la tiranía de Saul, todos los que estaban en agustias y los opresos de deudas y en amargura de sus ánimos, como parece en el primer libro de los Reyes, cap. 22: *Et convenerunt ad eum omnes qui erant in angustia constituti et oppressi ære alieno et amaro animo, et factus est eorum Princeps; fueruntque cum eo quasi quadringenti viri*, bien así, por esta semejanza se allegaron á Enriquillo, de toda la isla, cerca de 300 hombres, sometiéndose á su capitanía, no teniendo él, á lo que sentí yo, ni áun 100. Enseñábalos él cómo habian de pelear contra los españoles, si á ellos viniesen, para defenderse; nunca permitió que algunos de los que á él se venian saliese á hacer saltos ni matar español alguno, sino solamente pretendió defender á sí é á los suyos de los españoles, que muchas veces vinieron á subjuzgallo y ofendello. Cuán justa guerra contra los españoles, él y ellos tuviesen y se le sometiesen y lo eligiesen por señor y Rey los indios que á él venian, y los demas de toda la isla lo pudieran justamente hacer, claro lo muestra la Historia de los Machabeos en la Escritura divina y las de España que narran los hechos del infante D. Pelayo, que no sólo tuvieron justa guerra de natural defension, pero pudieron proceder á hacer venganza y castigo de las injurias, y daños, y muertes, y disminucion de sus gentes, y usurpacion de sus tierras rescibidas, de la misma manera y con el mismo derecho; cuanto á lo que toca al derecho natural y de las gentes (dejado aparte lo que concierne á nuestra sancta fe, que es otro título añadido á la defension natural en los cristianos), tuvieron justo y justísimo título, Enrique y los indios pocos que en esta Isla habian quedado de las crueles manos y horribles tiranías de los españoles, para los perseguir, destruir, é punir, é asolar como á capitales hostes y enemigos, destruidores de todas sus tan grandes repúblicas, como en esta isla habia, lo cual hacian y podian hacer con autoridad del derecho natural y de las gentes, y la tal guerra propiamente se suele decir, no guerra sino defension natural. Cuanto más, que áun Enrique tenia más cumplido derecho, como es el del Príncipe, porque otro señor ni Príncipe no habia en esta isla quedado, y así podia proceder al castigo y venganza, secutando justicia en todos los españoles que hallase; no se puede oponer á ésto, diciendo, como algunos ignorantes del hecho y del derecho dicen, que el Príncipe desta isla era el rey de Castilla, y que á él habian de ocurrir á pedir justicia, porque ésto es falsa lisonja y disparate, la razon es, porque nunca los Reyes y señores naturales desta isla reconocieron por superior al rey de Castilla, sino que desde que fueron descubiertos hasta hoy, de hecho y no de derecho, fueron tiranizados, muertos en guerras crueles, y opresos siempre con crudelísima servidumbre hasta que los acabaron, como pareció en el primer libro y en toda la Historia. Item, nunca hobo en esta isla jamás justicia, ni jamás se hizo en desagraviar los indios vecinos y moradores della, y, donde quiera que falta justicia se la puede hacer á sí mismo el opreso y agraviado. Esta es máxima de los juristas, y la dicta y enseña la razon natural. Por lo dicho no se deroga el principado supremo y universal de los reyes de Cas-

tilla sobre todo este orbe, concedido por la Sede apostólica, si
en él entraren y dél usaren como entrar deben y dél usar,
porque todo ha de tener órden y se ha de guiar, no por lo
que á cada uno se le antojare, sino por reglas de razon, así
como todas las obras de Dios son por razon guiadas y ordenadas. Destas materias dejamos escritos, en romance y en latin, grandes tractados.

CAPÍTULO CXXVI.

La gente que con él estaba mataron, contra su voluntad, á dos ó á tres españoles que venian de la tierra firme y traian mas de 15 ó 20.000 pesos de oro; y, á lo que yo estimo, éstos fueron alguna cuadrilla ántes que á él se subjetasen, ó andando por la tierra atalayando si venian españoles, por su mandado. Y algunos males hicieron que él no les mandaba, pero no los castigaba porque sólo no lo dejasen, solamente les mandaba que cuando hallasen españoles les tomasen las armas y los dejasen, y éste fué uno de sus principales cuidados, conviene á saber, buscar y haber lanzas y espadas, en el ejercicio de las cuales se hicieron en breve tan ardiles y enseñados como si hobieran sido muchos años rufianes y que cada dia se acuchillaran; estaban peleando y acuchillándose con los españoles, cuando los hallaban, pié con pié, mucha parte del dia, que era cosa de espanto. En muchas veces que se hicieron en la isla armadas para ir contra él, que por él fueron desbaratadas, cobraron muchas armas, y siempre los indios que se alzaban para irse á él trabajaban de hurtar á sus amos armas todas las que podian; y por donde quiera que andaban fué extraña la vigilancia, y diligencia, y solicitud que tuvo en guardarse, á sí é á los que con él estaban, como si toda su vida fuera Capitan en Italia. Tenia sus guardas y espías en los puertos y lugares por donde sabia que podian los españoles venir á buscalle. Sabido por las espías y guardas que tenia en el campo que habia españoles en la tiera, tomaba todas las mujeres, y niños, y viejos, y enfermos, si los habia, y todos los que no eran para pelear, con 50 hombres de guerra que siempre tenia consigo, y llevábalos 10 ó 12 leguas de allí, en lugares que tenia secretos en aquellas sierras, donde habia he-

chas labranzas y tenia de comer, dejando un Capitan, sobrino
suyo, tamaño como un codo pero muy esforzado, con toda
la gente de guerra para esperar á los españoles, los cuales
llegados, peleaban contra ellos los indios como leones; venia
luégo de refresco Enrique con sus 50 hombres y daba en
ellos por la parte que le parecia, por manera que los lasti-
maba, heria y mataba, y ninguna, de muchas veces que fueron
muchos españoles contra él, hobo que no los desbaratase, llevando siempre la victoria. Acaeció una vez desbaratar muchos
dellos y meterse 71 ó 72 en unas cuevas de piedra ó peñas,
escondiéndose de los indios que iban con el alcance, y entendiendo que estaban allí quieren los indios allegar leña
para poner fuego y quemallos; mandó Enrique: «no quiero que
se quemen, sino tomaldes las armas, y dejaldos, váyanse», y así
lo hicieron, donde se proveyó bien de espadas, y lanzas, y
ballestas, puesto que de éstas no sabian usar. Destos 70 españoles se metió fraile uno en el monasterio de Sancto Domingo,
de la ciudad de Sancto Domingo, por voto que habia hecho,
viéndose en aquella angustia, no creyendo de se escapar, y
dél hobe lo que deste caso yo aquí escribo. De donde se
arguye la bondad de Enrique bien á la clara, pues pudiendo
matar á todos aquellos españoles, no quiso matarlos, y así
tenia mandado, que si no fuese en el conflicto de la guerra,
fuera de ello ninguno á alguno matase. Si cuando Enrique
sobrevenia con sus 50, dejadas las mujeres puestas en cobro,
no habian aún llegado los españoles á donde los indios los esperaban, era tanta su vigilancia que el primero era él que los
sentia. Tenia esta orden: dormia siempre á prima noche un
sueño, segun le bastaba, y, levantándose, llevaba consigo dos
mancebos por pajes, con sus lanzas, que le llevaban junto,
cabe sí, su espada, y creo que dos espadas, porque las tenia
á la cabecera de su hamaca, donde dormia; él tomaba sus
cuentas, y iba rezando el rosario, paseándose alrededor de todo
su real, y asi él era el primero, ó de los primeros, que sentia
llegar los españoles y á su gente despertaba. Tuvo para su
seguridad otra buena órden y buenos recaudos, proveyó que

se hiciesen labranzas en muchos ó diversos lugares de aquellas sierras y sus chozas de paja, en 30 y 40 leguas que duran,
que estuviesen unos de otros 10 y 12 leguas, á donde las mujeres, y niños, y viejos, una vez en uno y otra en otro, segun
más cómodo serle parecia, y no siempre en uno, salvaba; y
porque tenia muchos perros para montear puercos, que allí
habia y hay infinitos, de que mantenia toda su gente, y tambien mandaba criar muchas gallinas, y para que los perros
ladrando y los gallos cantando no le descubriesen, tenia cierto
pueblo hecho en cierto lugar escondido para los perros y aves,
y allí dos ó tres indios con sus mujeres, y no más, para
curallos, y él y su gente siempre andaban de allí muy apartados. Cuando enviaba algunos indios, pocos, como dos, ó
tres, ó cuatro, á pescar ó á montear, ó á alguna otra parte,
nunca le habian de hallar en el lugar donde lo dejaron, ni
ellos sabian puntualmente á dónde habian de hallallo; ésto
hacia porque si los españoles los prendiesen, y ninguno dellos
pudiese irle á avisar, y á tormentos descubriesen donde quedaba, no le hallasen; no corria aquel riesgo cuando muchos
enviaba, porque á muchos no fácilmente los habian de prender todos, y así estimaba que se escaparia dellos quien lo
avisase. Estendióse cada dia más la fama de las victorias y
diligencia, esfuerzo y ardides de guerra de Enrique y de su
gente por toda esta isla, porque, como se dijo, vez ninguna
vinieron contra él españoles que no volviesen descalabrados;
por manera que toda la isla estaba admirada y turbada, y
cuando se hacia armada para ir contra él, no todos iban de
buena gana, y no fueran, si por el Audiencia con penas no
fueran forzados; y en ésto pasaron trece y catorce años, en lo
cual se gastaron de la Caja del Rey más de 80 ó 100.000 castellanos. Ofrecióse un religioso de la órden de Sant Francisco, siervo de Dios, extranjero, de quien dije arriba que
habia traido cierto número de frailes de su Órden á esta isla,
notables personas en letras y en religion, con el celo de predicar el Evangelio á estas gentes, llamado fray Remigio, y
creo que fué uno de los que á Enrique criaron, á ir á ha-

blallo y asegurallo viendo que por fuerza no era posible ganallo; lleváronlo en un navío y echáronlo en tierra en lugar
donde poco más ó ménos podian creer que Enrique ó su gente
estaba, y porque en viendo venir navío por la mar luégo
creia que venia gente española á buscallo, para lo cual
ponia suma diligencia en saber dónde desembarcaban, y enviaba cuadrillas de gente suya para indagallo, llegó cierta
cuadrilla dellos donde aquel padre fray Remigio habia desembarcado. Desque lo vieron dijéronle si venia por mandado
de los españoles á espiallos; respondió que no, sino que
venia á hablar á Enrique para decille que fuese amigo de los
españoles y que no rescibiria daño, y que no anduviese huyendo y trabajado como andaba, y porque los queria bien se
habia movido á venir á ellos y ponerse á aquellos trabajos.
Dijéronle que debia de mentir, porque los españoles eran malos y siempre les habian mentido, y ninguna fe ni verdad les
habian guardado, y que él los debia de querer engañar, como
los demas, y que estaban por matallo. Vidose el sancto fraile
harto atribulado, pero como Enrique les habia prohibido de
que no matasen ningun español, sino en el conflicto cuando
peleasen, no lo hicieron, pero desnudáronle todos sus hábitos, hasta quedar en sus paños menores, y dejáronlo, y repartieron los hábitos entre sí á pedazos; rogábales mucho que
hiciesen saber á Enrique como era uno de los padres de Sant
Francisco, y que él holgaria de vello, que lo llevasen á donde
él estaba. Dejáronlo allí é fuéronlo á decir á Enrique, el cual,
así como lo supo, vino luégo á él y mostró por meneos y por
palabras haberle mucho pesado de lo que aquellos indios habian hecho, y díjole que lo perdonase, aunque habia sido contra su voluntad, y que no estuviese enojado; manera que tienen
los indios comun de consolar los que ven que están con alguna pena fatigados. El Padre le rogó y encareció que fuese
amigo de los españoles y sería bien tractado desde en adelante; respondió Enrique que no deseaba más otra cosa, pero
que ya sabia quién eran los españoles y cómo habian muerto
á su padre, y abuelo, y á todos los señores y gentes de aquel

reino de Xaraguá, y toda la isla despoblado. Y, refiriendo los
daños y agravios que de Valenzuela habia recibido, dijo que
por no ser por él ó por ellos muerto, como sus padres, se habia huido á su tierra, donde estaba, y que ni él ni los suyos
hacian mal á nadie, sino defenderse contra los que venian á
captivallos y matallos, y que para vivir la vida que hasta entónces habian vivido en servidumbre, donde sabia que habian
todos de perecer, como sus pasados, no habia de ver más español para conversallo. Pidióle el Padre que le mandase dar
sus hábitos; díjole que los habian rompido los indios y repartido entre sí á pedazos, de lo cual le pesaba en el ánima,
y porque el navío que lo habia traido andaba por allí á vista
barloventeando, hiciéronle señales, y acercándose á tierra con
su barca, Enrique besó la mano al Padre y despidióse dél
cuasi llorando, y los marineros rescibieron al Padre y cu-
briéronlo con sus capas, y volviéronlo á esta ciudad y á su
casa, donde no le faltaron hábitos, aunque no de seda sino
de los que tenian, segun su pobreza.

CAPÍTULO CXXVII.

De como se levantó un indio llamado Ciguayo que atemorizó toda la isla con las muertes
de españoles que hizo, al cual en fin mataron.—Levantóse otro llamado Tamayo que
hizo tambien muchas muertes y daños.—De como á Enrique pesaba desto, y procuró
traerlo á su compañía porque no hiciese daño, y lo trujo.—De muchas armadas que hicieron contra Enrique, en especial una donde hobo habla y concierto, entre Enrique y
el Capitan, de paz, y de la liberalidad de Enrique en dar el oro que tenia, y de la indis-
creción del Capitan, etc.

Cobraron ánimo algunos de los indios pocos que en la isla
habia, viendo que Enrique prevalecia, y levántose un indio
que llamaban el Ciguayo, y debia ser del linaje de los ciguayos, generacion señalada que vivia y poblaba las sierras que
hacian la Vega Real, aguas vertientes á la mar del Norte, la
costa más arriba desta isla, de quien mucho tractamos arriba
en el libro I. Este Ciguayo, que era hombre valiente aunque
encueros como los otros, alcanzó una lanza con su yerro de
Castilla, y creo que una espada (no supe á qué español servia);
dejó al que lo oprimia, llegó á sí obra de 10 ó 12 indios, y
con ellos comienza á hacer saltos en españoles, en las minas y
en las estancias ó haciendas del campo, donde andaban dos
y cuatro, y así pocos juntos, y mataba á todos los que hallaba,
de tal manera que puso pavor y espanto, y extraño miedo en
toda la isla; ninguno pensaba estar seguro ni aún en los pueblos de la tierra dentro, sino con temor del Ciguayo todos
vivian. Finalmente, juntáronse cierta cuadrilla de españoles,
y siguiéronlo muchos dias, y hallado, dan en él; él dá en ellos
como un rabioso perro, de la manera que si estuviera armado
de hierro desde los piés á la cabeza, y peleando todos recia-
mente, retrújose el Ciguayo en una quebrada, y allí, peleando,
un español lo atravesó con una media lanza, y atravesado peleaba como un Hector; finalmente, desangrándose y perdiendo

las fuerzas, llegaron todos los españoles y allí lo fenecieron; huyeron todos sus compañeros en tanto que con él lo habian, que tuvieron poco que hacer con él. Muerto el Ciguayo; levántose otro indiazo, valiente de cuerpo y de fuerzas, llamado Tamayo, y comienza con otra cuadrilla que juntó á proseguir las obras del Ciguayo, salteando á los que estaban fuera de los pueblos. Este hizo mucho daño y causó grande miedo y escándalo en esta isla, mató muchos, y algunas mujeres españolas, y cuantos hallaba sólos en las estancias, que no dejaba persona á vida, y toda su codicia era tomar ó robar armas, lanzas y espadas, y tambien la ropa que podia; y ésta fué, cierto, cosa digna de contarse por maravilla, que habiendo en ésta isla sobre tres ó cuatro cuentos de ánimas, solos 300 españoles la sojuzgaron, y las tres y cuatro partes dellas por guerras y con servidumbre horrible en las minas destruyeron, é que en aqueste tiempo que ésto acaescia, que habia en esta isla tres ó cuatro mil españoles, sólos dos indios con cada 12 ó 15 compañeros, y no juntos sino, uno agora y otro despues, distintos, les hiciesen temblar las carnes, no se hallando ni teniendo por seguros áun en sus pueblos. Esto no se ha de atribuir sino al juicio divino que quiso mostrarnos tres cosas, la una, que estas gentes, no porque estuviesen desnudas y fuesen mansuetísimas como lo eran, les faltaba ánimo ni dejaban de ser hombres; la segunda, que si tuvieran armas como las nuestras y caballos y arcabuces, no se dejaran estirpar ni raer de la haz de la tierra, como la raimos y estirpamos; la tercera, que daba señal de la reprobacion de tales obras, y punicion que en la otra vida hemos de padecer por tan grandes pecados contra Dios y contra los prójimos cometidos, si penitencia en ésta no nos vale; y ésto parece mostrarse por aquello que escribe en el libro de los Jueces, cap. 2.° y 3.°, que no quiso Dios del todo destruir las gentes de la tierra de promision para con las que quedaron enseñase á los hebreos sus pecados, y los castigase tambien con ellas. *Dimisit ergo Dominus omnes nationes has et cito subvertere noluit. Hæ sunt gentes quas Dominus dereliquit ut erudiret in eis Israel; dimisitque eas ut in ipsis esperiretur Israelem utrum audirent mandata Domini quæ præceperat*, etc. Y aunque aquellos dos, Ciguayo y Tamayo, con sus compañías se levantaron y infestaron toda esta isla en aquel tiempo sin sabello Enrique, pero la opinion de toda la tierra era que todo lo mandaba hacer Enrique, por lo cual vivian todos los vecinos españoles della con mucho mayor miedo. Entendiendo Enrique las obras que el Ciguayo hizo y Tamayo hacia, estimando prudentemente lo que en la verdad era, conviene á saber, que los españoles creerian que por su mandado todo era hecho, pesábale mucho dello; y ésto yo lo sé muy de cierto, segun que abajo en el siguiente libro, si place á Dios, más largo lo diré. Y acaeció tener Enrique consigo, entre los otros, un indio llamado Romero, sobrino del dicho Tamayo, el cual acordó enviallo á buscar al Tamayo que andaba hácia los pueblos del Puerto Real y Lares de Guhába, la penúltima luenga, cerca de cien leguas de allí, é que le rogase que se viniese para él porque estuviese más seguro, porque un dia que otro no le acaeciese lo que al Ciguayo acaeció, que los españoles hasta tomallo lo siguiesen; y que él lo trataria bien y le haria Capitan de parte de su gente, y todos juntos estando, serian más fuertes para se defender. El cual, finalmente, persuadido por el sobrino que era harto cuerdo, se vino con muchas lanzas y espadas y ropa, que habia robado, para Enrique; rescibiólo Enrique con muy grande alegría, y así estorbó Enrique grandes daños que Tamayo hiciera por esta isla, de donde se manifiesta bien la bondad de Enrique, y no ménos la discrecion y prudencia que tuvo y de que usó, para impedir un hombre á los españoles tan nocivo que no les hiciese mal, trayéndolo á su compañía por aquella vía. Casi cada año se hacia armada y junta de españoles para ir contra Enrique, donde se gastaron del Rey y de los vecinos, muchos millares de castellanos; entre otras se hizo una de 150 españoles, y quizá más, cuyo Capitan fué un vecino de la villa que llamaban el Bonao, llamado Hernando de Sant Miguel, de los muy antiguos desta isla y del tiempo del primer Almirante. Este habia venido á esta isla muy muchacho, y

como se habia criado en grandes trabajos, en las crudas
guerras é injustas que en ella contra estas gentes se hicieron,
así andaba por las sierras, y sobre las peñas, descalzo como
calzado; fuera desto, era hombre de bien y hidalgo, natural
de Ledesma ó Salamanca. Este anduvo muchos dias tras Enrique, pero nunca lo pudo hallar descuidado, y, segun estimo
si no me he olvidado, tampoco se allegaron á reñir en batalla. Un dia halláronse los unos de los otros tan cercanos, que,
ninguno pudiendo dañar al otro, se hablaron y oyeron las
palabras los unos de los otros; ésto se pudo así hacer, porque
los unos estaban en un pico de una sierra y los otros en el
pico de otra, muy altas y muy juntas, salvo que las dividia una
quebrada ó arroyo muy profundo que parecia tener de hondo
sobre 500 estados. Sintiéndose tan cercanos los unos de los
otros, pidiéronse tréguas y seguro para hablarse; concedidas
de ambas partes para que ninguno tirase al otro con que le
dañase, dijo el Capitan de los españoles que pareciese allí
Enrique para le hablar; pareció Enrique, y díjole el Capitan,
que la vida que tenia y la que hacia tener á los españoles de
la isla era trabajosa y no buena, que sería mejor estar y vivir
en paz y sosiego. Respondió Enrique, que así le parecia á él,
y que era cosa que él mucho deseaba muchos dias habia,
y que no quedaba por él, sino por ellos. Replicó el Capitan
que él traia mandamiento y poder de la Real Audiencia,
que mandaba en la ciudad de Sancto Domingo por el Rey,
para tratar y asentar las paces con él y con su gente, que los
dejarian vivir en su libertad en una parte de la isla, donde
quisiese y escogiese, sin tener los españoles que hacer con
ellos, con tanto que él ni ellos dañasen á ninguno ni hiciesen
cosa que no debiesen, y que les diese el oro todo que habian
tomado á los españoles que viniendo de tierra firme mataron. Mostróle, aunque así apartado, la provision que de la
Audiencia llevaba. Dijo Enrique, que le placia de hacer
paces y tener amistad con todos los españoles, y de no hacer
mal á nadie y de darles todo el oro que tenia, con que lo que
se lo promete se le guarde. Tratando del cómo y cuándo se

verian, concertaron allí, que tal dia el Capitan fuese con solos ocho hombres y Enrique con otros ocho, no más, á la costa de la mar, señalando cierta parte, y así, con este concierto, se apartaron. Enrique provee luégo de cumplir su palabra y envia gente que haga en el dicho lugar una gran ramada de árboles y ramas, y en ella un aparador, donde pusieron todas las piezas de oro, que parecia cosa real; el Capitan dispone tambien de hacer lo mismo, y para celebrar las paces con mayor alegría y rogocijo, aunque indiscretamente, mandó al navío que por allí cerca andaba, viniese á ponerse frontero y junto á tierra del dicho lugar concertado, y él viénese por la costa de la mar con un tamborino y gente con él muy alegres y regocijados; Enrique, que ya estaba con sus ocho hombres y mucha comida en la ramada esperando, viendo que el navío se acercaba, y que venia el Capitan con más gente, y que con tamborino, tañendo y haciendo estruendo, venian los españoles, pareciéndole que habia excedido de lo asentado, y temiendo no le hubiesen urdido alguna celada, acordó de negarse, y así escondióse en el monte con su gente, que debia tener para su guarda, y mandó á los ocho indios que, cuando llegasen los españoles, les dijesen que no pudo venir á verse con ellos porque se habia sentido un poco malo, y que les diesen la comida que les tenia aparejada y todo el oro, y les sirviesen muy bien y en todo los agradasen. Llegado el Capitan y los suyos, preguntó por Enrique; respondiéronle los ocho lo que Enrique les habia mandado; quedó harto pesante de su indiscrecion el Capitan (ó si no la conoció, quizá), por no haber hallado á Enrique, porque tenia por cierto, y no se engañaba, que allí la pendencia y escándalo y miedo de la isla se acababa, puesto que aunque no se acabó del todo, al ménos suspendióse hasta que despues, como placiendo á Dios en el libro siguiente se dirá, por cierta ocasion del todo fué acabado; así que los ocho les dieron de comer y les sirvieron con mucha solicitud, como los indios suelen, y entregáronles todo el oro sin faltar un cornado. El Capitan les dió gracias, y díjoles que dijesen á Enrique como le

habia pesado de no haberlo visto y abrazado, y que le pesaba
de su mal, puesto que bien conoció que de industria se habia
quedado, y que fuesen amigos y que no hiciese daño, y que
tampoco lo rescibiria desde adelante. Los españoles se em-
barcaron y se vinieron á la ciudad, y los indios se fueron
donde estaba su amo. Desde aquel dia no hobo más cuidado en
la isla de seguir á Enrique, ni de ninguna de la partes se re-
creció algun daño hasta que del todo se asentaron las paces,
que duró este intervalo cuatro ó cinco años.

CAPÍTULO CXXVIII.

Acaeció más en esta isla por este tiempo del año 18 y 19, y fué que por la voluntad ó permision de Dios, para sacar de tanto tormento y angustiosa vida que los pocos de indios que restaban padecian en toda especie de trabajos, mayormente en las minas, y juntamente para castigo de los que los oprimian, porque sintiesen la falta que les hacian los indios, vino una plaga terrible que cuasi todos del todo perecieron, sin quedar sino muy poquitos con vida; ésta fué las viruelas, que dieron en los tristes indios, que alguna persona trujo de Castilla, las cuales, como les nacian, con el calor de la tierra y ellas que son como fuego, y á cada paso ellos tenian de costumbre, si podian, lavarse en los rios, lanzábanse á lavar con el angustia que sentian, por lo cual se les encerraban dentro del cuerpo, y así, como pestilencia vastativa, en breve todos morian: allegábase á ésto la flaqueza y poca sustancia que siempre por la falta de comer, y desnudez, y dormir en el suelo, y sobra de trabajos tenian, y el poco y ningun cuidado que de su salud y conservacion siempre tuvieron los que dellos se servian. Finalmente, viendo los españoles que se les morian, comenzaron á sentir la falta que les hacian y habian de hacer, por donde se movieron á poner alguna diligencia en curallos, aunque aprovechó poco á los más, porque debieron de haberlo comenzado muchos años ántes; no creo que quedaron vivos ni se escaparon desta miseria 1.000 ánimas, de la inmensidad de gentes que en esta isla habia y vimos por nuestros ojos, segun en el libro primero queda explanado. Ninguno que sea cristiano puede dudar que, aunque Dios por sus secretos juicios haya permitido así afligir estas gentes, y con tanta inhumanidad, y, en fin, acabarlas, que el dia del juicio par-

ticular de cada uno, y el de todos universal, los que fueron
ministros de tanto rigor y causa por sus cudicias y crueldad,
quitando las vidas ántes de tiempo, y así el espacio de su
conversion, de la perdicion de tantas ánimas (porque todos los
más desta isla y de las sus comarcas se cree, y yo no lo
dudo, porqué vide mucho dello, murieron sin fe y sin Sacramentos en su simplice infidelidad), lo lastarán puniéndolos la
divina justicia con mucho mayor austeridad, y desto, si penitencia miéntras vivian no les valió, entre cristianos ninguna
duda hay. Y porque cognosciendo que los indios se les acababan, comenzaron á aflojar y dejar las minas, por no tener
quién allí enviar á morir é áun matar, y á buscar granjerías
y nuevas maneras de adquirir, una de las cuales fué poner
cañafistolos, los cuales se hicieron tales y tantos, que parecia
no para otros árboles haber sido criada esta tierra, ni éstos
para otra sino para ésta por la Divina providencia y naturaleza ordenada; hiciéronse en muy breves dias de cañafistolos
muchas y grandes heredades, que pudiera proveerse dellos
todo lo del mundo poblado. Eran muy grandes los cañutos
della, y gruesos, llenos de pulpa, muy enmelada; la virtud
della, que sea menor ó mayor que la de Alejandría, pregún-
tese á los médicos y boticarios. No poco estaban ya ufanos los
vecinos desta isla, españoles, porque de los indios no hay ya
que hablar, prometiéndose muchas riquezas, poniendo en la
cañafistola toda su esperanza, y de creer es que desta esperanza darian á Dios alguna parte, pero cuando ya comenzaban á gozar del fructo de sus trabajos, y á cumplirse su esperanza, envia Dios sobre toda esta isla, y sobre la isla de Sant
Juan principalmente, una plaga que se pudo temer, si mucho
creciera, que totalmente se despoblaran. Esta fué la infinidad
de hormigas que por esta isla y aquella hobo, que por ninguna vía ni modo humano de muchos que se tuvieron se pudieron atajar; hicieron ventaja las hormigas que en esta isla
se criaron á las de la isla de Sant Juan, en el daño que hicieron en los árboles que destruyeron, y aquellas á éstas en ser
rabiosas, que mordian y causaban mayor dolor que si avispas

al hombre mordieran y lastimaran, y dellas no se podian defender de noche en las camas, ni se podia vivir si las camas no se pusieran sobre cuatro dornajos llenos de agua. Las de esta isla comenzaron á comer por la raíz los árboles, y como si fuego cayera del cielo y los abrasaran, de la misma manera los paraban negros y se secaban; dieron tras los naranjos y granados, de que habia muchas huertas y muy graciosas llenas en esta isla, y no dejaron huerta que del todo no quemasen, que vello era una gran lástima, y así se destruyeron muchas huertas en la ciudad de Sancto Domingo, y, entre ellas, una del monasterio de los Dominicos, muy principal, de granados y naranjos dulces, y secos, y agrios, y en la Vega otra del de los Franciscos, muy señalada; dan tras los cañafistolos, y, como más á dulzura llegados, más presto los destruyeron y quemaron, yo creo que sobre cien cuentos que hobiera de renta dellos asolaron. Era, cierto, gran lástima ver tantas heredades, tan ricas, de tal plaga sin remedio aniquiladas. La huerta que dije de Sant Francisco, que en la Vega estaba, yo la vide llena de los naranjos que daban el fructo de dulces, secas y agrias, y granados hermosísimos, y cañafistolos, grandes arboles de cañas de cañafistola de cerca de cuatro palmos en largo, y desde á poco la vide toda quemada; lo mismo vide en muchas otras heredades de cañafistolos que por aquella Vega estaban: solas las heredades que habia de cañafistolos en la Vega y las que se pudieran en ella plantar, pudieran, sin duda, bastar para proveer á toda Europa y Asia, aunque la comieran como se come el pan, por la gran fertilidad de aquella Vega y grandeza, como dure por 80 leguas de mar á mar, llena de rios y felicidad y tan llana como la palma de la mano; della hemos hablado en nuestra Apologética Historia, en romance, bien á la larga. Tomaron remedio algunos para estirpar esta plaga de hormigas, cavar al rededor de los árboles, cuan hondo podian, y matarlas ahogándolas en agua; otras veces quemándolas con fuego. Hallaban dentro, en la tierra, tres, y cuatro, y más palmos, la simiente y overas dellas, blancas como la nieve, y acaecia quemar cada dia un

celemin, y dos, y cuando otro dia amanecia hallaban de hormigas vivas mayor cantidad. Pusieron los religiosos de Sant
Francisco de la Vega una piedra de soliman, que debia tener
tres ó cuatro libras, sobre un pretil de una azotea; acudieron
todas las hormigas de la casa, y en llegando á comer dél
luego caian muertas, y como si enviaran mensajeros á las que
estaban dentro de media legua y una, al rededor, convidándo-
las al banquete del soliman, no quedó, creo, una que no viniese, y víanse los caminos llenos dellas que venian hácia el
monasterio, y, finalmente, subian á la azotea y llegaban á comer del soliman, y luégo caian en el suelo muertas; de manera que el suelo de la azotea estaba tan negro como si lo
hobieran rociado con polvo de carbon, y ésto duró tanto cuanto
el pedazo de soliman, que era como dos grandes puños y como
una bola, duró; yo lo vide tan grande como dije cuando lo
pusieron, y desde á pocos dias lo torné á ver como un huevo
de gallina ó poco mayor. Desque vieron los religiosos que no
aprovechaba nada el soliman, sino para traer basura á casa,
acordaron de lo quitar. De dos cosas se maravillaban, y eran
dignas de admiracion; la una, el instinto de naturaleza y la
fuerza que áun á las criaturas sensibles y no sensibles dá,
como parece en estas hormigas, que de tanta distancia sintiesen, si así se puede decir, ó el mismo instinto las guiase y trujese al soliman; la otra, que como el soliman en piedra, ántes
que lo muelan, es tan duro como una piedra de alumbre, si
quizá no es más, y cuasi como un guijarro, que un animalito
tan menudo y chiquito (como estas hormigas, que eran muy
menudas), tuviese tanta fuerza para morder del soliman, y,
finalmente, para disminuillo y acaballo. Viéndose, pues, los
españoles vecinos desta isla en afliccion de ver crecer esta
plaga, que tanto daño les hacia, sin poderla obviar por via
alguna humana, los de la ciudad de Sancto Domingo acordaron de pedir el remedio al más alto Tribunal: hicieron grandes
procesiones rogando á nuestro Señor que los librase por su
misericordia de aquella tan nociva plaga para sus bienes temporales, y para más presto rescibir el divino beneplácito,

pensaron tomar un Sancto por abogado, el que por suerte nuestro Señor declarase, y así, hecha un dia su procesion, el Obispo y clerecía y toda la ciudad echaron suertes sobre cuál de los Sanctos de la letanía ternia por bien la Divina providencia darlos por abogado; cayó la suerte sobre Sant Saturnino, y rescibiéndolo con alegría y regocijo por su Patron, celebráronle la fiesta con mucha solemnidad, y así lo hacen desde entónces cada año, por voto, segun creo, y no sé si ayunan el dia ántes. Vídose por experiencia irse disminuyendo desde aquel dia ó tiempo aquella plaga, y si totalmente no se quitó ha sido por los pecados; agora creo que no la hay, porque se han tornado á restaurar algunos cañafístolos y naranjos y granados: digo restaurar, no los que las hormigas quemaron, sino los que de nuevo se han plantado. La causa de donde se originó este hormiguero, creyeron y dijeron algunos, que fué de la traida y postura de los plátanos. Cuenta el Petrarca en sus Triunfos, que en la señoría de Pisa se despobló una cierta ciudad por esta plaga que vino sobre ella de hormigas; Nicolao Leonico, libro II, cap. 71 de Varia Historia, refiere dos ciudades, la una llamada Miunte y la otra Atarnense, solemnísimas, haber sido despobladas por la muchedumbre de mosquitos que por cierta ocasion sobrevinieron en ellas; y así, cuando Dios quiere afligir las tierras ó los hombres en ellas, no le falta con qué por los pecados las aflija, y con chiquitas criaturitas: parece bien por las plagas de Egipto.

CAPÍTULO CXXIX.

Entraron los vecinos desta isla en otra granjería, y ésta fué buscar manera para hacer azúcar, viendo que en grande abundancia se daban en esta tierra las cañas dulces. Ya se dijo en el libro II, como un vecino de la Vega, llamado Aguilon, fué el que primeramente hizo azúcar en esta isla, y áun en estas Indias, con ciertos instrumentos de madera con que exprimia el zumo de las cañas, y aunque no bien hecha por no tener buen aparejo, pero todavía verdadera y cuasi buen azúcar. Sería ésto por el año de 1505 ó 1506; despues dióse á entender en hacerla un vecino de la ciudad de Sancto Domingo, llamado el bachiller Vellosa, porque era cirujano, natural de la villa de Berlanga, cerca del año de 516, el cual hizo el primero en aquella ciudad azúcar, hechos algunos instrumentos más convenientes, y así mejor y más blanca que la primera de la Vega, y el primero fué que della hizo alfeñique y yo lo ví; éste dióse muy de propósito á esta granjería y alcanzó á hacer uno que llaman trapiche que es molino ó ingenio que se trae con caballos, donde las cañas se estrujan ó exprimen, y se les saca el zumo melífluo de que se hace el azúcar. Viendo los padres de Sant Hierónimo, que allí estaban, la buena muestra que el bachiller habia mostrado para salir con aquella granjería, y como sería muy provechosa para animar á otros que se diesen á ella ordenaron con los Oidores de la Audiencia y Oficiales del Rey, que de la Real hacienda se prestasen 500 pesos de oro al vecino que se pusiese á hacer ingenio grande ó chico para hacer azúcar, y despues, creo, que les ayudaron con más prestido, viendo que los ingenios eran muy costosos. Por este camino y deste principio se ofrecieron algunos vecinos á hacer trapiches que muelen las cañas con caballos, y otros, que tenian y se hallaban con más grueso caudal, pusiéronse á hacer ingenios poderosos de agua, que muelen más cañas y sacan más azúcar que tres trapiches, y así cada dia se dieron á hacer más, y hay hoy sobre treinta y cuarenta ingenios en sola esta isla, y algunos en la de Sant Juan, y en otras partes destas Indias, y no por eso vale el azúcar más barato; y ésta es cosa de notar que antiguamente no habia azúcar sino en Valencia, y despues hóbola en las islas de Canaria, donde puede haber hasta siete ó ocho ingenios, y creo que no tantos, y apénas subió la arroba de un ducado ó poco más, y que con todos los ingenios hechos en estas Indias, valga la arroba dos ducados, y cada dia suba en cantidad. Antes que los ingenios se inventasen, algunos vecinos, que tenian algo de lo que habian adquirido con los sudores de los indios y de su sangre, deseaban tener licencia para enviar á comprar á Castilla algunos negros esclavos, como vian que los indios se les acababan, y áun algunos hobo, segun arriba se dijo en el cap. 102, que prometian al clérigo Bartolomé de las Casas, que si les traia ó alcanzaba licencia para poder traer á esta isla una docena de negros, dejarian los indios que tenian para que se pusiesen en libertad; entendiendo ésto el dicho Clérigo, como venido el Rey á reinar tuvo mucho favor, como arriba visto se há, y los remedios destas tierras se le pusieron en las manos, alcanzó del Rey, que para libertar los indios se concediese á los españoles destas islas que pudiesen llevar de Castilla algunos negros esclavos. Determinó el Consejo con parecer de los Oficiales de Sevilla, como en el dicho cap. 102 dijimos, que debia darse licencia para que se pudiesen llevar 4.000, por entónces, para las cuatro islas, esta Española, y la de Sant Juan, y de Cuba y Jamáica. Sabido que estaba dada, no faltó español de los destas Indias, que á la sazon estaban en la corte, que diese aviso al gobernador de Bresa, caballero flamenco que habia venido con el Rey, é de los más privados, que pidiese aquella merced. Pidióla, y luégo concedida, y luégo vendida por

25.000 ducados á ginoveses, con mil condiciones que supieron pedir, y una fué, que dentro de ocho años no pudiese dar licencia ninguna para traer esclavos negros á las Indias. Vendieron despues cada licencia, los ginoveses, por cada negro á ocho ducados á lo ménos; por manera, que lo que el clérigo de las Casas hobo alcanzado para que los españoles se socorriesen de quien les ayudase á sustentase en la tierra, porque dejasen en libertad los indios, se hizo vendible á mercaderes, que no fué chico estorbo para el bien y liberacion de los indios. Deste aviso que dió el Clérigo, no poco despues se halló arrepiso, juzgándose culpado por inadvertencia, porque como despues vido y averiguó, segun parecerá, ser tan injusto el captiverio de los negros como el de los indios, no fué discreto remedio el que aconsejó que se trujesen negros para que se libertasen los indios, aunque él suponia que eran justamente captivos, aunque no estuvo cierto que la ignorancia que en ésto tuvo y buena voluntad lo excusase delante el juicio divino. Habia entónces en esta isla hasta 10 ó 12 negros que eran del Rey, que se habian traido para hacer la fortaleza que está sobre y á la boca del rio, pero dada esta licencia y acabada aquella, siguiéronle otras muchas siempre, de tal manera que se han traido á esta isla sobre 30.000 negros, y á todas estas Indias más de 100.000, segun creo, y nunca por eso se remediaron ni libertaron los indios, como el clérigo Casas no pudo más proseguir los negros; y el Rey ausente, y los del Consejo cada dia nuevos é ignorantes del derecho, que eran obligados á saber como muchas veces por esta Historia se ha dicho, y como crecian los ingenios de cada dia, creció la necesidad de poner negros en ellos, porque cada uno de los de agua há menester al ménos 80, y los trapiches 30 y 40, y por consiguiente la ganancia de los derechos del Rey; siguióse de aquí tambien que como los portugueses de muchos años atrás han tenido cargo de robar á Guinea, y hacer esclavos á los negros, harto injustamente, viendo que nosotros mostrábamos tanta necesidad, y que se los comprábamos bien, diéronse y dánse cada dia priesa á robar y captivar dellos, por cuántas vías malas é inicuas cap-

tivarlos pueden; ítem, como los mismos ven que con tanta ánsia
los buscan y quieren, unos á otros se hacen injustas guerras
y por otras vías ilícitas se hurtan y venden á los portugueses,
por manera que nosotros somos causa de todos los pecados
que los unos y los otros cometen, sin los nuestros que en comprallos cometemos. Los dineros destas licencias, y derechos
que al Rey se dan por ellos, el Emperador asignó para edificar el Alcázar que hizo de Madrid é la de Toledo, y con aquellos dineros ambas se han hecho. Antiguamente, ántes que
hobiese ingenios, teníamos por opinion en esta isla, que si al
negro no acaecia ahorcalle nunca moria, porque nunca habia-
mos vistos negro de su enfermedad muerto, porque, cierto, hallaron los negros, como los naranjos, su tierra, la cual les es
más natural que su Guinea, pero despues que los métieron en
los ingenios, por los grandes trabajos que padecian y por los
brebajes que de las mieles de cañas hacen y beben, hallaron
su muerte y pestilencia, y así muchos dellos cada dia mueren;
por ésto se huyen cuando pueden á cuadrillas, y se levantan
y hacen muertes y crueldades en los españoles,' por salir de
su captiverio, cuantas la oportunidad poder les ofrece, y así
no viven muy seguros los chicos pueblos desta isla, que es
otra plaga que vino sobre ella. Y no es razon dejar de decir
otra que se añidió á las arriba puestas, y ésta es la multitud
de los perros, que no se puede numerar y estimar los daños
que hacen y han hecho. Habia en esta isla inmensidad de
puercos (que como no se crien con grano, sino con raíces
muy suaves, y frutas delicadas, como son ovos y cimas, la
carne dellos es muy sana, y más delicada y sabrosa que muy
delicado y sabroso carnero), y destos estaban los montes
llenos, por cuya causa á cada legua habia maravillosas y alegres y provechosas monterías, todas las cuales han destruido
los perros, y no contentos con los puercos acometen á los
becerros, mayormente cuando los paren las madres, que no
pueden defenderse; es grandísimo el daño que han hecho y
hacen, y bien se puede considerar los tiempos venideros dellos
qué se espera. Pasan por ésto los hombres como si acaso

acaeciese, y deberíamos de pasar por la memoria que esta isla hallamos llenísima de gentes que matamos y estirpármos de la haz de la tierra, y henchimósla de perros y bestias, y por juicio divino, por fuerza forzada, nos han de ser nocivos y molestos.

CAPÍTULO CXXX.

En el cap. 105 deste libro dejamos de proseguir el discurso del clérigo Casas, despues que tornó á la corte habiendo
ido por mandado del Rey á sacar labradores para poblar
estas islas, por contar lo que en estos años de 18 y 19 acaeció en estas Indias; la órden que traemos requiere que demos
la vuelta para referir lo que sucedió despues de llegado el
Rey á Barcelona. Asentada, pues, la corte, y los Consejos va-
deándose, comenzó el padre Casas á proseguir la sacada de
los labradores, entrando en el Consejo de las Indias, que
hacia el obispo de Búrgos en su casa, no como Consejo de
las Indias nombrado, sino llamando á ciertos de los otros
Consejos del Rey, las personas que el Rey por entónces habia,
no sé por cúya persuasion, señalado. Estos eran el licenciado
Zapata, y Hernando de Vega, y D. García de Padilla, y Pedro
Martir, italiano, de quien arriba tocamos que escribió las Décadas en latin, donde habló algunas cosas destas Indias, y
Francisco de los Cobos, que por entónces á subir comenzaba.
Y porque una de las mercedes que habia pedido que el Rey
hiciese á los labradores, fué que se les diesen las granjas, ó
estancias ó haciendas que el Rey en esta isla tenia, que no
eran de mucho valor, para en que luégo se aposentasen y
comiesen dellas (cosa y socorro muy necesario para que los
labradores se abrigasen, y consolasen y mantuviesen hasta que
estuviesen para trabajar y ayudarse y tener de suyo), y habia
rescibido el dicho Clérigo carta, ó por otras de otros, que
los padres de Sant Hierónimo las habian vendido, á fin que
les parecia no ser cosa decente que tuviese granjerías el Rey,
entró en Consejo y dijo que él tenia relacion ó nueva de cómo
aquellas eran vendidas, que le proveyesen de una Cédu-

la para que los oficiales del Rey mantuviesen los labradores un año, como se les habia prometido de partes del Rey,
porque de otra manera sería traellos para luégo perecer;
dijo entónces el obispo de Búrgos, que no sabia sino contradecir: «Desa manera, más gastará el Rey con esos labradores que en una armada de 20.000 hombres.» Era mucho
más experimentado el señor Obispo en hacer armadas, que
en decir misas de pontifical. Respondióle luégo el Clérigo, no
con chica cólera: «Pues señor, ¿parece á vueseñoría que será
bien, despues de muertos los indios, que sea yo cabestro de la
muerte de los cristianos? pues yo no lo seré.» Aquí entendió
el Clérigo decirle, ¿despues que habeis muerto los indios,
quereis matar los cristianos? pero díjoselo con àquella corteza
pero no sin sonsonete; no sé como el señor Obispo, que no
era bobo, lo sintió. Andaban aparejando 400 ducados para
dar al Clérigo con que sacase los labradores, pero estuvo
perseverante el padre Clérigo en no querer sacar labrador
ninguno, si la Cédula que pedia para dar de comer á los labradores un año, como se habia prometido, no se le diese,
porque, en la verdad, sin ella entónces perecieran, y en
cualquier tiempo perecerán los labradores que á estas tierras
vinieren, si de comida, y de posada y cura, si adolescieren,
por un año ó algun buen tiempo no se les proveyere; y desque vieron que no queria ir á sacallos, buscaban quien fuese,
lo cual entendido por el Clérigo, despachó cartas para los
pueblos, desengañándolos, significándoles las razones porqué
no iba él á sacallos, y que supiesen que cualquiera que fuese
los llevaria engañados á la muerte. Y así se creyó que con
ninguno salieran, sino vieran al Clérigo; pero porque habia
poco cuidado de cosa tan provechosa, como era poblar esta
tierra, que hoy hobiera 200.000 vecinos en sola esta isla, que
no osara el rey de Francia asomar con 200 leguas á ella,
fuese cayendo esta poblacion hasta que se olvidó del todo en
dejándola el Clérigo. Libre ya del cuidado de la poblacion
destas islas, el Clérigo, cosa en grande manera convenientísima, comenzó á proseguir la vía que le pareció convenir por

entónces, para que los religiosos de Sancto Domingo y de Sant
Francisco tambien, fuesen á predicar en la tierra firme de
Pária, sin que la tiranía de los españoles los pudiese impedir. Ya se dijo arriba en el cap. 104, cerca del fin, como habia pedido en el Consejo cien leguas de aquella tierra, que
no entrasen españoles en ellas, para que los frailes de Sancto
Domingo pudiesen predicar á las gentes dellas sin los impedimentos y alborotos que los españoles les ponian, y que le
habia respondido el obispo de Búrgos por razon, de que no
se le debian de dar, porque aquellas cien leguas estarian
como perdidas, no habiendo dellas provecho el Rey (no teniendo por provecho del Rey convertir aquellas gentes que el
Rey tenia sobre sus cuestas y el mismo Obispo sobre su conciencia); lo cual oido por el Clérigo, espantado y áun con
triste corazon, pensó en acudir á la insensibilidad del Obispo,
y al indiscreto y áun inícuo y sacrílego celo de dar dineros al
Rey, pospuesta la salud de tantas ánimas que por aquella
tierra firme perecian, á las cuales era él obligado por débito
de justicia, por el oficio que tenia, y por débito de caridad,
como cristiano, á remediar y proveer, y porque sabia por experiencia, que cualquiera medio y remedio que él propu-
siese habia el Obispo de contradecir, por estar con él tan
mal por los tragos pasados que le habia dado, tractó de secreto con los flamencos del Consejo del Rey, é con los privados que dél tenian buena estima y lo favorescian, y desde á
poco con otro Gran Chanciller que en lugar del muerto, por
mandado del Rey sobrevino, persona en letras y cristiandad
egrégia, que él queria dar modo como el Rey en aquella
tierra tuviese rentas, en la cual ni las tenia ni se esperaba
de las tener, con tanto que no entrase algun español en ella,
sino sólo los que él metiese con los frailes que habian de entender en la conversion de aquellas gentes, con ciertas otras
condiciones, y todo ésto sin que el Rey gastase cosa en ello.
Tuvo el Clérigo esta consideracion, conviene á saber, que
aquesto no lo podia emprender ni efectuar sin ayuda de las
personas y hacienda de cierto número de seglares españoles,

y aquestos no se habian de mover á lo ayudar sino por su
temporal interese, y no porque la fe se predicase ni se salvasen aquellas gentes; item, que despues de entrados en la
tierra, él no les podria ir á la mano, si hacer mal ó robar y
agraviar los indios quisiesen como siempre hicieron, si no se
ponia tal modo que la pacificacion y traimiento de los indios
á que dellos no huyesen, segun las horribles nuevas y obras
que dellos habian oido y visto, que era el fin que pretendia el
Clérigo, se fundase en su propio temporal provecho, de tal
manera, que, sino trabajaban de traer de paz á los indios y conservallos en ella, ningun provecho habian de conseguir dello
ni de la tierra, pues traidos de paz los indios y conservados
en ella, seguiase luégo tener lugar los religiosos para predicar
el Evangelio y traer á Cristo aquellas gentes. Solia tener y
traer esta máxima el Clérigo, que si el remedio que se pusiese
en estas Indias, para que los españoles no destruyesen aquestas gentes, no era tal que del mismo la imposibilidad de erra-
llo y hacer contra él no saliese, nunca los indios ternian remedio; y por tener ésto por cierto, por la mucha experiencia
que tenia, fundó en esta negociacion todo el bien, libertad y
conversion de los indios, en el puro interese temporal de los
que le habian de ayudar á conseguillo.

CAPÍTULO CXXXI.

Fué la forma y el modo deste negocio, en substancia, por esta manera: parecióle que podia hallar y escoger de sus amigos, españoles, en estas islas, hasta 50 hombres que fuesen personas modestas y subjetas á razon, que de buena voluntad quisiesen ocuparse en obra tan buena, más por virtud y servir á Dios que por cudicia, puesto que tambien tuviesen ojo á, por vías lícitas, adquirir riquezas. No entendió elegir más de 50 por dos razones; la una, porque para entrar en tierra de indios por vía pacífica, y dándoles de lo nuestro, y no tomándoles cosa suya si ellos no la dieren, y de la manera que él habia de entrar, bastaban los 50, porque lo que aquellos no hicieren, como sean los indios de su natural mansos y buenos, ni hagan mal sino lo resciben, no lo harán 100, y ménos 500, ántes se estorbarán unos á otros, y entre sí mismos, á sí mismos son nocivos é inquietos; para lo cual ninguna necesidad hay de prueba pues que todos lo sabemos y es manifiesto; la otra, porque más traibles son á las cosas de razon 50 que no 100, y mucho ménos si fuesen muchos más que éstos. Hizo cuenta que para los gastos que en este negocio se habian de hacer al presente bastaban 10.000 ducados, los cuales se allegarian, contribuyendo cada uno de los 50 con 200 ducados, fácilmente. Con estos dineros podian bien comprarse los bastimentos que por el presente hobiesen menester por un año, y cosas de rescates para dar graciosamente á los indios, para captalles la benevolencia y aficionallos á su amistad, y para comprar un par de carabelas, en que hobiesen de ir é tener allí consigo, y otras cosas que para lo dicho fuesen convenientes y necesarias. En aquel tiempo más se hacia con 1.000 ducados que hoy se haria con 6.000, y por eso con 10.000

tenian para todo lo susodicho abundancia. Habia determinado que todos los 50 que habian de ir con él fuesen vestidos, cuanto al hábito de fuera, de paño blanco, y con ciertas cruces coloradas de la forma y color que las de Calatrava, salvo que á cada brazo y parte de la cruz añidió ciertos ramillos arpados que la hacian muy graciosa y adornada; la razon desta diferencia de vestido, que propuso llevar, fué para que á los indios pareciese que era otra gente diferente de los españoles que habian visto, y oido, y experimentado hombres malos, y para que conformase con las nuevas que les habian de dar el nuevo hábito; estas eran dalles á entender como los enviaba el rey de España, que era muy bueno y muy gran señor, á decilles que habia sabido los daños, y escándalos, y turbaciones que los españoles les habian hecho á ellos y á sus vecinos, de los cuales le habia mucho pesado, y que siempre habian sido hechos contra su voluntad, y que agora enviaba aquella gente nueva para que de su parte los saludase y repartiese muchas cosas de las de Castilla que les enviaba, en señal que los queria bien y amaba; item, para que los mamparasen de los otros que les habian hecho los males pasados, y que todo ésto verian por experiencia, por las obras, desde allí adelante. Tenia pensado, que si Dios en aquella obra le prosperaba, de procurar que el Papa y el Rey tuviesen por bien de ordenar que se constituyese como una hermandad religiosa debajo de aquel hábito. Aqueste fué el artificio del clérigo y padre Casas, con el cual entendia traer á todas aquellas gentes de paz, y á que perdiesen el horror que tenian de los cristianos, y ellos así pacíficos y asegurados, facilísima era la predicacion del Evangelio en aquella tierra, y más que facil la conversion de aquellas gentes, como no tuviesen ídolos ni secta por ellos muy celebrada, sino solamente algunos hechiceros que los traian engañados en algunas supersticiones, y agüeros, y disparates, segun á aquellos enseñaba el diablo que los engañaba; esta era la vía que el padre Clérigo entendia llevar para convertir aquellas gentes, y por obra mostrar haber sido irracional, inícua, y mala, y contra el intento y fin que Dios y la Iglesia tienen, que es la conversion de las ánimas, la pasada, ésto es, hacer guerras y sujuzgar con ellas primero las gentes, y despues predicallas, como si fuese necesario, para recibir el Evangelio y la religion cristiana, primero ponellos en ódio y aborrecimiento della, y por injusta y abominable detestalla, y porque nunca por esta puerta se ha entrado y por este camino andado, por ende nunca un solo indio chico se baptizó, ni hombre adulto se convirtió, que primero muchos millares de ánimas intempestiva é injustamente á los infiernos por los nuestros no se lanzasen; y así siempre, hasta que todo este orbe del todo se consuma y acabe, acaecerá, miéntras el dicho camino no se llevare, y el dia del universal juicio se verá claro á costa de algunos, y áun de muchos que pensaron estar destos inconvenientes salvos, por ser más que otros ignaros y descuidados. Dejo de tocar de los que por propia malicia, ó soberbia, ó ambicion, y subir á lugar más alto, ó interese suyo ó de sus allegados, ó disimularon de encaminar esta conversion por donde debian, ó el mal camino que llevaba empeoraron.

CAPÍTULO CXXXII.

Proveyó, pues, el Clérigo al provecho del Rey que el Obispo celaba, y al interese de los que le habian de ayudar, segun su parecer, con lo siguiente: Primero, con lo que ofreció que haria en provecho y servicio del Rey; y lo segundo, con las mercedes que pidió que se hiciesen á los 50 que habian de ayudarle. Cuanto á lo que tocaba al servicio y utilidad temporal del Rey, ofreció lo primero, que, con el ayuda de Dios, aseguraria y allanaria todos los indios y gentes de toda la tierra, dentro de los límites que pedia, y en espacio de dos años apaciguaria y aseguraria 10.000 indios que estuviesen en amistad con los cristianos; lo segundo, que dentro de 1.000 leguas que señaló, conviene á saber, desde cien leguas arriba de Pária, del rio que llamaban el Rio Dulce, que agora llamamos el rio y la tierra de los Aruacas, la costa abajo, hasta á donde las 1.000 leguas llegasen, dentro de los tres años despues que él con su compañía en la primera tierra entrase, haria que tuviese el Rey 15.000 ducados de renta, que los indios naturales della le tributasen, y tambien de pueblos de españoles si se poblasen, y el cuarto año otros 15.000 ducados, y el quinto año otros 15.000 ducados, y el sexto año otros 15.000 ducados, por manera, que en el sexto año habian de ser por todos 30.000 ducados de renta, y el sétimo año habia de tener el Rey, de renta, otros 30.000 ducados, y el octavo año otros 30.000 ducados, y el noveno año otros 30.000 ducados, y el décimo año otros 30.000 ducados, de manera, que habian de ser por todos en el décimo año 60.000 ducados, y en cada un año dende adelante 60.000 ducados. Lo tercero, se ofrecia á poblar tres pueblos de á 50 vecinos españoles, dentro de cinco años despues que en la tierra entrase, y en cada uño una fortaleza en que se defendiesen de los indios si viniesen á infestallos. Lo cuarto, que trabajaria á su tiempo y sazón de saber los rios y lugares que por la tierra habia, que tuviesen oro, y enviar razon dello al Rey, donde quiera que estuviese, para que fuese del todo informado con verdad. Lo quinto, que todo se habia de hacer y complir con amor, y sabor, y benevolencia, y sin daño ni pena de los indios, y que se habia de trabajar que se entendiese con suma diligencia en su conversion y sin que el Rey pusiese, al presente, alguna costa ni gasto. Pidió el Clérigo 1.000 leguas, principal y final-mente, por echar del Darien y de toda aquella tierra firme á Pedrárias, y aquellos que con él estaban en matar y destruir aquellas gentes encarnizados, como arriba queda bien decla-rado, pero al cabo se restringieron las 1.000 leguas á 300 de costa de mar del Norte, que fué desde Pária inclusive, hasta Sancta Marta exclusive, pero por la tierra adentro lle-vaba 2 ó 3.000 leguas y más. Cuanto á lo segundo princi-pal, que fué proveer al interese de los que le habian de ayu-dar, proveyólo el Clérigo desta manera, pidiendo que el Rey les concediese las cosas siguientes: Lo primero que èl Rey suplicase al Papa, por un Breve, para que pudiese sacar 12 religiosos de Sancto Domingo y de Sant Francisco, los que el Clérigo voluntarios escogiese, para que anduviesen con él vacando y entendiendo en la predicacion y conversion de los indios, y que concediese Su Santidad una indulgencia plenaria y remision de todos los pecados de los que muriesen yendo y estando en el dicho viaje, y ayudando á la conversion y negocio que á ella se ordenaba. Pidió que pudiese llevar consigo 10 indios de los naturales destas islas, queriendo ellos de su voluntad, aunque pesase á cualquiera español que los tuviese. Item, que todos los indios naturales de la tierra firme que se habian traido de dentro de los límites dichos, robados, ó por otra cualquiera vía, á las cuatro islas, las justicias dellas se los entregasen todos para los tornar á sus tierras. Item, que de todas las rentas que el Rey en toda la tierra, dentro de los límites dichos, por industria del dicho Clérigo y 50 hombres

que le habian de ayudar tuviese, hobiesen los dichos 50
hombres la docena parte, desde que comenzase á gozar el
Rey de las dichas rentas, y las gozasen por toda su vida y
quedase para sus herederos perpétuamente. Pero al tiempo
de hacer la capitulacion, no se les concedió sino que gozasen por sus vidas y de cuatro herederos, y cada uno de
los 50 pudiese nombrar en su vida ó en su muerte un heredero, y aquel otro, y el otro otro cual quisiese. Item, que armase caballeros de espuelas doradas á todos los 50, para que
ellos, y sus sucesores ó descendientes fuesen caballeros de
espuelas doradas, en todos los reinos del Rey, é que les señalase armas que pudiesen traer en sus divisas, y escudos y
reposteros para siempre jamás. Concedióseles desta manera:
lo uno con que no fuesen reconciliados, ni hijos ni nietos de
quemados, ni reconciliados, y con que durante los tres primeros años, en que el Rey habia de tener de renta los 15.000
ducados, gozasen de la dignidad de caballeros y de sus armas
ó insignias en toda la tierra firme y en todas estas Indias,
pero pasados los dichos tres años, y teniendo el Rey los dichos 15.000 ducados de renta y hechos los tres pueblos y lo
demas que habian de hacer y cumplir, pudiesen gozar de
todas las dichas preeminencias de caballeros de espuelas doradas y de traer las dichas armas en todos los reinos y señoríos del Rey, sin contradicion alguna, con tanto tambien que
fuesen á la tierra firme y ayudasen al clérigo Casas en la pacificacion y lo demas que habia de hacer. Hobo una cláusula
allí, que si despues de asentada la renta por alguna ocasion
se perdiese, no siendo por culpa de los 50, no por eso se
dejase de tener por cumplido cuanto á las dichas caballerías
tocaba. Item, que los dichos 50 hombres y todos los que
descendiesen fuesen francos, libres y exentos de todos pedidos, é servicios, é moneda forera, é prestidos, é derramas
reales ó concejiles para siempre jamás. Item, que las tenencias de las fortalezas se diesen á los que el Clérigo señalase ó
nombrase, siendo de los 50, la cual gozasen por su vida y
de un heredero. Item, los regimientos de los pueblos, que de

españoles se hiciesen, lo mismo, siendo suficientes para ello. Item, que cada y cuando que al dicho padre Clérigo pareciese, y con su licencia y no sin ella, pudiesen ir á rescatar perlas donde se pescaban, y que de las perlas que rescatasen pagasen al Rey la quinta parte, hasta que tuviese los 15.000 ducados el Rey de renta, pero despues sólo la sétima. Item, del oro que rescatasen, lo mismo, y despues de los 15.000 ducados diesen la octava parte, y del oro que se cogiese la sexta. Item, que los heredamientos y tierras que comprasen de los Indios, para solares, y labranzas y pastos de ganados fuesen suyos y de sus herederos perpétuamente, con tanto que ninguno pudiese comprar más de una legua de tierra en cuadro, con que la jurisdiccion é dominio quedase para el Rey, é no se pudiese hacer fortaleza en la dicha legua, é si se hiciese fuese del Rey. Item, que despues de hechos algunos pueblos de españoles, de los que se habian de hacer, pudiese llevar cada uno de los 50 de Castilla, tres esclavos negros para su servicio, á la dicha tierra, la mitad hombres y la mitad mujeres, y despues que estuviesen hechos los tres pueblos y hobiese cantidad de gente de españoles, si pareciese al dicho Clérigo que convenia, pudiese llevar cada uno de los 50 otros siete negros esclavos, la mitad hombres y la mitad mujeres. Item, que en los pueblos que se hiciesen pudiesen tener cada uno de los 50 vecindad en cada uno dellos y casa, y con tener en ella un criado ó factor, estando ellos ocupados en allanar la tierra, pudiesen gozar de las preeminencias y prerogativas que los otros vecinos de los tales pueblos, y que en el repartimiento de los términos y sitios hobiesen su parte asimismo, con que no pasasen de cinco vecindades arriba. Que por veinte años comiesen y gastasen la sal que hobiesen menester ellos y sus criados sin pagar cosa alguna en aquella tierra. Item, que pudiesen llevar cada uno de los 50 marco y medio de plata labrada, para su servicio, jurando que no era para vender. Item, que de todas las mercaderías, y viandas, y mantenimientos, ganados é otras cosas que llevasen á la dicha tierra firme, dentro de los dichos límites, por término de los diez años, de cualquiera parte de Castilla ó de las islas, con que se registrasen ante los oficiales de Sevilla, no pagasen derechos algunos, ni almojarifazgo, ni cargo, ni descargo, etc. Item, que no pagasen derechos de las licencias que se daban para ir á coger oro á las minas, pero que no fuesen sin las dichas licencias. Item, que si muriese alguno de los 50 pudiese•nombrar otro en su lugar, pero si muriese despues de entrado en la tierra, que el heredero de aquel fuese obligado á ir á servir en la dicha tierra, siendo de edad y habilidad para ello, ó que diese otra persona á contentamiento del padre Clérigo, y si no lo hiciese pudiese nombrar el Clérigo el que le pareciese, hasta que aquel heredero fuese de edad para cumplir é ayudar en lo susodicho, y que dentro de un año fuese obligado á ir á la dicha tierra. Item, que se diesen todas las provisiones necesarias, y así se dieron, para que cualquiera navío y gente que fuese á la dicha tierra, dentro de los dichos límites, á rescatar ó contratar, no fuesen osados á hacer mal, ni daño, ni robo, ni escándalo á los indios, ni quedasen en la tierra, sino que, acabado su rescate, luégo se saliesen de la tierra, so pena de las vidas é de perdimiento de todos sus bienes, etc. (Por no se guardar ésto se impidió toda esta pacificacion y negocio, que tanto importaba, como abajo parecerá.) Item, porque los indios de la dicha tierra firme supiesen que habian de estar en toda libertad, y paz, y sosiego, el Rey aseguró y prometió que ni entónces ni en algun tiempo permitiria ni daria lugar en manera alguna que los indios de tierra firme ni de las islas de alrededor, dentro de los dichos límites, estando domésticos y en su obediencia é tributarios, no se darian en guarda, ni encomienda, ni en servidumbre á españoles, como hasta entónces se habia hecho en estas islas, salvo que estarian en libertad é sin ser obligados á alguna servidumbre; y para ésto dió el Rey todas las provisiones y cartas que el Clérigo pidió, al cual cometió que de su parte asegurase y prometiese á los indios que les guardaria é cumpliria todo sin falta alguna. Item, que el Rey enviase con el Clérigo dos personas, una por Tesorero y otra por Contador, para que tuviesen cuenta y razon de todo lo susodicho y cobrasen las rentas que el Rey habia de haber, etc. Item, que para la administracion de la justicia civil é criminal en la dicha tierra é límites, nombrase el Rey una persona para Juez, para mantener en justicia á los dichos 50 hombres y á todas las otras personas, así indios como españoles, que en ella hobiese y á ella fuesen, con tanto que el tal Juez no se entremetiese en la administracion de la Hacienda, ni que estorbase ni ayudase, si no fuese para ello por el dicho clérigo Casas requerido, en cosa ninguna á la negociacion del reducir los dichos indios en su conversion, ni en hacerlos tributarios, ni en cosa alguna que aquello tocase, y que de las sentencias que el dicho Juez diese se pudiese apelar para ante los jueces de apelacion que residian en la isla Española. Item, que de diez en diez meses, ó ántes cuando el Rey fuere servido, pudiese enviar á ver y visitar lo que habian hecho el dicho Padre y sus 50 y los demas, en cumplimiento de la Capitulacion, y á traer la relacion dello, y el oro, y perlas, y otras cosas que al Rey perteneciesen, y que en los navíos que para ésto enviase llevasen las viandas y cosas necesarias que los dichos tuviesen en las cuatro islas, Española, Sant Juan, Cuba y Jamáica, sin llevarles algo por el flete dellas, con tanto se pagase de los dineros que el Rey allí tuviese de renta, y si no la hobiese por entónces la pagasen ellos, con que despues se sacase de las rentas que el tiempo andando el Rey tuviese. Item, que si durante el tiempo de los diez años acaesciese que descubriesen de nuevo algunas islas ó tierra firme en la mar del Sur ó del Norte, que no estuviesen descubiertas, que les hacia las mercedes y cosas que se hicieron á Diego Velazquez, porque descubrió la tierra de Yucatán, segun y cómo é de la manera que se contiene en el asiento que con él se hizo, sin que hobiese falta alguna en ello. Item, que en los navíos que él tenia por aquestas islas llevasen al dicho padre Clérigo y á los 50, 50 yeguas, é 30 vacas, é 50 puercas, é 15 bestias de carga, pagando ellos del llevar dello lo que fuese bueno, etc. Item, que despues que el Rey tuviese los 15.000 ducados de renta cierta, al tiempo que se diese en tributos de los indios ó en otra renta cierta, que el Rey diese cada un año 2.000 ducados della, para ayudar á los rescates, y cósas, y gastos que se habian de hacer para allanar la dicha tierra, y traer los indios, y estar sujetos y domésticos. Item, que despues que por industria del dicho Clérigo y sus 50 tuviese el Rey de renta los dichos 15.000 ducados, el Rey fuese obligado á pagar los gastos siguientes: lo primero, lo que se hobiese gastado en comida y mantenimientos desde el dia que entrasen el Clérigo y los 50 en la tierra firme hasta ocho meses, en carne y maíz, é caçabí, é otras cosas de la tierra, y en los fletes de los navíos en que llevasen los mantenimientos y los fletes de las otras cosas de rescates para dar á los indios. Item, todo lo que se gastase en hacer ó edificar las fortalezas y los gastos que se hiciesen en las cobranzas de las rentas. Item, lo que conviniese darse graciosamente á los Caciques é indios para los traer al amor y conversacion de los españoles, y al servicio y obediencia del Rey, con que los gastos que en ésto se hiciesen no subiesen de 300 ducados cada un año, de manera que monten 3.000 ducados en los diez años, de los cuales gastos se habian de pagar el Clérigo y sus 50 de las rentas que él tuviese sin pedillos á los oficiales. Item, que porque podria ser que con alguna falsa relacion que al Rey se hiciese, sin ser informado de la verdad, proveyese alguna cosa que contrariase y estorbase toda esta pacificacion y conversion, que haciendo ellos lo asentado y estando trabajando en ello, prometió el Rey de no proveer cosa alguna en contrario hasta tanto que tuviese relacion y testimonio del Tesorero y Contador que habian de ir con ellos, por ninguna causa ni razon. Item, que todos los 50, en entrando en la tierra, fuesen obligados á se obligar ante el Juez y los oficiales por sus personas y bienes, que sucediendo el negocio de la manera y prosperidad que se esperaba, que se pudiese cumplir todo lo susodicho, ellos por su parte lo cumplirán, por la parte que al Rey tocaba, en todo y por todo. Item, dióse comision al dicho Clérigo para que á los pueblos que hiciese, y á los rios y provincias, y á todas las otras cosas principales y señaladas,. pusiese los nombres que le pareciese, los cuales mandó el Rey que desde allí adelante por todos asi se nombrasen. Esta fué la Capitulacion y asiento que se hizo por parte del Rey é con el dicho Clérigo, la cual firmó el Rey de su propia mano en la Coruña, estando para se embarcar, la primera vez que volvió á Flandes, ya electo Emperador, á 19 dias del mes de Mayo de 1520 años; por la cual prometió de la guardar, y cumplir, y mandar guardar é cumplir en todo y por todo, cumpliendo el Clérigo y los 50 hombres que habian de ir con él lo asentado.

CAPÍTULO CXXXIII.

Comunicada, pues, y tractada con los flamencos privados,
y del Consejo del Rey, é venido el nuevo Gran Chanciller tambien con él, esta pacificacion y conversion al Rey tan provechosa (ésto en secreto sin que lo alcanzase á saber el obispo de
Búrgos, que tenia siempre contra el Clérigo espíritu de contradicion, y los otros que se allegaban con él al Consejo de las
Indias, á quien el Clérigo habia hecho quitar los indios, y los
provechos que dellos habian en estas Indias, con otros de-
sabrimientos), y holgándose mucho los dichos flamencos, con
ver que de la resistencia del Obispo sacaba el Clérigo provecho temporal y espritual para el Rey, acordóse por todos que
se publicase el negocio y se pusiese en el Consejo de las Indias, que el Obispo solia tener. Lo cual hecho así, el Obispo y
los demas, como si fueran saetas y arcabuces, así les pareció y
lo resistieron; lo uno, porque parecia, y así en la verdad era,
que se condenaba toda la gobernacion que el Obispo habia
puesto en estas tierras, pues tan poco cuidado habia tenido en
la conversion destas gentes, y en la salud corporal tambien
dellas, pues no advertia á tener cuenta de llevar otro camino
en el gobierno, viendo que por aquel que hasta entónces se
habia llevado, tantas perecian; lo otro, porque via que se
ayudaba del favor de los flamencos, y que de allí no le podia
á él venir sino perjuicio entremetiéndose en saber las cosas
de las Indias, y porque el Clérigo era tan libre que podia re-
ferirles sus defectos; lo otro, porque habiendo negado las cien
leguas que el Clérigo habia pedido para que los religiosos
predicasen la fe, sin los impedimentos y escándalos que los
españoles ponian, como arriba en el cap. 104 se dijo, parecíale ser en su menosprecio, y tambien grande afrenta, y lo

otro porque no podian ver al Clérigo, él y los·que con él gobernaban las Indias, más que á la muerte por las causas viejas ya dichas. Auduvo muchos dias el Clérigo tractando en el
Consejo que viesen y determinasen sobre aquello, pues tan
claro era ser servicio del Rey con que se descargaba su conciencia, y provechoso para su hacienda, porque ya no se podia decir que quedaba baldía, y que el Rey no tenia renta en
aquella tierra; dilataban y disimulaban con el negocio, por
cansar, por ventura, y que se aburriese no pudiéndose más
sustentar en la corte el dicho Clérigo. Acudia él á los flamencos, mayormente á Mosior de Laxao, que moria por él, y al
Gran Chanciller que habia venido de nuevo; el cual, despues
que supo bien la negociacion y lo que pretendia el Clérigo, lo
amó mucho, y era el que donde quiera que se hallaba con el
Rey ó en los Consejos, como fuese de todos por su oficio cabeza,
lo loaba y ayudaba y favorecia, y en todo le daba gran crédito.
Pero puesto que vian los flamencos y el Gran Chanciller la
pasion y ceguedad clara del Obispo, y de todos los que con él
entraban en aquel Consejo, con todo eso teniánle respeto, no
sé si fué por lo que se sonó, segun arriba dijimos, porque él
y su hermano Antonio de Fonseca habian dado cierto número de millares de ducados porque los dejasen con sus oficios, puesto tambien que por sus personas, que eran de mucha
autoridad y fueron siempre señalados y privados de los católicos reyes, en Castilla dignamente se les podia tener respeto, y así aunque el Gran Chanciller hablaba frecuentes
veces al Obispo, que se entendiese en el negocio del Clérigo,
no aprovechando nada disimuláhase con él por la causa dicha. En este tiempo sucedió que Mosior de Xevres y el Gran
Chanciller, hobieron de ir á Francia ó á los límites della, á
verse con las personas que el rey de Francia envió á tractar
de paces ó de guerra, donde tardaron cerca, creo, de dos meses,
y porque como el Clérigo no tenia renta y estaba gastado de
cinco años y más que andaba en éstos negocios yendo y viniendo de las Indias, y, estando en la corte, algunas veces decia
á los flamencos que no podia ya sufrir tanta dilacion y se

queria ir, por su pobreza; por miedo que no se fuese en éstos dias que el Gran Chanciller tardaba en la ida de Francia, algunos caballeros flamencos, como Mosior de La Mure de quien arriba dijimos que lo anduvo á buscar en Zaragoza, y á ofrecérsele, y otro su deudo que era Aposentador mayor, dejaron en cambio dineros para que por necesidad no se fuese el Clérigo; todo ésto sin pretender interese alguno particular, porque, cierto, eran muy virtuosos caballeros, sino sólo el servicio del Rey é bien de aquestas Indias, porque tenian bien entendido ser razonable y claramente bueno lo que el Clérigo decia y pretendia. Tornados Mosior de Xevres y el Gran Chaciller, dió priesa el Clérigo, y entró muchas veces en Consejo de las Indias á tractar del negocio, donde el Obispo y los demas tenian con él grandes contenciones sobre que no se le debia dar ni convenia que llevase aquella empresa, poniéndole inconvenientes con razones frívolas, no sé, cierto, con qué intencion. El Gran Chanciller y los flamencos estaban como á la mira para ver en qué paraba el negociar del Clérigo con el Obispo y su Consejo, dándole siempre de secreto y en público mucho favor, con el cual, el Clérigo con el Consejo y fuera dél, dábase poco porque el Obispo y los demas de sus obras y razones se ofendiesen, hablando siempre verdad, y ante ellos teniéndoles la debida reverencia; y viendo que aprovechaba poco en tractar el negocio ante ellos, informó muy de raíz de los males destas Indias y de la perdicion de las ánimas que cada dia perecian, y de la obligacion que los reyes de Castilla á socorrellas tenian, y de como el obispo de Búrgos y los que con él tractaban las cosas de las Indias eran los que, ó por sus pasiones ó intereses ó por su ignorancia y ceguedad, todo el bien impedian, á ocho predicadores que entónces el Rey tenia, quejándose dellos y pidiéndoles ayuda y favor, pues, como á predicadores del Rey, ayudar y defender la verdad, y avisar de tan grandes males y perjuicio de la fe y perdicion de tantos millares de prójimos, les incumbia. Estos eran los dos hermanos Coroneles, maestre Luis y maestre Antonio, doctores parisienses muy doctos y cristianos, religiosos en el hábito de clérigos, y un padre maestro en teología, tambien parisiense, llamado fray Miguel de Salamanca, fraile de Sancto Domingo, que despues murió obispo de la isla de Cuba, y el doctor de La Fuente, doctor de Alcalá, señalado en tiempo del Cardenal, de buena memoria, don fray Francisco Ximenez, fundador de aquella Universidad, y un religioso de Sant Francisco, llamado fray Alonso de Leon, muy docto en Teología, y otro religioso de Sant Agustin, que se llamaba fray Dionisio, gran predicador y muy copioso en elocuencia; otro clérigo, licenciado en teología, aragonés; del octavo no me acuerdo. Estos, bien persuadidos de todo lo susodicho, acordaron de juntarse cada dia en el monasterio de Sancta Catalina, que es de los Dominicos, para tractar y deliberar, de lo que en ésto debian y podian hacer, con los cuales se juntó un maestro, fray Alonso de Medina, de la órden de Sancto Domingo, que la provincia de Castilla habia enviado á ciertos negocios con el Rey por parte de la provincia, hombre muy docto y de muy vivo ingenio. Item, á la sazon vino allí el religioso de Sant Francisco que arriba dijimos, en el cap. 95, ser hermano de la reina de Escocia, que habia ido de la tierra firme de la provincia de Cumaná, el cual se juntó algunas veces con ellos, y áun les propuso una cuestion, diciendo que con qué justicia ó poder se pudo entrar en estas Indias de la manera que los españoles entraron en ellas. Tambien, ántes de ésto, habia llegado otro religioso de Sant Francisco, de Picardía, que habia estado en la misma provincia de Cumaná y visto muchos de los indios della, el cual llevó el Clérigo á comer con Mosior de Laxao, con el cual se holgó mucho por ser de su lengua francesa ó flamenca, de cuya plática resultó corroboracion del amor que Mosior de Laxao y crédito que al Clérigo daba y tenia, viendo que el fraile aprobaba todo lo que el Clérigo afirmaba y decia. Así que, cada dia, juntándose los del Consejo en casa del obispo de Búrgos á tractar de destruir las Indias (puesto que no lo pretendian sino cuanto por su ceguedad y soberbia de no querer ser avisados y enseñados de los que más quellos sabian, y dello por su pasion, y dello por sus intereses ó de los que

ellos favorecian, como dicho es, todo cuanto tractaban y or-
denaban, sin duda ninguna, era directamente contra el bien
destas Indias, en tanto que no quitaban de todos los males la
raíz, que era las encomiendas ó repartimientos), convocaba el
Clérigo á los predicadores, y á la misma hora entraban y tractaban del remedio dellas en el dicho convento de Sacta Catalina. Allí, finalmente, concluyeron ser obligados á entender y
procurar el remedio destas Indias por precepto divino, para
lo cual efectuar deliberaron de se unir é ligar unos á otros,
con juramento de que ninguno desmayase ni se saliese afuera,
sino que prosiguiese la demanda hasta dalle buen fin. Lo primero que determinaron fué, que debian guardar la forma
evangélica de la correccion fraterna, y por estos grados fuese
cumplida: primeramente fuesen á exhortar é corregir frater-
nalmente al Consejo de las Indias, el cual si con instancia y
efecto no lo remediase, fuesen á exhortar al Gran Chanciller,
y si él no diese obra para lo hacer, fuesen á corregir á Mosior
de Xevres, el cual no lo remediando, ultimadamente acudiesen
al Rey. E si el Rey, avisado y exhortado que lo hiciese, no pusiese luégo en mandallo remediar diligencia en tal caso, públicamente predicasen contra todos ellos, dando su parte de la
culpa al Rey. Esto así asentado, lo juraron todos en la Cruz y
en lo Sanctos Evangelios de lo hacer y cumplir, y por su cumplimiento ponerse á todo riesgo, y así lo firmaron de sus
nombres; yo lo vide y lo sé porque estaba yo presente.

CAPÍTULO CXXXIV.

Pusieron luégo por obra la primera exhortacion y correccion, conviene á saber, la del Consejo de las Indias, habiendo entre sí, primero, lo que se habia de decir determinado. Entrados en él, que no fué cosa sin admiracion y nueva para el obispo de Búrgos y sus compañeros, y pedida licencia para hablar, comenzó la plática el maestro fray Miguel de Salamanca, como más antiguo y de mucha autoridad, puesto que á los demas no faltaba, é dijo: «Señores muy ilustres y reverendísimo señor, á nosotros los predicadores del Rey, nuestro señor, se nos ha certificado por personas á quien somos obligados á creer, y parece ser notorio, que en las Indias se cometen por los de nuestra nacion de España grandes y nunca otros tales vistos ni oidos males contra aquellas gentes naturales dellas, de robos y matanzas en grandísimas ofensas de Dios, y en infamia de nuestra sancta fe y religion cristiana, de donde ha procedido haber perecido infinito número de gentes, por lo cual quedan grandes islas y gran parte de tierra firme, que todas manaban, porque así lo diga, en infinidad de mortales que se han acabado, y quedan todas despobladas en ignominia grande áun de la Corona real de España; porque así lo testifica la Escritura Sagrada, que en la multitud del pueblo consiste la dignidad y honra del Rey, y en la disminucion de la gente su ignominia y deshonor por el contrario. De lo cual nos habemos maravillado, porque conociendo la prudencia y merecimientos de las personas ilustres que en este Consejo se allegan, para tratar de la gobernacion de aquellas tierras, de quien Dios parece haber, un mundo tan grande como dicen que es, fiado, y á quien han de dar dél estrecha cuenta, y, por otra parte, entendiendo que no ha podido haber causa para que aquellas naciones, que estaban en sus tierras pacíficas sin nos deber nada, por nosotros así fuesen asoladas, no sabemos qué nos decir, ni hallamos á quien poder imputar tan inreparables daños, sino á quien hasta hoy las ha gobernado; y porque á nosotros, por el oficio que en la corte tenemos, incumbe todo lo que fuere en ofensa y deshonor de la Divina Majestad y en daño de las ánimas impugnallo, declarallo, y en cuanto en nos fuere, exhortar con todas nuestras fuerzas hasta estirpallo, ántes que otra cosa hagamos acordamos venir á vuestras señorías y mercedes á dalles dello parte, y suplicalles tengan por bien de nos la dar de cómo se pudo haber permitido tanto mal sin remediarse, y que pues hasta hoy no se ha impedido, pues hoy con toda licencia se hace, lo manden proveer y remediar, porque, como es manifiesto, vuestras señorías y mercedes de Dios rescibirán señalado galardon, y, por el contrario, terribles tormentos no lo haciendo, pues tienen sobre sus hombros la más pesada y peligrosa carga, si bien la consideran, que hoy tienen hombres en el mundo; y tambien á vuestros señorías y mercedes suplicamos, con toda la humildad y reverencia que debemos, no atribuyan ésta nuestra venida á temeridad, sino que la resciban y juzguen con la voluntad de donde sale, que es de hacer lo que segun Dios y sus preceptos somos obligados.» Luégo, el Obispo, como más libre que los otros señores, que eran Hernando de Vega, Comendador mayor de Castilla, y D. García de Padilla, que habia venido con el rey de Flandes, hijo ó nieto del Adelantado de Castilla y letrado, y el licenciado Zapata, y Pedro Mártir, el que escribió, como arriba dije, las Décadas, y Francisco de los Cobos que servia de Secretario, y que entónces comenzaba á ser algo, respondió, no con tanta humildad como su dignidad episcopal requeria y merecia la demanda que los predicadores propusieron, sino con grande autoridad, y magestad, y enojo, como si llegaran en el tiempo de los gentiles á derrocar el templo de Apolo, respondió: «Grande ha sido vuestra presuncion y osa-

día venir á enmendar el Consejo del Rey; por ahí debe de
andar Casas. ¿Quién os mete á los predicadores del Rey
en las gobernaciones que el Rey hace por sus Consejos?
No os dá el Rey de comer para eso, sino para que le pre-
diqueis el Evangelio.» Respondió el doctor de La Fuente,
no con ménos autoridad y libertad que el Obispo, y como si
fuera su superior: «No anda señor por aquí Casas, sino la
casa de Dios, cuyos oficios tenemos y por cuya defensa y
corroboracion somos obligados y estamos aparejados á poner
las vidas; ¿parece á vuestra señoría ser presuncion que ocho
maestros en teología, que pueden ir á exhortar á todo un
Concilio general en las cosas pertenecientes á la fe y regimiento de la universal Iglesia, vengan á exhortar á un Consejo del Rey? nosotros podemos venir á exhortar los Consejos
del Rey de lo que mal hicieren, porque es nuestro oficio de
ser del Consejo del Rey, é por ésto venimos señores aquí á
os exhortar y requerir que enmendeis lo muy errado é injusto
que se comete en las Indias en perdicion de tantas ánimas y
con tantas ofensas de Dios, y sino lo enmendáredes, señores,
predicaremos contra vosotros, como contra quien no guarda
las leyes de Dios, ni hace lo que conviene al servicio del Rey;
y ésto es, señores, cumplir é predicar el Evangelio.» Quedaron como pasmados, mirándose unos á otros, de ver la autoridad y osadía del doctor de La Fuente, y harto más blandos todos que habia mostrado el señor Obispo, y con ménos
dureza de la que ántes tenian; y, acabado el doctor, tomó la
mano D. García de Padilla, y dijo: «Este Consejo hace lo que
debe, y ha hecho muchas provisiones muy buenas para el
bien de áquellas Indias, las cuales se os mostrarán, aunque
no lo merece vuestra presuncion, para que veais cuánta es
vuestra temeridad y soberbia.» Torna el mismo doctor de La
Fuente, y dice: «Mostrarse nos han señores las provisiones
hechas, y si fueren justas y buenas loallas hemos, y si malas
ó injustas dallas hemos al diablo y áun á quien las susten-
tare y no las enmendare, con ellas, y no creemos que vuestras señorías y mercedes quereis ser destos.» Estando para

se salir cómenzaron los del Consejo á blandear y disimular
la cólera del doctor de La Fuente y de los demas, que mostraron sentirse del mal tractamiento que dello rescibian, y
pasadas muchas razones de una parte y de otra, finalmente,
cpncluyeron los del Consejo diciéndoles suavemente que
holgaban de les mandar mostrar las provisiones que estaban
hechas y se hacian para el remedio de las Indias, y vistas
diesen su parecer cerca dellas, y que holgarian de rescibillo,
y para ésto se volviesen otro dia. Vueltos á ello, rescibiéronlos con mucha cortesía y benevolencia, y mandaron que se
les leyesen muchas provisiones y Cédulas que en los tiempos
pasados y en los presentes habian hecho, como las leyes que
referimos arriba en el cap. 8.° y los siguientes, y otras instrucciones y mandamientos que mandaban tratar bien los indios, estantes las cuales habian perecido y perecian innumerables cada dia; y pensaban los tristes que con ellas cumplian,
no quitando la raíz de la tiranía que los mataba, que era las
encomiendas, como cada dia tuviesen relacion, poca que
mucha, de religiosos, y mayormente del clérigo Casas, que
con gran libertad los acusaba, y molestaba, y confundia, y
daba malas cenas y peores comidas sobre ello, como quien
estaba cierto que ninguno le podia contradecir la verdad que
afirmaba y defendia, á quien eran obligados á creer aunque
fuera sólo, al ménos hasta lo inquirir: cuanto más que sabian
el crédito que el Cardenal le habia dado y lo que por su informacion habia proveido; item, los clamores que habian oido
de los padres fray Pedro de Córdoba, sancto varon, y fray
Antonio Montesino; item, por las rentas del Rey podian en-
tendello, pues que vian cada dia disminuirse, y, finalmente,
lo sabian y lo creian, pero era tanta su ceguedad que no les
dejaba advertillo; y porque de todo ésto estaban informados
los predicadores del Rey por el Clérigo, y, principalmente,
como por razon natural y por experiencia se sabia no aprovechar ni ser posible remediarse ni dejar de morir los indios
con cuantas provisiones ni leyes se hiciesen, aunque, como
solia el Clérigo decir, se pusiese una horca á la puerta de

cada español para que, muriéndose el indio, le ahorcasen á él, no bastaria por sus innatas y rabiosas cudicias que cesasen de morir, si no los sacaban de su poder como incurable y ponzoñosa raíz. Oídas todas las que les quisieron leer, pidieron los predicadores tiempo para decir su parecer, y así se despidieron.

CAPÍTULO CXXXV.

A cabo de ciertos dias, en los cuales tractaron y deliberaron lo que debian responder, llevaron por escripto lo siguiente:
aunque más de lo que aquí referiré hobo, sino que no hallo
agora más desto en mi poder, y harto he hecho en guardar
ésto cuarenta y un años ha, lo cual tengo de la misma letra y
mano escripto del dicho maestro fray Miguel de Salamanca.
que acordaron que fuese el notario.

«Ilustres reverendísmos y muy magníficos señores: Ya saben
vuestras señorías como los dias pasados, nosotros, movidos con
celo de Dios y del servicio del católico Rey, nuestro señor, y
por hacer aquello á que Dios y la vocacion en que somos llamados nos obligan, venimos ante vuestras señorías á suplicalles y exhortalles, pues les constaban los grandes males y
daños temporales y el poco fructo espiritual que en aquellas
Indias y tierra firme se habian seguido, pues Dios aquel tan
gran negocio habia puesto en las manos de vuestras señorías,
para que con su mucha prudencia remediasen los daños pasados y diesen órden á los fructos y provechos venideros, en
que no les hizo poca merced que trabajasen en ello, en tal
manera, que pudiesen dar buena cuenta á Dios de aquel tan
gran cargo que sobre sus fuerzas habia puesto; porque así
como sería grande la corona que por la buena gobernacion
ganaran, asi serian graves las penas que por el contrario in-
curriran, y otras cosas que allí pasaron de que vuestras señorías tienen noticia, por lo cual no se repiten. Tuvieron por
bien vuestras señorías, por nos hacer señalada merced, y para
que nos constase la diligencia y trabajo que en esta sancta

obra habian puesto, de nos mandar ;dar parte do lo que sobre
ello, y para el remedio dello habian ordenado, lo cual muy
por estenso se nos fué leido, y de nosotros con mucha atencion escuchado; y porque los que son dignos della no deben
ser defraudados de su gloria, ni podemos ni queremos negar
que no nos puso en admiracion la mucha prudencia de que
vimos sembradas aquellas leyes y estatutos é instrucciones
que se nos mostraron, y·quedónos de aquí esperanza que
quiere ya Dios remediar aquellos pueblos, pues les comienza á
hacer merced de gobernadores que con tanto cuidado buscan
su remedio y provecho, y que tuvimos de que dar loores á
Dios, nuestro Señor, *qui dedit talem potestatem hominibus* para
su servicio, y para el bien de sus pueblos. Pero como sea la
costumbre de Dios las cosas grandes dallas poco á poco, y
por suceso de tiempo, no porque él sea tardío en el hacer
mercedes, sino porque de nosotros sean estimadas en lo que
deben, porque solemos tener en poco lo que ligeramente se
alcanza, no se maravillen vuestras señorías si este remedio
tan grande y que tanto importa se les dé poco á poco, y si
por ventura no quiere que del primer voleo venga á sus entendimientos, sino que por mano ajena lo resciban; que el
gran Profeta y amigo de Dios, Moisés, despues de haber gozado de tantas revelaciones divinas y tanta familiaridad con
Dios, que ninguno la tuvo mayor, quiso Dios que de un idó-
latra rescibiese consejo para regir el pueblo de Israel, y aquel
grande Apóstol que rescibió la laurea del magisterio en el
tercero cielo, tuvo necesidad de la comunicacion de la otra
sancta compañía apostólica, y de un Apolo para que con su
elocuencia le ayudase á sembrar la simiente evangélica. No
queremos decir, señores, que somos nosotros los por quien tiene
Dios determinado de instruiros, que sería arrogancia y blas-
femia intolerable, pero osamos afirmar que somos como ojos
desta escelente corte, para, miéntras que vuestras señorías
están adormidos en el profundo de los temporales negocios,
nosotros estudiemos en la Ley de Dios y sus exponedores para
serviros con ello; y si bien usamos de nuestro oficio de pre-

dicadores, y de lo que Dios en él nos manda, habemos de ser
como ventores para escudriñar cómo en todos los estados y
oficios de la corte se guarda la Ley divina, y lo que viéremos
que por ella va nivelado loallo, y animar á los que recta-
mente viven á continuar lo⁺bueno y á no dejallo, ni por astu-
cias del diablo, ni por los favores y deleites del mundo, y lo
contrario reprendello y anunciallo, como el otro dia dijimos,
hasta que, ó se enmiende ó sean los·culpados inexcusables, y
si nosotros hiciésemos bien nuestro oficio á la ventura no habria tanta corruptela en muchas cosas como hay. Plega á la
divina Majestad perdone nuestras pasadas faltas, y nos dé
virtud para reparallas en lo venidero; y, porque en todo no
seamos negligentes, ha querido nuestro gran Dios despertar
nuestros entendimientos á pensar en ésto, que tanto á Su Majestad y al acrecimiento de su esposa toca, que creemos que
ha más de mil años que no puso Dios cosa tan importante en
manos de ningun Príncipe ni pueblo cristiano. Y este celo,
señores, nos movió á lo pasado, y á que, despues que vuestras señorías nos comunicaron lo que para el reparo de
aquellas tierras habia ordenado, con toda diligencia y cuidado
y estudio mirásemos si era aquel el remedio que bastase á
reparar los grandes daños pasados, y obviase á los venideros,
y con que se podia conseguir el fructo que Dios y su Iglesia
quieren, y nosotros somos obligados á ofrecelle de aquellas
tierras; y, consideradas muy bien todas las leyes y provisiones que en ello se han hecho, no ha parecido que, presupuesta
la encomienda de los indios, no se podian pensar más justas
ni más sanctos estatutos, ni con que más se pudiese obviar al
mal tractamiento y poco fructo espiritual de aquellas gentes.
Pero al fin, bien mirado todo, parece asaz claramente que con
ellas no se porná el remedio á que Dios nos obliga, ni el que
aquellas gentes han menester; lo uno, porque estas leyes, por
sanctas que sean, ni serán ni pueden ser guardadas ni traidas
á debida ejecucion; lo otro, porque aunque ellas en sí son muy
justas, pero van fundadas en un fundamento injustísimo, que
ha sido causa de todos los más daños de aquellas tierras, y

miéntras que aquel no se remedia, es imposible poner reme—
dio bastante ni justo á los males: y en éstos dos puntos consiste toda esta plática, y probando el segundo, en que está
toda la fuerza,·se probara el primero. El mayor mal, y lo que
ha sido la total destruccion de aquellas tierras, y será de lo
que queda sino se remedia, y lo que ni justa ni razonablemente
se puede ni debe hacer, es la encomienda de los indios como
agora está, quiero decir, estando encomendados por la vía que
agora, para que, trabajándolos como se trabajan, todo el provecho que de sus trabajos se ·sacare sea de aquellos que los
tienen encomendados; porque esta manera de encomienda y
la manera con que se ejecuta es contra el bien de aquella república indiana; item, es contra toda razon y prudencia humana; item,·es contra el bien y servicio del Rey, nuestro señor, y contra todo derecho civil y canónico; item, es contra
todas las reglas de filosofía moral y teología; item, contra
Dios y contra su intencion, y contra su Iglesia. Ved, señores,
si cosa tan dañada estando en pié se pueden reparar por leyes
los males de aquellas tierras, y, porque no parezca esta locu-
cion hipérbola, queremos probar todas las partes arriba dichas
evidentemente. Dijose lo primero, que es contra el bien de
aquella indiana república, lo cual consta manifiestamente,
porque despues que se halló aquel dicho medio, colorado con
color de traer los indios á la comunicacion de los cristianos,
y que andando en subjecion suya serían enseñados en la Ley
de Cristo por los que no la sabian, se han asolado aquellas
tierras, y así irán sino se remedia hasta que no haya quien
las habite. Item, es contra el bien de aquella república, porque si todos los mortales se pusieran á pensar qué medio se ha·
llaria más dañoso que éste de la encomienda para destruccion
de los indios de aquella república, no se hallara otro ni se
pudiera inventar, porque este impide que jamás allí haya república, la cual, segun todos los que della escribieron dicen,
consiste en diversidad de estados y de oficios, y allí todo se
confunde y se resuelve en el más bajo y más civil oficio de la
república, que es cavar. ¿Quién nunca vió toda una tan gran

república cavadora? Por manera que no sólo todas las partes que ha la república, pero ninguna dellas allí se halla, que ni hay militares, ni filósofos ó letrados, ni oficiales, ni labradores, y así aquella insigne tierra aparejada á producir de sí todo lo que á la sustentacion de una gran república se requiere, está reducida al más civil y más bajo ejercicio que pensarse puede, que es cavar y trastornar tierra, y así aquellas ínsulas serán como las que los romanos tenian para desterrar los mártires y los malhechores, *qui damnabantur ad fodienda metalla*, y aún peor, que en aquellas ínsulas no mataban á los desterrados con trabajo excesivo, y aquí matan los naturales. Item, es contra el bien de aquella república, porque esta encomienda los priva de libertad y los pone en servidumbre, lo cual de derecho divino ni humano no se puede hacer. Que ésta sea servidumbre, por las mismas leyes dadas se prueba *ad hominem*, como dicen los lógicos, porque allí mandais que el licenciado Figueroa ponga en libertad á los que la pidieren y quisieren usar della, dando competente tributo, etc.; pues si éste los ha de poner en libertad, claro está que hasta agora estaban en servidumbre. Pero, porque no parezca que nos aprovechamos de cavilaciones, abiertamente se prueba que esta encomienda es servidumbre, porque, segun todos los que difinieron al libre, *liber est qui gratia sui est*, pues si las vidas, si las industrias, si los trabajos, si los frutos que dello proceden, todo es ajeno y para aquellos que los tienen en encomienda, yo no sé dónde está la libertad de los indios, sino sola escrita en las leyes pero no ejecutada en los que habian de gozar della. Si decis, señores, que se les da salario y alimentos por sus trabajos, no aprovecha, pues todo aquello no es la mitad de lo que acá se da á un esclavo, y éstos pálios de libertad de que allí se usa se convierten en cruezas y en mayor daño de los indios, porque si fuesen esclavos serian mejor tratados y guardados, y sus dueños ternian por jactura la muerte dellos. Item, es contra el bien de aquella república, porque dado y conceso que aquella fuese libertad, pero aquel tratamiento es la más dura exaccion que jamás se vió en el mundo, ni en obra, ni por es-

crito verdadero ni finjido, y, si bien se mira, no es sino un de-
chado de la dura servidumbre que dió Faraon al pueblo de
Israel, y teniendo todo lo malo de aquella tiene otras cosas muy
peores, porque aunque les daban trabajos no les quitaban sus
bienes, que ricos y abundantes eran los hijos de Israel aún al
tiempo de aquella dura servidumbre y bien tratados en el
.mantenimiento, que despues en el desierto deseaban volver á
las ollas de carne que tenian en Egipto, y eran tan estimados
de los egipcios que les prestaron todas las más ricas joyas que
tenian, con las cuales fueron, lo cual creo yo que no harian
los nuestros con los indios, y con aquella dura servidumbre
crescia el pueblo de Israel, y con ésta se ha asolado el de las
Indias. ¿Cuál Rey ni Príncipe del mundo, ni justo ni tirano,
hizo ni pudo hacer de derecho que todo su pueblo trabajase
más de los nueve meses del año, para él y para los que él señalase? á los ciegos está claro que no se puede hacer justamente; ¿pues qué se puede ni debe esperar deste tan excesivo delito, y que tantas sobras hace al de Faraon, sino otro
mayor castigo que aquél? y tenemos (plega á Dios que no sea
así) que aquel gravísimo pecado ha de ser causa de la total
destruccion de la república de España, si Dios no lo repara ó
nosotros no lo enmendamos: y así, queriendo probar que éste
medio es dañoso á la república de los indios, hemos probado
ser pernicioso á la república de España. Item, es durísima
exaccion para los indios, porque, á gente naturalmente inclinada á ócio y nascida y criada en él, darles el mayor de los
trabajos y nueve meses continos, es claro que es dalles la
muerte; y la holganza de los cuarenta dias que les dan no
es sino para dalles la muerte más cierta, lo uno, porque en
aquellos cuarenta dias han de proveerse de mantenimiento,
labrando sus labranzas, que és asaz gran trabajo; lo otro, porque en aquel tiempo no cobran fuerzas para el futuro trabajo,
ántes las pierden con la mudanza que se les hace en el mantenimiento, de manera que donde habian de reintegrar las
fuerzas, que perdieron en el continuo trabajo de nueve meses,
las enflaquecen más con el trabajo de las labranzas y con la

miseria del mantenimiento que les dan en las estancias, que son las granjas de los cristianos, y así cuando los llevan al otro trabajo de los otros nueve meses quiérenlos apremiar á trabajar recio, como á hombres holgados y rehechos, y como ellos están debilitados, por las causas ya dichas, es dalles la muerte y así acaban sus dias miserablemente.»

CAPÍTULO CXXXVI.

«Item, aquella manera de enmienda es contra toda razon y prudencia humana, porque ninguna basta para poner remedio en aquellas tierras ni la de vuestras señorías acá, ni las de todos los jueces de allá, aunque todos fueran como ángeles, miéntras la encomienda durare, ni leyes bastarian ni bastarán, aunque fuesen muchas más que las Siete Partidas; porque, ¿quién coercerá la demasía de la avaricia de los cristianos, para que, teniendo los indios debajo de su mano, entre las bravas peñas, donde de solas las aves son vistos y de donde en 50, y 60, y más leguas, no hay justicia, ni juez ni otro cristiano que los valga, no los hagan trabajar hasta la muerte, máxime, *si dolosi spes refulserit numi?* ¿quién les ha de ir á pesar la carne que se les ha de echar en la olla? ¿quién les ha de acusar si muere el indio á palos ó azotes? Decís, señores, que los Visitadores harán pesquisa y castigarán los delincuentes; ya hemos dicho, que estando tan léjos, en los montes metidos y repartidos los indios de cada señor en diversas partes, ¿qué Visitadores ó qué salarios lo podrán bastar? y dado que tantos hobiese, lo cual no podrá ser, ¿quién osará acusallos? que estará el indio temblando, y sabe que si se quejare al Visitador despues le ha de asar su amo; y no vamos á las Indias, sino acá entre nosotros se haga pesquisa de las vidas de los vecinos de esta ciudad, ¿ireis á tomar el dicho á sus criados del que habeis de castigar? ya lo ven vuestras señorías; pues como todos aquellos indios sean criados, ó por mejor decir captivos, de aquel que los tiene encomendados, los cuales, dado que se quejen, no serían creidos como allá se tiene por averiguado, por manera, que si en cada estancia estuviese un ángel que no comiese ni durmiese, si pudiese ser corrupto por dádivas y oro, no es posible ponerse remedio humanamente á aquellos males, y á la fin bien ven vuestras señorías que lo tiene el Visitador por hombre y quizá por amigo ó bienhechor, ó el indio que lo tiene por bestia. Item, aquella encomienda es contra el bien del Rey, nuestro señor, lo primero, porque le quita lo que le hace gran señor, que es la muchedumbre del pueblo, que en aquella dice la Escritura, que consiste la gloria y potencia del Rey ; item, le quita la opulencia y fructos de aquellas tierras que le harán rico á él y á todos sus reinos, y creo que la misma tierra dará voces al cielo que la hacen estéril y mañera, siendo ella de sí tan fértil y abundosa, que podria dar abundancia á muchos que en otras partes mueren de hambre; item, esta encomienda es dañosísima al bien del Rey, nuestro señor, porque le quita el justo y verdadero título y dominio de aquellas tierras, que tenia y tiene si ésta dicha invencion no interviniese. Porque por una de tres maneras, el que no era señor de algun pueblo ni le pertenecia por herencia, puede ser justo señor dél: la primera, si el superior del suyo ó de aquel pueblo, en justa pena de males cometidos, los pusiese so el señorío de la tal persona, privado de los primeros señores con justa causa; la segunda, si el tal superior pusiese aquel pueblo en subjecion del tal Príncipe para que con muy buenas obras, en acrecentamiento temporal y espiritual de aquel pueblo, mereciese el señorío dél; la tercera, por querer, *sua sponte*, y voluntariamente el tal pueblo someterse y subjetarse al tal señor; y cualquiera Príncipe, que sin alguno destos títulos posee y usa del dominio de alguna tierra, no es Rey ni verdadero señor, sino pésimo y tirano se puede llamar, pues manifiestamente consta que el sumo Pontífice no privó por delitos del señorío á los señores de aquellas tierras, porque ni eran infestadores de la fe, ni cismáticos, ni la sola infidelidad basta para privallos de dominio, máxime en tierras que nunca fueron subjetas á la Iglesia. Resta, pues, manifiestamente, quel dominio y señorío del Rey, nuestro señor, depende, ó del bien y acrecentamiento que procura aquella república, como suena la

concesion apostólica, ó de la voluntad de aquellos pueblos, y
pues éste medio de la encomienda destruye y deshace aquella república en lo espiritual y temporal, y hace aquellos vasallos involuntarios, como por muchos ejemplos ha constado,
ergo, quítale todo el derecho que á aquellas tiene, y donde
se piensa que por aquel medio hacelle señor le hacen tirano,
quitándole el verdadero señorío que tiene en ellas, lo cual,
vuestras señorías debrian mirar con mucho cuidado, pues á
vuestras cuestas carga todo este edificio que el Rey, nuestro
señor, con vosotros dará buena cuenta á Dios; y en verdad
que se hace más daño al Rey, nuestro señor, en ésto, que si le
tomasen las tierras por fuerza, porque entónces quitalle hian
el uso pero no el derecho, y agora, dejándole el uso, quítan-
le el derecho como está bien probado. Item, aquella manera de
encomienda es contra todas reglas de teología y filosofía moral
que quieren quel fin se preponga á los medios, y los medios
se pospongan por la consecucion del fin, y como nuestro verdadero fin sea la bienaventuranza celestial, y el medio propio para ella sean las virtudes, y para el ejercicio de las
virtudes meritorias sea necesaria la vida, y para la conservacion de aquella los alimentos, y para comprar éstos,
como medio más remoto y más inútil y ménos necesario,
sea la pecunia, si por éste mísero medio se pospone la gloria del cielo y las virtudes con que se alcanza, y la vida
en que se ejercitan, y los alimentos para ella necesarios, y
lo que peor es, no sólo en los indios se pierde la fe y virtudes por el oro, pero en los mismos cristianos, como la
experiencia lo muestra, que son hechos más inhumanos y
más sin misericordia que los fieros tigres, etc., que no decimos. Item, esta manera de encomienda es contra Dios, nuestro Señor, y contra su intencion, *qui vult omnes homines salvos
fieri*, y porque no se puede haber salud perpetua sin fe,
quiere que la tengan los mortales, y porque la fe ha de entrar
al alma por el oido vino él á predicalla, y así dice que *ad
annunciandum mansuetis misit eum Deus*, y para predicalla en
todo el universo mundo hizo de aquellos rudos. discípulos

tan sabios maestros, alumbrados por el Espíritu Sancto, ante cuyo saber se enmudecen todos los sabios del mundo, y para ésto puso en nuestras manos aquellas grandes tierras y gentes; y todo ésto impide esta malaventurada encomienda, porque, ¿cómo podrán los predicadores instruir la gente derramada y fatigada de los trabajos? Y los mayores enemigos y estorbadores que los religiosos apostólicos allá tienen, para no poder instruir aquel ignorante y manso pueblo, son los que tienen los indios encomendados, porque enseñándoles las virtudes y vicios, será fuerza que viesen tanta falta de uno y tanta sobra de lo otro en sus señores, que los tienen por demonios, y como la fe no se adquiera, por mucho que se predique, sin pía afeccion del que oye, no sé de dónde les ha de nacer á éstos esta pía afeccion á nuestra fe, ni cómo podrán tener por divina la ley en que viven hombres tan inhumanos. Item, esta manera de encomienda es contra la Iglesia de Dios, que como todos se ocupan en aquel maldito ejercicio de cavar y no en hacer fructificar la tierra para que produzca riquezas naturales; no hay diezmos para que dellos se puedan sustentar buenos Prelados y sacerdotes y otros ministros della que engendrasen á la Iglesia hijos espírituales, y así no se multiplica la Iglesia donde se podria multiplicar y en tanta y más cantidad que agora está por todo el mundo. Pues vean los que ésto sustentan, y tiemblen del temor de la estrecha cuenta que han de dar á Dios, nuestro Señor, que no es aceptador de personas ni se le dá un maravedí que sea al que ha de juzgar Príncipe ó Prelado ó gran Señor, ó porquerizo. Pues tiempo es, señores, pues Dios y el Rey, para vuestra gloria y merecimiento, puso éste tan grande y árduo negocio en vuestras manos, que procureis de estirpar esta raíz de donde tanto mal procede, y dar remedio á aquellos afligidos pueblos, porque Dios lo dé á vuestras almas en el cielo y á vuestras honras y estados en el suelo, amen. Bien sabemos, señores, que en aquel tesoro de la sabiduría divina están repuestos mil remedios para todos estos daños, y que la prudencia de vuestras señorías podrá alcanzar muchos,

especialmente si con sancta afición y puro ánimo y sincero
la pedís á aquel de quien ha de emanar, pero para un poquillo de aquello, como la pobrecilla mujer evangélica, ofrecemos
á vuestras señorías *duo era minuta*, á que nuestro flaco ingenio se pudo extender, rescibanlo vuestras señorías con aquel
celo que se les ofrece, que si no fuere tal como conviene no
se puede en ello perder más del tiempo que se gastó en com-
ponello y del que vuestras señorías gastarán en oillo, y gana-
rán vuestras señorías mucho ante Dios por querer parecer
de personas que lo podrian mejor tomar de vuestras señorías,
y nos ganarémos mérito del celo con que lo ofrecemos á Dios
y á vuestras señorías. Lo primero, muy magníficos señores,
que debe hacerse en el reparo de los daños es quitar la
causa dellos, porque, ésta quitada, no habrá impedimento á
los provechos; las causas de todos los males y muerte destos
indios han sido tres, las continuas digo, que de las accidentales no se hace mencion; la primera, es trabajo excesivo; la segunda, penuria de provision y mantenimiento; la
tercera, descontentamiento en los trabajos y desesperacion
de nunca salir dellos; y quien bien quisiere mirar en ellas
no sólo verá que son bastantes para matar flacos indios, pero
recios gigantes. Y que en ellos se hayan ejercitado estas tres
cosas en gran abundancia, más que sus fuerzas podian sufrir,
es muy manifiesto; resta, pues, ponellas remedio conveniente,
el cual, á lo que se nos ofrece ser necesario, se dará primeramente y con justicia, sacándolos de la encomienda opresi-
va y dura servidumbre en que están, pues tanta iniquidad
y daños contiene, y ponellos en libertad desta manera: Que
en aquellas islas, Cuba y Española y las otras, de la gente que
en ellas hay, se hagan pueblos de hasta 200 vecinos, ó segun la disposicion y calidad de la tierra en que se fundaren,
y que á aquellos se ponga un Gobernador, buena persona y
política, y que sepa industrialles en agricultura y en plantar
viñas y huertas, azúcares y otras cosas útiles, y que ésta persona tal esté salariada por el Rey, nuestro señor, de salario
competente tasado, el cual se tome de los fructos y provechos

de los indios, no señalándole cuota, de manera que ni sea
tercera ni cuarta parte de lo que ganaren los indios (porque
en señalándoselo desta manera, porque suba su cuota en gran
cantidad, trabajarán los indios más de lo que conviene, y les
disminuirá los alimentos necesarios, y verná al mismo inconveniente que agora está), sino que sea tanto por año, conviene
á saber, tantos castellanos; y éste enderece y disponga en
qué tiempo y qué cosas deben sembrar y plantar los indios
que tuviere á cargo, y en qué tiempo se deben coger y cómo
se ha de guardar lo que se cogiere para el alimento dellos y
de sus mujeres y hijos, y lo que sembraren él lo venda á los
otros que no tuvieren labranzas, como son oficiales y los que
tienen esclavos para las minas, y aquello todo se guarde á
á buen recaudo. Item, que este Gobernador determine qué
parte de aquellos que estaran á su gobernacion irán á las
minas, y en qué tiempo del año, porque se dice allá hay dos
agostos, y el uno más fértil que el otro, y podrán entender
en el medio del año en las cosas de agricultura, y el otro medio ir todos ó los más á las minas, y del oro que sacaren
pagar al Rey su quinto, y las alcabalas de lo que vendieren,
pagado el diezmo que se ha de dar á la Iglesia de las cosas
que le pertenecen, y todo lo otro se tenga cuenta, y venga á
monton; del cual, ante todas cosas, se saque el salario del
Gobernador, y lo que fuere necesario para la sustentacion de
los indios en todo el año, y para la costa de las labranzas y
hamacas, y otras cosas necesarias para los dichos indios; y
en fin del año el tal Gobernador será obligado de dar cuenta
entera, como mayordomo, de todo lo que ha cogido, así de provisiones y otras cosas como de oro, y de lo que ha gastado con
pago de lo restante á los visitadores que Su Alteza para ésto
deputare, y que todo lo que restare, pagadas las cosas susodichas, sea para los dichos indios, y se aplique, á vista de
los dichos visitadores, en cosas útiles para ellos, como vestidos
y albajas y otras cosas, y en multiplicar casas de moradas para
ellos, por manera que, si ser pudiere, se haga por discurso de
tiempo á cada uno su casa con sus apartamientos, y arcas en

que guarden lo que tuvieren, y así los muestren á tener ape-
tito de tener propio, y de comprar alhajas y guardallas, que
éste ha de ser el principio de su policía: y destas tales personas se hallarán muchas en los reinos de Castilla que sean
muy hábiles para ello, y que lo tomen de buena voluntad
y alzando las manos á Dios por ello. Este medio se podrá
mucho más ampliar, queriéndose poner en obra, y con él se
obviarian suficientemente á todos los males que en aquellas
tierras se hacen y habian de hacer, porque estando desta
manera, estarán enteramente libres, como los otros pueblos, aunque subjetos á su Gobernador, lo cual no es contra libertad. Item, serán ménos fatigados, porque, *cum nemo
gratis sit malus*, viendo los Gobernadores que el fructo de
los trabajos de los indios es para ellos, y no para él, no
los matará de trabajo, y pues los bienes han de ser suyos
dellos, no los matará de hambre, porque no hay hombre tan
malaventurado que no huelgue que los otros sean bien tractados de su hacienda. Item, los mismos indios, viéndose ménos
fatigados en el trabajo, y mejor tractados en los alimentos,
ternán más contentamiento y no estarán desesperados, y
viendo que todo el fructo que se saca de sus trabajos redunda
en su provecho, animarse han á trabajar, y no ternán aquella
desesperacion y descontentamiento que hasta aquí han tenido, y los trabajos les serán recreacion, y así reverdecerán
y multiplicarán, y amarán á los que les hacen bien, y allegarse
han con mayor amor á nuestra sancta fe, viendo que de los
que viven en ella resciben tantos beneficios; y ántes de
mucho tiempo, instruidos y doctrinados por nosotros, vernán
á hacerse gente noble y política, especialmente que della se
dice ser de su naturaleza mansa y modesta, y para toda virtud
bien hábil y inclinada, y á saber y á vivir por sí, que así se
redujeron á policía y á virtud los otros pueblos, como España
y Alemania é Inglaterra, que otros tiempos fueron, por ventura, tanto ó más bárbaros que éstos; que de España dice
Trogo Pompeyo y Justino, historiadores, que por falta de no
haber en ella vino tenian célia, que agora se llama cerbeza,

y agora está cual la vemos. De este medio se seguirán más
bienes que al presente sabremos pensar, porque será camino
para multiplicarse la gente, y para que otros muchos que acá
sobran se animasen á ir á vivir allí, viendo que en aquella
tierra hay tanta abundancia de fructos y de oro en ellos, que
agora, como el camino sea largo y la fertilidad prometida *in
futurum*, temen los hombres de ser engañados, pero cuando
les constase que allí tenian, luégo que fuesen, copia de mantenimientos conformes á los de acá, y que les darán tierras
que en breve diesen copia de fructos, y montañas criadoras
de oro, más trabajo sería entónces resistir á los que quérrian ir
para que no fuesen tantos, que agora es el persuadillos para
que vayan. Item, creciendo los bienes y los pueblos crecerán
en gran cantidad las rentas del Rey, nuestro señor, en muy
breve tiempo, y debria Su Alteza sufrirse algo, que quien
planta un árbol espera el fruto dél, labrándolo todo el tiempo
que no dá fructo, con esperanza de lo coger más abundoso.
Item, lo que principalisimo es, habiendo en la tierra copia
de bienes, como arriba se dijo, habria diezmos para sustentar
dellos personas eclesiásticas, doctos, y tales que bastasen á la
conversion y doctrina de aquellos pueblos, y cuánto galardon
sacaria de Dios quien éste bien tan grande procurase, quien
quiera que tenga juicio lo podrá ver. Y si para ello son menester algunos gastos, no es inconveniente que en cosa tan
fructuosa, espiritual y temporal se pongan, cuanto más que
se podria hallar camino como con pocas costas de Su Alteza
se pusiese en ejecucion, porque hay en aquellas Indias y en
España muchas personas, en gran número, que de lo que dieron ménos de salario á los indios de lo que sus trabajos me-
·recian, y de lo que les robaron de los mantenimientos que les
sustraian por no gastar en ellos, y de las muertes horrendas
y ordinarias de que fueron causa, son obligados á grandes
restituciones, las cuales, conforme á derecho divino y humano se deben aplicar al reparo y ereccion de aquella república, y habiéndose una facultad del Papa para poderse componer los tales, y guardándose todo aquello para este efecto,

creemos que no será necesario que Su Alteza de su casa ponga otros gastos. Y así, Dios enderece nuestras cosas, que, á lo que se nos ofrece y podemos pensar, y parece que por los ojos vemos, ántes de muchos años, si ésto se pone en obra con diligencia, sean aquellas ínsulas una de las importantes cosas del universo, aún en lo temporal, donde sino se pone remedio serán unos vastos desiertos y tierra solitaria. Esto es lo que se nos ha ofrecido, muy ilustres y magníficos señores; usen vuestras señorías de lo que dello les pareciere bueno, añidiendo con su mucha prudencia lo que á la nuestra falta.»

Todo lo contenido formalmente en estos dos precedentes capítulos, hasta aquí, dieron por parecer los ocho predicadores del Rey al Consejo de las Indias, como dicho es, para remedio dellas.

CAPÍTULO CXXXVII.

Este parecer rescibieron los del Consejo con buena voluntad, segun lo que mostraron, y lo mandaron leer luégo en presencia de todos, y oido agradesciéronselo diciendo que lo verian y platicarian sobre ello, y ordenarian para el remedio de aquestas Indias todo lo que les pareciese convenir, tomando y aprovechándose destos avisos cuanto pudiesen; y así los predicadores se salieron del Consejo y se fueron. Este parecer, tiene dos partes sustancialísimas como por él parece; la una, es la detestacion y reprobacion de las encomiendas, las cuales ser tiránicas é iniquísimas asaz, como muy doctos varones, con evidentes y eficaces razones prueban, y con cuán estrecho precepto el Consejo fuese obligado á las deshacer, poniendo los indios en libertad, pues ocho teólogos y maestros se lo afirmaban y probaban tan abiertamente, y ellos, que de haberse destruido tantas gentes, por ellas tenian larguísima experiencia, ninguno hay de recto juicio, y áun por basto que lo tenga, que lo niegue; pero no lo hicieron, sino pasaron adelante con su ceguedad, sustentándolas como de ántes, remendándolas cada dia con cédulas llenas de todo escarnio y dignas de quemallas con ellos, pues sabian y eran ciertos que ni se guardaban ni se podian guardar, é ya que se guardaran no habian de dejar de perecer estas gentes, como no quitasen la causa de la perdicion y muerte dellos, que eran las encomiendas, y hacerse otra cosa era imposible, como bien apuntaron en su parecer los predicadores, y ellos mismos del Consejo, lo vian y sabian mejor que todos ellos, como dicho es, y ello así era verdad. Si ellos entónces quitaran las encomiendas

ó comenzaran á quitarlas, que no fuera por ellos ordenado
cuando fuera cumplido, queriendo ellos que se cumpliese, no
creciera y echara tantas y tan arraigadas raíces esta tiranía
tan abominable y destruitiva de la mayor parte del linaje
humano, en tanto grado, que ya el Rey con todo su poder no
ha podido en algunos tiempos estirpalla, como parecerá, y por
tanto, de treinta cuentos de ánimas que desde entónces hasta
el año de 550 han perecido, cuenta estrecha á Dios darán. Y
ya la han dado, pues todos son muertos los que en aquel ciego
Consejo se hallaron, y está, que ó por malicia y á sabiendas
hayan querido errar, lo cual no creo (si á malicia no queremos equiparar, presumir de sus colodrillos no queriendo
tomar parecer de muchos religiosos y personas que les decian
verdad, y ellos eran obligados á creer, y mayormente de los
dichos predicadores y doctores, por lo cual los dejó Dios errar
y más errar, lo cual no hay duda sino que como malicia se
les debe imputar); ó por ignorancia crasa y culpadísima, la
cual no los pudo excusar, porque habian tomado y tenian
oficio por el cual eran obligados á no ignorar lo que á él
pertenecia, como ésta tan horrenda y tan perniciosa pestilencia
de encomienda sea contra todo derecho natural, y divino, y
humano, y toda razon de hombres aunque sean barbarísimos,
y á los más dellos les diese el Rey de comer, no por más gentiles hombres, sino por letrados, y ellos dello se jactasen, y
paria sunt scire vel debere scire; y ellos tienen, *quia turpe est*
patritio et nobili viro et causas oranti, jus in quo versatur igno-
rare. La segunda parte del parecer de los dichos doctores y
predicadores contiene el medio para que los indios puestos
en libertad fuesen bien gobernados; éste era, que se hiciesen
pueblos de los indios que habian restado de la vendimia y
muerte que habia barrido ya toda esta isla, y de los que tambien en las islas se hallasen allí tambien así se hiciese de la
misma manera. Este medio en substancia era bueno, pero
segun muchas circunstancias fuera para destruir los indios,
como acaeció en tiempo de los padres Hierónimos, que lo
pretendieron hacer y con ello cuasi los acabaron, porque

como los indios sean y fuesen tan delicados, por el poco comer
y el poco trabajo en que fueron criados, y tambien por andar
como andaban desnudos, en mudándose de una distancia
donde nacieron y se criaron, por poco que fuese, á otra, fácilmente enfermaban, y con facilidad morian, mayormente
que si los pasaban ó mandaban pasar de una parte á otra no
les daban ayuda ninguna, sino que ellos habian de hacer las
labranzas de nuevo, con sus trabajos y sudores, y sobre la
flaqueza que habian cobrado de la vida triste y hambrienta y
malaventurada que habian padecido, es manifiesto que jun-
tallos en pueblos, traidos, de unas partes á otras, no era otra
cosa sino matallos, y así fué, que al cabo, por éstos caminos,
los acabaron. No estaban ya los indios, pocos que habia, para
andar con ellos jugando, de una tierra ó provincia á otra
mudándolos; el verdadero remedio, no era otro sino dejallos
en sus propias y nativas tierras y poblezuelos que tenian, por
pocos que fuesen, y dalles toda libertad, que supiesen que no
habian de servir ya más á españoles, y de cuando en cuando
visitallos los religiosos para doctrinallos, y que así como conejos tornasen á multiplicarse. Cuanto á su comida, no tenian
necesidad de que, para sembrar y coger los fructos de la tierra necesarios, los aguciasen, como falsísimamente los españoles
los infamaron, diciendo que de perezosos y por no trabajar
se dejaban morir de hambre; que sea falsísimo testimonio parece á la clara, porque hallando como hallamos estas tan infinitas gentes tan multiplicadas y tan llenos sus campos y
sus tierras de labranzas y comida, con que infinitas veces nos
mataron la hambre, no tuvieron necesidad de que nosotros
fuésemos á mostralles ni á inducilles á labrar sus haciendas,
tampoco la tenian agora, sino que ellos estuviesen ciertos que
habian de gozar de su libertad, y sus trabajos no se los habian
de gozar sus capitales enemigos que tan inhumanamente los
habian raido de la haz de la tierra: y por no tener experiencia los predicadores del Rey, cuanta era menester, no
pudieron caer en dar remedio á ésto. Por esta misma causa
se les pasó por alto ó por bajo no advertir en qué decir é

dar por consejo, como remedio, que la mitad del año echasen
los indios á las minas, era aconsejar que los espusiesen á
la muerte, óomo aquello hobiese sido la potísima causa de
su acabamiento; porque poco ganaban los indios que muriesen en las minas, cogiendo oro para sí ó para los que los
oprimian, habiendo al cabo de morir, como era cierto, mayormente quedando tan adelgazados en la substancia, sin
fuerzas y ser humano, de la vida que habian padecido más
que infernal. Item, cerca de lo que dicen los predicadores en
el susodicho parecer que dieron al Consejo, que el Gobernador que los gobernase los industriase en plantar viñas y huertas, y azúcares y otras cosas útiles, decimos que no habia lugar
en gente tan deshecha y flaca, y poca y atormentada, tampoco
como echallos á las minas, ni aunque fueran muchos más,
porque no se habia de entender ni estudiar en otra cosa, por
los que los habian de remediar, sino en dalles huelga y descanso, y manera que multiplicando se reformasen. Item, aunque hobiera gran número dellos, no les convenia luégo indu-
cillos á que plantasen viñas y huertas y azúcares, porque
primero se deshicieran que acabaran de gozar de los fructos
dellos, ni luégo les son proporcionables las tales granjerías,
sino las suyas, que son de pocos trabajos y no de mucho
cuidado. En ellas habian de entender, el mucho tiempo andando, muy despacio y que ellos mismos á ellas re aficionasen,
como se ha hecho en la Nueva España; porque en la verdad,
si estas gentes fueran inducidas á tractar de las tales granjerias de España, como sean de mucho trabajo y requieran
mucho cuidado, y sin ellas tuviesen sus bastimentos en abundancia, tuviéranlo por violencia y coaccion; y por consiguiente fuérales triste y desagrable, y así, más daño y deformacion
y deshacimiento les sucediera, que provecho ni remedio ó
reformacion. Finalmente, la intencion de los dichos predicadores, y la obra y parecer que dieron al Consejo fué justo y
santo, y si ellos tuvieran experiencia do las miserias y desórdenes destas tierras, y modos con que fueron afligidas y
asoladas las gentes dellas, muy más y mejor, obviando á todos

ó á los más inconvenientes, lo hicieran. Dado, pues, el dicho parecer al Consejo, estimando que el Consejo pusiera el remedio necesario, como mostraba querer, quedaron satisfechos, ó al ménos parecióles que habian cumplido para con Dios con lo que habian hecho y quedar libres del juramento.

CAPÍTULO CXXXVIII.

· El clérigo Bartolomé de las Casas no dejaba de solicitar al Gran Chanciller y á los flamencos que lo favorecian, contra el Obispo y el Consejo, teniendo por cierto que los predicadores habian de sacar poco efecto dél, y por consiguiente, como quedaban tan enteros por haber hecho callar á los predicadores del Rey, pornian más resistencia para que el negocio del Clérigo, de que no entrasen españoles, más de frailes y los 50 que él metiese para la predicacion en la tierra que arriba se dijo, no se concediese. Pasadas muchas cosas, resistiendo el Obispo, principalmente, y el Consejo, y quejándose dellos el Clérigo al Gran Chanciller y á los caballeros y letrados flamencos, que eran del Consejo de Estado y de los Estados de Flandes, que todos favorescian y ayudaban con todas sus fuerzas al Clérigo, porque les parecia que lo que pretendia y defendia era fundado en razon, segun las reglas de Cristo, con éste gran favor que el Clérigo tener sentia, y aún tambien porque aunque no hablaba al Rey porque no tenia necesidad dello, constábale que el Rey lo queria bien y nombraba por su nombre diciendo, micer Bartolomé cuando dél hablaba (porque así llamaban los flamencos «Micer» á los clérigos), y ésto era por el mucho bien que todos los que estaban cerca del Rey decian dél, mayormente Mosior de Laxao, que era el mayor privado que el Rey tenia, determinó de abiertamente recusar, como á manifiestos contrarios y apasionados, á todos los del Consejo de las Indias, en especial al obispo de Búrgos, que era el que siempre le contradijo y resistió, como el que más autoridad siempre tuvo, aunque muchas veces la perdió interpoladamente por la diligencia del Clérigo. Allegaba contra ellos, mayormente contra el Obispo, la mala y pésima gobernacion de las Indias

que habian puesto, y probábala con la perdicion y asola-
miento desta isla Española y las muchas comarcanas,·y aquel
gran pedazo de tierra firme que tenia cargo de asolar Pedrárias, y tambien que habian tenido muchos indios en estas
islas, estando ellos en España, que sus mayordomos y hacedores habia muerto por envialles á ellos oro, los cuales les
hizo quitar el Clérigo, como arriba queda explicado; y otras
cosas cuantas el Clérigo podia, con verdad, decir contra ellos
muy abierta é intrépidamente, como lo pudiera decir de
cualesquiera personas de poco estado y autoridad que fueran.
Llegaba todo ésto cada hora á noticia del Rey, porque todos
los que ayudaban al Clérigo eran sus privados, y los más
propíncuos y continos en su servicio, como dicho es; finalmente, dando y tomando, como dicen, muchos dias, impugnando de la dicha manera al Consejo el Clérigo, determinó
el Rey, por parecer del Gran Chanciller y de los de su Consejo, flamencos, que para entender y tractar y determinar el
negocio del Clérigo, y como cuasi jueces entre el Consejo y
él, el mismo Clérigo nombrase personas de los Consejos del
Rey, cuales él quisiese. Así el Rey se lo envió á decir é mandar con Mosior de Laxao, y el Clérigo así con mucha alegría
lo hizo. Nombró á D. Juan Manuel, el que fué muy privado
del rey D. Felipe, padre del emperador D. Cárlos, y á don
Alonso Tellez, hermano del marqués de Villena, el viejo,
hijos de D. Juan Pacheco, que floreció en tiempo del rey don
Enrique IV, de éste nombre. Estos dos caballeros, D. Juan Manuel y D. Alonso Tellez fueron de los más prudentes que habia
en aquel·tiempo en aquellos reinos, y eran del Consejo del
Estado y de la Guerra. El tercero fué don fulano Manrique, marqués de Aguilar de Campo, del Consejo del Estado y Guerra, y
cazador mayor del Rey. Nombró tambien al licenciado Vargas,
que fué muchos años, en tiempos de los Reyes Católicos de
gloriosa memoria, general tesorero de la hacienda del Rey.
Este tambien fué hombre prudentísimo y muy experimentado
y de los Consejos del Rey. Nombró tambien á todos los flamencos que eran de Consejo, y el Rey mandó que no sólo los

que el Clérigo habia nombrado, pero que todos los de los
otros Consejos, como los del de la Guerra, y de la Inquisicion
y del de Flandes, al tractar del negocio de micer Bartolomé
se hallasen presentes, por lo cual hobo de entrar y hallarse algunas veces á ello el cardenal Adriano, que despues fué Papa,
y entónces Inquisidor mayor de España era; y así, cada vez que
dello se trataba, concurrian sobre 30 y 40 del Consejo. Esta fué
una de las señaladas cosas que acaescieron en España, que
un Clérigo harto pobre, y sin renta ni persona que le ayudase, y ningun favor adquirido por industria humana, sino
sólo el que Dios le quiso dar, ántes perseguido y abominado
de todo el mundo, porque los españoles destas Indias hablaban dél como de quien, segun ellos imaginaban, los destruia
y con ellos á toda Castilla, hobiese tanto lugar con el Rey
que se moviese á concederle que señalase personas de Consejo, como cuasi jueces sobre el Consejo que tambien era del
Rey, y allegase á ser causa de todo lo que está referido y que
más se dirá dél. Y ántes que pasemos adelante, parece será
bien referir aquí lo que respondió el Clérigo á cierta persona
que le increpó en ausencia, cuando supo que ofrecia dineros
al Rey y que pedia las mercedes de suso dichas para los 50
que habian de ir con él. Aunque de los españoles de las Indias y de otros muchos que creian á aquellos era tenido por
malo, ignorando que su negociacion principal era mamparar
á estas míseras gentes y estorbar que no pereciesen, muchas
otras personas, y cuasi toda la corte y todos los que no les
iba interese, sabiendo su final intencion, lo loaban y tenian
por bueno; entre aquellos era un licenciado Aguirre, del
Consejo Real y tambien de la Inquisicion, varon católico y
siempre tenido por siervo de Dios, y de quien la reina doña
Isabel fió el cumplimiento de su testamento, porque fué uno
de sus testamentarios. Este quiso mucho al dicho Clérigo por
la causa que pretendia universal, pero desque supo que prometia, como dije, rentas al Rey, y pedia mercedes para los 50,
que parecia contratacion profana, hablando un dia dél dijo
que le habia desedificado aquella manera de proceder en

la predicacion evangélica, porque mostraba pretender temporal interese, lo que nunca hasta entónces habia sospechado
dél. Súpolo el Clérigo, y dijo: «Señor, si viésedes á nuestro
Señor Jesucristo maltratar, poniendo las manos en él y afligiéndolo y denostándolo con muchos vituperios, ¿no roga-
ríades con mucha instancia y con todas vuestras fuerzas que
os lo diesen para lo adorar, y servir, y regalar, y hacer con él
todo lo que como verdadero cristiano debríades de hacer?» respondió: «sí, por cierto.» «Y si no os lo quisiesen dar graciosamente sino vendéroslo, ¿no lo compraríades?» «sin alguna
duda, dijo él, sí compraria.» Añidió luégo el Clérigo: «Pues
de esa manera, señor, he hecho yo, porque yo dejo en las Indias
á Jesucristo, nuestro Dios, azotándolo, y afligiéndolo, y abo-
feteándolo y crucificándolo, no una, sino millares de veces,
cuanto es de parte de los españoles que asuelan y destruyen
aquellas gentes, y les quitan el espacio de su conversion y
penitencia, quitándoles la vida ántes de tiempo, y así mueren
sin fe y sin sacramentos; he rogado y suplicado muy muchas veces al Consejo del Rey que las remedien y les quiten
los impedimentos de su salvacion, que son tenellos los españoles en captiverio á los que tienen ya repartidos, y á los que
áun no, que no consientan ir españoles á cierta parte de tierra firme donde los religiosos, siervos de Dios, han comenzado á predicar el Evangelio, y los españoles que por aquella
tierra van, con sus violencias y malos ejemplos, los impiden y
hacen blasfemar el nombre de Cristo: hánme respondido que
no ha lugar, porque sería tener la tierra ocupada los frailes
sin que della tuviese renta el Rey. Desque ví que me querian
vender el Evangelio, y por consiguiente á Cristo, y lo azota-
ban, y abofeteaban y crucificaban, acordé comprarlo, propo-
niendo muchos bienes, rentas y riquezas temporales para el
Rey, de la manera que vuestra merced habrá oido.» Quedó
desto aquel señor y todos los que lo supieron muy satisfechos, y desde adelante tuvieron al Clérigo en mejor reputacion que hasta allí, loando su industria y celo.

CAPÍTULO CXXXIX.

Señaladas por el Clérigo aquellas tan egrégias personas, solicitaba al Gran Chanciller, como á cabeza de todos los Consejos del Rey, que mandase juntar Consejo para tractar de aquel negocio, y así se juntó muchas veces, aunque de tarde en tarde porque las ocupaciones eran entónces muy grandes y espesas por las Córtes de aquellos reinos que se celebraban, en especial las de Cataluña, y muchas cosas importantísimas que estaban represadas, como el Rey comenzase entónces á reinar; y porque el obispo de Búrgos rescibió por grande afrenta que el Clérigo hobiese nombrado á tales y tantas personas, y quizá dellas algunas á él no muy agradables, todas las veces que le llamaban para consejo de cosas de Indias, mayormente las del negocio del Clérigo, no queria venir, excusándose con decir que no estaba bien dispuesto, y otras colores finjidas cuantas podia tener. Desque el Gran Chanciller y los flamencos comenzaron á entender que el Obispo rehusaba hallarse en aquellos Consejos, usaba desta industria que mandaba que lo llamasen á Consejo no diciendo para qué, y él creyendo que era para Consejo de guerra, que entónces eran los Consejos de guerra frecuentes, ó de Estado, que tambien era dellos, venía, y cuando via proponer de la materia de Indias, y en especial de la de micer Bartolomé, hallábase burlado y rabiaba, y como no era muy paciente luégo lo mostraba bien. Allí todo era angustias y hieles que bebia viéndose entre tantas y tales personas, porque, como dije, se juntaban cuasi todos los Consejos del Rey sobre treinta y cuarenta de Consejo, de todos los cuales sabia que ninguno habia de seguir ni aprobar su parecer, mayormente de los cuatro señalados por el Clérigo y de los flamencos, sino eran los tres

ó cuatro que tractaban con él las cosas de las Indias, ó se
llamaban del Consejo de las Indias, que eran la parte recusada
como dicho es; y como los flamencos y las otras personas que
favorecian al Clérigo tractaban cada hora con el Rey, cuando
el Obispo se hallaba presente ante el Rey, áun fuera de Consejo, luégo de industria, algunos dellos, metian la plática de
las Indias para provocarlo á que hablase algo, por le resistir
delante el Rey; él, como era sabio, callaba, y lo mejor que
podia salíase, hecha su mesura y reverencia al Rey. Andaba,
finalmente, corrido en aquellos dias, cada y cuando que en
Consejo ó fuera dél, juntos los susodichos, se moviese materia
de las Indias, y por este disfavor, que le fué grandísimo, ya
no venia á palacio sin su hermano Antonio de Fonseca. Este
Antonio de Fonseca, como arriba dijimos algo dél, fué una
de las señaladas personas de aquellos reinos de Castilla; era
muy sabio y muy prudente y virtuoso caballero, y de grande
autoridad en su persona, Contador mayor de Castilla, y muy
privado y estimado de los católicos Reyes, y á quien la reina
católica Doña Isabel concedió, por especial privilegio, que sin
tener título le llamasen señoría. Y puesto que el Obispo, su hermano, no fué ménos privado de los dichos Reyes ni le faltase
autoridad y saber para no perder un quilate della, pero, como
eran pocos con él y tantos contra él, traia á su hermano consigo para en las disputas y pareceres ayudarse dél contra
ellos. Hobo mucho ayuntamientos y consejos, entrando en
ellos las personas de los Consejos que arriba se han dicho,
cerca del negocio del Clérigo (que era como particular, puesto
que con ello se tractaba lo universal, conviene á saber, la
libertad de los indios y remedio de todas las Indias, porque
lo uno de lo otro dependia), en los cuales ayuntamientos el
Obispo y sus compañeros del Consejo de las Indias resistian
que podian, para que al Clérigo la exencion de aquella
tierra no se concediese, dando sus razones harto vanas y bien
frívolas. Entraba el Clérigo en ellos algunas veces, y declara-
ba muchas dudas que cuantos allí entraban no sabian, mayormente lo que tocaba al hecho, y muchas tambien tocantes

al derecho, tomando el Evangelio de Cristo por guía, como en todos hobiese poca ó ninguna teología, sino era el obispo de Badajoz fulano de la Mota, natural de Búrgos, que era teólogo y fué predicador de los Reyes católicos y era de los principales del Consejo del Rey, y que habia traido consigo desde Flandes, y en cuyas manos estaban cuasi todos los negocios tocantes á Castilla; éste tambien sentia favorablemente de los negocios y intencion del Clérigo. Despues de muchas veces en los ayuntamientos dichos platicado sobre el negocio del Clérigo, y resistido por el Obispo y los del Consojo de las Indias, y vistas por los demas su pertinacia y apasionada y aún impía resistencia, determinóse por el Gran Chanciller y por toda la multitud de los demas de los Consejos que alli entraban, que al Clérigo se concediese todo lo que pedia con todo el favor necesario para que las gentes de aquella tierra, mediante la solicitud y trabajos y predicacion de los religiosos que consigo habia de meter, viniesen al conocimiento de su Criador. Mandáronse y comenzáronse á hacer la capitulacion y las provisiones para el cumplimiento della necesarias, y, estándose haciendo, el Clérigo pensaba ya que habian sus trabajos de la corte acabado, pero el Obispo, como quedase desta determinacion y provision muy corrido y afrentado, que tanto él habia impugnado, no descansó ni dejó descansar al Clérigo, ántes conmovió contra él á todos los españoles, procuradores destas islas y de tierra firme, que á la sazon estaban en Barcelona, para que se opusiesen y contradijesen la dicha provision, y así el Clérigo fuese repelido della y se consiguiese lo que el Obispo pretendia. Ordenólo desta manera, que como por aquellos dias hobiese llegado de tierra firme Gonzalo Hernandez de Oviedo, que habia ido por Veedor del Rey (como arriba, hablando de la ida de Pedrárias á tierra firme, se dijo, al cual habia proveido de aquel oficio el mismo Obispo, y éste era muy bien hablado, parlador, y que sabia muy bien encarecer lo que queria persuadir, é uno de los mayores enemigos que los indios han tenido y que mayores daños les ha hecho, como se dirá, porque más ciegó que otro en no cognoscer la verdad, quizá por mayor cudicia y ambicion, cualidádes y hábitos que han destruido estas Indias), á éste movió primero el Obispo, enviándolo con cierto criado del mismo Gran Chanciller, al cual dijo: «Decid al señor Gran Chanciller, que este hidalgo, criado del Rey, que viene agora de las Indias, le informará muy bien de aquella tierra firme,» para que le dijese é informase cuanto engaño, segun él estimaba, rescibia con el Clérigo, dando crédito á sus falsedades, y que él, como oficial del Rey, que llegaba entónces de tierra firme, le avisaba no ser verdad lo que el Clérigo decia, y que aquella empresa que tomaba era en gran deservicio del Rey y en daño de sus rentas reales, y que desto daria suficiente informacion con muchos españoles que en la corte habia, que todos juntos se ofrecerian á servir al Rey con muchas más rentas y provechos que el Clérigo daba, y, finalmente, le dijo cuanto él pudo, para convencelle á desaficionallo del Clérigo y disuadille la provision y negocio que se le habia concedido. Esta contradiccion oida por el Gran Chanciller, no mucho fué de su propósito movido, porque ya él habia la pasion del Obispo entendido, y la malicia de los que contra el Clérigo decian, ántes pareció confirmarse en el amor y favor del Clérigo desque oyó decir á Gonzalo Hernandez de Oviedo, que los españoles se ofrecerian á dar mucha más renta al Rey en la misma tierra. Salido de allí Oviedo, tracta con otros dos ó tres, el Procurador desta isla, llamado el licenciado Serrano y otros, de dar peticiones contra el Clérigo, y repartir entre sí la tierra que se habia dado al Clérigo: el uno pidió cien leguas della y que daria 60.000 ducados de renta al Rey, dentro del término que el Clérigo ofrecia los 30.000; el otro pidió que le diesen otras 100 y que se ofrecia á dar otros; y otro, de la misma manera, si le diesen otras 100, y creo que no fueron más de tres. Esto propusieron ante el Consejo de las Indias, porque allí todo su bien y favor tenian; dáse parte luégo al Gran Chanciller y tambien al Rey y hacen parar el negocio del Clérigo. Manda el Rey juntar los Consejos, que habian determinado que se con-

cediese la tierra, como dicho es, al Clérigo; quedan espantados todos ellos, de las mañas y perseverancia, ó, por
mejor decir, la obstinacion del Obispo, porque bien vian que
dél todo aquello principalmente procedia, y tambien de su
Consejo de las Indias. Tratan dello, llaman al Clérigo, torna
á renovar las tiranias que en estas tierras se cometian por la
mala gobernacion del Obispo y de su compañía, porque para
dar razon de cómo convenia que aquella tierra fuese entre-
dicha, que no entrasen todos los españoles que quisiesen, y
cuando quisiesen, sino por contadero, como dicen, para la
conversion de aquellas gentes, érale necesario referir los escándalos y matanzas y crueldades que se habian hecho en
estas Indias y las que se hacian actualmente en la tierra, y los
impedimentos que por ellas y por las tiránicas encomiendas
venian á la fe y á la salvacion dellas, y todo ésto era para el
Obispo y su Consejo angustias y tormentos terribles. Hízose
una junta, entre otras, de todos los susodichos que solian juntarse como es dicho, donde llamaron al Clérigo, y puesto en
medio de tanta notable docta é ilustre gente, donde tenia enemigos y amigos, los enemigos, que eran el Obispo y los de su
Consejo, como sentian tener allí el Clérigo más de su párte que
ellos, porque ellos ninguno, fuera de sí mismos, tenian, estaban muy moderados y apénas hablaban en cosa salvo que
oian, pero los amigos, que eran toda la multitud de los de los
otros Consejos, ó por saber y satisfacerse bien de la razon y
justicia del Clérigo, que ellos siempre defendian, ó por picallo,
para que dijese contra el mal gobierno que el Obispo y los
demas habian tenido y puesto en estas Indias, poníanle muchos
y récios argumentos y dudas muchas que le movian. Era cosa
de ver cómo á cada uno y á todos respondia y satisfacia, siempre volviendo por sí, y defendiendo los indios, y culpando las
injusticias y daños inrreparables que se les hacian, y modos
de la muerte de tan infinitos dellos, é impedimentos de su
salvacion que en estas tierras se habian introducido; y como
el Obispo y todos sus compañeros callaban, y aunque todo
era decir contra ellos no respondian, pareció á Antonio de

Fonseca, hermano del Obispo, de responder al Clérigo y dijo
así: «Señor padre, ya no podeis decir que estos señores del
Consejo de las Indias han muerto los indios, pues ya les qui-
tastes cuantos tenian.» Respondió el Clérigo muy de presto y
con gran libertad: «Señor, sus señorías y mercedes no han
muerto todos los Indios, puesto que han muerto muchos é
infinitos cuando los tenian, pero la mortandad grande y principal los españoles particulares la han hecho y cometido,
á la cual ayudaron sus señorías.» Quedó Antonio de Fonseca,
como pasmado, y todos los de la congregacion admirados,
mirándose unos á otros, y algunos como mofando sonrién-
dose. El Obispo, viéndose afrentatísimo y como muy libre,
parándose colorado como una llama, aunque verde y negro
de su naturaleza, muy turbado dijo: «Bien librado está el
que es del Consejo del Rey, si siendo del Consejo del Rey ha
de venir á ponerse en pleito con Casas.» Respondió el clérigo
Casas, muy súbito y con su acostumbrada libertad: «Mejor
librado, señor, está Casas, que habiendo venido de las Indias,
2.000 leguas de distancia, con tan grandes riesgos y peligros,
para avisar al Rey y á su Consejo que no se vayan á los infiernos por las tiranias y destrucciones de gentes y reinos que
se cometen en las Indias, en lugar de se lo agradecer y hacelle
mercedes por ello, que se haya de poner en pleito con el
Consejo.» Si de la respuesta que el Clérigo dió á Antonio de
Fonseca toda la congregacion quedó admirada y muy contenta, mucho más de la segunda que dió al Obispo; ésta fué
la suma angustia, turbacion y confusion que el Obispo rescibió, aunque otras muchas de ántes habia rescibido desde el
tiempo del Cardenal, como ha parecido arriba, de que el
Clérigo habia sido causa. Pero aún otra se le estaba. aparejando mayor, por el perseverar en querer abatir al Clérigo,
por quien parecia que Dios peleaba, como quiera que no
pretendiese sino verdad y justicia y defender que no pereciese la mayor parte del linaje humano. Finalmente, oida y
vista la confusion del Obispo y de los demas á quien tocaba, aunque callaban, mandó el Gran Chanciller salir al

Clérigo, y, salido, tractando de todo, votaron en favor del Clérigo cuantos allí sin pasion estaban. Fué á la noche á ver al Gran Chanciller el Clérigo, y entre otras cosas díjole el Gran Chanciller, que era muy modesto y humano, « el señor Obispo mucha cólera tiene, placerá á Dios que éste negocio habrá buen fin.» Donde pareció haberle parecido mal lo que el Obispo habia dicho en la congregacion, y bien lo que el Clérigo le habia respondido, de que quedó humillado aunque no humilde, sin quizá.

CAPÍTULO CXL.

.Salido de allí el Obispo, como rabiando, ó que dél sólo saliese, ó todo el Consejo de las Indias lo inventase, al ménos ésto fué cierto, que todos con el Obispo lo determinaron y ordenaron: cogieron de las peticiones que los españoles que en la corte se hallaron contra el Clérigo habian presentado, y de otras cosas que inquirieron y preguntaron de todos los que hallaban que pudiesen decir contra el Clérigo algo, y otras más que fingieron ellos mismos, hasta treinta razones ó artículos é inconvenientes que asignaban, por los cuales querian probar al Rey que por ninguna manera convenia á su servicio que el Clérigo aquella empresa llevase, ántes revocarle todo lo que se le habia concedido era muy necesario; haciéndose todo el mismo Consejo parte sin advertir cuánto perdia de su autoridad y cuán clara su pasion y ceguedad mostraba, y áun con cuánta razon, si el Rey fuera viejo como era mozo y tan nuevo en el reinar, pudiera y debiera de su Consejo y de todos los oficios que tenian privarlos y desecharlos. Las treinta razones ó artículos é inconvenientes que contra el Clérigo articularon, fuera cosa digna de ponellas aquí, para que se viera la ceguedad de aquel reverendísimo Obispo y de su compaña, pero mucho más.dignas de ser vistas y notadas las respuestas ó excepciones que el Clérigo contra ellos hizo, pero no pensando que llegara este tiempo y sazon que agora Dios ha dado de escribir las cosas en aquella edad pasadas, como cosa ya no necesaria, y que no parecia ser menester para algo, se quemaron más há de cuarenta años; de algunas se hará mencion si nos acordáremos. La primera fué, que era clérigo y el Rey no tenia jurisdiccion sobre él, y podia robar la tierra y hacer otros deli-

tos, sin temer juicio ni pena, bien á su salvo. La segunda
fué, que habia sido escandaloso en la isla do Cuba donde
habia morado. La tercera, que se concertaria ó podria con-
certarse con ginoveses ó venecianos, y huirse allá con los te-
soros que alli robase. Creo que fué otra, que habia engañado
al cardenal don fray Francisco Ximènez, y que no habia
hecho caso dél. Otras muchas pusieron que justificaban ó
ejecutaban las tiranías que acá se hacian, en especial las que
Pedrárias hacia en el Darien, y que mostraban, segun ellos
creian, no haber perdido rentas el Rey por su mal gobierno,
como el Clérigo decia. La postrera de todas, que fué la trigé-
sima, decia así: «Lo trigésimo, por otras muchas cosas secretas que diremos á Vuestra Alteza, cuando fuere servido de nos
oir.» Y ésto es cierto, que todas treinta eran tales que si él
mismo las hiciera, con toda cuanta industria pudiera hacerlas, para darse á sí mismo ocasion de descubrir todos los
defectos dellos, y convencellos de la pésima gobernacion que
habian puesto en estas tierras, por cuya causa perecian y
habian perecido tan inmensas gentes, mayormente al Obispo
que desde su principio las habia gobernado, y por mejor
decir, desgobernado y destruido por no haber hecho aclarar
más la verdad por letrados (porque él letrado no era), pues que
por aquel camino de conquistas y encomiendas, todas aquestas gentes se consumian (aunque no sé si por el tiempo pasado, ántes que el Clérigo viniese y hiciese manifiesta demostracion de ser todo lo de acá tiránico, y contra justicia
divina y natural, por los ayuntamientos de letrados que en
tiempos del Rey católico se hicieron, el Obispo, por no ser
letrado, como dije, fué excusado, porque despues que el
Clérigo vino, y especialmente habiendo dado el parecer que
dieron los predicadores del Rey, manifiesto es, que ni el
Obispo ni los de su Consejo fueron excusados, mayormente
con tanta pertinacia, pasion y obstinacion, resistiendo á negocio que todos los Consejos aprobaban); así que, digo, que
todos los artículos y capitulos que en el Consejo al Rey contra
el Clérigo dieron, fueron tales, que si el mismo Clérigo los

hiciera indûstriosamente, para, respondiendo á ellos, los convencer y confundir, no los hiciera ni deseara hacer mejores, ni para prueba de su verdad más convenientes y eficaces. Estuvieron en inventar y hacer los dichos capítulos cerca de tres meses, ó al ménos entretenian al Gran Chanciller, que deseaba concluir aquel negocio, todo aquel tiempo, diciendo que tenian cosas de importancia y de servicio del Rey para le dar, por lo cual el Gran Chanciller no convocaba Consejo; por ventura, de industria lo dilataban, como hacen los que tienen mal juego, para que de cansado ó aburrido desmayase y dejase el negocio el Clérigo. Desque tuvieron aparejados sus treinta capítulos contra el Clérigo, dice el Obispo al Gran Chanciller que mande juntar la congregacion, porque el Consejo de las Indias queria presentar ciertas relaciones que convenian mucho al servicio del Rey, y tuvieron forma, ó el mismo Obispo inmediatamente, ó el Gran Chanciller, que suplicasen al cardenal Adriano se hallase presente; y porque en las congregaciones que se hacian solian llamar al Clérigo para que hablase segun el artículo y materia de que se tractaba, en aquella no le llamaron, de lo cual el Clérigo quedó harto sospechoso no hobiese el Obispo urdido algo. Entraron, pues, en su congregacion todos los señores arriba nombrados, que eran muchos, y los del Consejo de las Indias, y más el Cardenal, como dijimos, Adriano, donde se leyeron muy despacio y á sabor del Obispo los treinta capítulos y objecciones contra el Clérigo, en hartos pliegos de papel, que todas se enderezaban á derogar el autoridad y crédito que se habia dado y daba por el Gran Chanciller y por todos los demas al Clérigo, porque como hombre defectuoso y que excedia, en lo que de los males y daños que padecian estas gentes y destruicion de estas tierras afirmaba, los términos de la verdad, el negocio que le fiaban le quitasen y de su persona no hiciesen caso. Leidos y platicado sobre ellos mucho espacio de tiempo, excusando los unos al Clérigo y acusando los otros, segun se creyó, al cabo saliéronse, y á la salida, viendo el Cardenal al Clérigo, díjole riéndose: *Oportet respondere*, me-

nester es que respondais. Fué á la noche á hablar al Gran
Chanciller, y dióle á entender lo mismo, no diciéndole lo que
contenian los capítulos. Mandó el Gran Chanciller al secretario Cobos que le trujese aquellos capítulos, que los queria
ver despacio; Cobos, por contentar ó no descontentar al
obispo de Búrgos, que era muy suyo, ni al Consejo de las Indias, porque viniesen á noticia del Clérigo, porque bien sos-
pechaban que no le habia de faltar qué decir dellos en su defensa, rehusó muy mucho de darlos al Gran Chanciller; muchas veces le mandaba que se los llevase, y no le faltaban
excusas, un dia que no estaban trasladados, otras, las espesas
ocupaciones, que habia muchas, y otras que no le faltaban; y
en ésto pasaron dos meses y quizá más. El Clérigo daba
cada dia priesa al Gran Chanciller, que su señoría determinase aquel negocio, y no diese lugar á tan maliciosa dilacion,
y que si algo le restaba de decir ó responder, que mandase
dalle copia de lo contrario y que responderia, etc. Finalmente, algun dia, con alguna acrimonia aunque era modes-
tísimo, el Gran Chanciller mandó á Cobos que luégo le llevase
aquellos capítulos, y que no hiciese otra cosa, y así lo hizo;
y cuando se los dió pidióle la fe que no saldrian de su poder.
Donde parece el temor que tenian al Clérigo, y cómo rehusaban
que sus obras viniesen á la lumbre, porque no fuesen argüi-
das de malas como lo eran; bien tenian entendido, que si á
noticia del Clérigo los capítulos venian, que habia de lasti-
marlos en las respuestas que hiciese. Desque tuvo el Gran
Chanciller los capítulos en su poder dijo al Clérigo, que de
contino lo acompañaba, que se viniese á comer con él, lo cual
algunas veces el Clérigo hacia; habiendo comido, el Gran Chanciller mete al Clérigo consigo en su cámara, y creo que aquel
dia convidó el Gran Chanciller á comer á Mosior de Laxao, que
era el que mucho favorecia al Clérigo, para que se hallase presente por dalle placer, y solialo hacer así las veces que habia
que tractar de los negocios del Clérigo. Dentro en la cámara
del Gran Chanciller sentados, saca el Gran Chanciller un buen
cuaderno de su escritorio y dice al Clérigo: «Responded agora

á estos inconvenientes y cosas que se dicen contra vos.» Respondió: «¿Cómo, señor, estuvieron tres meses ellos forjándolos y haciéndolos, y despues de leidos á su placer há dos meses que vuestra señoría no puede sacallos dellos, y tengo yo de responder agora en un credo? démelos vuestra señoría á mí cinco horas, y verá qué respondo.» Dijo el Gran Chanciller: «No, porque me han tomado la fe...» Acudió el Clérigo luégo: «¿que no los viese yo?» Dijo: «no, aunque bien creo que no querrian ellos que los viésedes vos, sino que no saliesen de mi poder.» Entónces, dijo el Clérigo, aunque no se me dé más tiempo del presente, comience vuestra señoría, que yo responderé á cada uno de los capítulos. Comenzando el Gran Chanciller el primero capítulo, que porque era Clérigo y el Rey no tenia jurisdiccion sobre él, y él respondió que daria fianzas llanas y abonadas de 20 y 30.000 ducados, que lo fiasen de la haz, que cada y cuando el Rey lo enviase á llamar pareceria ante él, donde se proveia tambien al tercer capítulo que decia que se huiria á Venecia ó Génova, entró uno de la cámara que llamó al Gran Chanciller, que fuése á palacio que lo llamaba el Rey, cesando por entónces lo que se leia y respondia; dijo el Gran Chanciller al Clérigo que se volviese á la noche á él desque tornase de palacio.

CAPÍTULO CXLI.

Vuelto el Gran Chanciller de palacio y el Clérigo con él, mandóle poner una mesa dentro en su cámara con papel y escribanía, y dijole; «ved todas esas objecciones que os ponen, y responded á ellas, y no digais que las visteis sino que se os propusieron de partes del Rey, por manera de preguntas y dudas.» El Clérigo se gozó en grandísima manera, y rescibió por gran merced lo que el Gran Chanciller hacia con él en ésto, pero pidióle licencia para poder decir con verdad todo aquello que para su defensa conviniese, aunque lastimase á los que con malicia los dichos capítulos le oponian, que eran el Obispo y los del Consejo de las Indias; el Gran Chanciller le dió licencia larga que dijese y escribiese todo lo que quisiese. Comenzó á leer y á responder desta manera, cogia la sentencia de cada capítulo en un renglon ó dos, diciendo «á la primera pregunta que Vuestra Alteza me mandó preguntar que contiene ésto y ésto, etc., digo ésto y ésto y ésto,» etc., y á cada una dellas respondia, no avara sino larga y copiosamente, segun la materia que cada una requeria; estuvo cuatro noches en ésto, cada noche hasta las once y doce de la noche, leyendo y respondiendo, en presencia todo del Gran Chanciller, que estaba junto en su escriptorio entendiendo en sus negocios. Llegada la hora comunmente de las once, traíanle colacion, porque nunca jamás cenaba, y hacia que hiciese colacion con él el Clérigo, y hecha, eran ya las doce cuando el Clérigo se iba á dormir á su posada, no sin algun temor de lo que pudiera proceder de tan poderosos enemigos. Cuanto al primero capítulo de ser Clérigo, ofrecióse á dar fianzas de la haz, como se dijo, porque el marqués de Aguilar se le ofreció sin él pedírselo, que lo fiaria en 20 y 30.000 ducados. Cuanto á la segunda objeccion, que habia sido escandaloso, etc., respondió presentando la probanza que habia hecho en la isla de Cuba cuando determinó ir á la corte, proveyéndose contra lo que contra él se podia levantar, conociendo que se ponia en contienda contra todo el mundo, en que habia de ser odiosísimo, en la cual probó como habia estado en aquella isla muchos años desde su descubrimiento, y habia asegurado toda la mayor parte della, y que habia servido muy mucho á Dios y al Rey, ejercitando su oficio, predicando y administrando los sanctos Sacramentos á los españoles é indios, con muy buenos ejemplos, de la cual hicimos mencion arriba en el cap. 81. Esta guardó, sin saber para qué, cinco años, y hóbola agora bien menester. A la otra, que decia que habia engañado al Cardenal y que no habia hecho caso dél, satisfizo con presentar el poder que le habia dado para dar consejo y parecer á los padres de Sant Hierónimo, y la provision que le dió por la cual lo constituyó por universal procurador de todos los indios, y le asignó salario del Rey por ello. Otras objecciones que tocaban en contradecirle lo que afirmaba y encareçia de pérdidas de la hacienda del Rey, por la mala gobernacion que el Obispo y los del Consejo, en especial en aquella tierra firme con la ida de Pedrárias, habian puesto, respondió tan largo y tan palpablemente contra ellos, que toda la congregacion vido evidentemente quedar convencidos de culpa gravísima de tanta perdicion, y de falsedad de lo que contra él habian fingido para que fuese tenido por inventor de falsedades, y de malicia grande, pues con tanta pertinacia y diligencia, cosas tan verdaderas y católicas le querian estorbar y contradecir; probóles que en seis años que Pedrárias comenzó aquella tiránica empresa, el Rey habia gastado en su despacho en Sevilla 52 ó 54.000 ducados, y que despues que llegó al Darien, que fué el año de 1514, hasta el año de 19, habia robado sobre un millon de oro, y poco creo que digo, y echado á los infiernos, sin fe y sin sacramentos, sobre más de 500.000 ánimas, y en todo aquel tiempo no habian enviado al Rey un sólo castellano, sino fueron 3.000 castellanos

que habia traido entónces á la sazon el obispo de aquella tierra firme, fray Joan Cabedo, de quien presto se tractará más de
lo tractado arriba dél. Tenian esta costumbre Pedrárias y los
oficiales del Rey, que de todo el oro que se traia, robado de las
entradas y saltos que en las provincias á donde á saltear iban
en los Indios hacian, tomaban el quinto para el Rey, de lo
cual pagábanse de sus salarios, y si algo sobraba guardá-
banlo para pagarse su salario en el año venidero, porque si
faltasen los robos no faltasen para ellos, y desta manera no
enviaban un sólo peso de oro ni otra cosa que valiese algo
al Rey. Esta fué gran confusion y afrenta para todos ellos,
y por donde el Clérigo quedó en gran manera victorioso y
estimado por verdadero y digno de toda confianza y crédito. A la postrera, que decia que por otras causas secretas que dirian á Su Alteza, cuando fuese servido de
oillos, respondió el Clérigo: «mándeles Vuestra Alteza que
las digan, pero no osarán decillas, porque saben ellos mismos
que ninguna dirán en que no se descubran más sus defectos.»
Finalmente, fueron todas las respuestas tales, que tempesti-
vamente y con sazon, y como requerido y forzado, pudo decir
dellos los defectos que tenian y habian tenido en el gobierno
destas Indias, y se declaró la culpa grande que tuvieron en no
estorbar la muerte y perdicion de tantos millones de gentes.
Puesto, pues, todo lo que habia escripto el Clérigo en la cámara y presencia del Gran Chanciller, en buena órden, mandando el mismo Chanciller que lo acabase presto, mandó
juntar la congregacion, y, á lo que creo, so color de Consejo de
Guerra ó de Estado, porque el Obispo no pudiese fingir algun
achaque para no venir á ella. Dió el Clérigo al Gran Chanciller todos sus papeles, las respuestas y la probanza que habia
hecho en Cuba de los servicios que habia hecho y vida ordenada y honesta que vivjera, y las otras escripturas que en su
favor hacian, cuanto á la estima que tuvo el cardenal don
Francisco Ximenez y el Adriano dél, las cuales todas, que
fueron doce ó mas pliegos de papel, mandó leer en aquella
concion sin faltar una sola letra. Quedaron todos los á quien

no tocaba admira͘dos juntamente y contentos del Clérigo, te-
niéndole por hombre sabio, y comfirmados en el amor que
le tenian y favor que le daban, y el Obispo y los del Consejo
más que confusos y afrentados, no sabiendo qué responder, por
las razones y ejemplos patentes, que no podian ellos negar,
con que lo que afirmaba demostraba; sólo el Obispo comenzó
á buscar y á disimular su vergüenza, echando la culpa de
temeridad á los predicadores del Rey, diciendo: «los predicadores del Rey le han hecho estas respuestas;» ¡mirad qué hacia al caso y á la disculpa de sus errores, que las hobiesen
hecho los predicadores del Rey ó el Clérigo, si los redargüia
y confundia con verdad! Pero el Gran Chanciller, que sabia
que en su presencia las habia hecho el dicho Clérigo, dijo:
«¿Habeis agora á micer Bartolomé por tan falto de razon y
discrecion que habia de ir á mendigar quien respondiese por
él? segun tengo yo entendido dél para eso es y para más.»
Salidos de allí, los unos tristes y los otros alegres, como triun-
fando por ver al Clérigo disculpado, y á su negocio tan bien
probado que favorecian ellos tanto, mayormente el Gran Chanciller y Mosior de Laxao, y en fin todos los demas, el Gran
Chanciller hizo relacion al Rey de todo lo que habia pasado;
el Rey mandó que micer Bartolomé llevase el negocio, y de los
demas que prometian más dineros que él no se curasen. Ciertos
dias ántes que ésto pasase, fué á Consejo de las Indias el Clérigo sobre cierta cosa, y de palabra en palabra, tocándose en
lo que Oviedo y los demas prometian de dar, dijo el Clérigo
al Obispo en su cara: «A la mi fé, señor, líndamente me habeis vendido el Evangelio, y pues hay quien lo puje dádselo.»
Pero como era insensible con sus compañeros en ésto, poco
sintió y sintieron tan injuriosa palabra.

_____

CAPÍTULO CXLII.

Quedaron tambien humillados Gonzalo Hernandez de Oviedo y los demas que habian partido entre sí la tierra que al
Clérigo se habia encomendado, mayormente Oviedo que por
ser tan del Obispo pensaba tener en el negocio más parte;
el cual, despues, en su Historia que compuso, contó algo de
esta batalla que el Clérigo tuvo, diciendo verdad en lo que
no pudo negar, pero lo más calla, y lo que dice mezcla con
falsedades á su propósito en disfavor de los indios, segun
siempre hizo, como enemigo dellos capital y como quien poco
sentia del fin del Clérigo, y que él mismo, si fuera verdadero
cristiano, á pretender era obligado. Y conforme á éstos sus
errores é insensibilidad, en el. libro último de su primera
parte. que llamó Historia general y natural, cap. 5.ª, levanta
al Clérigo que andaba procurando aquella empresa como deseoso de mandar, y Dios sabe que no dijo verdad, y, como
mofando, dice, que lo que negociando aquello decia era que
la gente que se habia de enviar á aquella tierra no habian
de ser soldados, ni matadores, ni hombres de guerra, ni bu-
lliciosos, sino muy pacífica y mansa gente. Esto el Clérigo
no se lo negará, pero lo que añide, de que habian de ser labradores, y á éstos que se habian de hacer caballeros de espuelas doradas, pónelo de su casa, porque los labradores no
habian de ir sino á poblar; y así no supo bien la órden y el
modo que el Clérigo pensaba llevar, como arriba en la relacion de la capitulacion queda declarado, y por escarnio llámalos caballeros pardos, pero no habian de ser los que se
habian de nombrar sino de espuelas doradas. Concede que se
le concedió al Clérigo cuanto pidió, no obstante que los señores
del Consejo, ó al ménos el Obispo y otros, lo contradecian, y que

algunos españoles, hombres de bien, que á la sazon se hallaron
en la corte, destas partes, desengañaron al Rey é á su Consejo,
en ésto, pero, como he dicho, Laxao pesó más que todo cuanto
se dijo en contrario, etc. Estas son sus palabras. Pero lo dicho
arriba es la verdad, y ninguno de los que allí se hallaron
osaron hablar al Rey ni desengañalle, sólo era su negociar con
el Obispo á quien más el negocio del Clérigo escocia y desa-
gradaba; y lo que más dice cerca del Clérigo y su negocio,
abajo, placiendo á Dios, se declarará. Escribió despues dél un
clérigo llamado Gomara, capellan y criado del marqués del
Valle, de quien ya hemos hablado, y tomó de la historia de
Oviedo todo lo falso cerca del clérigo Casas, y añidió muchas otras cosas que ni por pensamiento pasaron, como adelante parecerá. Y porque ya he dicho dos veces que Oviedo
fué capital enemigo de los indios, y arriba en el cap. 23
toqué algo dello, parece que aquí es bien que se refieran algunas de las falsedades que él, sin saber lo que dice, contra
los indios tan desmandadas dice, porque se vea con qué verdad y con qué consciencia pudo decir lo que nunca vidó, y
de qué argumentos tan feas cosas colije, y como contradi-
ciéndose en algunas dellas se puede presumir contra todas
las demas que afirma, y, por consiguiente, cuál debe ser la fe
y crédito que deben darle las personas cristianas y pías, mayormente afirmando tan infames y horribles costumbres, ab-
soluta y generalmente, contra tanta inmensidad de naciones
como habia en este orbe, y haciéndolas todas tan incapaces
de la fe y de toda doctrina y virtud, igualándolas con los
animales brutos, sin sacar una ni ninguna dellas, como si el
hijo de Dios no hobiese muerto por ellas, y la Providencia
de tal manera las hobiese á todas tanto aborrecido, que
ningun predestinado para su gloria entre ellas tuviese; y
porque donde quiera que, en su Historia, de indios toca, no
abre la boca sin que los blasfeme y aniquile, cuanto él con
sus fuerzas puede, como se verá refiriendo lo que dellos dice.
No parece sino que su fin útilmo, y bienaventuranza de escribilla, no fué otro más de para totalmente infamallos por todo

el mundo, como ya su Historia vuela, engañando á todos los
que la leen, y poniéndolos, sin por qué ni causa alguna, en
aborrecimiento de todos los indios, y que no los tengan por
hombres, y las horrendas inhumanidades que el mismo Oviedo
en ellos cometió, y los demas sus consortes, las haga excusa-
bles. Y que Oviedo haya sido partícipe de las crueles tiranías
que en aquel reino de tierra firme, que llamaron Castilla del
Oro desde el año de 14 que fué, no á gobernallo sino á des-
truillo, Pedrárias, que arriba en el cap. 62 y muchos siguientes habemos contado, hasta este año de 19, confiésalo
él mismo, y véndelo al Rey por servicios señalados; el cual
dice así en el prólogo de su Historia, que llamó Natural, en la
columna sexta. «El católico rey D. Hernando, abuelo de
vuestra cesárea Majestad, me envió por su Veedor de las fundiciones del oro á la tierra firme, donde así me ocupé, cuando convino, en aquel oficio, como en la conquista y pacificacion de algunas partes de aquella tierra con las armas,
sirviendo á Dios y á Vuestras Majestades como su Capitan y
vasallo en aquellos ásperos principios que se poblaron algunas
ciudades é villas, que ahora son de cristianos, donde con mucha gloria del real sceptro de España, allí se continua y
sirve el culto divino, etc.» Estas son sus palabras formales.
Hélo aquí Oviedo conquistador, y los servicios que á Dios y
á sus Majestades hizo, creo que ya quedan bien explicados
en los capítulos arriba citados, y en el precedente cuasi en
suma recapitulado. Y porque dos modos han tenido nuestros
españoles para destruir estas gentes, como por toda esta
Historia nuestra queda muchas veces mostrado, el uno las
guerras nefandas, que ellos conquistas han llamado, y el
otro los repartimientos, que tambien por dalles algun barniz
encomiendas nombraron, porque Gonzalo Hernandez de Oviedo en todo tuviese parte, de lo cual no se tiene por injuria-
do, ántes se jacta y arrea dello, y piensa quedar muy ufano,
él mismo de si dice que tuvo indios y los echó á las minas,
como los tiranos. Hablando de cómo se saca el oro, en el
libro de su Historia, cap. 8.ª, refiere Oviedo: «Yo he hecho

sacar el oro para mí, con mis indios y esclavos, en la tierra firme, en la provincia y gobernacion de Castilla del Oro, etc.» Estas son sus palabras. Aquellos esclavos no eran, cierto, los que heredó de sus padres, ni los prendió en batalla de los moros de Berbería, ni eran negros, porque entónces ningun negro traer á estas Indias se permitia, y parece algo desto por lo que arriba se ha dicho; eran, pues, de los indios que habian hecho y hacian esclavos cada dia, contra toda razon y justicia. Llamaba tambien «sus indios» los repartimientos que tenia, sojuzgados con las violencias y entradas que se han referido arriba, en las cuales, y en los robos que por ellas se hacian, tenia Oviedo su parte, como la tenia Pedrárias que desgobernaba la tierra, y los otros oficiales del Rey, con el señor Obispo, como se mostró en el cap. 64, arriba. De lo dicho podrá colegir el discreto y cristiano lector, si Oviedo contra los indios podrá ser fiel y verídico testigo *omni exceptione major*, en algun justo contradictorio juicio; y por consiguiente, de cuánto crédito, en todo lo que en su Historia pronuncia contra los indios, es digno. Y es cosa de admiracion con cuántas y cuáles palabras, de arrogancia plenísimas, procura en el prólogo de su primera parte persuadir primero al Emperador, y despues á todos los leyentes, no salir un punto de la verdad en toda su Historia, diciendo, que su Historia será verdadera y desviada de las fábulas que otros escritores escribir han presumido en España á pié enjuto, que no lo vieron sino que por oidas lo supieron, como si él hobiera visto lo que escribió desta isla y de las demas, y no escribiera estando muchos años morador en esta ciudad de Sancto Domingo, que no es ménos que si escribiera morando en Sevilla; sólo vido y se halló y participó en las tiranías y destruicion de aquella tierra firme, cinco años que en ella estuvo, segun arriba queda dicho. De aquellos males y perdicion que hizo y ayudó á hacer concedémosle que será muy cierto testigo, pero no dice él ni dirá cosa dellos, sino en cuanto fuere en infamia y en detrimento de los indios, y en excusacion y justificacion de sus crueldades y de sus consortes, ambicion y cudicia. De manera, que todo lo que escribió, fuera de aquello del Darien, fué por relacion de marineros ó de asoladores destas tierras, los cuales no le decian sino aquello que á él agradaba saber, conviene á saber, «conquistamos, sojuzgamos aquellos perros que se defendian de tal provincia, hicimos esclâvos, repartióse la tierra, echamos á las minas», y si le decian «matamos tantos millares, echamos á perros bravos que los hacian pedazos, metimos á cuchillo todo el pueblo, hombres y mujeres, viejos y niños, henchiamos los bohíos ó casas de paja de cuantos haber podiamos de todo sexo y edad, y quemábamoslos vivos» desto, poco, cierto, se hallará en la Historia de Oviedo; pero sí le decian que eran idólatras y sacrificaban 10 hombres, añadir que eran 10.000, é imponiéndoles abominables vicios que ellos no podian saber, sino siendo participantes ó cómplices en ellos, de todo ésto bien se hallará llena su Historia. ¡Y no las halla Oviedo ser estas mentiras, y afirma que su Historia será verdadera y que le guarde Dios de aquel peligro que dice el sabio, que la boca que miente mata el ánima!

CAPÍTULO CXLIII.

Lo que yo creo de la escritura de Oviedo y de toda su parlería, que lo que dice de los árboles y hierbas desta isla que escribe verdad, porque las vido y las ven cuantos verlas quieren, y así será lo que escribiere de los de la tierra firme; pero no lo qué refiere cuanto á muchas cosas del tiempo del Almirante viejo, porque ya cuando vino él á vivir á esta isla no habia de los indios 50, y de los españoles sino dos ó tres, y uno era un marinero llamado Hernan Perez, el cual alega algunas veces como á su Evangelista; y éste, aunque fuese buen hombre, no era muy auténtico. Pero todo lo que refiere de los indios desta isla, que lo haya habido del dicho Hernàn Perez, marinero, ó lo levante de sí mismo, mayormente cuanto á los vicios contra natura que á todas estas gentes impone, es falsísimo, y ésto sabemos por mucha inquisicion é industria que para sabello tuvimos en los tiempos pasados, muchos años ántes que Oviedo pensase quizá venir á estas Indias, como arriba en el cap. 23 dijimos. Y así, podemos convencer á Oviedo de inmensas mentiras, puesto que á sabiendas él no quisiese mentir, pero la ceguedad que tuvo en no tener por pecados las matanzas y crueldades que se cometian y se cometen en aquestas gentes, y que él hizo y ayudó á hacer, y la presuncion y arrogancia suya de pensar que sabia algo, como no supiese qué cosa era latin, aunque pone algunas autoridades en aquella lengua, que preguntaba y rogaba se las declarasen algunos clérigos que pasaban de camino por esta ciudad de Sancto Domingo para otras partes, le cegó tambien, con la permision divina, á que diese crédito á los que le referian mentiras, y él tambien de suyo las dijese sin creer que las decia. Y con esta ceguedad dijo en el libro II, cap. 6.° de su primera parte historial, que dos veces que se halló en Castilla en el año de 25 y en el de 32, por mandado del Consejo de las Indias le fué tomado juramento de lo que sentia destas gentes, y que habia depuesto que eran llenas de abominaciones, y delitos, y diversos géneros de culpa, y que eran ingratísimos y de poca memoria y ménos capacidad, y que si en ellos hay algun bien es en tanto que llegan al principio de la edad adolescente, porque entrando en ella adolescen de tantas culpas y vicios que son muchos dellos abominables, y que si en aquel mismo dia en que juró, él estuviera en el artículo de la muerte, en verdad, dice él, aquello mismo dijera. Estas son sus palabras; y en verdad que yo así lo creo, que, segun su insensibilidad, que así lo testificara en el artículo de su muerte. Pero véase aquí con cuánta verdad y con qué consciencia pudo decir ó jurar de los indios desta isla, que no vido, cierto, dellos 50 personas (puesto que él dice que no habia 500, y dice verdad, porque ni 50 eran vivos de los naturales della), ni vido de las otras islas ninguno ó alguno, que eran sodomitas, y llenos de otros vicios abominables; y asignando las causas de la total perdicion y acabamiento de la gente desta isla, pone una que fué «por echallos á las minas que eran ricas y la cudicia de los hombres insaciable, trabajaron algunos excesivamente á los indios, otros no les dieron tan bien de comer como convenia, y junto con ésto, dice él, esta gente de su natural es ociosa, y viciosa, y de poco trabajo, é malencónicos é cobardes, viles y mal inclinados, mentirosos, y de poca memoria y de ninguna constancia; muchos dellos, por su pasatiempo, se mataron con ponzoña, por no trabajar, y otros se ahorcaron por sus manos propias, y á otros se les recrecieron tales dolencias, en especial de unas viruelas pestilenciales que vinieron generalmente en toda la isla, que en breve tiempo los indios se acabaron,» etc. Estas son sus palabras, y en el libro VI cap. 9.° dice desta manera, hablando de las naciones de los Scythas y de los de estas tierras que comian carne humana; dice Oviedo así: «E no sin causa permite Dios que

sean destruidos, y sin duda tengo que por la multitud de sus
delitos los ha Dios de acabar todos muy presto, porque son
gentes sin ninguna correccion, ni aprovecha con ellos castigo,
ni halago, ni buena amonestacion, é naturalmente son gente
sin piedad, ni tienen vergüenza de cosa alguna; son de pésimos deseos é obras, ó de ninguna buena inclinacion. Bien
podrá Dios enmendarlos, pero ellos ningun cuidado tienen
de se corregir ni salvar; podrá muy bien ser que los que dellos
mueren niños se vayan á la gloria, si fueren bautizados, pero
despues que entran en la edad adolescente, muy pocos desean
ser cristianos, aunque se bauticen, porque les parece que es
trabajosa órden; y ellos tienen poca memoria, é así cuasi
ninguna atencion, é cuanto les enseñan luégo se les olvida, etc.» Todas estas son palabras de Oviedo; y en el proemio del libro V, dice: «Despues que vino Colon á estas Indias y
pasaron los primeros cristianos á ellas, corren hasta el presente año de 1535 otros cuarenta y tres años, y, por tanto, estas
gentes debian ya haber entendido una cosa en que tanto les va
como es salvar sus ánimas, pues no han faltado ni faltan predicadores religiosos, celosos del servicio de Dios, que se lo
acuerden; pero en fin, estos indios es gente muy desviáda de
querer entender la fe católica, y es machar hierro frio pensar
que han de ser cristianos, y así se les ha parecido en las
capas, ó, mejor diciendo, en las cabezas porque capas no las
tenian, ni tampoco tenian las cabezas ni las tienen como
otras gentes, sino de tan recios y gruesos cascos, que el principal aviso que los cristianos tienen, cuando con ellos pelean,
es no darles cuchilladas en la cabeza, porque se rompen las
espadas, y así como tienen el casco grueso, así tienen el entendimiento bestial y mal inclinado, como adelante se dirá
de sus ritos y ceremonias é costumbres.» Estas son sus palabras. ¿Qué más puede decir, aunque fuera verdad, en infamia
de todo este orbe nuevo, donde tan infinitas naciones hay, y
engañando á todo el otro mundo viejo por donde anda su
historia? Si infamar una sola persona, puesto que se dijese
verdad, descubriendo sus pecados, de donde le puede venir, é

peor si le viene, algun gran daño, es grande pecado mortal y
es obligado el tal infamador á restitucion de todo aquel daño,
¿qué pecado fué el de Oviedo, y á cuánta restitucion será
obligado, habiendo infamado de tan horrendos pecados á tan
sin número multitudines de gentes, tanta infinidad de pueblos,
tantas provincias y regiones plenísimas de mortales que
nunca vido ni oyó decir, por la cual infamia incurrieron
todas en ódio y en horror de toda la cristiandad, y los que á
estas partes han pasado de los nuestros, y de los de otra nacion, en las guerras que se hallaron no hicieron más cuenta
de matar indios, que si chinches mataran, y hicieron por
esta causa en ellos tantos géneros y novedades de crueldades, que ni en tigres ni bravos osos y leones, ántes ni los
mismos tigres y bestias fieras, hambrientas, en otras de otro
género no las hicieran tales como ellos cometieron en aquestas gentes desnudas y sin armas? Cuanto más que en muchas de
las maldades que dice referir de muchas destas gentes no dice
verdad, y cuanto á otras muchas naciones de las descubiertas
todas las fealdades que tan suelta y temerariamente de todas
universalmente blasona, les levanta; en sola la idolatría puede
comprenderlas á todas, porque poco que mucho, unas más y
otras ménos, y muchas en muy poquito, fueron della inficiona-
das, por no haber tenido quien les mostrase y diese conocimiento del verdadero Dios; y en este punto debiera considerar Oviedo cuáles estuvieron sus abuelos y todo el mundo
ántes que viniese al mundo el hijo de Dios, y quitase las ti-
nieblas de ignorancia, enviando por él la lumbre de su evangélica palabra. Tambien no le hiciera daño haber considerado, pues presumió de muy historiador y leido en Plinio, que
tenia no en latin sino en toscano, que no fueron estas indianas gentes las primeras que comieron carne humana, ó
antropófagos que es lo mismo, ni que sacrificaron á los ídolos
hombres, como él dice arriba, en el cap. 9.º de aquel libro VI, y otros abominables vicios que se siguen á la idola-
tria, y no por eso dejaron de ser hombres capaces y de
buena memoria, ni sin esperanza de correccion, ni tampoco

de Dios menospreciados, ni por eso indignos de oir la evangélica predicacion, y tampoco los Apóstoles y otros sanctos
predicadores de la Iglesia primitiva, y sus sucesores, hicieron
dellos asco, ni desesperaron, como el Sr. Oviedo, de su conversion y salvacion.

CAPÍTULO CXLIV.

Todavía será bien responder á cada defecto de los que
Oviedo contra los indios opone y á muchos levanta, y á todos
por ellos cuasi excluye de todo remedio de conversion y salvacion, como si él estuviera ya muy cierto della; y á lo que
dice que eran sodomitas, ya está, con verdad, en el cap. 23
afirmado, que falsa y malvadamente de tan vilísimo crímen los
infama: dice que son ingratísimos, júzguenlo los idiotas de
sayago. ¡De cuánta ceguedad ó malicia fué aqueste buen Oviedo herido, que la culpa terrible de desagradecimiento, que él
y los demas que han destruido estas gentes y tierra tienen, la
cargue sobre los lastimados y tan agraviados indios, sin las
obras de humanidad y benevolencia de los cuales, en servilles y hartalles la hambre, y salvallos millares de veces de
infinitos peligros, millones de veces hobieran perecido! y
mirad qué obras dellos, en señal de agradescimiento y recompensa han recibido, habiendo despoblado y raido de la haz de
la tierra tantos millones de ánimas como habia en esta isla y
en las demas, y por ocho y diez mil leguas que dura la tierra
firme. Mirad qué beneficio rescibieron dellos, porque los llama
Oviedo ingratísimos, como áun diga y conceda él para su
confusion, en el libro IV, cap. 3.°, que informados los padres
Hierónimos de los grandes daños y muertes que sobrevenian
á los indios naturales destas partes que estaban encomendados
á los caballeros é Perlados que residian en España, y cómo
los indios eran tratados por criados y mayordomos dellos, y
por ellos deseado el oro que se cogia con las vidas destos indios y gente miserable, y como todos los principales de acá
eran favorecidos de aquellos señores, el fin de todos ellos era
adquirir y enviar y rescibir oro, por lo cual se daba excesivo

trabajo y mal tractamiento para este fin á los indios, y morian
todos ó tantos dellos, que, de los repartimientos que cada cual
tenia en número de 200 ó 300 indios, brevemente este número era consumido y acabado, y tornado á rehacer de los otros
indios que estaban encomendados á los casados y vecinos
destas partes; en manera, que los repartimientos de los pobladores se iban disminuyendo, y los de los caballeros acre-
centando, y de los unos y de los otros todos morian con el mal
tractamiento, que fué potísima causa para gran parte de su
total destruccion y acabamiento. Estas son palabras de Oviedo;
y en el capítulo precedente dice: «De los mismos caballeros
que estaban en España gozando de los sudores ilícitos destos
indios»; y en libro III, cap. 6.°, dice así: «Para mí, yo no ab-
suelvo á los cristianos que se han enriquecido ó gozado del
trabajo destos indios, si los maltrataron y no hicieron su diligencia para que se salvasen.» Y un poco más arriba, dice:
«que vele cada uno sobre su conciencia de tratar los indios
como á prójimos, aunque ya en éste caso poco hay que hacer
en esta isla y en las de San Juan y Cuba y Jamáica, que lo
mismo ha acaescido en ellas, en la muerte y acabamiento de
los indios, que en esta isla.» Estas son sus palabras. Veis aquí
confiesa Oviedo, aunque le pese, convencido de las obras abominables manifestísimas de los españoles, los beneficios que
los indios rescibieron dellos, y argúyelos de serles ingratos, y
así parece la verdad que en todo lo que afirma dice; y lo que
añade allí, que no quiere pensar que sin culpa de los indios
los habia Dios de castigar y asolar en estas islas, siendo tan
viciosos, y sacrificando al demonio, etc., no advierte el pecador cuántos más tormentos padecerán en los infiernos los que
los asolaron, siendo cristianos, que los habian por buenos
ejemplos de atraer al conocimiento de Dios, con el cual se
purgan y desechan los pecados de la idolatría, como acaesció
en nuestros antiguos padres, que no ellos mismos, por idólatras y pecadores que fuesen, á los cuales la divina justicia
determinó por ellos, como por verdugos crueles y reprobados,
castigar. A lo que dice, que aquesta gente era de su natural

ociosa y viciosa y de poco trabajo; á lo de ser viciosa ya está respondido, y añadimos, que pluguiese á Dios, quitada fuera la infidelidad, que no fuesen ni hobieran sido delante de Dios los vicios y pecados de los españoles más abominables y no más dignos de fuegos eternos que los de los indios; cuanto á ser de poco trabajo, bien se lo concedemos, porque de su natural eran delicadísimos como hijos de Príncipes, por razon de las regiones y aspectos de los cielos, y suavidad ó amenidad de las tierras, y por otras causas naturales que pusimos en nuestro primer libro, cap. 4.° *De único vocationis modo omnium gentium ad veram religionem*, y tambien por vivir desnudos, que los hacia más delicados, y lo mismo por ser de poco comer y los manjares, comunmente más que otros, de ménos substancia; lo cual, empero, todo era suficiente para vivir é multiplicarse y haberse tan increiblemente multiplicado, como tan inmensos pueblos hayamos dellos hallado poblados, y éstos, con muy poco trabajo, alcanzaban de todas las cosas necesarias grande abundancia. El mucho tiempo que les quedaba, suplidas sus necesidades (porque no infernaban las ánimas por allegar riquezas y acrecentar mayorazgos), era ocuparse en ejercicios honestos, como jugar á cierto juego de pelota, donde harto sudaban, y en bailes y danzas y cantares, en los cuales recitaban todas sus historias y cosas pasadas. Sacrificios y actos de religion, como no tuviesen ídolos, no los tenian, y, por consiguiente, cuasi ninguna señal ó muy delgada era entre ellos de idolatría, como en nuestro libro llamado Apologética Historia, escripta en romance, declaramos. Ocupábanse tambien en hacer cosas de buen artificio de manos, el tiempo que de su agricultura y casa y pesquería los vacaba. Algunas guerrillas tenian sobre los límites y términos de sus tierras y señoríos, pero todas ellas eran como juegos de niños y fácilmente se aplacaban; y así no estaban ni eran tan ociosos como Oviedo de ociosidad los infama, porque de ningun defecto y vicio de su lengua y mano se les escapen, lo que en la verdad no era vicio en ellos, sino señal de virtud y vivir más segun razon natural que vivieron los españoles, despues

que en esta isla y en las demas entraron, sacado fuera lo que
tocaba á la religion cristiana, y de aquello ántes debiera
Oviedo de alaballos que vituperallos é infamallos. Añide ser
melancónicos, dándoselo por vicio lo que era natural y sin
culpa, pero más por la mayor parte son todas estas gentes
sanguinos y alegres, como puede cada cual discreto entender
por las cualidades de las regiones, y tambien por los efectos
de ser muy dados á regocijos y cantares y bailes. Dice que
son viles, no por ser humildes, pacíficos, y mansos como éstos
eran, sino por ser deshonestos y llenos de vicios y pecados, y
en ésto Dios sabe la ventaja que les llevamos. Algunas costumbres tenian, que á los que somos cristianos parecen mal
y tienen alguna parte de deshonestidad, como orinar sentados
y ventosear delante de los otros, y otras semejantes, que
rescibida la fe fácilmente se dan de mano, pero no se hallará
que hombre sienta de otro tener participacion con su propia
mujer ni con otra, ni haga otra cosa deshonesta semejante,
de lo que no se podrán alabar los nuestros cristianos que vinieron á estas partes. Que sean cobardes, no es absolutamente
vicio sino cosa natural, y procede la cobardía de benignidad
y de nobilísima sangre, por no querer hacer mal á nadie ni
recibirlo; es propiamente la cobardía vicio, cuando se ofrece
caso en que se deba ejercer algun acto de virtud, y, por temor,
del peligro de la muerte ó de otro daño grande, no se resiste
al contrario de aquella virtud; como es, si, viendo el hombre
padecer servidumbre ó muerte ó algun gran daño su república, por miedo de la muerte dejan de ayudar y resistir por su
parte, y morir si fuere menester por la defension della, ó por
miedo de aquellos daños hace el hombre algun pecado y
obra contra la virtud; y en éste caso, cierto, muchas destas
gentes, considerada su desnudez y carencia de armas, y las
demasiadas y fuertes armas de los españoles, y variedad dellas, y sobre todo los caballos, cada y cuando que ellos podian,
viéndose tiranizados y opresos, y perecer cada dia en los trabajos con los daños é injusticias que padecian, y tambien en batallas campales contra los españoles sus opresores y destrui-

dores, resistian y peleaban tan animosamente, aunque se vian desbarrigar con las espadas y trompillar con los caballos, y alancear por los que encima de los caballos venian (que uno de á caballo en una hora mataba 10.000 dellos), que dellos á leones y á los más esforzados varones pasados del mundo no habia diferencia. Y debiera de preguntarse á Oviedo, que se jacta mucho de Capitan en la tierra firme, andando á robar y hacer esclavos para matar en sus minas, cómo le fué á Francisco Becerra, y á Joan de Tabira y Vasco Nuñez, y á otros muchos que los indios quitaron, peleando, las vidas; y en las guerras que los españoles hicieron á los indios en esta isla, indios desnudos hicieron hazañas en manifestacion de su esfuerzo y animosidad, como arriba en el libro II algunas referimos. Cuanto más, una de la señales ser los hombres esforzados es osar morir, y osar morir presupone una de las causas naturales que hace los hombres animosos y esforzados, y ésta es abundar en mucha sangre, porque la naturaleza, cognosciéndose á sí misma, confia de sí viendo en sí abundar el principal humor que sostiene la vida; pues como éstas gentes todas, segun es notorio, abunden en sangre, señal es que de su naturaleza teman ménos el morir, é así naturalmente son animosos y esforzados, lo cual, como he dicho, han por las obras bien mostrado y probado, sino que su infelicidad consistió en carecer de armas y caballos, porque si ellos les tuvieran para se defender de tan crudos enemigos, no hobieran tan inmensos perecido, ni los que los destruyeron se fueran alabando, ni Oviedo parlara tanto contra ellos como dejó escripto. Del esfuerzo destas gentes, asignando causas naturales, se podrá ver en nuestra Apologética Historia, y tambien en el susodicho libro, *De unico vocationis modo*, cap. 4.°.

CAPÍTULO CXLV.

Añide más Oviedo contra todos los indios, que son mal inclinados: poca filosofía estudió y ménos experiencia dellos tuvo, ni de alguna lengua de todas estas Indias alcanzó noticia para cognoscer las malas inclinaciones que tenian, y júzgalos temerariamente de lo que no pudo cognoscer sino por revelacion divina , ó por conjeturas de mucha conversacion y de muchos tiempos con todas las gentes deste orbe habidas, y áun entónces no podria, sin juicio temerario, afirmar lo que, como si ciencia y certidumbre dello tuviera, él afirma. Dice más, que son de poca memoria, y en ésto yerra como en todo lo demas que ha dicho y él se contradice, ántes se tiene por notorio tener todos los indios inmortal memoria, como la tengan de las cosas que muchos años pasaron, como si las tuviesen por escrito, y desto al mismo Oviedo pongo por testigo, que dice en el cap. 1.º del libro V, que·la manera de cantar los indios era una historia ó acuerdo de las cosas pasadas, así de guerras como de paces, porque por la continuacion de tales cantares no se les olvidan las hazañas é acaescimientos·que han pasado, y estos cantares les quedan en la memoria en lugar de los libros de su acuerdo, y por esta forma recitan las genealogías de sus Caciques y señores que han tenido, y las obras que hicieron, y los males temporales que han pasado, y en especial, las famosas victorias por batallas, etc. Estas son sus palabras. Luégo no son de muy poca memoria, como dice Oviedo. Parece tambien patentemente, por lo que toman de coro de la cristiana doctrina, que no bastarian 10 hombres que tuviesen buena memoria á tomar y decir de coro en veinte, lo que ellos toman en un dia; y la prueba dello, por su propia causa natural es (como en nuestra Apologética Historia, escrita en romance, y en el libro *De único vocationis modo*, en latin, probamos), que todas estas gentes *a toto genere*, que es decir, comunmente y cuasi todos, y que por maravilla falta en algunos, tienen los sentidos exteriores y interiores, segun natura, no sólo buenos pero por excelencia buenos, y así, muy mejores que otras muchas naciones; de donde se sigue necesariamente ser de buenos entendimientos, y desto estuvo harto ayuno Gonzalo Hernandez de Oviedo, que nunca tractó con los indios, ni se ocupó por un momento en cosa que á los indios conviniese, sino en mandallos y servirse dellos como de bestias, con la ceguedad que todos los otros españoles. Dice más contra ellos, que son mentirosos; pluguiera á Dios que no les hobieran mentido él y ellos muchas veces, y que las mentiras que los indios les decian no las hobieran ellos causado, y no creo que osara más un indio decir una mentira, mayormente á sus señores, ni entre sí para engañarse unos á otros, que matarse. De las mentiras que los indios á los españoles decian, y hoy dicen donde áun no los tienen asolados, las vejaciones y servidumbre horrible, y cruel tiranía con que los afligian, y afligen y maltratan, son la causa, porque de otra manera sino mintiendo y fingiendo, por contentallos y aplacar su contino é implacable furor, no pueden de mil otras angustias, y dolores y malos tractamientos escaparse; y cerca desto, como tambien tienen experiencia de infinitas mentiras de los españoles, y que nunca les han guardado fe que los prometiesen, ni verdad, hay dichos de indios dignos de considerar: preguntando españoles á indios (y no una vez acaeció sino más), si eran cristianos, respondió el indio: «Si señor, yo ya soy poquito cristiano, dijo él, porque ya saber yo un poquito mentir, otro dia saber yo mucho mentir, y seré yo mucho cristiano.» Destas y de muchas otras sentencias dichas de indios, para confusion de los españoles, y que por sus malos ejemplos han miserablemente nuestra fe y religion cristiana infamado y maculado en los corazones simples destas gentes, muchas pudiéramos traer y referir que en estas tierras han pasado. Dice ser de ninguna constancia todas estas gentes, porque no perseveran, cuando

pueden escaparse, en la vida y trabajos infernales con que
los acaban, y que no perseveran en las cosas de virtud y de
la religion cristiana. No puede Oviedo decir cosa chica ni
grande, porque no fué digno de lo ver ni de lo entender,
para que las blasfemias, que de los indios contra verdad acu-
mula, moderara. Añide luégo allí, contra si mismo, una saetada enherbolada, conviene á saber, que por no trabajar, por
su pasatiempo, muchos dellos se mataron. Cuanto á que se
mataron muchos dellos, dice verdad, pero que por su pasatiempo, manifiesto es que se lo levanta, y, como dije, que
brotó de su corazon contra si mismo, y los demas, saetada
aponzoñada, por la cual manifiesta la crueldad de su tiranía
ser tan horrenda y tan insufrible y abominable, que una gente
tan mansa y tan paciente, que en sufrimiento se tiene por
cierto haber excedido á todos los mortales, por salir ó se escapar della, escogian por ménos mal matarse. Para la prueba
desto fuera bien que Oviedo respondiera, si oyó alguna vez
decir que ántes que los españoles en estas tierras entrasen y
oprimiesen estas gentes, y de tantas impiedades con ellos y en
ellos usasen, algunos por su pasatiempo se matasen. Fueron
tantas y tan nunca oidas las inhumanidades que en ellos se
ejercitaron, y bien parece claro por la obra que han hecho
nuestros hermanos en haber tantas y tan grandes tierras despoblado y asolado, que para una gente que no cognoscia el
verdadero Dios y que tenia opinion que los que salian desta
vida iban á vivir á otra donde tenian las ánimas de comer y
de beber, y placeres, canto y bailes, y todo descanso corporal en abundancia, ¿de qué nos debemos maravillar, porque
padeciendo en ésta muerte tan contina, deseasen y trabajasen
salir della, y para ir á gozar de la otra se diesen priesa en
matarse? cuanto más que no todos se mataban, ni se sabe
más que en esta isla y en la de Cuba se ahorcasen algunos y
otros se matasen bebiendo cierto zumo ponzoñoso. Dice más
en otra parte, que no sin causa permite Dios que sean destruidos, y que sin duda tiene que por la multitud de sus delitos los ha Dios de acabar todos muy presto, porque son

gentes sin ninguna correccion, ni aprovecha castigo en ellos,
ni halagos ni buena amonestacion, etc. A lo primero, de la
permision, digo, que Dios nos guarde de sus permisiones,
como solia decir una sancta persona, y de ser nosotros los
instrumentos de la perdicion de otros, como siempre Dios
castigue algunos malos por otros peores que aquellos, segun
aquello, *vindicabo me de inimicis meis cum inimicis meis*, y
guay de los que Dios toma por verdugos y por azotes de
otros, que, acabado el castigo, suele echar el azote en el
fuego como Sant Agustin en la misma materia dice; pero
Oviedo no advertia, como era uno dellos, que por sólo el pecado original, sin que otro pecado tuvieran, justamente y
sin hacerles injuria, podia Dios asolar todas estas Indias,
cuanto más por otros muchos actuales que tuvieron, pero no
se nos da licencia para que por eso los menospreciemos, ni
los robemos, ni matemos, porque guay de nosotros cuando
fuéremos de los robadores y matadores dellos, y por malos
ejemplos, habiéndolos de traer á Cristo por los buenos, los
corrompiéremos, y de su salvacion fuéremos impedimento.
Por más que la divina justicia los aflija y angustie, castigán-
dolos en esta vida, y muestre desmamparallos entregándolos
en nuestra insaciable cudicia, ninguno de los que entre ellos
tiene predestinados la bondad divina, de lo que nadie que
sea cristiano dudar debe, se le saldrá de la mano que á la
fin no lo lleve á gozar de sí mismo en la eterna vida; y por
ventura, y sin ella, despues que por nuestras manos crueles
á estas gentes hobiere Dios acabado, derramará sobre nosotros, por nuestras violencias y tiranía, su ira, moviendo á
otras naciones que hagan con nosotros lo que con éstas hicimos, y al cabo nos destruyan como las destruimos, y podrá
ser que se hallen, de aquestos que en tanto menosprecio tuvimos, más que de nosotros á la mano derecha el dia del
juicio; y esta consideracion debria tenernos con grande temor
noches y dias.

CAPÍTULO CXLVI.

La causa de la perdicion y acabamiento destas gentes asigna Oviedo que es porque son gentes sin'alguna correccion, ni aprovecha con ellos castigo, ni halago, ni buena amonestacion, é naturalmente son gente sin piedad, ni tienen vergüenza de cosa alguna; son de pésimos deseos é obras, é de ninguna buena inclinacion. Estas son sus palabras. Cosa es maravillosa de ver el tupimiento que tuvo en su entendimiento aqueste Oviedo, que así pintase todas estas gentes con tan perversas cualidades, y con tanta seguridad, para mostrar que decia verdad, como si fuera una alhaja de su casa, á la cual hobiera dado mil vueltas por de dentro y por de fuera, no las habiendo tractado sino cinco años, y éstos á sólos los de la provincia del Darien, como arriba queda dicho, y no en otra cosa sino salteándolos, y robándolos, matándolos, y captivándolos, y echándolos y teniéndolos en las minas del oro y en los otros trabajos, donde de hambre y molimientos y crudelísimas aflicciones perecian, y áun éstos allí no los via sino por maravilla, porque los entregaba en poder de un cruel carnicero, criado suyo, que ponia para que los hiciese trabajar, que llamaban minero ó estanciero, por otro nombre Calpisque, un género de los más infames hombres y crueles que jamás nunca fué visto, ni haciendo más cuenta el mismo Oviedo dellos en toda manera de estima que si fueran hormigas ó chinches. Mirad cómo pudo saber Oviedo que todas estas gentes (donde entran las desta isla, de quien va hablando, y todas las demas destas Indias que nunca vido), ser de pésimos deseos y de ninguna buena inclinacion, y si dijere que otros que habian tractado con ellos se lo referian, á éstos se responde lo mismo que á él, que como no pretendiesen

otro fin sino robar y captivar y anjquilar estas gentes, como
él, y uno el dél y de todos fuese un oficio, el mismo crédito
se les debe de dar que á los falsarios testigos; y para enten—
der bien lo que dice, que no aprovecha con ellos castigo ni
halago ni buena amonestacion, debiera Oviedo de responder-
nos si aquel castigo y halago y buena amonestacion era
porque viniesen á oir la predicacion del Evangelio, y porque
· dejasen los vicios y pecados que tenian, ó porque se huian de
las minas donde cogian el oro, muriendo de hambre y de in—
fernales trabajos, cuales son los que en ellas se padecen y
donde sabian que si no huian habian de perecer; y porque
muchas veces se huian é iban tras ellos, y traidos, los deso-
llaban con tormentos que les daban de azotes y otras aflicciones, dice Oviedo que no aprovechaba con ellos castigo y que
eran sin alguna correccion. Algunas veces los halagaban con
palabras blandas, diciéndoles que fuesen buenos, y llamaban
ser buenos que no se huyesen de las minas y trabajos en que
los ponian, y porque huian de la vida infernal que tenian
decian, y dice Oviedo, que no aprovechaba halago ni buena
amonestacion con ellos. Esto es cierto que así se hacia, y
desta manera los castigaban y halagaban, y así los atormen-
taban, y finalmente, así los acabaron y acabarán los que
quedan, y con todo ésto el pago que Oviedo les dá á los que
él consumió y ayudó á destruir, é por los otros que destruyeron tantos millares de gentes, es infamallos para siempre, ya
que no les puede ni pueden hacer más mal, y que los echó
y echaron á los infiernos. Por ventura, si fuera digno Oviedo
de ver los fructos de la predicacion evangélica que cada dia
la divina Providencia saca por manos é industria de sus siervos, de las gentes que el cruel cuchillo de los españoles aún
no los rayó de la haz de la tierra, como hizo á los desta isla
y las demas, y muchos millares de la tierra firme, con cuánta
fe y devocion, dejados los falsos dioses que por no cognoscer
otro mejor Dios adoraban, y todos los demas vicios que tenian,
al verdadero Dios y redentor del mundo se convierten; y
cuánto se corrigen y cuán clara y manifiestamente aprovecha

la corrreccion en ellos, no dijera tan gran falsedad ó infamia perniciosa contra tan infinito número de gentes, pero no fué digno de vello, porque, por permision divina, vaciase del estó-mago su ánima la ponzoña infamativa que contra estas uni-versas naciones, pueblos y reinos, y orbe tan grande, tan sin razon ni causa habia concebido, aunque estando en esta ciu-dad de Santo Domingo, donde muchos años vivió despues de en esta isla no haber ya indios, como se dijo, pudo haber oido de muchas personas dignas de fe como en la Nueva España y en el Perú, y en otras provincias donde habia religiosos que en la instruccion dellos entendian, el inestimable fruto y apro-vechamiento y correccion que en ellos hacian, á quien debiera Oviedo creer más que á su errada y ciega, y plegue á Dios que no maliciosa, fantasia. Levanta otro falso testimonio á todos los indios, diciendo que desque entran en la edad adolescente pocos desean ser cristianos, aunque se bapticen, y que nin-guna atencion tienen á lo que les enseñan, y que luégo se les olvida; podria bien bastar lo dicho para convencer la fal-sedad ó insensibilidad deste Oviedo, pero todavia es bien responder á éstos sus perniciosos dichos, y fuera cosa con-veniente que respondiera si en los cinco años que en el Darien estuvo, y veinte ó treinta que moró en esta isla, donde, como dije, ya cuando á ella vino no habia indio, vido predicar la fe y enseñar la doctrina cristiana á algunos indios, ¿cómo habian los tristes y trabajados y perseguidos indios de desear ser cristianos, ni cosa de la fe de Jesucristo, si nunca tuvie-ron dél noticia? *¿ Quomodo invocabunt in quem crediderunt, aut quomodo credent ei quem non audierunt? ¿quomodo aut audient sine predicante?;* y dice el pobre hombre, que desde que los cristianos vinieron á estas tierras, corrian cua-renta y tres años, dentro de los cuales debieran ya de haber entendido una cosa en que tanto les iba, como era sal-var sus ánimas, como quiera que pudiera estar doscientos años sin saber en qué consistia su salvacion, si tanto duraran, matándolos y destruyéndolos, ántes que oyesen cosa de su salvacion; y no es verdad lo que dice, que nunca faltaron

predicadores, porque nunca los vido, ni los habia, ni los
hobo en aquella parte de tierra firme donde él estuvo, ni en
esta isla, cuando pudieran doctrinar y aprovechar á los indios,
y cuando los hobo, no habia ya á quién enseñar, por habellos
todos muerto; y segun la desórden que los españoles tuvieron
en su infernal cudicia y crueldades, de que trabajándolos con
ellos usaron, aunque hobiera muchos predicadores no tuvieran lugar para predicalles, ni los indios para oillos, porque
harto tenian que hacer los tristes indios en pensar huirse á
los montes, por hartarse de cualesquiera hierbas ó raíces,
segun la hambre que pasaban, y por salir de aquella vida
trabajosa, infernal, en la cual tenian certidumbre que hoy ó
mañana, ó esta semana ó la otra, ó en este mes ó en el otro,
habian de acabar sus vidas. Mirad con qué conciencia y con
qué verdad pudo decir Oviedo que muy pocos de los indios
deseaban ser cristianos, y que era gente muy desviada de
querer entender la fe católica, y que debieran de haber ya entendido cosa en que tanto les iba, como es salvar sus ánimas.
Confirma cuanto ha dicho Oviedo ser falsedad, el inextimable
y áun increible fructo que en todas las gentes destas Indias
Dios ha sacado, y todo el mundo sabe, donde quiera que ha
habido religiosos que les han predicado, como arriba queda
ya probado. Llámalos tambien Oviedo gentes sin piedad; júz-
guelo Dios como lo juzgará y lo tiene ya juzgado, y áun cualquiera hombre que tenga mediano juicio lo podrá juzgar, por
las obras que habemos en ellas cometido, con tanta impiedad
y crueldad, ¿á quién juzgará Dios más rigurosamente de impiedad en el postrimero dia, á nosotros cristianos ó á los infieles indios, cuando, por testigos tan grandes, tan inmensas
y tan nunca otras vistas ni oidas despoblaciones de tantos
reinos, y regiones, y provincias se le presentaren? Finalmente,
ya parece superfluidad responder á cada cosa de las infamias
y·testimonios falsos con que á toda la universidad destas indianas gentes macula é infama, como áun en sus dichos es
vario, y lo que alguna vez afirma otra vez dice lo contrario, y
así parece el·crédito que en todo se le debe dar. En el cap. 13

del libro II, dice, que naturalmente los indios destas Indias están de contino diferentes, siendo todos, por la mayor parte, pacíficos, y demasiadamente mansos todos entre sí, si no era algunos Caciques y señores grandes que movian guerra contra otros, por ciertas causas; y el contrario desto dice en el cap. 2.º del libro III, que la gente desta isla tenia la más quieta y asosegada manera de vivir, y en el cap. 6.º y 12 del libro II, tractando de la causa porqué el Almirante, primero que esta isla é Indias descubrió, dejó los 38 hombres, dice que lo hizo porque esta gente le pareció muy doméstica y mansa, y dice así: «Viendo el Almirante que aquesta gente era tan doméstica, parecióle que seguramente podia dejar allí algunos cristianos,» etc., y así se tuvo por cierto, que si los 38 españoles no hicieran agravios á los indios, ni se desparcieran unos de otros, metiéndose por la tierra dentro, que nunca los mataran, como en el lib. I, cap. 86, referimos, y el mismo Oviedo tambien recita en el cap. 12, donde arriba.

CAPÍTULO CXLVII.

Referidos los males y testimonios falsos, y dadas las razones que por falsos los declaran, con que Oviedo todas estas gentes de todo este orbe ha infamado y aniquilado temerariamente delante todo el mundo, tornando á nuestra Historia, diremos las cosas, demás de las dichas, que estando todavía el Rey en Barcelona en este año de 519, acaecieron; y una dellas fué otro terrible combate que se le ofreció al susodicho clérigo Bartolomé de las Casas, y la victoria que con el favor divino y con la fuerza de la verdad que traia y defendia consiguió dél. Esto acaesció desta manera: el obispo don fray Juan Cabedo, primer obispo del Darien, de quien algunas veces arriba hemos hablado, acordó de ir á la corte, no supe á qué fin, no al ménos para remedio de las tiranías y perdicion que padecian sus ovejas, segun por algunas de sus palabras se pudo conjeturar; el cual, salido del Darien vino á dar á la isla de Cuba, donde andaba ya la frecuencia de las quejas del clérigo Casas, que trabajaba de libertar todos los indios, qui-, tándolos á los españoles, estimándole por ello por destruidor de tantos hidalgos que con los indios se mantenian y de enemigo de su nacion; díjose despues, que oido ésto en Cuba, con lo que él tambien habia oido en el Darien contra el Clérigo, se ofreció á hacer que lo echasen de la corte. Tambien se presumió que Diego Velazquez le habia untado las manos ayudándole para el camino, porque como era el Obispo persona de mucha autoridad, sin que fuera Obispo, en especial siendo solemnísimo predicador, esperando que le podia en la corte con el Rey nuevo, que era el Emperador, en sus negocios ayudar, mayormente habiéndosele alzado Hernando Cortés con su armada, y la tierra y señorío de la Nueva España que tan copiosa muestra habia dado de tan grandes

riquezas, y con la esperanza que habia cobrado de ser en
ella muy gran señor, como de cierto lo fuera si Cortés no le
hurtara la bendicion. Así que, llegado el Obispo de tierra firme á la corte, que á la sazon, segun ha parecido, estaba en
Barcelona, puesto que por la pestilencia que en la ciudad
sobreviniera, el Rey estaba en un lugar muy fresco, llamado
Molin de Rey, tres leguas de la ciudad, y todos los Consejos y
los grandes á legua y á media legua, otros más y otros ménos,
por lugarejos y fortalezas por allí al rededor, el Obispo se apo-
sentó en uno de aquellos lugares como mejor pudo; venia de
cuando en cuando á comer con el obispo de Badajoz, por
haber sido ambos predicadores del Rey en un tiempo, á
tractar de sus negocios, posaba el obispo de Badajoz un
cuarto de legua, en una torre y casa de placer de Molin de
Rey, donde el Rey estaba aposentado. Un dia vino el dicho
Obispo de tierra firme á palacio, que fué la primera vez que
el clérigo Casas supo que era venido; como lo vido el Clérigo en la cuadra donde el Rey come, y preguntado quién
era aquel tan reverendo fraile, dijéronle que era obispo de
las Indias. Llegóse á él, y díjole: «Señor, por lo que me toca
de las Indias, soy obligado á besar las manos de vuestra señoría.» Preguntó á Juan de Samano, que despues fué secretario de las Indias, con quien el Obispo estaba hablando:
«¿Quién es este padre?» Samano respondió: «Señor, el señor
Casas.» El Obispo, no con chica señal al ménos de arrogancia, dijo: «¡Oh señor Casas, y qué sermon os traigo para
predicaros!» Respondió Casas, no muy amedrentado, ántes
con alguna colerilla: «Por cierto, señor, dias há que yo deseo
oir predicar á vuestra señoría, pero tambien á vuestra señoría certifico que le tengo aparejados un par de sermones, que
si los quisiere oir y bien considerar, que valgan más que los
dineros que trae de las Indias.» Respondió el Obispo: «Andais perdido, andais perdido.» Dijo Samano: «Señor, del
señor Casas y de su intencion, todos estos señores están satisfechos,» ésto decia por los del Consejo. Añidió el Obispo
una palabra harto indigna de Obispo, «que con buena inten-

cion podia cometer cosa deshonesta, que fuese pecado mortal.»
Oida la torpe sentencia, el Clérigo conmovido, con alguna alteracion determinó de le responder *juxta stultitiam*, que lo
entendieran cuantos en la cuadra habia; abrieron la puerta de
la cámara del Rey, donde estaba en Consejo, y salió el obispo
de Badajoz, á quien esperaba el de tierra firme para se ir á
comer con él, y así no tuvo lugar el Clérigo de le lastimar con
su respuesta. Visto el Clérigo que se iba á comer con el obispo
de Badajoz, y que podia dañalle los negocios, como el de Badajoz fuese de mucho crédito cerca del Rey, y hasta allí siempre hobiese al Clérigo favorecido, acordó de se despachar
luégo é irse al castillo donde posaba el obispo de Badajoz, y
hallólos sobre comida. Acaesció haber comido allí el almirante D. Diego Colon, segundo de las Indias, y D. Juan de
Zúñiga, hermano del conde de Miranda, que despues fué ayo
del rey D. Felipe, siendo Príncipe; y sobre comer el obispo
de Badajoz y el Almirante, jugaron á las tablas, pasando por
recreacion un poco de tiempo, miéntras se hacia hora de ir á ·
palacio el Obispo. En ésto entró el Clérigo, y estando mirando todos el juego, cierta persona que habia estado en esta
isla hablaba con el Obispo de tierra firme, diciendo que se
habia hecho trigo en esta isla; el Obispo de tierra firme, afirmaba que no era posible. El Clérigo llevaba en la bolsa ciertos granos de muy buen trigo, de ciertas espigas que habian
nacido debajo de un naranjo en la huerta del monasterio de
Sancto Domingo desta ciudad, y dijo con toda reverencia y
mansedumbre: «Por cierto, señor, yo lo he visto muy bueno
en aquella isla, y pudiera decir, veíslo, aquí lo traigo conmigo.» El cual, así como oyó hablar al Clérigo, con sumo infla-
mento menosprecio é indignacion, dijo: «¿Qué sabeis vos? ésto
será como los negocios que traeis, ¿vos qué sabeis de lo que
negociais?» Respondió el Clérigo modestamente: «¿Son malos ó
injustos, señor, los negocios que yo traigo?» Dijo él: «¿Qué sabeis vos ó qué letras y ciencia es la vuestra, para que os atre-
vais á negociar los negocios?» Entónces el Clérigo, tomando un
poco de más licencia, mirando siempre de no enojar al obispo

de Badajoz, respondió: «Sabeis, señor Obispo, cuán poco sé de los negocios que traigo, que con esas pocas de letras que pensais que tengo, y quizá son ménos de las que estimais, os porné mis negocios·por conclusiones, y la primera será: que habeis pecado mil veces, y mil y muchas más por no haber puesto vuestra ánima por vuestras ovejas, para librallas de las manos de aquellos tiranos que os las destruyen. Y la segunda conclusion será, que comeis sangre y bebeis sangre de vuestras propias ovejas. La tercerá será, que sino restituis todo cuanto traeis de allá, hasta el último cuadrante, no os podeis más que Judas salvar.» Desque vido el Obispo, que por las veras no podia mucho con el Clérigo ganar, comenzó á echarlo por burlas y mofar, riéndose y escarneciendo de las saetadas que el Clérigo le daba. El Clérigo, todavía, teniendo el rigor de las veras, díjole: «¿Reisos, señor? debíades de llorar vuestra infelicidad y de vuestras ovejas.» Dijo el Obispo: «Sí, ahí tengo las lágrimas en la bolsa.» Respondió. el Clérigo: «Bien sé que tener lágrimas verdaderas de lo que conviene llorar, es don de Dios, pero debíades de, sospirando, rogar á Dios que os las diese, no sólo de aquel humor que llamamos lágrimas, pero de sangre que saliese del más vivo del corazon, para mejor manifestar vuestra desventura y miseria y de vuestras ovejas.» En todo ésto callaba el obispo de Badajoz, pasando con su juego de las tablas adelante, donde parecia que se holgaba de lo que pasaba, y con ésto el Clérigo tomaba favor para confundir al Obispo y á su insensibilidad, porque á la primera palabra que el de Badajoz dijera, no hablara el Clérigo más, por no enojallo y perder su favor como lo tuviese ganado. Pasado lo que está dicho, atajó lo demas el obispo de Badajoz, diciendo: «No más, no más.» Entónces habló el Almirante y el D. Juan de Zúñiga en favor del clérigo Casas; el Almirante, refiriendo lo que sentia del Clérigo y de sus negocios y buena voluntad, que lo cognoscia más, y D. Juan de Zúñiga, segun la noticia que dél tenia por oidas. Ello todo así, asosegado el Clérigo, desde á un rato fuése á su posada.

CAPÍTULO CXLVIII.

El obispo de Badajoz, desque fué hora de ir á palacio (porque como el Rey comenzaba entónces á reinar eran frecuentes
los Consejos que se tenian; en especial de Guerra y del Estado), fuése y dijo al Rey todo lo que habia entre el Obispo y
el Clérigo pasado, diciendo «holgárase Vuestra Alteza de oir
lo que dijo micer Bartolomé al Obispo de tierra firme, sobre
las cosas de las Indias,· acusándolè que no habia hecho con
los indios, sus ovejas, como debia, segun buen pastor y Prelado. Oido ésto, el Rey mandó que los amonestasen, que para
el tercero dia pareciesen ante su Real acatamiento, porque
los queria oir á ambos, y como á persona que le tocaban las
cosas de las Indias, mandó que tambien se hallase presente el
Almirante. Acaesció en estos dias que vino allí un religioso de
Sant Francisco, que habia estado en esta isla Española, y
visto algunos de los malos tractamientos que se hacian á los
indios, causa de la disminucion dellos; este religioso, por lo
que habia oido del Clérigo, y de los negocios que tractaba y
del fin que pretendia, deseaba vello y conocello, y así lo anduvo á buscar y vino á él en aquel lugarejo donde el Rey
estaba, diciendo: «Señor yo he sabido los negocios y pasos en
que andais, que son de apóstol verdadero; yo he estado en
las Indias y he visto los males y daños que aquellas misera-
bles gentes padecen, y ved en qué os puedo ayudar» y áun
en la misma casa y á la misma hora que descendia de la
brega que habia con el Obispo pasado lo fué á hallar. El Clérigo lo abrazó y dió las gracias por el consuelo y ofertas que
le daba. Desde allí predicaba en la Iglesia del pueblo, que no
era de más de treinta casas, y cuasi las palabras se oian
en palacio, y, como no habia más de una iglesia, todos los

Grandes allí estaban aposentados, y los que venian de los otros lugares cada dia á palacio, y los flamencos y de la casa Real, cuasi iban á oir al fraile, que de otra materia más que de las hazañas abominables destas Indias no tractaba. Llegado ésto á los oidos del Rey, mandó tambien que se hallase con el Obispo de tierra firme, y el Almirante y el Clérigo, ante su presencia, el fraile. Llegado el dia de la disputa ó audiencia, que el Rey determinó dar al Obispo y al Clérigo para que en su presencia careados hablasen, llegó primero al lugar ó cuadra donde el Rey habia de estar el Obispo y luego el fraile; el Obispo, como lo vido, no le plugo nada, sospechando, que como parecia libre en el predicar, lo seria quizá en lo que dijese favorable, por lo cual quísolo, como dicen, sobajar y atemorizar, y para este fin, á lo que pareció, díjole: «Padre, ¿qué baceis agora vos aquí? bien parece á los frailes andar por la corte; mejor les sería estar en sus celdas y no venir á palacio.» Respondió el fraile al Obispo, de su misma órden fraile: «Así me parece, señor Obispo, que nos sería mejor estar en nuestras celdas á todos los que somos frailes.» Replicóle el Obispo cierta palabra en que pretendia echallo de allí, porque cuando saliese el Rey no le hallase, respondió el fraile: «Callad agora, señor Obispo, y dejad salir al Rey é vereis lo que pasa.» Creyóse por entónces que el fraile causó, con lo que habia dicho al Obispo, que perdiese algo del orgullo y presuncion que mostraba, cuando desde á un rato se vieron todos delante del Rey. Salido el Rey, é sentado en su silla real, sentáronse los de su Cohsejo en bancas, más abajo; éstos eran Mosior de Xevres, el Gran Chanciller, el obispo de Badajoz, el licenciado Aguirre y otros tres ó cuatro que se me han caido de la memoria; la órden de se asentar fué ésta, en las bancas de la mano derecha, por respecto del Rey, estaba Mosior de Xevres, y luégo, junto á él, el almirante de las Indias y despues dél el Obispo de tierra firme, y despues dél el licenciado Aguirre. En las de la mano izquierda; el primero era el Gran Chanciller y despues dél el Obispo de Badajoz, y de allí adelante los demas.

El Clérigo allegóse á la pared, frontero del Rey, y el fraile de Sant Francisco junto al Clérigo. Todos así ordenados y en gran silencio callando, desde á un poco de rato levantáronse Mosior de Xevres y el Gran Chanciller, cada uno por su lado, y suben la grada de la peana donde el Rey estaba sentado, con sumo reposo y reverencia; hincadas las rodillas, junto al Rey, consultan lo qué mandaba, hablando muy paso, como á la oreja, un ratico de tiempo; tornáronse á levantar, y, hecha su reverencia, viénense á sus lugares y siéntanse como de ántes lo estaban, y estando un poco así, callando, habla el Gran Chanciller (cúyo es hablar y determinar lo que en el Consejo se ha de tractar presente ó ausente el Rey, por ser cabeza y Presidente de los Consejos): «Reverendo Obispo, Su Majestad manda que hableis, si algunas cosas teneis de las Indias que hablar;» ya era venido el decreto de la eleccion del Rey, Emperador, y por ésto se le hablaba con Majestad. El Obispo de tierra firme se levantó y hizo un preámbulo muy gracioso y elegante, como quien solia graciosa y elocuentemente pre—dicar, diciendo que muchos dias habia que deseaba ver aquella presencia real, por las razones que á ello le obliga—ban, y que agora que Dios le habia complido su deseo, cog—noscia que *facies Priami digna erat imperio*; lo que el poeta Homero dijo de la hermosura de Priamo, aquel excelente Rey troyano. Cierto, pareció muy bien á todos, y de creer es que al Rey no ménos agradó el preámbulo. Tras el proemio, añidió luégo, que porque él venia de las Indias y traia cosas secretas, de mucha importancia, tocantes á su real servicio, y que no convenia decirlas, sino á sólo Su Majestad y su Con—sejo, por tanto, que le suplicaba que mandase salir fuera los que no eran de Consejo; y dicho ésto, estuvo así un poco y hízole señal el Gran Chanciller y tornó á sentarse. Parado así todo, y todos callando, tornaron Mosior de Xevres y el Gran Chanciller, por la misma órden, á levantarse, y subieron al Rey, y hecha reverencia, y hincadas las rodillas, tornaron á consultar al oido lo que Su Majestad mandaba. Tórnanse á sentar con toda la su dicha modestia y reposo, y desde á un poquito, dice el Gran Chanciller: «Reverendo Obispo, Su Majestad manda que hableis si teneis que hablar.» Levántase el Obispo, y tórnase á excusar, diciendo: que las cosas que trae que decir son secretas, y que no conviene que las oiga sino Su Majestad y los de su Consejo, y tambien porque no venia él á poner en disputa sus años y canas. Tornan los susodichos Mosior de Xevres y Gran Chanciller por la misma órden, y gravedad, y ceremonias pasadas, á consultar al Rey, é consultado, tórnanse á sentar, y dice el Gran Chanciller: «Reverendo Obispo, Su Majestad manda que hableis si teneis que hablar, porque los que aquí están, todos son llamados para que estén en este Consejo.» Manifiesto fué que el Obispo andaba porque saliesen de allí el Clérigo que tanto le habia dos dias ántes lastimado, y tambien porque saliese el fraile, de quien media hora habia que le diera un buen tártago; finalmente, habla el Obispo tornándose á excusar y alegando que no venia á poner en disputa sus años y canas, pero, pues Su Majestad lo mandaba, proseguia adelante, y dijo así: «Muy poderoso señor, el Rey católico, vuestro abuelo, que haya santa gloria, determinó de hacer una armada para ir á poblar la tierra firme de las Indias, y suplicó á nuestro muy Sancto Padre me criase Obispo de aquella primera poblacion, y dejado los dias que he gastado en la ida y en la venida, cinco años he estado allá, y como fuimos mucha gente y no llevábamos que comer más de lo que hobimos menester para el camino, toda la más de la gente que fuimos, murió de hambre, y los que quedamos, por no morir como aquellos, en todo este tiempo ninguna otra cosa hemos hecho sino robar, y matar y comer. Viendo, pues yo, que aquella tierra se perdia, y que el primer Gobernador della fué malo, y el segundo muy peor, y que Vuestra Majestad era en felice hora á estos reinos venido, determiné venir á darle noticia dello como á Rey y señor, en cuya esperanza está todo el remedio; y en lo que toca á los indios, segun la noticia que de los de la tierra donde vengo tengo, y de los de las otras tierras, que viniendo camino vide, aquellas gentes son siervos *a natura*, los cuales precian y tienen en mucho el oro, y para se lo sacar es menester usar de mucha industria, etc.» Estas palabras y otras á este propósito, aunque con alguna contradiccion de sí mismo, segun allí se notó, dijo ante el Rey é aquel Consejo y de los demas el dicho Obispo de tierra fir—me, y éstos fueron los secretos que traia para decir al Rey, é no queria que el clérigo Casas ni los demas los oyesen.

CAPÍTULO CXLIX.

Cesó de hablar el Obispo, y levantáronse Mosior de Xevres y el Gran Chanciller, y van al Rey con la órden y ceremonias susodichas, y tornándose á sentar, dijo el Chanciller al Clérigo: «Micer Bartolomé, Su Majestad manda que hableis.» Entónces el Clérigo, quitado su bonete y hecha muy profunda reverencia, comenzó desta manera: «Muy alto y muy poderoso Rey y señor, yo soy de los más antiguos que á las Indias pasaron, y há muchos años que estoy allá, en los cuales he visto por mis ojos, no leido en historias que pudiesen ser mentirosas, sino palpado, porque así lo diga, por mis manos, cometer en aquellas gentes mansas y pacíficas las mayores crueldades y más inhumanas que jamás nunca en generaciones por hombres crueles ni bárbaros irracionales se cometieron, y éstas sin alguna causa ni razon, sino sólamente por la cudicia, sed y hambre de oro insaciable de los nuestos. Estas han cometido por dos maneras: la una, por las guerras injustas y crudelísimas que contra aquellos indios que estaban sin perjuicio de nadie en sus casas seguros, y tierras donde no tienen número las gentes, pueblos y naciones que han muerto; la otra, despues de haber muerto á los señores naturales y principales personas, poniéndolos en servidumbre, repartidos entre sí, de ciento en ciento, y de cincuenta en cincuenta, echándolos en las minas donde al cabo, con los increibles trabajós que en sacar el oro padecen, todos mueren. Dejo todas aquellas gentes, donde quiera que hay españoles, pereciendo por estas dos maneras, y uno de los que á estas tiranías ayudaron, mi padre mismo, aunque ya está fuera dello. Viendo todo ésto yo me moví, no porque yo fuese mejor cristiano que otro, sino por una compasion natural y lastimo-

sa que tuve de ver padecer tan grandes agravios é injusticias
á genes que nunca nos las merecieron, y así vine á estos
reinos á dar noticia dello al Rey católico, vuestro abuelo;
hallé á Su Alteza en Plasencia, díle cuenta de lo que digo,
rescibióme con benignidad, y prometió para en Sevilla, donde
iba, el remedio. Murió en el camino luégo, y así, ni mi supli-
cacion ni su real propósito hobieron efecto. Despues de su
muerte hice relacion á los Gobernadores que eran el cardenal
de España D. Fray Francisco Ximenez, y el Adriano, que
agora es cardenal de Tortosa, los cuales proveyeron muy
bien todo lo que convenia para que tan grandes daños cesasen y aquellas gentes no pereciesen, pero las personas que
las dichas provisiones fueron á ejecutar, desarraigar tanta
maldad y sembrar tanto bien y justicia no merecieron; torné
sobre ello, y despues que Vuestra Majestad vino, se lo he
dado á entender, y estuviera ya remediado, si el Gran Chanciller primero en Zaragoza no muriera; trabajo ahora de
nuevo en lo mismo, y no faltan ministros del enemigo de
toda virtud y bien, que por sus propios intereses, mueren
porque no se remedie. Va tanto á Vuestra Majestad en entender ésto y mandallo remediar, que dejado lo que toca á su
Real ánima, ninguno de los reinos que posée, y todos juntos,
se igualan con la mínima parte de los estados y bienes por
todo aquel orbe; y en avisar dello á Vuestra Majestad, se yo de
cierto que hago á Vuestra Majestad uno de los mayores servicios que hombre vasallo hizo á Príncipe ni señor del mundo, y
no porque quiera ni desee por ello merced ni galardon alguno,
porque ni lo hago por servir á Vuestra Majestad, porque es
cierto (hablando con todo el acatamiento y reverencia que
se debe á tan alto Rey é señor), que de aquí á aquel rincon
no me mudase por servir á Vuestra Majestad, salva la fidelidad que como súbdito debo, sino pensase y creyese hacer á
Dios en ello gran sacrificio, pero es Dios tan celoso y granje-
ro de su honor, como á él se deba sólo el honor y la gloria
de toda criatura, que no puedo dar un paso en estos negocios,
que por sólo él tome á cuestas de mis hombros, que de allí

no se causen y procedan inestimables bienes y servicios de
Vuestra Majestad : y para rectificacion de lo que dicho tengo,
digo y afirmo, que renuncio cualquiera merced y galardon
temporal que Vuestra Majestad me quiera y pueda hacer, y si
en algun tiempo, yo, ó otro por mí, merced alguna quisiere y
pidiere directe ni indirecte, en ninguna cosa de las susodichas
Vuestra Magestad me dé crédito, ántes sea yo tenido por
falso, engañador de mi Rey é señor. Allende desto, aquellas
gentes, señor muy poderoso, de que todo aquel mundo nuevo
está lleno y hierve, son gentes capacísimas de la fe cristiana,
y á toda virtud y buenas costumbres por razon y doctrina
traibles, y de su *natura* son libres, y tienen sus Reyes y se—
ñores naturales que gobiernan sus policías; y á lo que dijo el
reverendísimo Obispo, que son siervos *a natura* por lo que el
Filósofo dice en el principio de su Política, que *vigentes ingenio
naturaliter sunt rectores et domini aliorum*, y *deficientes a ratione naturaliter sunt servi*, de la intencion del Filósofo á lo que
el reverendo Obispo dice hay tanta diferencia como del cielo
á la tierra, y que fuese así como el el reverendo Obispo afir—
ma, el Filósofo era gentil, y está ardiendo en los infiernos, y
por ende tanto se ha de usar de su doctrina, cuanto con
nuestra sancta fe y costumbre de la religion cristiana con—
viniere. Nuestra religion cristiana es igual y se adapta
á todas las naciones del mundo, y á todas igualmente res—
cibe, y á ninguna quita su libertad ni sus señoríos, ni mete
debajo de servidumbre, so color ni achaques de que son
siervos *a natura* ó libres, como el reverendo Obispo pa—
rece que significa, y por tanto, de Vuestra Real Majestad será propio desterrar en el principio de su reinado de
aquellas tierras tan enorme y horrenda, delante Dios y los
hombres, tiranía, que tantos males y daños irreparables
causa en perdicion de la mayor parte del linaje humano
que nuestro Señor Jesucristo, que murió por aqu...
su real Estado prospere por muy largos dias...
oracion del clérigo Casas, en la cual estuvo...
tos de hora, y el Rey muy atento...

notando cada palabra de lo que decia. Acabada la habla del Clérigo, levantáronse Mosior de Xevres y el Gran Chanciller, y fueron al Rey como solian, y, consultado, tornados á sentar, dijo el Gran Chanciller al religioso de Sant Francisco: «Padre, Su Majestad manda que hableis si teneis que hablar en las cosas de las Indias.» El religioso, hecho al Rey su debido acatamiento, comenzó así: «Señor, yo estuve en la isla Española ciertos años, y por la obediencia me fué impuesto y mandado con otros que fuese á visitar y contar el número que habia en la isla de indios, y hallamos que habia tantos mil; despues, á cabo de dos años, me tornaron á encargar y mandar lo mismo, y hallamos que habian perecido en aquel tiempo tantos mil que habia ménos, y así, de aquesta manera, se habia destruido la infinidad de gentes que habia en aquella isla; pues si la sangre de uno muerto injustamente, tanto pudo que no se quitó de los oidos de Dios, hasta que Dios hizo venganza della, y la sangre de los otros nunca cesa de clamar, *vindica sanguinem nostrum, Deus noster,* ¿qué hará la sangre de tan inmumerables gentes como en aquellas tierras con tan gran tiranía é injusticia han perecido? Pues por la sangre de Jesucristo y por las plagas de Sant Francisco, pido y suplico á Vuestra Majestad que remedie tanta maldad y perdicion de gentes, como perecen cada dia, porque no derrame sobre todos nosotros su rigurosa ira la divinal justicia.» Esto fué lo que oró el padre religioso de Sant Francisco; fué harto breve, pero con gran hervor y harto sangriento todo lo que dijo, que parecia que los que allí estaban eran ya puestos en el final juicio. Desque el religioso cesó de hablar, Mosior de Xevres y el Gran Chanciller fueron á consultar al Rey, é tornados á sentarse, dijo el Gran Chanciller al Almirante que Su Majestad mandaba que hablase. El cual, con brevedad y prudentemente, se expidió diciendo: «Señor, los males y daños que en las Indias se han hecho y se hacen, que refieren estos Padres, son muy manifiestos, y hasta ahora clérigos y frailes, no los pudiendo sufrir, los han reprendido, y, segun aquí ha parecido, ante Vuestra Majestad vienen á

denunciarlo, y puesto que Vuestra Majestad recibe en des-
truille aquellas gentes y tierras inestimable daño, pero mayor
lo rescibo yo, porque aunque lo de allá todo se pierda, no
deja Vuestra Majestad de ser Rey y señor, pero yo, ello perdido, no me queda en el mundo nada donde me pueda arri-
mar, y ésta ha sido la causa de mi venida para informar dello
al Rey católico que haya sancta gloria, y á ésto estoy esperando á Vuestra Majestad; y así, á Vuestra Majestad suplico,
por la parte del daño grande que me cabe, sea servido de lo
entender y mandar remediar, porque en remediallo Vuestra
Majestad cognoscerá cuán señalado provecho y servicio á su
real Estado se seguirá.» Cesó el Almirante de hablar, y levantóse el Obispo de tierra firme y suplicó por licencia para
tornar á hablar. Consultaron al Rey los dos que solian, con el
modo y ceremonias ya declaradas, y respondió el Gran Chanciller al Obispo: «Reverendo Obispo, Su Majestad manda,
que si más teneis que decir, lo deis por escrito, lo cual, despues se verá.» Levántose luégo el Rey, y entróse en su cámara, y no hobo en ésto por entónces más: todo ésto pasó allí
estando yo presente.

CAPÍTULO CL.

Parece convenir que se refiera aquí la opinion que aquel Obispo tuvo destas gentes de las Indias, y de las obras que en ellas hicieron nuestra gente de España, para declaracion de aquello que el Obispo dijo ante el Rey, que los indios eran siervos *a natura*. Esto parecerá por un tractado que compuso en latin é dedicó á un licenciado Barrera, médico, muy su amigo, el cual me lo dió á mí, porque lo era tambien mio, en, *el cual movió y determinó dos cuestiones: la una, si la guerra que se habia movido y hacia contra estas gentes era justa: *Utrum bellum hactenus contra indos Occeani maris insulas incolentes sit justum.* La segunda cuestion, si los captivos en aquellas guerras fuesen esclavos legales: *Secundo, utrum capti in hoc bello sunt servi legales.* La primera cuestion responde: ser las guerras injustas por defecto de autoridad, porque ni el Papa tal autoridad dió en la concesion que hizo á los Reyes destas Indias, y los reyes de Castilla, no sólo nunca tal autoridad dieron por palabra ni por escrito, pero muchas veces y por muchas instrucciones, mandamientos y exhortaciones, lo prohibieron, y dice así en su tractado: *Sed in donatione qua Summus Pontifex, tan quam universalis dominus, has barbaras nationes catholico regi Ferdinando dedit et donavit, aut ejus prudentissimo et sapientissimo regimini commisit; non invenitur mandatum tacitum vel expressum de bello indicendo contra illos. Nec ipse serenissimus atque catholicus Rex, alicui gubernatorum seu exercitus ductorum, de quampluribus ab ipso missis ad instruendum pacificandum reducendumque præfatos indos ad obedientiam Sedis apostolicæ et suæ cælsitudinis nomine præfatæ Sedis, tale bellum verbo vel scripto mandavit; immo hoc prohibuisse notum est aspicienti ejus exortationes et mandata,*

in scriptis quîbus instrui jussit suos gubernatores et capitaneos,
ut benigne et pacifice dictis barbaris suaderent monita salutis
multum sibi conferentia audire et eis obtemperare sub aseveratio-
ne quod eis in nullo essent molesti, insuperque uxores filios et
quæque sua forent ipsis conservabuntur intacta, et a quibus-
cumque, si quos habuissent adversarios, redderent securos. Si ergo
auctoritas Principis ad justum bellum requiritur, sequitur quod
omnia bella mota contra jam dictos barbaros injusta sunt, et per
privatas personas, non solum sine auctoritate Principis immo con-
tra ejus multiplicem prohibitionem. Lo mismo prueba ser injustas
las dichas guerras por no haber intervenido causa justa, que
habia de ser que nos hobiesen ofendido, infestado, turbado y
robado alguna cosa, que no nos la quisiesen restituir, ó satisfacer, por la injuria que nos hobiesen hecho, y dice así: *Sed*
isti de quibus est sermo nec nostra possidebant, nec in aliquo un-
quam nobis infesti seu molesti fuerunt, nec nostris impedimentum
prestarunt ubicumque declinare voluerunt, antequam male et
crudeliter tractarentur. Cum igitur, his non obstantibus, eos im-
pugnarent et invaserint et hucusque invadere non cessant, eorum
bona in prædam et personas in captivitatem redigendo, nulla auc-
toritate Principis freti, nec causa justa ejus movente, bene mani-
festum est bellum hactenus motum contra sæpe dictos barbaros
esse injustum. Cuanto á la cuestion segunda, «que los indios
tomados en aquellas guerras no sean ni pudieron ser esclavos,»
conclúyela desta manera: *Cum ergo, ut ex dictis patet in se-*
cundo quæsito, nullo modo per quamcumque personam cujuscum-
que condicionis potuit indici justum et proprium bellum contra
præfatos indos, nulla in eis culpa precedente; sequitur quod capti
in tali bello non sunt servi eorum qui eos cœperunt, nec capientes
possunt eis juste dominari et per consequens talis dominatio est
tiranica, et capti non sunt servi lege justa sed oppresiva, etc. Diçe
despues más abajo que no sean tampoco siervos *a nàtura: Et*
quod non sint servi a natura probatur quonian ad hoc quin ali-
quis sit natura dominus vel natura servus tria requiruntur; pri-
mum, quod dominus prudentia et ratione excedat servum et
quod servus omnino deficiat et careat his, scilicet prudentia et

ratione: secundum, quod sit tantœ utilitatis dominus servo quan-
tœ servus domino: tertium, quod servus natura non cogatur per
quemcumque indiferenter servire domino natura, sed solum per
Principem aut publicam personam. Despues de explicadas las
dichas tres condiciones que se requieren para que uno sea
s:ervo por *natura*, dice asi: *Si ergo, ista-tria requiruntur ad do-*
minium et servitutem naturalem, luculenter apparet quod sic capti
in injusto bello, quod est indictum sine auctoritate Principis,
et sine justa causa motum, non possunt effici servi legales, et ca-
pientes sunt potius dicendi latrunculi et oppresores quam domini;
qua eadem ratione non possunt esse servi natura, cum requira-
tur autoritas Principis determinantis et constituentis illos qui
sunt aptitudine domini ut actu dominentur, et eos qui sunt apti-
tudine servi ut actu pareant et serviant. Privantur ergo juste
hujusmodi oppressores, ne de his quod vi ceperunt et oppreserunt
possunt veluti de re possessa disponere, quod est habere secundum
legalem quem vulgo sclavum appellant; privantur insuper ne idem
superati et victi eisdem tyrannis et invasoribus commendentur et
donentur, ut ex illis aliquam possint consequi utilitatem, quod est
habere servum naturalem qui vulgari vocabulo dicitur naboria. In-
justum est enim ut dominus natura instituatur ille qui solum
suam et non servi quœrit utilitatem. De aqui parece que el Obispo no asigna otra razon por donde los indios no los pudieron
tener los españoles encomendados por siervos *a natura*, sino
porque no los declaró el Rey por siervos *a natura*, y tambien,
aunque cortamente al cabo lo dice, porque los españoles no
los tractaban de tal manera que les fuesen tan provechosos
como los indios lo eran á ellos, y así, por falta de las dos cosas
que se requerian para que fuesen siervos por *natura*, dice que
los españoles no los pudieron tener encomendados justamente,
y por tanto eran tiranos é invasores injustos. De manera que
supone en lo que dice, los indios ser de sí, que es tener aptitud é habilidad, ó por claro hablar, ser incapaces de se gobernar, y así ser siervos de *natura*, y que el Rey los pudiera
declarar por tales, y por tanto, dalles á los españoles, con
tanto que les fueran tan útiles cuanto á ellos los indios; á

ésto podemos decir en favor de los españoles, que la hora que
el Rey daba los repartimientos ó encomiendas, ó las permitia
dar, era visto dárselos por siervos por *natura*, pero nunca
Dios quiera que tal intencion el Rey ni la Reina católica jamás
tuvieran, como parece arriba, libro II, en el cap. 14, y donde
se puso á la letra la Cédula real, de la cual ocasionalmente
se introdujeron los repartimientos que ·llamaron despues encomiendas, sin tal mandar tácita ni expresamente, ni pasalle
por el pensamiento; de manera, que sólo el Comendador Mayor de Alcántara, despues de la Reina muerta, contra expreso
mandado de la dicha católica Reina, por su propia autoridad
fué el inventor dello. Tornando al propósito deste señor Obispo de tierra firme, aunque supone, como dije, ser los indios
siervos *a natura*, pero no lo prueba ni lo aplica, las condiciones y razones que el Filósofo pone donde lo alega, que es en
el libro I de su Política, para que una persona ó personas sean
siervos por *natura*, á los indios, y creo yo que no osó aplica-
llas, porque no halló convenirles á los indios, y cualquiera
le pudiera con la experiencia y verdad mostrar el contrario, y
que si él viera que les convenian claro lo dijera. En ésto me
maravillo cómo se ofuscó su entendimiento viendo él manifiestamente que los indios se sabian regir, y tenian sus
pueblos y Reyes y reinos, y ésto será manifiesto por lo que
abajo se dijere; allende ésto, el buen Obispo parece haber
errado la intencion del Filósofo, por no penetrar la médula de su sentencia. Las condiciones ó cualidades que ha de
tener el hombre para ser siervo por *natura*, son, segun el Filósofo, principalmente que carezca de juicio de razon, y como
mentecato ó cuasi mentecato, y finalmente, que no se sepa
regir. Esto se prueba porque dice allí Aristóteles, que el tal
ha de diferir tanto del comun modo de razon que los hombres discretos y prudentes tienen, como difiere el cuerpo de
la ánima y la bestia del hombre; por manera, que así como
el cuerpo no es capaz de se regir á sí ni á otros, ni la bestia
á sí ni á las otras sino por el ánima y por el hombre, así el que
es siervo por *natura*, ni á sí ni á otros sabe ni puede saber regir,

sino es por las personas prudentes, que son, por la prudencia y buen juicio de razon, señores, ó por mejor decir, Goberna-dores de otros por *natura*. Las señales que tienen los siervos de *natura* por las cuales se pueden y deben cognoscer, son que la naturaleza les dió cuerpos robustos y gruesos y feos, y los miembros desproporcionados para los trabajos, con los cuales ayuden, que es servir, á los prudentes; y las señales para cognoscer los que son señores ó personas para saberse gobernar á sí mismos y á otros, la naturaleza se las dió, y éstas fueron y son, los cuerpos delicados y los gestos hermosos por la mayor parte, y los órganos de los miembros bien dispuestos y proporcionados. Todo ésto es del Filósofo y tráelo el mismo Obispo en aquel tractado, aunque en ésto no concluye al propósito nada.

CAPÍTULO CLI.

.Pues trayendo lo susodicho todo al propósito, que los indios todos, como él supone que lo son, no sean siervos *a natura* pruébase claramente mostrando todo el contrario. Manifiesto es que estas gentes, en todas estas Indias, las hallamos en pueblos y grandes pueblos pobladas, que es señal y argumento grande de razon; hallámoslas con señores poderosos que las regian y gobernaban, hallámoslas pacíficas y en sus repúblicas ordenadas, y que cada uno de los vecinos tenia y gozaba de su hacienda, y casa y estado. Esto era imposible, ni conservarse tanta gente ayuntada sin paz, ni la paz sin justicia, como es todo ésto averiguado. Las señales, pues, que tienen de libres, y no de siervos, por *natura*, tambien lo declaran, porque por la mayor parte son de muy buenas disposiciones de miembros y órganos de las potencias, proporcionados y delicados, y de rostros de buen parecer, que no parecen todos sino hijos de señores, y son de muy poco trabajo por su delicadez, y bien parece pues con los trabajos en que los habemos puesto han perecido tantos millares: desto habemos escrito largo y probado en nuestro libro *De unico vocationis modo omnium gentium ad veram religionem,* capítulo 4.° Item, sin la prueba susodicha, que bastaria, pues hace evidencia de ser aquestas gentes libres y no siervas por *natura,* pruébase tambien por lo que dice y añide allí el Filósofo, de los bárbaros que son propiamente siervos por *natura,* entre los cuales no hay principado natural, porque no tienen órden de república, ni de señorío, ni subjecion, conviene á saber, no tienen señores naturales, porque no hay entre ellos quien tenga prudencia gubernativa, ni prudencia electiva para elegir entre sí señor ó regente quien los gobierne, ni tienen leyes porqué se rijan, y obedezcan y teman, ni quien prohiba, ni castigue, ni tienen cuidado de la vida social, sino que viven como cuasi animales. Pero todo el contrario vemos en los indios, como es manifiesto, porque ellos tienen Reyes y señores naturales, tienen órden de república, tienen prudencia gubernativa y electiva, porque elijen los Reyes que los rijan; tienen leyes por que se rijen á que obedecen y temen, y á quien los corrija y castigue, tienen gran cuidado de la vida social, luégo no son siervos por *natura*. Terceramente se prueba lo mismo por esta manera: ser los hombres siervos por *natura*, es ser estólidos y santochados, y como mentecatos y sin juicio, ó con muy poquito juicio de razon, segun lo que se colije de lo que alli dice dellos el Filósofo, y ésto es como monstruo en la naturaleza humana, y así han de ser muy poquitos, y por maravilla, como los monstruos por maravilla se hallan en todas las especies de las cosas, segun parece por experiencia; porque un hombre ó un animal, por maravilla nasce y es cojo, ó manco, ó con un ojo, ó con más de dos, ó con seis dedos, ó con ménos de cinco y con otros defectos desta manera, y lo mismo es en los árboles y en las otras cosas criadas, que siempre nascen y son perfectas, segun sus especies, y por maravilla hay monstruosidad en ellas, que se dice defecto y error de la naturaleza, y mucho ménos y por más maravilla ésto acaesce en la naturaleza humana áun en lo corporal, y muy mucho ménos es necesario que acaezca en la monstruosidad del entendimiento, ser, conviene á saber, una persona loca, ó santochada ó mentecata, y ésto es la mayor monstruosidad que puede acaecer, como el ser de la naturaleza humana consista, y principalmente, en ser racional, y por consiguiente sea la más excelente de las cosas criadas, sacados los ángeles, y que sea monstruosidad los semejantes defectos del entendimiento, dícelo el Comentador en el libro III «De ánima.» *Error, inquit, intellectus et falsa opinio ita se habet in cognitionibus, sicut mostrum in natura corporali.* Pues como los monstruos en la naturaleza corporal de todas las cosas criadas, acaez-

can por gran maravilla, y, por razon de la dignidad de la naturaleza humana, mucho ménos acaezca hallarse monstruo
cuanto al entendimiento, conviene á saber, ser alguna persona loca, mentecata, santochada y careciente de conviniente
juicio de razon para se gobernar, y éstos sean los que por naturaleza son siervos, y estas gentes sean tan innumerables; luégo
imposible es, aunque no hobiésemos visto por los ojos el contrario, que puedan ser siervos por *natura*, y así, monstruos en
la naturaleza humana, como la naturaleza obre siempre perfectamente y no falte sino en muy minima parte, como el Filósofo prueba en el libro II. *De cœlo et mundo*, y en otros muchos lugares. Y ésto confirma bien claro á nuestro propósito,
Sancto Tomás, en la primera parte, cuestion 23, art. 7.ª,
ad Tertiam, donde dice, que el bien proporcionado al comun
estado de la naturaleza, siempre acaesce por la mayor parte
y falta por la menor, como parece que los hombres, por la
mayor parte se hallan tener suficiente ciencia y habilidad;
falta, como son los que moriones y locos ó mentecatos se
llaman. Esto es de Sancto Tomás. Ofúscase, pues, el Obispo
de tierra firme haciendo á todos estas tan infinitas naciones
siervos por naturaleza, viendo él claramente lo contrario, y
por ésto creo yo que no osó aplicar las calidades de los tales
siervos que el Filósofo trae, por ver que por ninguna manera
convenian á los indios, y así pasó disimulando. Erró asimismo, á lo que parece, en la intencion del Filósofo, porque
el Filósofo dos cosas pretende alli enseñar; una, que la naturaleza, como no falte en las cosas necesarias á la vida humana, así como proveyó de inclinacion á los hombres para ser
sociales y vivir muchos en un lugar, fué necesario proveer
que algunos naturalmente fuesen hábiles para poder á otros
regir é gobernar, y de aquellos se eligiesen los que gobernasen, porque muchos juntos no pudieran vivir vida quieta y
sin confusion, si entre ellos no hobiera quien los gobernara.
Pero no se entiende que todos los que por naturaleza son
prudentes, sean luégo señores de los que ménos saben, porque si así fuése, muchos Reyes serian siervos de sus vasallos,

ni se sigue tampoco que todos los que tienen poco entendimiento, luégo sean siervos de los que más saben, porque así todo el mundo se turbaria y confundiria, y si el Obispo entendió que nosotros, por ser más sábios y políticos que estas gentes, aunque ellos tuviesen como tenian sus policías ordenadas, los podiamos señorear por razon de ser siervos por *natura*, erró en la intencion del Filósofo que sólo quiso enseñar haber provcido la naturaleza, entrc los hombres y en todas las naciones, muchos prudentcs y de buen juicio de razon para los otros gobernar, como es manifiesto y queda bien probado; pues ningun rcino ni provincia, ni pueblo, en islas y en tierra firme hallamos, que no tuviese su Rey é señor natural, mediato ó inmediato; luégo no son siervos por *natura* estas naciones, para que nosotros, aunque seamos más hábiles, las debamos señorear, ántes, en verdad, que en muchas partes destas Indias tenian muy mejor manera de gobierno, cuanto sin fe del verdadero Dios se puede alcanzar, que nosotros, y por consiguiente, por aquesta razon, más justamente y segun *natura* pudiéramos servilles y ellos señorearnos. Lo otro, que el Filósofo allí enseña, es, que para cumplir con las dos combinaciones ó compañias necesarias de la casa, que son marido y mujer, y señor y sicrvo, proveyó la naturaleza de algunos siervos por *natura*, errando ella que les faltase el juicio necesario para se gobernar por razon, y les diese fuerzas corporales para que sirviesen al señor de la casa, de manera que á ellos, siervos por *natura*, fuese provechoso y á los que por *natura* fuesen señores dellos, que es ser prudentes para gobernar la casa, porque imposible ó cuasi imposible es la casa poderse conservar sin siervo, ó por naturaleza ó habido por guerra, y cuando no lo hay, otra persona por su soldada que sirva, y en los pobres, que ni sicrvo ni mozo de soldada puedan tener, en lugar dellos se socorre con un buey arador, ó con otro doméstico animal. Así lo dice allí el Filósofo; y desto segundo ninguna cosa toca los indios, porque no son santochados, ni mentecatos, ni sin suficiente juicio de razon para gobernar sus casas y las

ajenas, como queda declarado y probado. Desta materia dejamos escrito en nuestra Apología, escrita en lengua castellana, y en latin en el libro *De unico vocationis modo*, etc.; y
otro libro en lengua tambien castellana, cuyo título es Apologética Historia, donde pongo muy en particular y á la
larga las costumbres, y vida, y religion, y policía, y gobernacion, que todas estas naciones tenian, unas más y otras
ménos, y todas, empero, que mostraron ser hombres razonables y no siervos por *natura*, como el Obispo dijo. Dejadas
algunas pocas que áun no habian llegado á la perfeccion de
ordenada policía, como antiguamente todas las del mundo á
los principios de las poblaciones de las tierras estuvieron,
pero no por eso carecen aquellas de buena razon para fácilmente ser reducidas á toda órden y social conversacion, y vida
doméstica y política.

CAPÍTULO CLII.

Tornando á proseguir la historia del Obispo de tierra firme, salido de palacio hizo dos memoriales, el uno, por el cual daba noticia de las matanzas y estragos y crueldades que habia visto de hacer en aquella parte de tierra firme donde habia estado, y en que habia él tenido parte, al ménos en el oro robado, y áun en las muertes que se perpetraban, enviando, como arriba dijimos, á sus criados con las cuadrillas que iban á saltear y robar y captivar las gentes pacíficas que estaban en sus casas, y en aqueste memorial puso que se habian muerto en hacer los navíos en la mar del Sur, que Vasco Nuñez hizo, 500 indios, y su Secretario me dijo á mí que más murieron de 2.000, y que el Obispo no quiso poner más de 500 por parecerle que no lo creerian si dijera tantos. El otro memorial contenia los remedios que le parecia que debian ponerse para que aquellos males y daños cesasen, conviene á saber, que no se hiciesen más entradas, que eran aquellos salteamientos para robar y captivar, y que de los pueblos que se habian traido, aunque por fuerza y violencias y matanzas de paz, y los que por vía pacífica más se atrajesen, se pusiesen en pueblos, y allí se ordenasen de manera que tuviesen alguna libertad y acudiesen al Rey con tributo. Finalmente, la órden que daba era, en sustancia, la que el Clérigo tantos años habia que persuadia y daba, salvo que, como más experimentado el Clérigo que el Obispo, más por delgado y mejor la particularizaba; decia más, que él señalaria persona que tomase cargo de poner aquella órden y que gastaria de su hacienda 15.000 castellanos sin que el Rey pusiese de la suya nada. Este fué, segun creimos, Diego Velazquez, él que gobernaba la isla de Cuba por el Almirante. Hechos sus

memoriales, fuése á comer un dia con el Gran Chanciller para
dárselos despues de la comida, y dalle mayor noticia y razon
de lo que en ellos decia, y porque la materia era donde se
habia de tractar tambien del Clérigo, de su demanda dijo el
Gran Chanciller á Mosior de Laxao, como sabia que se habia
de holgar, que se fuese á comer con él, porque tenia tambien
al Obispo de tierra firme por convidado, y que se habia de
tractar de las Indias, y por fuerza se habia de tocar en
micer Bartolomé. Aceptó Mosior de Laxao el convite, aunque
lo tenia él mejor de la cocina y tambien de la mesa del Rey,
por su oficio de Submilier, y comian con él los más principales de la Cámara del Rey é otras personas de mucha calidad. Despues de comido, mete consigo en su cámara, el Gran
Chanciller, á Mosior de Laxao y al Obispo, y sacados sus memoriales, el Obispo, léelos, y en cada cosa se para dando
della la razon; donde aclaró cuanto le fué posible las crueldades que habia visto en aquellas gentes de tierra firme hacer,
y la despoblacion que quedaba hecha de aquellas tierras y
haciéndose tambien, la insensibilidad ó crueldad de los que
la gobernaban y habian gobernado, y destruido y destruian:
esto, cuanto á la materia del primer memorial; cuanto á la
del segundo, que contenia los remedios, dió razon tambien
de cada uno, y engrandeció la persona de Diego Velazquez,
y ofreció su buena voluntad y hacienda que tenia para
poder servir en aquello al Rey. Oido y visto todo lo que el
Obispo dió por escrito en sus memoriales, y las razones que
de todo dió, por el Gran Chanciller y Mosior de Laxao, quedaron muy contentos y alegres, por ver y saber que todo
lo que daba por escrito y decia por palabra, no era otra cosa
sino confirmar y autorizar todo lo que el clérigo micer Bartolomé afirmaba y decia, y nunca el Clérigo tanto, segun se
cree, habia exajerado las matanzas y estragos que en aquella
tierra firme se habian cometido y cometian cuanto los agra-
viaba el Obispo. No contentos con lo dicho, el Gran Chanciller y Mosior de Laxao, que no cabian en sí por el favor que
resultaba para el Clérigo, pero en especial le preguntaron

que qué le parecia del negocio que pretendia micer Bartolomé; respondió que muy bien, y que traia justicia y andaba por el camino de Dios. Desta respuesta quedaron los dos más contentos que si á cada uno se diera mucho haber, tanto era el amor que al Clérigo tenian, no, cierto, porque los habia cohechado, porque no tenia con qué, como fuese pobre y muy pobre, sino que como caresciesen de propio interese y estuviesen libres y limpios sus entendimientos de la basura y cataratas de la cudicia, vian que el negocio que el Clérigo traia era claramente justo y pío. Desta plática, que allí el Obispo tuvo, resultó mucho mayor crédito que se dió al Clérigo, por ver que los que se le habian mostrado por enemigos, por lengua y escrito confesaban lo que él decia, y parecia que con sola la fuerza y virtud de la verdad que traia á todos vencia. Esto pasado aquel dia, el Clérigo fué á la noche á ver al Gran Chanciller para oler qué habia de la junta y comida del Obispo con aquellos señores sucedido, y asi como entró, con alegre rostro, el Gran Chanciller, de dos candeleros de plata que en la mesa tenia, dió el uno con los dos memoriales del Obispo al Clérigo, diciéndole que se apartase á una parte de su cámara y los viese. El Clérigo los leyó muy bien leidos, y vuelto al Gran Chanciller, dijo: «Suplico á vuestra señoría que me dé esa péndola.» Dijo el Gran Chanciller: «¿para qué?;» respondió: «para firmarlos de mi nombre,» y añidió: «¿Hé dicho yo más á vuestra señoría desto, que aqui el Obispo confiesa? ¿qué más crueldades, y matanzas y destruicciones de aquella tierra hé yo referido á vuestra señoría que éstas? Luégo verdad es lo que yo digo, y no lo compongo ni finjo, y pluguiese á Dios que no fuese tanto como es y ha sido; pero no es así, ni con mil partes una de lo que ha pasado y pasa se dice.» Respondió el Gran Chanciller con mucha dulcedumbre, consolando al Clérigo, como persona llena de virtud, diciendo: «Yo espero en Dios que este negocio ha de salir á buen fin.» Cada dia desde allí crescia el crédito con el Gran Chanciller y Mosior de Laxao, y éstos lo referian todo al Rey, é el Rey estaba muy bien con micer

Bartolomé, y sino tuviera la priesa que el Rey tuvo, ya electo Emperador, para se partir de España y proseguir el intento de Emperador, cierto, bien fueran dichosas las Indias, y el Clérigo fuera, por la obra, no como quiera favorecido. El Obispo se fué al lugarejo donde posaba, una legua de allí, é cayó luégo enfermo de calenturas, segun creo, y desde á tres dias murió, y díjose que hasta la muerte, desde que se sintió que estababa en peligro, no hizo sino predicar las excelencias de Nuestra Señora, segun que las sabia él siempre con gran elocuencia decir, é sus defectos, con humildad suplicándole que no se olvidase dél. Fué muy notada y notable su muerte por éste buen fin della, y por ser á tal tiempo, habiendo primero significado la verdad de las cosas malas destas Indias, que él habia cuasi como aprobado contra lo que el Clérigo decia, y haber el Clérigo en su honor, que pareció haberle derogado, restituido.

CAPÍTULO CLIII.

En este año de 519, y allí en Barcelona, negociaban los hacedores de unos mercaderes, segun creo, de Toledo, que tenian arrendada la cruzada y la habian enviado á estas islas, que se declarase si podian por las Bulas componer de los bienes habidos y ganados con los indios y de los indios, porque avisaron los otros hacedores que acá tenian, que, si de lo habido de Indias y con indios se podian componer, se ganarian muchos más dineros. Entónces era Comisario general el cardenal Adriano, que despues fué Papa. Puesta la demanda ante el Cardenal, cometió la declaracion della á los dos hermanos Coroneles, doctores parisienses y de grande autoridad, doctosísimos, y no faltó quien los avisó que no comunicasen cosa desto con el clérigo Casas, y aunque eran ellos sus amigos así lo hicieron. Los cuales, usando de la comision, estuvieron quince dias disputando y confiriendo ambos á dos, solos dentro de su casa, y saliéndose al campo, y finalmente, se resolvieron al cabo dellos en dar la respuesta y solucion de la duda por las proposiciones siguientes:

«Primera proposicion.—Si absolutamente los mineros se señalaban, á quien los tomaba, por mandado del Rey, para que de allí hobiese el oro que pudiese cierto tiempo, todo lo que de allí hobo en aquel tiempo fué suyo propio, aunque lo hobiese con excesivo trabajo de los indios, y sin dalles de comer lo necesario ni pagarles la soldada, y áun siendo por aquello causa de su muerte, porque aquellos son pecados por sí, é gravísimos, como adelante se dirá, mas no son causa que lo que se adquiere no sea de quien lo adquirió, porque los fructos que coge un señor de su tierra suyos propios son, aunque los haya con excesivo trabajo de los jornaleros, é sin dalles de comer lo necesario ni pagarles el justo jornal, y aunque de allí redundase muerte dellos.

» Segunda proposicion.—Los cristianos que á los indios que trabajaban en los mineros á ellos señalados no han dado de comer lo necesario, y no les han pagado la soldada debida y han sido causa de su muerte, demás de haber gravemente pecado, son obligados á hacer satisfaccion y restitucion de tres cosas, del mantenimiento, y de la soldada, y de la vida.

» Tercera proposicion.—No siendo vivos aquellos á quien no se dió suficiente mantenimiento, ni se pagó el debido jornal, ó no son cognoscidos aunque vivan, ni padre ni madre dellos, ni hermano ni hermana, ni hijos ni hijas, ni sobrinos ni nietos, ni otros cualesquiera que puedan ser sus herederos, la facultad de componerse, comprende aquellas dos cosas: queremos decir, que es materia de composicion lo que se dejó de dar para el mantenimiento y por el jornal, porque allí está clara la obligacion de satisfacer ó restituir, é no se cognosce á quién, etc.

» Cuarta proposicion.—Cuanto á lo tercero de la restitucion é satisfaccion de la vida, nos parece, consideradas todas las cosas, que la más proporcionada manera y más competente de satisfacion y restitucion á que un próbido y cuerdo confesor deberia obligar los tales delincuentes, es que contribuyan para guerra contra infieles, ó que ellos mismos vayan á ella, porque pues que fueron causa de por su culpa que muriesen hombres que pertenecian á la república cristiana, es muy justa razon, que pues fué por haber oro, que con ello contribuyan para la aumentacion de la cristiana religion y estirpacion de sus enemigos, ó que ellos mismos vayan á ello.

» Quinta proposicion.—Por cosa muy conveniente, tenemos que los que á lo sobredicho son obligados, contribuyesen con alguna cantidad de aquel oro que hobieron para alguna reparacion y restauracion de aquella destruccion, que en aquellas partes, por su culpa, ha sucedido, no para provecho particular, sino para lo comun, porque pues ellos han sido causa de grandes males en aquellas comunidades, obligados parece quedar á hacer algo para el reparo de aquellos. A lo ménos este consejo les es muy saludable, y para el sosiego, y reposo, y saneamiento de sus conciencias muy provechoso.»

Estas cinco proposiciones fueron de los dichos dos hermanos doctores parisienses, y por entónces, en Paris y en España, muy estimados por buenos y por doctos, y así, en la forma que está dicha las escribieron de su mano, y yo las tengo en latin y en romance, de la misma letra del- uno dellos ó de ambos, y há que las guardo con otros papeles de aquel tiempo, cerca de las cosas destas Indias, cuarenta y un años. Y es aquí de saber, que al principio no hiciéron más de las cuatro proposiciones, las cuales en latin llevaron al cardenal Adriano, como era Gomisario general de la Cruzada, y él los habia dado el cargo que aquesta materia tractasen y disputasen, como dije, y vistas, dijo el Cardenal: *Domini doctores, videtur mihi aliquid addendum vestris propositionibus. ¿Quid, reverendissime domine?* dijeron ellos. Respondió el Cardenal: *Quod ea quæ restituenda sunt expendantur in eisdem locis ubi patrata sunt mala, dummodo in communem cedat satisfactio utilitatem.* Donde parece que el Cardenal, como fuese sumo teólogo, fué de opinion que la satisfaccion se debe hacer en los lugares donde los daños se hacen, y así lo tiene Sancto Tomás en la distincion quindécima del Cuarto, en la solucion de un argumento, aunque algunos doctores no lo hilan en este punto tan delgado. Visto, pues, por los hermanos Coroneles á donde el Cardenal tiraba, añidieron la quinta proposicion de la manera que está asentada; y ésta no pusieron en latin, sino en romance, y ellos mismos me lo dijeron á mí esto que con el Cardenal pasaron. Cuanto á la primera proposicion, que es el fundamento de las demas, es tambien aquí de saber que los dichos doctores Coroneles muy superficialmente la tractaron, no penetrando los fundamentos de la ley natural y divina que es el *basis* de toda esta materia, ántes suponen ciertos principios, que para la restitucion de los daños que se han cometido en estas Indias se deben dejar por extraños; y en

ésto se engañaron, porque no léjos están los ejemplos que
pusieron de ser á la restitucion, tocante á los indios agraviados en estas partes, semejantes. Los ejemplos son de aquellos
que lo que adquieren se llama *turpe lucrun*, conviene á
saber, que se adquiere con pecado, pero aquel pecado no
obliga á restitucion, como es del señor que coge los fructos de
su tierra con excesivos trabajos de sus súbditos, y los de los
jugadores, y tahures, y truanes, y otras maneras semejantes,
cuya adquisicion y ganancia no se prohibe por alguna ley
humana ó divina, sino sólo el pecado con que se adquiere, y
hay tanta diferencia destos tales ejemplos y ganancias, cuanto
á la restitucion, á la que se· debe hacer á los indios, como
del cielo á la tierra, porque ninguna cosa de lo que se adquirió en esta isla, de las maneras dichas, de los indios y se adquiere, ni un sólo maravedí fué ni es suyo, de los españoles
que. los oprimen y destruyen, oprimieron y destruyeron, porque no es ni fué *turpe lucrum*, sino pura y cualificada rapiña
y tiranía; cuyo contrario dijeron los doctores Coroneles, porque, como dije, no ahondaron para hallar los naturales fundamentos, suponiendo principios impertinentes. Esto parecerá,
placiendo á Dios, en nuestro tractado «De restitucion» en latin
escrito; en el libro I y II, *De unico vocationis modo omnium
gentium ad veram religionem;* y en suma parece en nuestro
Confesionario en romance, ya impreso, mayormente en el Confesionario nuestro, grande, que no está impreso.

CAPÍTULO CLIV.

Por este tiempo y año de 19 sobre 500, fué despachado Hernando de Magallanes en Barcelona para descubrir la Especería, á cuyo descubrimiento se habia ofrecido y ofreció, no por el camino que seguian los portugueses, sino por cierto estrecho de mar que tenia por cierto que descubriria, como fué arriba dicho en el cap. 101. Hízoles el Rey merced del hábito de Santiago.al Magallanes y al bachiller Ruy Falero, y ciertas mercedes si cumpliesen lo que habian prometido, y creo que al Ruy Falero hizo merced de 100.000 maravedís por su vida en la casa de la contratacion de Sevilla, porque no quiso ir al viaje con Magallanes por algunos respetos que tuvo; y díjose que de miedo del Magallanes, ó porque riñeron, ó porque lo cognoscía, que la compañía de Magallanes, donde mandase, no le convenia. Finalmente, despues de partido Magallanes, ó quizá ántes, perdió el seso tornándose loco el Ruy Falero. Dióse en Sevilla á Magallanes todo lo que pidió, conviene á saber, cinco navíos muy bien proveidos de bastimentos, y armas y rescates, y 230 hombres, y algunos más, no llegando á 40, entre marineros y pasajeros, con cuatro oficiales del Rey. Gastáronse en su despacho de la hacienda del Rey, creo que, 21.000 ducados y no llegaron á 25.000. Partió de Sant Lúcar de Barrameda por el mes de Setiembre del mismo año de 1519, al cual dejemos aquí hasta que abajo, si place á Dios, refiramos el suceso de su viaje á su tiempo. A esta sazon vino á la corte un marinero llamado Andrés Niño, que se habia criado en las navegaciones destas Indias con su padre y otros deudos, mayormente en la tierra firme. Este se halló con 2.000 castellanos mal ó bien habidos, que entónces eran por riqueza tenidos, y tomóle gana de descubrir tierra por la mar

del Sur, porque hasta entónces adelante de Natá, que es frontero de Veragua, y lo que anduvo Gaspar de Espinosa por
tierra, y Hernan Ponce por la mar, que descubrió hasta el golfo
de Chira, tierra y mar de Nicoya y de Nicaragua, como se
dijo en el cap. 71, de la tierra ni de la mar cuál fuese no se
sabia. Este marinero para alcanzar su deseo, como sintió que
á él no le darian el cargo sólo de aquel descubrimiento, jun-
tóse con un hidalgo y caballero, criado del obispo de Búrgos, y
dél no poco querido, llamado Gil-Gonzalez de Avila, que habia sido contador del Rey en esta isla, y persuadióle que pidiese aquesta empresa, y que él con su hacienda le ayuda-
ria, con que partiese con él de las mercedes y provechos que
de aquel descubrimiento se siguiesen; el Gil Gonzalez no rehusó la carrera, porque no le sobraban las riquezas, y así lo
pidió y lo alcanzó como lo quiso, y otra cosa mayor alcanzara
por tener por señor al Obispo. Pidió, por aviso de Andres Niño,
los navíos que habia hecho para descubrir el Perú Vasco
Nuñez de Balboa, con mucha sangre de indios, que estaban
en el puerto de Sant Miguel ó Bahia, segun arriba se dijo, y
en la obra dellos quizá se habia hallado el Andres Niño. Obli-
góse Gil Gonzalez de descubrir desde el dicho golfo de Chira
adelante cierto número de leguas á costa de Andres Niño;
hiciéronle Gobernador de lo que descubriese, con otras mercedes, y no supe el concierto y qué de aquellas mercedes
habia de caber á Andres Niño, y así se partieron de Barcelona el año de 19 sobre 500. Por estos dias tambien tractó el
clérigo Bartolomé de las Casas con el Almirante de las Indias
D. Diego Colon, que se ofreciese al Rey, á su costa, edificar
de cien en cien leguas una fortaleza por mil leguas de la
costa de tierra firme, y en ella pusiese 50 hombres para tractar y contractar, que llamamos rescatar, con los indios, y trujese dos ó tres carabelas, que siempre anduviesen visitando
las fortalezas, y que habiendo traido por buena conversacion
los españoles á los indios á su amistad, que por la costa del
mar hobiese primero, y de allí los de la tierra dentro, por
ejemplo de aquellos, viniesen á la misma conversacion y con-

tractacion y amistad, hiciese la tierra dentro á trechos convenientes otras fortalezas, y así, el tiempo andando, por toda la
tierra firme; de donde manifiesto era que se aseguraran todas
las gentes della, y se supieran los secretos de la tierra, y se
hobiera todo el oro y riquezas ya cogidas y sacadas de muchos
años atras, y se diera cudicia á los indios de sacar más de las
minas, todo por contezuelas, cascabeles, y agujas y alfileres,
y entre estas comedias, los religiosos y celosos de predicar y
dilatar la fe, poco hay que adivinar el fructo que en la cristiandad hicieran, y cuánto sacrificio de ánimas Dios por ésta
vía rescibiera; y este medio daba el Clérigo para que el negocio que él habia propuesto ante el Rey, muy mejor porque con mayor fundamento, y más fácilmente porque con más
caudal como el Almirante podia ponello, se hiciera, como es
manifiesto. Pero no fué digna España que se atajasen los insultos, y violencias, y robos, y estragos, y matanzas que habia
comenzado á hacer en estas tierras, sino que por todo aqueste tan vasto orbe, prosiguiese con las mismas detestables
obras, y con ellas le acabase de destruir, é hiciese ante tanta
infinidad de naciones, de que estaba lleno, el nombre de Jesucristo increiblemente, ántes de cognoscido, heder. Visto,
pues, el Almirante, medio y traza tan manifiestamente razonable, y, segun probabilidad moral, muy cierta para que todo
este orbe se redujese á la cristiandad y á la subjecion del
rey de Castilla, de donde le venia por consiguiente al mismo
Almirante incomparable temporal interese (porque pretendia,
y con justa razon y justicia, en todas estas Indias extenderse
las mercedes que por sus previlegios le habian hecho los
Reyes), aceptólo luégo, y tratando de lo que pediria por este
ofrecimiento, y gastos que habia de hacer, con su hermano
D. Hernando Colon y con el Clérigo, parecia al D. Hernando
que sobre todo debia de contractar con el Rey el Almirante
que le concediese la gobernacion perpetua de toda la tierra
donde hiciese las fortalezas. Y como ésto fuese el punto que
principalmente se tractaba en el pleito que el Almirante tenia
con el fiscal del Rey, que arriba hicimos mencion, decia el

Clérigo que no se debia pedir ni tocar en aquella tecla que
era muy odiosa, mayormente habiendo sobre ella pleito pen-
diente, y que debia de pedir las mercedes todas las que quisiese, que razonables fuesen, las cuales, sin duda, el Rey le
concediera como el Clérigo asistiera en ello, y lo aprobara
diciendo que aquel era el medio para mejor efectuarse el
fin que pretendia y negocio que habia puesto, y que sirviendo el Almirante en aquello mucho, como en la verdad servir
pudiera, el Rey despues, lo uno por ésto, y lo otro por la
justicia que en la verdad tenian sus privilegios, la cual entre
varones doctos y amadores de la verdad, dudosa no era, le
satisfaciera más complidamente. Pero prevaleció el parecer
de D. Hernando, que no quiso que el Almirante se obligase
á hacer lo susodicho, sin que el Rey le concediese el dicho
gobierno; el Clérigo les dijo que tuviesen por cierto que el
Rey no lo admitiria, como quiera que el obispo de Búrgos
habia de intervenir con los demas para este Consejo: y así
fué, que dada la peticion por parte del Almirante, llegado á
á aquel punto no curaron della. Era el D. Hernando docto
en cosas de cosmografía y de historias que llaman de humanidad, por lo cual, el Almirante, su hermano, le daba
demasiado crédito, y no fué chico el yerro que ambos, el
uno en dar el parecer y el otro en seguillo, hicieron, ni el
daño que la casa y estado del Almirante rescibió dello. ¡Oh,
si por este camino entraramos en estas tierras, cuál fructo
Dios y la universal Iglesia, y no sólo España, pero todo el
mundo rescibiera! gran dolor y angustia sería para cualquiera prudente ánimo que lo considerase, si bien lo entendiese.
Y porque ya entraba el año de 1520, y el Rey concluyó las
Córtes y se partió de Barcelona, ya electo Emperador, para
se embarcar en la Coruña é ir á Flandes, no hay en este año
de 19 que referir, tocante á las Indias, de lo acaecido en los
reinos de Castilla.

CAPÍTULO CLV.

Estando el Rey de partida de Barcelona para Castilla, y de allí á la Coruña, donde se aparejaba la flota de cien naos para se volver á Flandes, llegaron los tres padres de Sant Hierónimo desta isla Española, y queriendo besar las manos al Rey é hacelle relacion de cómo la tierra quedaba, nunca, ni en Barcelona, ni por el camino, ni en Búrgos, donde celebró, dia de Sancto Matías, su nascimiento, ni en Tordesillas, donde fué á ver á la Reina, su madre, y ellos pensaron que allí los oiria, pudieron jamás hablalle; acordaron, visto ésto, de se ir cada uno á su monasterio y no pasar adelante. El clérigo Casas todo lo atribuia al juicio de Dios, que no quiso que fuesen oidos del Rey ni se hiciese dellos caso, pues tan poco remedio dieron á los opresos indios, por quien se esperaba que habian de ser remediados, teniendo el remedio en las manos; y pareció tambien algun indicio deste juicio, despues algunos años, que siendo electo en Obispo desta ciudad de Sancto Domingo el fray Luis de Figueroa, que habia sido el principal de todos tres, cuanto á las cosas de su Órden, y Prelado dellos, porque lo abonaron algunos que de la opresion y angustias de los indios poco habian sentido, no quiso Dios que pasase acá porque murió siendo electo. Todo esto decimos cuanto á lo que tocaba al oficio que trujeron de poner remedio en la libertad de los indios, á los cuales ningun bien hicieron ántes erraron muy gravemente, segun el juicio de los hombres, Dios sabe si tuvieron excusa ante su divinal acatamiento de sus yerros, pero cuanto á sus personas no dudamos que fuesen religiosos buenos. Llegado el Rey á la Coruña, ocurrieron grandes ocupaciones ordinarias de todos aquellos reinos, como el Rey se iba, mayormente que se comenzaron á levantar algunas ciu—

dades á voz de comunidad, por lo cual estuvo el Rey allí
dos meses, y tambien porque por todos ellos siempre hizo
contrarios tiempos. El Clérigo daba priesa que se determinase su negocio ántes que el Rey se fuese, y por medio del
Gran Chanciller y de Mosior de Laxao, dedicáronse los siete
postreros dias y precedentes, *inmediate* á la partida del
Rey, para entender y despachar los negocios concernientes á
las Indias; entre los cuales hizo clamores el Clérigo contra el
obispo de Búrgos, porque habia sido causa de que aquel Berrio se fuese, sin licencia y sin órden del Clérigo, á sacar labradores, oficio que, para sólo, no sabia, segun arriba dejamos
dicho, porque supo el Clérigo que habia enviado 200 ánimas á esta isla, sin tener cédula del Rey ni despacho alguno
para que los socorriesen llegando á esta isla, como estaba
proveido, porque, como ya queda dicho, lo primero y principal que se requiere proveer, cuando se quisiere poblar de
gente de Castilla, y en especial de labradores, alguna destas
tierras, es tenerles proveido donde se aposenten y para un
año al ménos de comida, porque eomo llegan flacos y trabajados de la mar, y enfermos algunos (y si no luégo enferman,
despues, hombres, ó mujeres ó niños), y con ésto no traen
un maravedí, si el Rey no les provee hasta que ellos puedan
trabajar y tener de suyo, téngase por cierto que toda la más
de la gente que á estas tierras viniere perecerá, como siempre segun habemos visto ha perecido. Por los clamores que el
Clérigo dió, y por la buena voluntad que como cristiano
tenia el Gran Chanciller, se mandó y proveyó que luégo se
enviase á esta isla Española 3.000 arrobas de harina, y 1.500
arrobas de vino, para que se repartiesen por los labradores
que Berrio habia enviado tan sin órden y refrigerio; las cuales,
llegadas á esta isla, ya no se halló á quien repartillas, porque
unos eran muertos, y otros idos desta isla, y otros hechos ta-
berneros, y asi desbarató toda la dicha poblacion que tan necesaria era, la cual, si se prosiguiera, fuera esta isla otra
España, y tuviera hoy sobre 200 y 300.000 vecinos, de
donde resultara ser nuestra antigua España felicísima con

ella. Tornando á la Historia, en los siete dias que dije haberse dedicado para en que se tractasen y concluyesen los nego-' cios del dicho Clérigo, juntarónse muchas veces todos los Consejos del Rey que se hallaron presentes, como siempre el Rey los mandaba juntar, á tractar dellos; hobo muchas disputas y muchos apuntamientos cerca de la justicia y de los agravios, y daños, y perdimiento destas indianas gentes, dello por la gran ignorancia que en aquellos tiempos los Consejos todos, por la mayor parte, cerca desta materia padecian, ignorando los principios y reglas de la ley natural y divina que eran obligados á saber; dello, por ventura, por algunos de los que intereses pretendian y los perdian si se ponian en libertad los indios; dello, quizá, por salir algunos con sus erradas 'opiniones y por la afrenta que por haber errado la gobernacion y mal recaudo que pusieron á estas gentes temian. Finalmente, en cierta sesion que se tuvo en uno de aquellos siete dias, el cardenal Adriano, que despues fué Papa, hizo á todos una solemnísima y doctísima oracion, probando por razones naturales, autoridades de la Ley divina y de los sanctos doctores, de los derechos, y leyes humanas, y eclesiásticas, cómo aquestas gentes infieles habian de ser traidas al cognoscimiento de Dios y al gremio de su sancta Iglesia por paz, y amor, y vía evangélica, segun la forma por Cristo establecida, y no por guerra ni servidumbre, tácitamente condenando la vía mahomética que en entrar en estas tierras nuestra gente Española habia tenido. Fué de tanta eficacia esta oracion del sancto Cardenal, que todos, ó al ménos los más, consintieron y alabaron su católica doctrina, y si algunos hobo que disentiesen della por las causas dichas, al ménos ninguno hobo que le osase ni supiese contradecir, porque manifiesto era que ninguno de los que allí se hallaron presentes tenia letras, aunque habia varones doctos, que le pusiesen en presuncion de pensar podelle con razones sólidas argüir; por manera, que allí se determinó, que los indios generalmente debian ser' libres, y tractados como libres, y traidos á la fe por la vía que Cristo dejó establecida. Determinóse

tambien que al Clérigo se diese el cargo de la conversion de
las gentes que vivian en aquella parte de tierra firme que
habia señalado, por la manera que la pedia, segun arriba parece en el cap. 130 con los siguientes, en especial el capítulo 132, donde están los capítulos de la capitulacion que hizo
con el Rey. Luégo el obispo de Búrgos envió á llamar al clérigo Casas, y juntó cónsigo el Obispo á Hernando de Vega, y
al licenciado Zapata, y á Francisco de los Cobos, secretario,
y otros del Consejo Real, y tratando con el Clérigo en pró
y en contra, el pró defendiendo él, y el contra, limitando y
estrechando el poder al Clérigo y toda la negociacion, el
Obispo y los demas (aunque no con tanto rigor, sino muy
diferentemente de la manera que de ántes habia tenido el
Obispo, como via que toda la congregacion de los letrados lo
habia determinado, y tambien porque ya parecia que se le
habia mitigado el enojo que solia tener del Clérigo por los
tártagos que tantas veces le habia causado), finalmente, se
acabó la capitulacion en buena paz, señalando por límites de
la tierra que se le encomendaba desde la provincia de Paria
inclusive hasta la de Sancta Marta exclusive, que son de costa
de mar, leste gueste, 260 leguas pocas más ó ménos, y ambos á dos límites, corriendo por cuerda derecha, hasta dar á
la otra costa del Sur ó Mediodia, que son, como despues ha
parecido, más de 2.500 leguas por la tierra dentro, porque
no hay otra mar hasta el estrecho de Magallanes. Y así, no
queriendo el obispo de Búrgos conceder cien leguas que pedia
el Clérigo para que, sin los impedimentos que los españoles
han dado y daban y suelen dar, los frailes predicasen y convirtiesen aquellas gentes, como pareció arriba en el cap. 104,
fué forzado á conceder y firmar 2.000. Firmó el Rey la dicha
capitulacion, como arriba se dijo, á 19 dias del mes de Mayo,
en la ciudad de la Coruña, año de 1520 años. Resultaron de la
dicha capitulacion muchas provisiones y Cédulas, que despues de partido el Rey se despacharon, que el Clérigo pidió
para ejecucion y cumplimiento de todo lo cápitulado, las
cuales el Obispo despachó alegremente, quedando en el

mismo cargo que ántes estaba, no con nombre de Presidente
sino de principal, que usaba el oficio dél como siempre lo
habia tenido desde que se descubrieron las Indias, segun ha
parecido, porque hasta estos tiempos no habia formado título
de Consejo de las Indias, sino que el Obispo llamaba del Consejo Real ciertos de Consejo, los que los Reyes pasados católicos mandaban ó habian para ello nombrado ó elegido. Trató
muy bien, despues de partido el Rey, al Clérigo el Obispo, no
mirando los enojos que dado le habia, en lo cual mostró ser
generoso y de noble ánimo, como el Clérigo quedase sin favor
alguno despues del Rey ido y todos los flamencos que hacian
por él y por la verdad que estimaban que traia. El dia que
el Rey se embarcó, fué el Clérigo á ver al cardenal Adriano,
que dejó el Rey por Gobernador de aquellos reinos de España,
y tambien destas Indias, y el Cardenal, que salia de la Cámara
á la sala y con él el Obispo de Almería, que solia ser, licenciado Sosa del Consejo Real, y habia entendido muchos años
ántes en las cosas de las Indias con el Obispo y los demas, y
favorecia siempre la verdad que el Clérigo traia, dijo al Clérigo: «Besá aquí las manos á su reverendísima señoría, porque él sólo os ha libertado todos los indios.» Respondió el
Clérigo riendo, como no agradeciéndolo mucho, pues el Cardenal era como cristiano: *Ad plura tenetur, reverendissima
dominatio sua, Deo et proximis, quia unicuique mandavit Deus
de proximo suo.* Dijo entónces tambien sonriendo el Cardenal: *Ad minus debetis mihi vestras orationes.* Va luégo el Clérigo con toda reverencia y humillacion á besalle las manos,
diciendo: *Ego jam dicavi me prorsus obsequio et obedientiœ
vestrœ reverendissimœ dominationis, in quo proposito usque ad
mortem inclusive perseverabo.* De donde parece cuál pudo
ser la oracion que en el ayuntamiento de los Consejos hizo,
y de cuánta eficacia, pues por ella todos se determinaron
á seguille, y en favor de la libertad destas gentes todos los
más votaron. Pero como el Rey se fué, y el Clérigo no pudo
más sustentarse en la corte, faltó todo mamparo, y así no se
guardó nada de cuanto allí se determinó, sino robarse y pro-

seguirse la tiranía y las guerras que llamaron conquistas, las muertes, los robos, los extragos cada dia creciendo, despoblando y yermando de sus infinitos moradores estas tierras, con la ceguedad y crueldad pasada, y mayor que de ántes. Y ha sido despues acá, tanta la ignorancia inexcusable, especialmente en los del Consejo que el Rey ha siempre para tractar estos negocios nombrado, que han perecido hasta hoy, que es el año de 1560, sobre 40 cuentos de almas, y más de 4.000 leguas de tierra despoblado, cosa nunca jamás otra oida, ni acaecida, ni soñada, segun que abajo parecerá, si la divina providencia y bondad diere vida para contallo. Y como el obispo de Búrgos quedó con el mismo cargo que de ántes, parece que si él llevara adelante lo en aquella congregacion de la Coruña determinado, las tiranías y matanzas, y destrucciones y perdicion destas Indias se hobieran estorbado. Yo, gran temor tengo, que como siempre hobiese al bien de los indios sido contrario (quizá, cierto, no por malicia, sino pensando que acertaba, porque no era letrado y seguia la ignorancia y errores de los letrados), que todos los males y daños por nuestros españoles perpetrados se le hayan imputado. Haya placido á Dios que tantas crueldades, tan facinorosísimos pecados y perdiciones de ánimas no hayan sido á su cargo.

CAPÍTULO CLVI.

Venido el Cardenal, Gobernador de aquellos y estos reinos, y los Consejos, á Valladolid, hiciéronse todas las provisiones que el Clérigo pidió para complimiento de la dicha capitulacion y aviamiento de su viaje necesarias, y partióse para Sevilla, donde halló quien le prestase dineros, porque todo lo que tenia habia, en idas y venidas desta isla Española á España y estada en la corte, gastado. Llevó cierto número de labradores para comienzo de la poblacion que habia de hacer, gente llana y humilde como era menester para que concordase con la simplicidad y mansedumbre de los indios. Diéronle amigos muchos rescates de cuentas de diversos colores, y otras cosas de menudencias, para dar graciosamente á los indios y atraellos al amor y conversacion suya, y de los que habian de meter en aquella tierra consigo. Partió de Sant Lúcar de Barrameda, levantando las velas, dia de Sant Martin, á 11 de Noviembre del mismo año de 1520; llegó á la isla de Sant Juan, que llaman de Puerto-Rico, con buen viaje, donde halló nuevas que los indios de la costa de Chiribichi y Maracapana, de que arriba dejamos hecha mencion, habian muerto á los frailes de Sancto Domingo que. les estaban allí predicando. Estos pueblos y estas provincias eran las que tenía el clérigo Casas por principal comienzo y principio de su conversion y espiritual negociacion, por tener allí los religiosos hechas sus casas y estar predicando. Fuéle al Clérigo de grande angustia y dolor viendo el impedimento tan cierto y eficaz de la prosecucion de su fin y de los religiosos por que tanto habia trabajado. Tuvo tambien relacion que el Audiencia real de Sancto Domingo, sabida la muerte de los frailes, hacia cierta armada de gente de guerra para ir contra aque-

llas provincias y hacelles guerra á fuego y á sangre, y hacellos esclavos en venganza y castigo de la muerte de los
dichos religiosos, cosa, que por toda esta isla, y áun por todos
los españoles mundanos que en estas Indias viven ó vivian
entónces, era muy deseada, conviene á saber, que haya causa
verdadera ó colorada para hacer guerra á estas gentes, por
hacellos esclavos. Estando cierto desto y que en breve llega-
ria en la dicha isla de Sant Juan la dicha armada, acordó allí
esperalla para probar si con los requerimientos que le hiciese,
pudiese, ó impedilla ó templalla. Llegó el armada despues
de pocos dias; hizo el Clérigo sus requerimientos al Capitan
della, que era un caballero llamado Gonzalo de Ocampo, por
virtud de las Provisiones reales, que no pasase de allí para
la tierra firme que por el Rey traia él encomendada, á hacerles guerra ni otros daños; y que si habian muerto algunos
frailes y estaban alzados, á él competia el atraellos y asegurallos, y á ellos no castigallos, mayormente habiendo sido
causa de aquella muerte los insultos y tiranías de los españoles que cada dia les hacian, robándolos y cautivándolos y
matándolos. El Capitan respondió que obedecia las provisiones y reverenciaba, pero que cuanto al cumplimiento no podia dejar su jornada ni de hacer lo que el Audiencia real le
mandaba, y que ella le sacaria, de lo que hiciese por aquel
mando á paz y á salvo; y así se partió el armada para la
tierra firme á hacer esclavos, que era todo su fin, y el Clérigo
á esta isla Española á echar los que iban de allá. Compró
un navío en 500 pesos de oro, para comenzar su negocio, en
aquella isla de Sant Juan, fiado, en que vino á ésta, porque
como conocieron todos el gran cargo y favores que traia del
Rey, é la mucha tierra rica de oro y de perlas encomendada,
y que ninguno podia entrar en ella sin su licencia, muchos habia y hobo que por esperar dél ser aprovechados se le ofrecieron de le ayudar con dineros, y le ayudaron. Antes que se
partiese de allí puso la gente labradora que trujo en este recaudo, conviene á saber, rogó á los vecinos de la ciudad de
Puerto-Rico que recogiesen los labradores hasta que él tor-

nase, de cuatro en cuatro y cinco en cinco en sus estancias ó granjas sustentándolos, lo que por aquel tiempo no fué mucho gasto, y ellos lo hicieron y cumplieron de buena voluntad. Antes que de aquí pasemos adelante, será bien referir la causa por qué y la manera como los indios mataron en aquella costa ó provincia dos frailes que mataron. Un pecador de hombre, llamado Alonso de Hojeda, que moraba en la isleta de Cubagua, donde se pescaban las perlas, y en ella debia hacer lo que los otros teniendo los indios por fuerza en aquellos detestables trabajos, deseoso de hacer esclavos como los demas, para que los sacasen perlas de la hondura de la mar, acordó, con otros como él, de hacer un romeraje, que fué ir por la costa abajo y saber dónde comian los indios por allí carne humana, para, con este achaque, por paz ó por guerra, captivar los que pudiesen y llevallos por esclavos. Halló para ésto hartos compañeros, consintiendo en ello y autorizándolo, á lo que creimos, el Alcalde de los españoles que allí los gobernaba; métense en un barco ó carabela de las que por allí trataban quince ó veinte galanes, y van siete leguas de allí la costa abajo, á parar al puerto de Chiribichi, que los religiosos de Sancto Domingo, como arriba dijimos, pusieron nombre Sancta Fe, y hicieron una casa con sus propios y grandes trabajos, y donde á la sazon estaban dos religiosos siervos de Dios, el uno sacerdote y el otro fraile lego, porque los demas eran idos á la misma isleta de Cubagua á predicar á los españoles, que no tenian mucho ménos necesidad que los indios de ser doctrinados. Saltaron en tierra los del barco, tan seguros como podian entrar en sus propias casas, porque cinco años habia que allí estaban los frailes y tenian con su ejemplo de santidad todas aquellas provincias tan pacíficas seguras y llanas, que no lo podian estar más; íbase un solo español cargado de rescates tres y cuatro leguas, la tierra dentro, y se volvia sólo cargado de lo que habia rescatado, y los mismos que ésto hicieron me lo afirmaron. Fuéronse luégo al monasterio, rescibiéronlos los frailes con grande alegría y consuelo como á ángeles, lo uno por la caridad que en ellos, cierto, vivia; lo otro, porque como solos entre indios estaban, naturalmente de ver españoles de su naturaleza se holgaban; dánles de merendar, huélganse de platicar con ellos un rato; dicen que quieren hablar al señor del pueblo que se llamaba Maraguáy, la penúltima sílaba luenga. Este señor era hombre de su natural fiero, sabio y recatado, y que no del todo estaba satisfecho de las costumbres de los españoles, sino que pasaba y disimulaba las cosas que hacian por tener en su tierra los frailes como por fiadores de los cristianos; enviáronlo á llamar (ó los frailes, ó el Alonso de Hojeda que iba por Capitan de la carabela ó barco), que estaba en su pueblo, un arroyo de agua en medio. Venido el señor Maraguáy, apartóse Hojeda con él y otro que iba por Veedor y otro escribano, y en presencia del Maraguáy pidió Hojeda un pliego de papel y escribanía al religioso, que era Vicario de la casa, y dióselo con su simplicidad y váse. Comienza Hojeda y los demas á preguntar á Maraguáy si sabía que algunas gentes de sus alrededores comian carne humana; el cual, como oyó preguntar por quien comia carne humana, de que tenía experiencia que á los tales los españoles hacian guerras y llevaban por esclavos, alteróse mucho mostrando enojo, y dijo en su lengua, «no, no carne humana, no carne humana»; y levantóse, no queriendo más con ellos hablar. Ellos disimularon y quisiéronlo aplacar lo mejor que pudieron, pero quedó él desto muy resabiado é indignado, entendiendo que buscaban achaques, ó para contra él urdir algun mal ó daños, ó á sus vecinos, parientes ó aliados. Despidiéronse de los frailes, por ventura quedando los frailes sin saber nada desto en su simplicidad; y tornados en su carabela ó barco, van cuatro leguas de allí la costa abajo, á un pueblo llamado Maracapana, donde señoreaba un señor que habian puesto los españoles nombre Gil Gonzalez, por haber venido á esta isla Española, y haberlo hecho buen tractamiento un Contador del Rey que aquí hobo llamado Gil Gonzalez. Este señor de Maracapana no era ménos prudente que Maraguáy, el cual miraba bien las obras de los españoles, y vivia lo mismo, recatado, pero siempre hospedaba graciosamente y con mucha alegría á los españoles que venian á su pueblo y casa. Llegados, pues, á Maracapana, desembarcáronse, y salió el señor Gil Gonzalez con toda su gente á rescibillos con mucho placer, y dánles de comer y regocijanlos, como solian, y tractan con ellos con dulce y amigable conversacion; fingió el Hojeda y su compañía que venian á rescatar, ó comprar maíz ó grano para pan, de los tagáres, la penúltima luenga, que era la gente serrana que vivia en las sierras, tres leguas de allí, y descansado aquel dia partióse Hojeda, con 15 ó 20 de los que traia, la sierra arriba, dejando algunos en guarda de la carabela. Rescibiéronlos los tagáres ó serranos como si fueran sus propios hermanos, y como todas las gentes deste orbe siempre acostumbraron á rescibir á los españoles, ántes que dellos rescibiesen males y agravios; dícenles que les vendan 50 cargas de maíz, y 50 hombres que se las traigan hasta el pueblo de Gil Gonzalez, Maracapana, que estaba en la ribera de la mar y que allí les pagarian el maíz y el corretaje. No dudaron mucho los tagáres en les conceder lo que demandaron ni se pusieron en regatear. En una hora fué todo el maíz allegado, y hechas las cargas, y los hombres que las trujeron aparejados y cargados, y llegaron con ellas al pueblo de Maracapana un viérnes en la tarde. Luégo, en llegando, en una plaza echan las cargas en el suelo y tiéndense á descansar (mayormente donde la tierra es caliente como aquella y ellos tienen poca ropa que se desnudar), tan seguros como si entraran en sus propias casas. Estando así descuidados, echados descansando, cércanlos disimuladamente los españoles, desenvainan las espadas y comienzan á los querer atar; vistas las espadas, levántanse, quieren huir, dan en ellos los españoles, á unos matan, á otros cortan brazos, á otros piernas, otros, por no morir hechos pedazos, están quedos y déjanse atar; destos, metieron en la carabela treinta y cinco ó treinta y tantos, y Hojeda con ellos, y sus compañeros los demas; y ésta fué la paga del comercio que hicieron nuestros españoles con los serranos tagáres, y tambien el galardon del corretaje. Bien

se podrá desta obra colegir é adevinar, qué alegría rescibiria
Gil Gonzalez, señor de Maracapana, y todo su pueblo, y qué
podia el otro dia esperar de nuestros cristianos, y si aquella
injuria que se hizo á Gil Gonzalez, señor de Maracapana, en
su pueblo señorío, y casa, so cuya proteccion confiando vinieron los tagáres, y quizá que eran sus vasallos, adquirió
derecho de castigalla: bien creemos que ningun prudente,
aunque no sea letrado lo negará, mayormente siendo señor
que no recognoscia superior, segun creemos, Gil Gonzalez.
Vista esta matanza y maldad tan horrenda y desaforada, Gil
Gonzalez, sintiéndola como la razon natural lo dictaba, hizo
luégo sus mensajeros por toda la provincia y las demas, ha-
ciéndoles saber lo que pasaba, y dentro de cuatro horas se
apellidó toda la tierra, y creemos que se supo y voló la nueva
por 20 leguas, yendo los mensajeros como volando de mano
en mano; y parecióles á todos, que, para del todo quitar que
no fuesen los españoles á inquietallos, era bien matar los
frailes, teniéndolos por culpados en aquel hecho, como vian
que los españoles cada vez que por aquella costa pasaban, se
iban á aposentar y refrescar, y holgar, y platicar con los frailes,
y vieron ó entendieron que habian dado papel y escribanía
cuando Hojeda en el pueblo de Chiribichi preguntó el dia de
ántes al señor Maraguáy si por aquella tierra se comia carne
humana, y así acordaron que si el domingo siguiente (cuando
los cristianos huelgan y salen á tierra de los navios á espa-
ciarse, de lo cual ya tenian experiencia), salia Hojeda de la
carabela con su gente, los mataria Gil Gonzalez, y Maraguáy
aquel dia matase los frailes, y desde adelante, todos puestos
en armas, de cuantos españoles en la tierra entrasen no diesen
la vida á nadie. Esto así determinado, no esperó Hojeda á
salir el domingo á tierra, sino el sábado de mañana, con su
poca vergüenza y temeridad como si no hobiera hecho nada;
por lo cual la divina justicia no acordó de esperallo más.
Desembárcanse él y otros 10 ó 12 de sus compañeros, quedando los demas guardando los indios presos en la carabela;
sálelos Gil Gonzalez á rescibir á la playa con alegré rostro,

como si no hobiera pasado nada, y llegando á las primeras
casas del pueblo, que estaban junto al agua, salieron mucha
gente armada, con sus arcos y flechas, y otras armas como
porras, que estaba en celada, y dieron en ellos y mataron al
Hojeda, con otros cuantos pudieron, sino fueron pocos, que,
echándose á la mar, fueron y llegaron á la carabela nadando
y así se escaparon. Desembarazados los indios de la muerte
que dieron á Hojeda y los demas, fueron en sus canoas ó
barcos á combatir la carabela, pero no pudieron prevalecer
por se defender bien dellos los españoles, y alzar las velas y
huir, que fué el remedio principal. El Maraguáy no se dió
tanta priesa en matar los frailes, porque como los tuviese como
corderos en corral, dejólos vivir hasta otro dia domingo, como
se habia determinado, y así otro dia domingo, estando el religioso ya vestido para decir misa, y el otro fraile lego confesado para comulgar, llamó Maraguáy á la campanilla, y fué
el lego á ver quién llamaba, abrió la puerta, y luégo allí lo
mataron, sin sentir nada el que estaba encomendándose á
Dios para celebrar en el altar, al cual llegan por detras, y
dánle con un hacha por medio de la cabeza, y así los envia-
ron á ambos á rescibir la Sancta Comunion, donde ya no debajo de las especies sacramentales como en esta vida se rescibe el cuerpo y sangre del hijo de Dios, pero se ve y adora,
gusta y goza en aquella vision beatífica toda la Santísima
Trinidad; y, cierto, se puede piadosamente creer que nuestro
Señor aceptó aquella su muerte en lugar y obra de martirio,
pues la causa de su estada y trabajos allí no era ni fué sino
predicar y fundar y dilatar la sancta fe católica; pero guay
de quien de aquella injusta muerte fué causa, y el impedimento
que puso á que aquellas gentes no fuesen alumbradas por la
predicacion, y se convirtiesen á su Criador y redentor. Quemaron luégo el monasterio y cuanto en él habia, y mataron
á flechazos un caballo que tenian los religiosos para traer un
carreton, con que se servian é ayudaban en las cosas necesarias. Súpose luégo este desastre por dicho de indios en la isleta
de Cubagua; salieron della luégo dos ó tres barcos llenos de

españoles armados, y fueron la costa abajo; hallaron toda la costa puesta en armas, y porque no osaron saltar en tierra tornáronse, y ésta fué la causa de haber muerto aquellos frailes, y la órden el cómo y el cuándo los mataron. Venida la relacion á la Audiencia, ordenaron ir á castigar y despoblar aquella tierra, trayendo la gente della por esclavos, segun arriba dijimos, con este achaque, para lo cual se hizo la dicha armada de 300 hombres, pocos ménos, en cinco navíos, y gastáronse en ella, de la hacienda del Rey, diez ó doce mil ducados ó pesos de oro.

CAPÍTULO CLVII.

Tornando al clérigo Bartolomé de las Casas; visto que no quiso el Capitan de la armada dejar de proseguir su romería, partióse luégo en su navío para esta isla Española y ciudad de Sancto Domingo; el que muchos no quisieran ver, porque ya era por todas estas tierras odioso por saber que pretendia libertar los indios, y librallos de las manos de sus matadores, en que todos, pocos que muchos, los españoles tenian parte, al ménos en desear y procurallo servirse dellos por hacerse ricos, lo que el padre Clérigo estorbaba, no porque le pesase de sus riquezas, sino que por adquirillas no destruyesen aquestas gentes que no les debian nada, y por ello ellos mismos se condenasen. A su tiempo presentó sus provisiones ánte el Almirante y los Jueces de apelacion y oficiales del Rey, que eran cuasi diez por todos, que llamaban entónces la Consulta, los cuales para negocios señalados todos se juntaban. Requirióles lo primero, que las hiçiesen apregonar con la solemnidad debida y acostumbrada, lo cual, despues de obedecidas por ellos, el Almirante y todos los de la Consulta, con toda la ciudad, presentes, con trompetas las mandaron apregonar en las cuatro calles, que es el lugar más público y solemne de aquella ciudad; principalmente una Provision real se apregonó, que ninguno fuese osado de hacer mal ni daño ni escándalo alguno á las gentes moradoras de aquellas provincias, dentro de los límites que llevaba encomendados el dicho Clérigo, por donde viniese algun impedimento á la pacificacion y conversion que iba á hacer, sino que los que por la costa pasasen y quisiesen contratar y rescatar con la gente della, fuese muy pacífica y amigablemente, como con súbditos y vasallos de los reyes de Castilla, guardándoles toda verdad en lo que

con ellos pusiesen, so pena de perdimiento de todos sus bienes y las personas á merced del Rey (y en la capitulacion
se ponia pena de muerte), mandando á todas las justicias
destas Indias que las secutasen en los que el contrario hicieren. Esto hecho, requirióles que le mandasen desembarazar la
tierra que llevaba á cargo, y luégo, con la mayor presteza
que ser pudiese, mandasen venir el armada, y que no hiciese
guerra á los vecinos de aquella tierra, y que si habian muerto
los frailes habia sido por los insultos de Hojeda y de los que
le ayudaron, estimando á los frailes por enemigos partícipes
de aquella matanza que en Maracapana hicieron, y que no
tenian ellos poder para los castigar, y él tenia poder para
asegurallos y pacificallos, para lo cual protestaba, etc. Respondieron, que verian en ello, y trujéronlo muchos dias en
palabras, sin determinarse. Estaba allí un vizcaino, calafate
que calafateaba los navíos, al cual oficio habia ganado algunos
dineros, los cuales empleó en tener parte en navíos de los que
andaban á saltear indios de la tierra firme y otras partes, y
llegó á tener dos navíos suyos, y metia 50 ó 60 españoles en
cada uno, á su costa y mision, ó admitiendo á otros en su
compañía que pusiesen parte de los gastos, los cuales iban á
la tierra firme é islas, donde más aina lo podian hacer, y salteando á los vecinos que estaban seguros, á otros tomaban
asegurándolos por engaño, y así henchian los navíos de hombres y mujeres, y niños y viejos, y traianlos á esta ciudad, y
vendíanlos por esclavos: desta granjería allegó mucho caudal
este calafate. El cual, como vido al clérigo Casas y supo el
cargo que traia, no le pesó ménos que si viera al diablo, por-
'que via que se le habia de impedir su espiritual granjería, y
sus dos navíos habian de buscar otro modo de granjear en
que ocuparse. Este creemos que principalmente, y otros,
comenzaron á publicar que el navio del clérigo Casas no estaba para navegar, ni estaba tal que se pudiese adobar, y
porque no pereciese la gente que en él navegase, se debia
echar al través y la mar abajo; mandó el Audiencia que se
pusiesen personas que lo examinasen, creo que fué uno el

mismo calafate y otros marineros y gente de aquella arte, que temian el impedimento de su saltear, y así condenaron al navío del Clérigo que lo dejasen ir el rio abajo por no estar para navegar ni ser remediable, todo para impedir el negocio del Clérigo, por ser á todos odioso, porque á todos, con los mismos Jueces y Oficiales, de aquel robar y saltear hombres cabia parte; y desta manera el padre Clérigo perdió 500 pesos de oro ó 500 castellanos que el navío le habia costado. En estos dias comenzaron á venir navíos cargados de indios esclavos que habia tomado en la guerra que habia ya hecho el Gonzalo de Ocampo, capitan, con su armada, el cual, llegado con ella al puerto de Maracapana, tierra y señorío de Gil Gonzalez, disimulando, como que venian de Castilla bozales, teniendo la gente toda debajo de cubierta, no pareciendo más de tres ó cuatro, vino luégo el Gil Gonzalez en una canoa al navío donde estaba el Capitan, y sin llegarse á él preguntaba qué queria, con algunos vocablos, mal pronunciados, castellanos; . el Capitan respondia muy en castellano, haciendo muy del ignorante, como persona que no sabia en qué tierra estaba; llegóse más el Gil Gonzalez, fingen que le quieren dar pan de Castilla y vino y no se que más, llégase más al navío, estaba aparejado un marinero muy suelto y nadador, y ahorrado de ropa, y, de súbito, salta del navío en la canoa, y abrázase con el Gil Gonzalez, y ambos dan consigo en el agua, y el marinero, con una daga que por detras llevaba, dále ciertas puñaladas, y saltan luégo otros marineros, y así lo tomaron y mataron; sale luégo toda la gente española en tierra en sus bateles, y combaten el pueblo, matan cuantos pudieron, y todos los demas tomaron por esclavos, y de lo uno ó de lo otro muy pocos se escaparon. Muerto su señor Gil Gonzalez corrieron la tierra despues por allí abajo, matando y captivando cuantos hallaban, y cargando los navíos dellos, y enviándolos á esta ciudad; . viéndolos venir el padre Clérigo rabiaba, y con terrible rigor lo detestaba delante el Audiencia, afirmando ser tiránico todo, injusta la guerra, y que no eran aquellos esclavos, y protestábales de tornar al Rey y de hacer que los castigase y que

pagasen los gastos que en hacer aquella armada hicieron de
la bacienda del Rey, sin tener comision para hacella, y cuantos daños en aquella tierra se hacian, y ,escándalos, destruyendo aquellas gentes, y estorbando que la fe no se les predicase, ántes daban causa que blasfemasen della, y aborre-
ciesen la religion cristiana; de las cuales protestaciones ningun
placer ni consuelo todos ellos tomaban, ántes temian el daño
que el Clérigo les podia hacer, porque le cognoscian tener
vigor y ánimo, y habian visto que no habia ido vez á Castilla
que no trujese cuanto pretendia negociado, y siempre con
favor de los Reyes ó de los que gobernaban. Pasaron en ésto
algunos dias, y, muchas veces entre sí platicando, acordaron
de no descontentar al Clérigo, ántes ganallo, y tambien, alguna cudicia mezclándoseles, tomar algun medio con él, para
que desde la tierra firme que llevaba á su cargo él procurase
los intereses que deseaban. Cuatro maneras de provechos
pretendian haber de aquella tierra que el clérigo Casas llevaba: la una, la pesquería de las perlas que habia en la isleta
de Cubagua, donde por entónces se pescaban, porque allí
tenian los principales desta ciudad de Sancto Domingo sus
casas y cuadrillas de indios, y dellos de los lucayos, con sus
mayordomos que tenian cargo de aquella pesquería, con que
los mataban y al cabo los acabaron; otra era el rescate del oro
que por toda aquella costa hasta la provincia de Venezuela, y
más adelante, por cosillas de Castilla, en especial hachuelas de
hierro, se rescataba; la tercera, y ésta era la mayor y donde
ponian más cuidado y de lo que tenian mayor ánsia, conviene
á saber, poder haber muchos esclavos; la cuarta era, que como
habian hecho muchos gastos en hacer aquella armada sin tener
comision del Rey para hacerla, pensaron recompensarlos
con favorescer al dicho Clérigo, de cuyo suceso bueno al Rey
se recreciese provecho por su parte: llamaban suceso bueno
que el Clérigo fuese autor y consintiese hacer guerra á los
indios, y en ella muchos esclavos. Pues para conseguir las
dichas cuatro utilidades, parecióles que no se podia mejor
guiar que dando manera como tuviesen entrada ó salida en

aquella tierra, para poder de los bienes temporales que ellos
creian que habia en ella participar, y porque sabian que
sin voluntad del Clérigo no podian rodeallo, y que resistién-
dolo él pudieran poco aprovecharse, ordenaron que debian
de hacer cierta compañía con él, so color de dalle favor y
ayuda para su despacho, pues él no tenia facultad para se
despachar por hallar todas las cosas mudadas, y así mostrar
que lo hacian por servir al Rey como se lo mandaba, ayudándole á que su negociacion fuese adelante. La compañía
ordenaron desta manera; que se hiciesen veinticuatro partes
que costeasen y ganasen por igual, las seis fuesen del Rey y
las seis del Clérigo y de sus 50 caballeros de espuelas doradas, que habia de escoger, y de las otras doce hobiese el Almirante las tres, y los cuatro Oidores que eran el licenciado
Marcelo de Villalobos, y el licenciado Juan Ortiz de Matienzo,
y Lucas Vazquez de Ayllon, y el licenciado Rodrigo de Figueroa, tuviese cada uno su parte, y los tres Oficiales, tesorero
Miguel de Pasamonte y contador Alonso de Avila y factor
Juan de Ampies las tres, y las otras dos los dos secretarios de
la Audiencia, Pedro de Ledesma y Diego Caballero. Y así, el
Rey contribuyó por seis partes, y el Clérigo por seis, y el Almirante por tres, y los Jueces y Oficiales y Secretarios cada
uno por la suya; y de las ganancias y provechos, que imaginaban que habian de haber, por la misma forma habian de
gozar y tener el interes. Esto así entre ellos determinado, en-
viaron á llamar al clérigo Casas, y dánle parte de lo que habian pensado, platicado y determinado, encareciéndole que
lo habian así ordenado por favorecello y ayudallo. El Clérigo,
visto que para se despachar de allí por entónces no tenia otro
remedio , y que si no era su despacho con voluntad y beneplácito dellos nunca lo pudiera hacer, y que entre tanto des-
poblarian, trayendo esclavos, aquella tierra, respondió que le
placia que se hiciese la compañía. Hízose capitulacion desta
compañía, que contenia en suma lo siguiente: Que se le diese
al Clérigo el armada que se habia enviado á hacer guerra á
los indios, con ciertos bergantines y barcos della y todo lo que

en ella habia, y que de la gente que habia llevado el dicho
Capitan, que eran 300 hombres, se eligiesen 120 á sueldo y
los otros se despidiesen; éstos habian de servir con un Capitan, y señalóse el mismo Gonzalo de Ocampo, para tener la
tierra en paz, porque tuviese el clérigo Casas, con los predicadores que habia de meter consigo, libertad de predicar las
gentes della. Y éste era el primer capítulo, como comienzan
las santiguaderas que comienzan en Dios y acaban en su contrario. Otro capítulo fué para sustentar el rescate de las perlas y tiranía que en sacallas se hacia, aunque no lo decia el
capítulo así, sino que fuese con voluntad de los indios, pero
nunca se hizo sino por maravilla por su voluntad. Otro capítulo contenia, que la dicha compañía y armada se ordenaba
para que por el dicho licenciado, clérigo Bartolomé de las
Casas, se averiguasen las gentes y provincias donde se comia
carne humana, y los que no querian estar en paz y en conversacion de los españoles, y los que no querian rescibir la
fe y los predicadores della; y habia de decir él, «yo declaro
tal provincia por comedores de carne humana, y tales que no
quieren ser amigos de los españoles, y tales no quieren rescibir la fe ni los predicadores della», y luégo el Capitan con los
120 hombres y dalles guerra y hacer todos los que tomasen á
vida esclavos; y ésto era todo su principal fin y deseo á que
todo lo que hacen se ordenaba, porque pensaban y esperaban
que el Clérigo les habia de henchir todas sus casas y haciendas y granjerías de esclavos. Y era tanta su ceguedad que no
advirtieron, que habiendo andado cinco ó seis años el Clérigo,
como todos sabian, trabajando y muriendo, yendo y viniendo
á Castilla porque no hiciesen esclavos, y los que tenian hechos los libertasen aunque fuesen de los caribes ó que comian
carne humana, oyéndole afirmar que hacellos á aquellos esclavos era tiranía, que así engañasen á sí mismos, que pensasen
que el Clérigo habia de ser causa de aquellas guerras y de
que se hinchiese de esclavos esta isla, señalando y diciendo
de claro que la gente de tal provincia son caribes. Item, que
teniendo los indios todos de aquellas provincias justísimas

causas de perseguir y destruir, matando y despedazando, todos cuantos españoles pudiesen haber, por los males y daños irreparables que de ellos habian rescibido, que si no quisiesen ser sus amigos, sin satisfaccion y sin cesar de sus tiranías, que el Clérigo por ésto los hobiese de declarar por enemigos, y que la guerra luégo por el mismo caso se hobiese de seguir. Item, que si no quisiesen rescibir los predicadores, como si supieran la diferencia que habia de predicadores á tiranos, y si resistian y mataron á los frailes que verdaderamente lo eran predicadores, los mataran como á predicadores y no como á cómplices de salteadores y amigos y naturales de la misma nacion á quien ellos tanto tenian aborrecida, ŏ si los mataron por razon de odio que tuviesen á la fe. Item, que si no quisiesen rescibir la fe, declarándolos el Clérigo por tales, se les habia de hacer luégo guerra y hacellos esclavos, como si á palos se les hobiera de dar y contra su voluntad rescibilla, y luégo, en llegando el armada, con requerilles que la rescibiesen hobieran en el crimen *lesœ majestatis* incurrido. Fué, pues, grande la ceguedad ó ignorancia, ya que no fuese malicia, de aquellos señores, en creer que aquellas horribles y absurdas condiciones habia el Clérigo de cumplir, teniéndolo por buen cristiano y no cudicioso, y que moria por libertar y ayudar á salvar estas gentes como lo tenian. Pero el Clérigo aceptó las condiciones por redimir su vejacion, con intencion de en todo lo que se pudiese grangear buenamente y sin pecado y perjuicio de los indios y de su pricipal negociacion, que era la predicacion, como del Rey traia, con ello acudilles con toda fidelidad, así como en los rescates del oro por toda aquella costa de mar, y con atraer á los indios, por bien y con dones de los rescates, que viniesen á sacar perlas á la isleta, y con todo lo que de provecho en la tierra hobiera, que no fuera para ellos de chico interese. Pero todo les pareciera poco sin henchilles las casas y granjerías, como dije, de esclavos indios, de lo que el Clérigo estaba bien desviado.

CAPÍTULO CLVIII.

En estos dias, á tantos de Mayo, año de 1521, víspera de
Santa Catherina de Sena, murió aquel siervo de Dios, el padre
fray Pedro de Córdoba, que trujo la órden de Sancto Domingo
á esta isla, como arriba dijimos; murió de ético, de las grandes penitencias que habia hecho en su vida, en esta casa y
ciudad de Sancto Domingo, rescibidos los sanctos Sacramentos muy devotamente, siendo Vice-provincial, de edad de 38
años, *consummatus in brevi explevit tempora multa, etc. Sapien-
tiæ* 4.º. Predicó á su entierro, Domingo, dia de Santa Catherina
de Sena, el padre fray Anton Montesino, de quien tambien
arriba hicimos larga mencion, y tomó por tema, *Quam bonum
et quam jocundum habitare fratres in unum;* y, cierto, se estimó
que fué luégo ó en breve á gozar de Dios, en compañía de la
Virgen de Sena, beata y santa de la misma Órden. Tornando
á nuestro negocio del Clérigo, diéronsele luégo dos navíos en
esta ciudad y puerto de Sancto Domingo, ambos bien amari-
nados y cargados de vino y aceite y vinagre, y mucha cantidad de quesos de las Canarias, y otras muchas cosas de bastimentos y municiones, y rescates, y licencia para tomar de
la isla de la Mona 1.100 cargas de pan caçabí de lo que el
Rey allí tenía, que los indios moradores de aquella isleta le
solian dar, y, finalmente, fué muy bien despachado de esta
isla, y proveido de todo lo necesario para su viaje y para lo
que en la tierra firme se habia de ordenar y tractar. Partióse
deste puerto por el mes de Julio, año del Señor de 1521;
con buen viaje llegó á la Mona, donde tomó el dicho pan, y
de allí fué á la isla de Sant Juan de Puerto-Rico, donde
per   llar la gente labradora que habia traido y llevalla
         no halló alguno que llevar porque se habian

ido con ciertos salteadores á robar y saltear indios, que era el oficio y granjería que más se usaba por aquellos tiempos; prosiguió de allí su viaje á la tierra firme, y halló al Capitan y gente, buscando qué robar y captivar, ocupados. Habia comenzado á hacer un pueblo de españoles Gonzalo de Ocampo, media legua el rio de Cumaná arriba, que llamó Toledo, y como los indios de toda la tierra andaban huyendo, y sin ellos nunca los españoles por todas las Indias se vieron hartos, éstos andaban hambreando, y por ésto vivian muy descontentos y ni quisieron poblar á Toledo, ni aunque lo llamara Sevilla no lo poblaran; y si mucho el Clérigo se tardara bien se creyó que se amotinaran, pero venido, y sabido que traia licencia para los que no quisieran quedar de su voluntad se · tornasen, asosegáronse. Dándoles parte de la negociacion que el Clérigo traia, ninguno quiso con el Clérigo quedar; dellos, porque andaban ya cansados de montear indios, con muchos trabajos y hambres; otros, porque no esperaban medrar con él, entendiendo que en el robar y captivar indios, y en hacerles otros agravios acostumbrados, les habia de ir á la mano, y con temor que no los quisiese tener por fuerza, y les tomase los navíos donde se habian de tornar, nunca quisieron salir todos en tierra, sin dejar en cada batel ó barca de los navíos 20 hombres que los guardasen. Finalmente, se hobieron todos de volver á esta isla, y para el camino les mandó dar el Clérigo cinco libras de pan caçabí, para cinco dias que comunmente duraba el viaje, á cada uno graciosamente, sin ser á ello obligado, con lo cual y lo poco más de bastimentos que tenian en los navíos se tornaron. Quedóse el Clérigo sólo con algunos criados suyos y algunos otros que tomó á sueldo para que lo acompañasen. El capitan Gonzalo de Ocampo, que era amigo del Clérigo, mostró pesar de su soledad, y en ella lo consolaba, el cual despues se partió para esta isla. Habian ido ciertos religiosos de la órden de Sant Francisco á poblar en Cumaná, con aquella gente, cuyo Perlado era un fraile llamado fray Juan Garceto, extranjero, creo que de Picardia, que habia venido á esta isla con el que dijimos arriba lla—

marse fray Remigio; aquél era muy buen religioso y persona prudente, deseoso de hacer fruto en aquellas gentes. Estos religiosos, como vieron al Clérigo con la prosperidad que parecia traer y buen recaudo para la conversion dellas, hobieron alegría inestimable; saliéronle á rescibir con *Te Deum lauda-mus*, diciendo: *Benedictus qui venit in nomine Domini*, y él con ellos dió muchas gracias á nuestro Señor Dios de hallarlos. Tenia su casa y monasterio de madera y paja, y una muy buena huerta donde habia naranjos de maravillosas naranjas, y un pedazo de viña y hortaliza, y melones muy finos, y otras cosas agradables; todo ésto habian puesto y edificado los religiosos de la misma Órden que fueron al principio, cuando el padre fray Pedro de Córdoba con sus Dominicos, como en el cap. 54 de la parte II queda declarado. Estaba esta casa y huerta un tiro de ballesta de la costa de la mar, junto á la ribera del rio que llaman de Cumaná, de donde toda aquella tierra se nombra Cumaná. El Clérigo mandó hacer una casa grande como un atarazana, para meter toda la hacienda que traia, junto á las espaldas de la huerta de los frailes; lo más presto que pudo, dió á entender á los indios por los religiosos, y ellos por medio de una señora india llamada Doña María, que sabia algo de nuestra lengua, como venía enviado por el Rey de los cristianos, que entónces de nuevo reinaba en España, que ya no habian de rescibir daño alguno dellos, sino buenas obras, y habian de vivir en mucha paz y amistad, como verian adelante; y con ésto trabajaba de los alhagar y ganalles la voluntad, dándoles de las cosas que traia, y siempre recatado de los que con él estaban no diesen materia ú ocasion, por chica que fuese, de escándalo. Ya está dicho arriba, que la isleta de Cubagua, donde se cogian las perlas, carece de agua potable, porque ninguna dulce hay sino unos charquillos de agua salada, por manera que no bebian si no la llevaban del rio de Cumaná, que está de la dicha isleta siete leguas distante; y porque siempre temió el Clérigo que aquellos españoles amadores de las perlas, que allí moraban, le habian de hacer una fortaleza en la boca del rio, para si no hiciesen lo-que debian, quitarles el agua (ésto fuera muy cierto freno para que en toda aquella costa escándalo ninguno ni daño á los indios hacer osaran), para este fin tomó un maestro de cantería, y concertóse con él por ocho pesos de oro cada mes, que valen 10 ducados poco ménos. Debieron de entender al Clérigo los apóstoles de Cubagua, y tuvieron luégo manera de, por ruegos ó por precio, quitárselo, y asi quedó el Clérigo sin las más necesarias armas, porque aunque la fortaleza era bien hacerse para la seguridad de los que allí habian de estar por respeto de los indios, pero mucho más necesaria era para refrenar los saltos é insultos, y escándalos, y desórdenes que los españoles hacian morando allí en Cubagua, como parece por lo que referimos arriba de la muerte de los frailes, y por lo que sucedió al Clérigo parecerá. No se tardó muchos meses ni dias que, con achaque de venir al rio por agua en sus barcos, inquietaban la gente del pueblo y pueblos que por allí cerca estaban; algunos, siendo pesados á los indios con su conversacion cuotidiana, de que ellos mucho se resabiaban por el cclo que tienen de sus mujeres y hijas, teniendo experiencia de lo que los españoles hacen; otros, importunándoles porque les diesen oro ó les vendiesen algunos indios á trueque de botijas de vino, por el cual principalmente engañaban los más resabidos á muchachos y personas simples, y vendíanlos á los españoles (y ésto del vino era la más preciosa moneda que los indios amaban, y por qué daban y dieran todo cuanto les mandaran), sucedia de aquí, que como al vino no sabian echarle agua emborrachábanse fácilmente, y más fácilmente, ya borrachos, reñian y tomaban las armas, arcos y flechas enherbadas con hierba ponzoñosa, y así, ó se herian y mataban, ó maltrataban. Mirad qué disposicion y aparejo para les predicar y traerlos á la religion cristiana. Comenzó el Clérigo á beber grandes amarguras, y entender los impedimentos de todo su negocio, y sin ser tan eficaces, que totalmente se lo desbarataban, como quiera que de lo que de parte del Rey habia dicho á los indios se hacia por los españoles el contrario; y llegó á tanta angustia que se

paraba á pensar si sería posible por alguna vía verse fuera
de tanta aflicción y cuidado. Pasó á la isleta de Cubagua, é
hizo requerimientos terribles al que allí estaba por Alcalde
mayor, pero no. le aprovechó nada; cognoscio tambien estar
en gran peligro de la vida suya y de los religiosos, y de los
demas que con él estaban. Toda su comunicacion era con los
frailes, en especial con el fray Juan Garceto, persona, como
dije, prudente; tractaban del estado en que los negocios y ellos
estaban. Parecióle al religioso que aquellos estorbos é inconvenientes ántes habian de ir cresciendo que menguarse, si
el Rey ó la Audiencia con gravísimas penas no lo atajasen, y
que para ésto alcanzar el mismo Clérigo y no otro habia de
irlo á negociar. Esto bien lo cognoscia y admitia él, que sin
expresas nuevas penas, y amenazas, y castigos reales, no
podia remediarse, pero que él hobiese de ir en persona á procurallo parecíale absurdidad y cosa irracionable; lo uno,
porque todavía estando él presente algunos males estorbaba,
lo otro, porque absentándose quedaba toda aquella tierra tan
desmamparada, que no quedara parte della que no se metiera, como dicen, á sacomano, robándola y haciendo esclavos,
y, así, causando mayor enemistad y aborrecimiento de los
cristianos que ántes les tenian, y, por consiguiente, poniéndo-.
los en más remota distancia ó potencia para rescibir la fe y
convertirse, que nunca tuvieron; lo otro, aunque era lo ménos y mucho ménos, por el mal recaudo que podia quedar
en la hacienda que allí tenía, que valia 50.000 castellanos,
en los cuales tenía su parte el Rey. El religioso á todos estos
inconvenientes respondia con razones, pero no muy peren-
torias ni que satisfaciesen por la claridad ó evidencia dellos.
Finalmente, despues de veces platicado y conferido en éllo,
llegó á tanto la persecucion del padre fray Juan Garceto (no
por la evidencia que hacia, sino porque Dios habia de salir
con lo que tenia determinado hacer del Clérigo), que comenzó
el Clérigo á considerar que podia ser aconsejarle bien, aunque
á él no le pareciese; por lo cual vino á determinarse en que
miéntras se cargaban de sal dos navíos para enviar á esta isla

Española, y se ponian á punto de se partir, que tardarian en
todo poco ménos que un mes, dijesen cada dia misa, y los
demas suplicando á nuestro Señor inspirase lo que conviniese más, y despues de dicha platicasen cada dia en ello, y
al cabo deste tiempo se determinase de quedar ó de ir. Pareció á todos que se hiciese asi, y entre tanto entendió el
Clérigo en hacer dos despachos, el uno escribiendo cartas
para esta Audiencia y para el Rey, haciendo relacion de lo
que padecia y del peligro en que estaban los frailes y él, los
estorbos que le ponian, el daño que las gentes de aquellas
provincias temporal y espiritual incurrian, la infamia de la
religion cristiana, los impedimentos de la conversion dellas
y perjuicio de la fe, etc. Este despacho era enderezado para
que lo llevase la persona que acordase enviar, si se determinasen que se quedase él. Otro hizo para en caso que hobiese
su persona de venir, conviene á saber, la instruccion de lo
que habia de hacer el Capitan ó persona principal que allí
habia de dejar en su lugar. Cada dia, despues de misa, se juntaban á platicar, y nunca pudo mudar del parecer primero
al religioso en cuantas veces dello hablaban, diciendo, «no me
parece, señor, sino que vos habeis de ir á buscar el remedio
destos males en cuya cesacion tanto va». Llegado, pues, el
postrero dia en que los navíos no tenian que esperar más,
dijeron el religioso y el Clérigo sus misas, y encomendando á
Dios el negocio tornáronse á juntar; el religioso, permaneciendo en su primer voto, dijo al Clérigo: «vos, señor, habeis
de ir, é por ninguna vía quedar.» Entónces el Clérigo, creyendo que aquella debia ser la voluntad de Dios, respondió:
«Dios sabe cuánto ésto hago contra lo que yo entiendo, y así
contra mi voluntad, pero yo lo quiero hacer pues á vuestra
reverencia parece, y si es yerro más quiero errar por parecer
ajeno que por el mio acertar; porque yo espero en Dios, que
pues no lo hago por otro algun intento, sino por hacer lo que
debo en lo que por él traigo á cargo, él, para bien mio, ya
que se yerre, lo convertirá.» Así determinado, nombró por
Capitan ó por principal de los que allí dejaba á un Francisco

de Soto, natural de Olmedo, antiguo criado de la casa Real, que habia traido consigo de España, buena persona y cuerda pero pobre, por la cual pobreza deshechar le vino mucho mal á él y al negocio y á los demas. A éste dió la instruccion que tenia hecha; uno de los capítulos della fué, que no quitase ni mandase desviar del puerto, por ninguna causa, uno ni ninguno de las dos piezas de navíos que le dejaba, que era uno que llamaban *San Sebastian*, que volaba, y el otro era una fusta de moros de muchos remos, que llamaban los indios en su lengua *ciento pies* por los muchos remos, y tenian mucho miedo della, y que siempre estuviese sobre aviso si los indios estaban alterados y mal seguros, y si viese que habia peligro que con toda disimulacion embarcase toda aquella hacienda y sus personas, y se fuesen á la isleta de Cubagua; si fuese el peligro tan furioso y violento que para salvar la hacienda no tuviesen lugar, al ménos las personas salvasen: desta instruccion le hizo el Clérigo firmar un treslado. De toda la hacienda que alli dejó ninguna cosa metió en los navíos, sino dos arcas propias suyas, una de vestidos y de libros la otra; y asi se partió con harto dolor de los frailes, no siendo el que él llevaba menor.

CAPÍTULO CLIX.

Despues de partido el Clérigo, lo primero que hizo Francisco de Soto, el que en su lugar dejó, fué luégo enviar los navíos uno á una parte y otro á otra parte de la costa, abajo y arriba, á rescatar oro ó perlas, y tambien se creyó que es-, clavos si haberlos pudieran. Los indios de la tierra, ó por los insultos que se les habian hecho por los españoles, ántes que el Clérigo se partiese, ó por los que despues de partido les hicieron, ó por la infelicidad dellos mismos, por la cual no merecieron vivir sin aquellas zozobras é impedimentos para que á Dios cognoscieran, determináronse de matar la gente del Clérigo, y á los frailes, y á cuantos españoles pudiesen haber, y dentro de quince dias despues de partido lo acometieron; y sospechóse que fué tractado ántes que se partiese, y, por ventura, tambien habian conjurado contra él, viendo que no salia verdad la paz y amor, y quietud y justicia que de partes del rey nuevo de Castilla les prometiera. Supiéronlo los religiosos, tres dias ántes que lo hiciesen, por indicios suficientes, y preguntándolo á Doña María, la señora que dije, respondia por las palabras que no, por los indios que estaban presentes, y con los ojos y meneos del rostro decia que sí; por manera que ántes, tres dias, que lo hiciesen estuvieron los religiosos y la gente del Clérigo dello muy ciertos. Á la sazon vino allí un barco que debia de andar rescatando; rogáronle los criados del Clérigo que los rescibiese, y no sé si los frailes tambien, pero no quisieron, ó por miedo ó por malicia que los quisieron dejar matar allí á sabiendas. Pudierau salvarse si Francisco de Soto cumpliera lo que le dejó mandado el Clérigo, conviene á saber, que no quitara del puerto los navíos, pues ninguna duda hobiera que, si no pudieran salvar la hacienda, las personas todas el

salvaran y ninguna se perdiera. En aquellos tres dias andaban
los religiosos, y el Francisco de Soto, muy solícitos de una
parte á otra, y de una casa y personas á otras preguntando
cuándo lo habian de hacer, y, teniendo por entendido que mañana habian de venir sobre ellos, pusieron la gente del Clérigo
la noche de ántes docè ó catorce tiros de artillería alrededor
de la casa, y probada la pólvora, hallaron estar tan húmeda que
no pudo arder. Luégo, en la mañana, en saliendo el sol, pu-
siéronla para que se escalentase, y á la misma hora vinieron
los indios con terrible grita sobre ellos, mataron dos ó tres de
los criados del Clérigo, luégo pusieron fuego á la casa ó atarazana y comenzóse á quemar estando los demas dentro; hicieron
cierto portillo en ella y otro en la huerta de los religiosos, que
estaba cercada de un seto de cañas, y entráronse en ella miéntras los indios se ocupaban en poner el fuego. A la sazon venia
de ver lo que habia el Francisco de Soto del pueblo de los
indios que estaban á la ribera del mar, un tiro de ballesta,
como dije, de la casa y del monasterio, y en el camino lo
hirieron por el brazo ó por la mano de un flechazo con hierba;
tuvo con todo lugar de se meter en la huerta. Tenian los religiosos un estero hecho, de un buen tiro de piedra, por donde
subia el agua del rio hasta la huerta, y en él una canoa ó barco
de indios en que cabian 50 personas; á ésta ocurrieron los
frailes y criados del Clérigo y metiéronse en ella, sólo un
fraile lego, devoto y de muy buena vida, como sintió la grita
de los indios, huyó y metióse en un cañaveral que ninguno
lo vido; todos los demas frailes y seglares, que serían quince
ó veinte personas, metidos en la canoa, vánse por el estero
abajo, y dieron en el rio para salir á la mar é ir á dar
á la punta de Araya, que es donde hay las salinas, donde
ciertos navíos estaban cargando sal, y habia de golfo dos
leguas y más. El rio es poderoso y de gran corriente. Salió
el fraile lego del cañaveral y pareció á la ribera; como lo
vieron, aunque iban ya más abajo de donde pareció, forceja-
ron mucho por subir á él para tomallo y no podian vencer la
corriente; vista por él mismo la dificultad, hízolos señas con

las manos que se fuesen, al cual luégo mataron los indios
haciendo mártir dél. Los indios, ocupados en poner fuego á la
casa ó atarazana, creyendo que los españoles estaban dentro,
no sintieron la huida que los frailes y seglares hicieron, la
cual sentida, toman luégo una piragua, que es canoa de otra
arte hecha y muy ligera, y entran los que cupieron, con sus
armas, arcos y flechas, y fueron tras ellos; iban ya una legua
en la mar, llenos de vejigas las manos y desolladas de remar,
y cuando vieron venir tras ellos los indios, cuasi del todo des-
mayaron, pero no dejaron de más apriesa remar. Finalmente,
la canoa de los frailes y seglares y la piragua de los indios
llegaron en un tiempo en tierra á zabordar, aunque un tiro
de herron los unos de los otros; y aquella playa es tan llena
de cardones que tienen tan bravas y espesas espinas, que un
hombre armado de todas armas no se osara, sino con mucho
tiento, entre ellas menear, y como los indios eran de los piés
á las cabezas desnudos, estuvieron mucho en llegar aquella
poca distancia donde estaban los seglares y los frailes. Y parece que habia tanta espesura que no pudieron menearse para
matar los frailes ni los demas, porque me dijo despues el dicho
padre fray Juan Garceto que él vido junto á sí, á sus espaldas,
un indio ó indios que le querian herir, ó con piedra ó con
porra, que llamamos por la lengua desta Española macána, la
penúltima luenga, y que hincado de rodillas, cerrados los ojos,
levantado el corazon á Dios, esperaba que luégo le habian
de dar y matar, y como vido que no le daban abrió los ojos
y no vido á nadie. Esto no fué, dejado aparte la voluntad de
Dios, sino que estaba tan cercado de espinas el fraile y los
indios en cueros que no osaron á él allegarse; por esta via
todos escaparon, y los indios se tornaron de esta hecha vacuos.
Esperaron en aquella fortaleza de espinas buen rato, metiéndose más en ellas, y salieron al cabo todos enclavados y es-
pinados y atribulados por todas partes, y llegaron á donde
estaban los navíos cargando de sal; recibiéronlos en ellos con
harto dolor de todas partes. Faltó sólo el Francisco de Soto que
dijimos venir herido del flechazo; hobo quien dijo que lo habia

190   HISTORIA

visto debajo de una peña en el espinal, fueron allá con cierta
barca, legua y media, donde quedaba, y halláronlo vivo á
cabo de tres dias que le hirieron, sin comer ni beber; y
tráenlo metido en la nao. Como la hierba ponzoñosa causa
grandísima sed pidió luégo agua, que se asaba; dánsela, y
luégo comenzó á rabiar y desde á poco murió. Es averiguado
que el que de la hierba de aquellas tierras fuere herido, no ha
de comer ni beber hasta con algunos remedios ser curado,
porque en comiendo ó bebiendo luégo hace la hierba su ope-
racion y no cesa hasta matar. Así que mataron de esta hecha,
con este Francisco de Soto, por todos, cuatro de los criados
del Clérigo, y el fraile. El Clérigo prosiguió su viaje para esta
isla Española, el cual no es mayor de lo que se puede navegar en cinco ó seis dias, pero los pilotos de los navíos, errando
el viaje, no cognosciendo la tierra y pensando que la costa
desta isla por donde navegaban era la costa de la isla de Sant
Juan, fueron á parar 80 leguas deste puerto de Sancto Domingo abajo, al puerto de Yaquimo; estuvieron dos meses
forcejando contra las corrientes de aquella tierra y mar, que
hácia este puerto son grandísimas, que ha acaecido los tiempos
pasados estar un navío en doblar ó pasar la isleta de la Beata
ocho meses, por lo cual se halló por ménos trabajoso rodear
400 leguas y más, yendo de Cartagena y Sancta Marta, y del
Nombre de Dios por la Habana, que venir de allí aquí. Visto,
pues, que tanto se tardaba en aquella isleta de la Beata, no
pudiendo navegar, acordó irse 20 leguas más abajo al puerto
de Yaquimo, y salirse en tierra, y enviar los navíos á este
puerto y ciudad, y él de allí venirse al pueblo de la Yaguana
que está nueve leguas la tierra dentro, y dél por tierra para
aquí, é así lo hizo. Entre tanto, luégo, desde á diez ó quince
dias, muertos los susodichos y alzada la tierra, vinieron los
navíos que á la sazon cargaban de sal, y en ellos los frailes
y los demas que escaparon, y dieron nuevas en esta ciudad
de lo acaecido, y comienzan en el vulgo á publicar que los
indios de las perlas habian muerto al clérigo Casas y á todos
cuantos estaban con él; nuevas que mucho agradaron y á

pocos despluguieron, porque se les quitase aquel tan cierto impedimento que tenian del cumplimiento de sus deseos, y porque tenian ya por cierta la guerra contra aquellos indios de aquella tierra, para hacer esclavos que era y es hoy de todos su pío. Viniendo, pues, el dicho Clérigo de la Yaguana para esta ciudad de Santo Domingo, con ciertos que con él venian, sesteando en un rio y él durmiendo debajo de un árbol, llegaron ciertos caminantes allí; preguntados por los que estaban qué nuevas habia de la ciudad ó de Castilla, respondieron: «no hay otras sino que los indios de la costa de las perlas, han muerto al clérigo Bartolomé de las Casas y á toda su familia.» Respondieron los que estaban: «nosotros somos testigos que eso es imposible;» estando sobre ello porfiando, despertó el Clérigo como de un abismo, y, entendidas las nuevas, no supo qué decir ni si lo creer, pero, considerada la disposicion que dejaba en la tierra y los casos acaecidos, comenzó á temer y á creer que debia ser todo, cuanto habia por aquesto trabajado, perdido, y como despues cognosció más destas cosas, juzgó haber sido juicio divino que le quiso castigar y afligir por juntarse á hacer compañia con los que él creia que no le ayudaban ni favorecian por Dios ni por celo de ganar las ánimas, que por aquellas provincias perecian, sino por sola cudicia de hacerse ricos, y parece que ofendió á Dios maculando la puridad de su negocio espiritualísimo, y fin que sólo por Dios pretendia, que era ayudar los religiosos y él andarse con ellos alumbrando aquellas gentes con la predicacion de la fe y cristiana doctrina, con la basura é impuridad terrenísima de medios tan humanos y áun inhumanos y tan desproporcionados de los que llevó Jesucristo; porque Dios, aunque para efectuar sus altas obras usa y admite medios humanos, pero no ha menester para la predicacion de su Evangelio tales adminículos, sino, sin mezcla de favor tan inficionado como era aquél que le daban, pudiera el padre Clérigo, á lo que parece, esperar á hacer de su espacio el nombramiento de los 50 que habia de elegir para que le ayudaran, personas que fueran cristianas, los cuales, aunque tambien se

movian porque los habian de hacer caballeros de espuelas
doradas, y tener en las rentas del Rey la docena parte y otras
mercedes favorables y humanas, todavia parece que iba el
negocio más sin peligro y en honestidad fundado; lo uno,
porque habia de escoger no cualesquiera sino personas que
fuesen tales; lo otro, porque todo su interese temporal de
aquellos, de la pacificacion de aquellas gentes y del aprovechamiento de la fe colgaba, como arriba en los capítulos 130
y 131 fue declarado, y no de las guerras y matanzas y cap-
tiverios de gentes libres y damnacion de ánimas, é infamia de
la fe y aborrecimiento del nombre cristiano, que los con
quien hizo compañía, por medios de su temporal interese
tomaban. A ésto respondió el Clérigo, que si se dió tanta priesa
en aceptar el partido que le ofreció el Audiencia, hízolo por
impedir los daños y muertes que hacia el armada, y esta razon
parece bastante; púdosele replicar, segun parece, que no era
á tanto obligado, etc. Finalmente, se puede creer con piedad
que nuestro Señor miró á su buena intencion, y no á la obra,
si quizá delante su acatamiento fué errada, y por eso lo esca-
pó de aquella muerte que con los demas pasara, puesto que
con su ayuda divina, si él allí estuviera, ni los navíos de allí
se quitaran, ni en los tres dias que la conjuracion se descubrió y se supo no es de creer que en tanto peligro se descui-
dara. Finalmente, siguió su camino, sabidas estas tristes
nuevas, con mucho desconsuelo y cuidado de saber por entero
lo acaecido, para esta ciudad; no faltaron algunos amigos
que le salieron al camino á consolar, y que le ofrecieron cuatro y cinco y más millares de ducados prestados, para si quisiese tornar al negocio y llevarlo adelante; si se movian por
sólo Dios y por celo de las ánimas, ó por allegar bienes temporales, como de aquella tierra más que de otra muchos esperaban, sólo Dios es el que lo sabe y el que lo ha de juzgar
y juzgará el dia del juicio universal.

CAPÍTULO CLX.

Por todas las cosas referidas en este libro III, desde el cap. 79 hasta el precedente, que han hecho mencion al dicho padre clérigo Bartolomé de las Casas, con pura verdad, puede parecer el ánimo que tuvieron los historiadores Gonzalo Hernandez de Oviedo y Francisco Lopez de Gomara, clérigo, criado del marqués del Valle, á quien tanto tocan las historias de las Indias, para con el dicho clérigo Bartolomé de las Casas, y como entendieron cuál fué su principio y su medio y su fin cerca destos negocios de las Indias, y las verdades que en lo que dél escriben dijeron. El Gonzalo Hernandez de Oviedo, en su primera parte, libro XIX, capítulos 4.° y 5.° de la Historia que llamó Natural, allende lo que se refirió suyo en el cap. 142, dice lo siguiente: que como aquel Padre se habia criado en esta Española, sabia muy bien que los indios de Cumaná y de aquellas provincias con ella comarcanas estaban de paz ántes de su rebelion, y él pensó que, así como á él se le fantaseó, así pudiera hacer lo que habia inventado y dicho en España, y en tanto que él fué á entender en el negocio los indios se rebelaron y mataron á los frailes franciscanos y dominicos, y otros cristianos que he dicho, y cuando llegó á la tierra con aquellos sus labradores, nuevos caballeros de espuelas doradas que él queria hacer, quiso su dicha y la de sus pardos milites que halló al capitan Gonzalo de Ocampo que habia ya castigado parte de los malhechores, y poblado aquel lugar que llamó Toledo, y estaban las cosas en otro estado que el Clérigo habia arbitrado; mas como venia favorecido y con tan grandes poderes, luégo comenzaron á contender y estar desconformes él y Gonzalo de Ocampo, como he dicho, dice Oviedo, y lo que habia dicho en el fin del cap. 4.°, es ésto: «Llegado este Padre licenciado, hobo discordias y diferencias muchas entre él y el capitan Gonzalo de Ocampo.» Estas son sus palabras, y prosigue más en el capítulo 5.°: «Dió órden el Clérigo como hizo una gran casa, y tenía en ella grandes bastimentos, y rescates, y armas, y otras cosas muchas, lo cual todo dejó allí, é vino á esta ciudad de Sancto Domingo é isla Española, á se quejar en esta Audiencia real del capitan Gonzalo de Ocampo, y venido él, y los indios viendo estas discordias entre los cristianos, y persuadidos de su propia cudicia y malicia, dieron sobre los cristianos que allí estaban, y mataron á cuantos pudieron, puesto que algunos se escaparon, etc.» Estas son sus palabras. De donde parece la noticia que con verdad habia inquirido, y de donde comenzaba la historia del Clérigo, dando á entender que desde esta isla habia ido de principal intento á pedir la gobernacion de aquella tierra, como arriba en aquel capítulo dice. Y cuanto á lo que añide que tuvo discordias con Gonzalo de Ocampo, á ésto se responde con verdad delante de Dios, que es la suma y esencial verdad, que el clérigo Bartolomé de las Casas de muchos años atras cognosció y amaba al dicho Gonzalo de Ocampo, y que nunca con él comunicó que no fuese con alegría y riendo, y cuando en Sant Juan de Puerto-Rico le hizo los requerimientos que con su armada se volviese y no fuese á tierra firme, lo mismo, y que jamás tuvo con él dentro de su corazon, ni fuera, por palabra, enojo ni pena, ni se ofreció de qué ni para qué la tuviese, y donde mayor conversacion y más familiar y amorosa tuvieron y con más alegría, fué miéntras el Gonzalo de Ocampo estuvo allí con él en la tierra firme y en la isleta de Cubagua, hasta que de allí á esta isla el Gonzalo de Ocampo se vino; y en suma, el Clérigo le era naturalmente aficionado, porque tenía la conversacion amigable, y en sus dichos y habla era graciosísimo. De aquí se podrá colegir el crédito que á Gonzalo Hernandez de Oviedo se le debe dar en todo lo que dice, como arriba por el 142 y 143, y en los demas capítulos se vido; y aunque Oviedo excedió en hablar tan falsamente del Clérigo,

atribuyendo el deseo y fin que tuvo de mamparar estas desmamparadas gentés, y quitar de su conversion y salvacion
tan eficaces impedimentos, á ambicion y deseo de mandar, y
tambien á cudicia, todavía le sobrepujó en maldecir detra-
yendo de la honra del clérigo Bartolomé de las Casas; y con
mayor desvergüenza el Francisco Lopez de Gomara, clérigo,
capellan de Hernando Cortés, porque dijo todo lo que Oviedo,
porque de su libro lo tomó, y añidió cosas harto indecentes.
Y dice así Gomara, clérigo, contra Bartolomé de las Casas,
clérigo: «Estaba el licenciado Bartolomé de las Casas, clérigo,
en Sancto Domingo, al tiempo que florecian los monasterios de
Cumaná y Chiribichí, é oyó loar la fertilidad de aquella tierra,
la mansedumbre de la gente y abundancia de perlas; vino á
España, pidió al Emperador la gobernacion de Cumaná, in-
formóle cómo los que gobernaban las Indias le engañaban, y
prometióle de mejorar y acrecentar las rentas reales. Juan
Rodriguez de Fonseca, el licenciado Luis Zapata y el secretario Lope de Conchillos, que entendian en las cosas de las
Indias, le contradijeron con informacion que hicieron sobre
él, y lo tenian por incapaz del cargo por ser clérigo, y no
bien acreditado ni sabidor de la tierra y cosas que tractaba;
él entónces favorecióse de Mosior de Laxao, camarero del
Emperador, y de otros flamencos y borgoñeses, y alcanzó su
intento, por llevar color de buen cristiano en decir que con-
vertiria más indios que otro ninguno, con cierta órden que
pornia, y porque prometia enriquecer al Rey y enviarles muchas perlas (venian entónces muchas perlas). Pidió labradores
para llevar, diciendo no harian tanto mal como soldados de-
suella-caras, avarientos é inobedientes; pidió que los armase
caballeros de espuela dorada, y una cruz roja diferente de la
de Calatrava, para que fuesen francos y ennoblecidos. Diéronle á costa del Rey, en Sevilla, navíos y matalotaje, y lo
que más quiso, y fué á Cumaná el año de 20, con obra de
300 labradores que llevaban cruces, y llegó al tiempo que
Gonzalo de Ocampo hacia á Toledo; pesóle de hallar allí tantos
españoles, con aquel caballero, enviados por el Almirante y

Audiencia, y de ver la tierra de otra manera que pensaba ni dijera en corte. Presentó sus provisiones, y requirió que le dejasen la tierra libre y desembargada para poblar y gobernar. Gonzalo de Ocampo dijo que las obedecia, pero que no cumplia cumplirlas, ni lo podia hacer sin mandamiento del Gobernador y Oidores de Sancto Domingo que lo enviaran. Burlaba mucho del Clérigo, que lo cognoscia de allá de la Vega por ciertas cosas pasadas, y sabia quién era; burlaba eso mismo de los nuevos caballeros y de sus cruces, como de sambenitos; corríase mucho el Licenciado, y pesábale de las verdades que le dijo. No pudo entrar en Toledo, é hizo una casa de barro y palo, junto á do fué el monasterio de franciscos, y metió en ella sus labradores, las armas, rescates, y bastimento que llevaba, y fuése á querellarse á Sancto Domingo, é Gonzalo de Ocampo se fué tambien, no sé si por ésto ó por enojo que tenía de algunos de sus compañeros, y tras él se fueron todos, y así quedó Toledo desierto, y los· labradores solos. Los indios, que holgaban de aquellas pasiones y discordia de españoles, combatieron la casa y mataron cuasi todos los caballeros dorados, los que huir pudieron acogiéronse á una carabela, y no quedó español vivo en toda aquella costa de Perlas·, etc. Todo ésto dice formalmente Gomara, capellan y cronista del marqués del Valle. Cotejado todo lo que este Gomara dice y lo que escribió Oviedo, con lo del capítulo precedente, y finalmente con toda la Historia de cuasi lo más deste tercero libro, que con pura verdad se ha afirmado haber sido todo dicho, á la discrecion del prudente cristiano lector se remite que juzgue cuál lleva más semejanza de verdad, y cuánta fe se deba dar á todo lo que todos éstos escriben, pues en cosas tan manifiestas tuvieron tanto descuido en referir la verdad, si no los cegó su propia malicia lo que no osaría creer. Cerca de lo que ambos dicen de las cruces que el Clérigo trujo para los labradores, lo que en ello hay es ésto: que para que los indios de aquellas tierras, que tan escandalizados y maltratados estaban, creyesen y no pensasen que les habia de faltar la palabra de partes del Rey luégo que

habia venido á reinar á Castilla, como muchas veces se les
habia quebrantado la fe y palabra en lo que les prometian por
los españoles, pareció al Clérigo que, así como les habia de
certificar de partes del Rey cosas nuevas, como eran que
habia sabido los escándalos y daños que habian recibido y le
habia pesado mucho dello, y que por tanto enviaba á él para
que desde en adelante no tuviesen temor alguno que les habia
de suceder agravio de los pasados, y que él los habia de defender, que así convenia que mostrase el Clérigo y los 50 que
para caballeros habia de escoger ser gente nueva y diferen-
ciada de los pasados, y por aquella señal todos los cognosciesen; y porque nó tuvo lugar de señalar los 50, como por la
Historia se ha visto, no dió la cruz á alguno, él sólo se la
puso al principio, y de aquí comenzó el parlar destos y fingir
que los labradores que llevaba para cavar y arar eran los
caballeros que con cruces habia de llevar y meter en la tierra
consigo. Y, por concluir la historia del padre Clérigo, llegado á
Sancto Domingo, escribió al Rey todo lo que pasaba, y determinó de esperar respuesta por no tener sustancia para
poder ir personalmente á la corte, puesto que si quisiera ir no
faltara quien le ayudara y prestara dineros, y, cierto, si fuera
él, trujera buen recaudo y remedio de la perdicion que despues se siguió en aquella tierra, y áun castigo para los que le
habian impedido y sido causa de aquellas muertes y levanta-
mientos de los indios, porque llegara cuando ya tornado habia
el Rey á aquellos reinos, y con él eran venidos los caballeros
y privados que lo habian favorecido; y ésto pareció despues,
porque los mismos, desque supieron lo que le habia sucedido,
le escribieron que tornase allá, y que ternia más favor para
con el Rey que ántes habia tenido, y el mismo Papa Adriano
tambien le mandó escribir sino que llegaron las cartas cuando
ya no podia determinar de, sí. Por ventura, si cuando llegó á
esta ciudad luégo para Castilla se partiera, y que no le falta-
ran, como dije, dineros, pudiera haber sido que la tiranía
destas Indias se hobiera echado fuera; pero, en la verdad, no
se lo puso Dios en el corazon que fuese, ó porque él no lo

mereció, ó porque aquellas gentes, segun los profundos juicios divinos, se habian con otras muchas de perder, ó porque
tambien los facinorosos pecados de nuestra nacion, que en
aquellas gentes han cometido, no se habian tan presto de fenecer. Asi que, habiendo escripto al Rey lo que más convino
escribir, esperó algunos meses la respuesta, y entre tanto
su conversacion era comunmente con religiosos de Sancto Domingo, y en especial con un Padre llamado fray Domingo de
Betanzos, religioso en virtud y religion señalado; éste le dió
muchos tientos que fuese fraile, diciendo que harto habia trabajado por los indios, y pues que aquel negocio tan pio se le
habia desbaratado, parecia que no se queria Dios servir dél
por aquel camino. Entre otras respuestas y excusas que le
daba fué, decir que convenia esperar la respuesta del Rey
para ver qué le mandaba. Respondió el buen Padre: «Decid,
señor Padre, si entre tanto vos os morís, ¿quién rescibirá el
mandato del Rey ó sus cartas?» Estas palabras le atravesaron
el alma al clérigo Casas, y desde allí comenzó á pensar más
frecuentemente en su estado, y al fin determinó de hacer
cuenta que ya era muerto, cuando las cartas ó respuestas del
Rey allegasen; y así, pidió el hábito con instancia, y se lo
dieron con mucho gozo y alegría de los frailes, y no ménos
toda la ciudad, y todas las Indias desque lo supieron, aunque
de diferente manera y por diversos fines los frailes y los seglares se gozaron, porque los frailes, espiritualmente, por el
bien de la conversion del que amaban con caridad, y los
seglares porque vian faltarles, como si lo vieran enterrado,
aquél que les estorbaba los robos que hacian y entendian
hacer con todo su inícuo interese temporal. Sino que despues
resucitó, á lo que puede creerse por voluntad de Dios, á pesar
de muchos, para estorbar algunos males que estorbó con el
favor divino, y para mostrar al mundo con el dedo, como el
sol, el estado peligroso en que muchos vivian, y el sueño le-
tárgico y profunda ceguedad que los descuidaba, en no tener
por pecados los que nunca otros tan graves ni tantos se cometieron, despues que los hombres comenzaron y supieron pecar.

En el tiempo de su noviciado le vinieron cartas del cardenal Adriano, que fué Papa, y de caballeros flamencos que le persuadian que tornase á la corte, y que ternia tanto y más favor que la otra vez le habian dado, y los Perlados del monasterio, porque no se inquietase quizá, no se las quisieron mostrar. De su frailía, dice Gonzalo Hernandez de Oviedo éstas palabras. «El padre licenciado Bartolomé de las Casas, como supo el mal suceso de su gente, y cognosció el mal recaudo que habia por su parte puesto en la. conservacion de las vidas de aquellos simples y cudiciosos labradores, que al olor de la caballería prometida y de sus fábulas le siguieron, y el mal cuento que hobo en la hacienda que se le encargó, y. que él á tan mala guarda dejó, acordó que, pues no tenia bienes con que pagarlo, que en oraciones y sacrificios, metiéndose fraile, podria satisfacer en parte á los muertos y dejaba de contender con los vivos, y asi lo hizo, y tomó el hábito del glorioso Sancto Domingo de la observancia, en el cual está hoy dia en el monasterio que la Órden tiene en esta ciudad de Sancto Domingo, etc.» Esto dice Oviedo; de donde parece la noticia y propósitos causa y fin del clérigo Casas, y señaladamente deste caso y de todo lo acaecido en aquella costa de tierra firme, que Oviedo tenia, y no ménos con qué ánimo todas estas cosas que al clerigo Casas tocaban referia, lo cual todo nuestro Señor le perdone, pues ya está en la otra vida. Y con ésto, dejemos de tractar por algunos años que el Clérigo, ya fraile, fray Bartolomé de las Casas, durmió al parecer, de las cosas dél, hasta que ocurra el tiempo, si Dios diere vida, que tornemos á su historia, de quien habrá bien que decir.

CAPÍTULO CLXI.

Ya llegaba este tiempo á los veintidos años sobre quinientos y mil, y así, pertenecia parte de lo dicho al cuarto
libro; pero por no hacer tantos pedazos de una materia, pare-
ciónos que no se ofendia la órden que traemos, refiriendo
ántes lo que pasó despues algunos dias. Tornemos, pues, sobre lo que resta que decir perteneciente á este libro III del
año 19 y 20, comenzando de tierra firme. Ya dijimos arriba,
en el cap. 104, como se proveyó por gobernador del Darien y de tierra firme, el año de 18, en la ciudad de Zaragoza,
un caballero de Córdoba llamado Lope de Sosa, persona prudente y valerosa, por echar de allí á Pedrárias que habia
destruido y asolado todas aquellas provincias, por sí ó por la
gente que enviaba con sus Capitanes, ó verdugos por mejor
decir; uno de los principales fué el licenciado Gaspar de Espinosa, su Alcalde mayor. Llegó, pues, por este año de 20 ó al
fin del de 19, Lope de Sosa, y con él un licenciado Alarconcillo,
por su Alcalde mayor y que habia de tomar residencia á Pedrárias. Llegó, digo, al Darien con cuatro navíos y 300 hombres, de la llegada del cual á Pedrárias no placia, y por no
esperalle anduvo rodeando que lo enviase el pueblo por Procurador á Castilla, como arriba se dijo. Así que, como llegó al
puerto y echó anclas la nao en que iba, en aquel momento
dió el ánima á Dios porque debia de haber enfermado en el
camino; fué la nueva á Pedrárias, que estaba la ciudad algo
apartada un poco del puerto, de como Lope de Sosa era venido, y dentro de un credo llegan otros á decirle que era fa-
llecido: la diferencia que la una y la otra nueva en su corazon pornia, Dios lo sabe, que es la verdadera sabiduría. Fué
Pedrárias con toda la ciudad, y trujeron el cuerpo, y con toda

la pompa y honra posible le dieron sepultura; hechas las obsequias debidas, recogió Pedrárias á su hijo Juan Alonso de Sosa, que despues fué tesorero del Rey en la Nueva España, y á sus criados y á toda su casa el tiempo que en el Darien quisieron estar, y porque lo que más Pedrárias deseaba era verse fuera y libre del temor que tenia de la residencia, segun le acusaban sus obras pasadas, tuvo manera, por industria y solicitud del dicho licenciado Espinosa, su Alcalde mayor y Capitan general, que persuadiese al licenciado Alarconcillo, que trujo Lope de Sosa por Alcalde mayor, y le hiciese entender que no habia espirado su poder por la muerte de Lope de Sosa, y que le tomase la residencia que en vida de Lope de Sosa le habia de tomar, y que si el Rey no la diese por buena que no se habria perdido sino la tinta y papel; como en la verdad, segun parece que se debe creer, la residencia al Gobernador principalmente se suele cometer, y él la toma por su Alcalde mayor, y así parece que el Alarconcillo, que era delegado de Lope de Sosa, ninguna jurisdiccion tuvo muerto el Gobernador; pero finalmente se la tomó como el Pedrárias quiso dalla, segun la presuncion que desto pudo resultar, y no fué sola ésta las mañas y cautelas que para excusar y justificar jueces tiranos se han tenido en aquellas Indias, porque no merecen pagallas aquí. Pocos dias ántes que Lope de Sosa llegase, llegó Gil Gonzalez de Avila, de quien arriba en el capítulo 154 dijimos algo, con tres navíos y en ellos 200 hombres, y Andrés Niño, su piloto mayor, que le puso en aquella demanda. No hizo cuenta el Gil Gonzalez de Pedrárias, teniendo por cierto que ya Lope de Sosa estaria en la tierra y usaria su gobernacion, porque ya le debia haber hablado en Castilla, de quien esperaba favor para su despacho y pasaje de la mar del Sur, y fuése con sus navíos y gente al puerto de Acla, 50 ó 60 leguas más al Poniente del Darien, donde estaba Pedrárias, porque allí le convenia ir, porque es lo más angosto, para pasar á la mar del Sur; pero como no habia llegado Lope de Sosa, rescibiendo dello gran pesar, no pudo hacer otra cosa sino humillarse y escribir á Pedrárias

notificándole su venida, y excusándose de no poder ir á velle
y entrar primero en su puerto del Darien, por la comodidad
que para su viaje y negocio tenía más en el puerto de Acla
que en el de Darien, etc. Rescibida Pedrárias la carta, respondióle, muy sin sabor, que se maravillaba dél, que sabiendo
que él era Gobernador de aquel reino, haber desembarcado
con tanta gente sin su licencia, no habiéndole mostrado ó enviado licencia ó provision del Rey, para que supiese con qué
autoridad y propósito á tierra que él tenia á cargo venía. Con
esta respuesta rescibió Gil Gonzalez grande pesar; y por no
saber qué fuese sido de Lope de Sosa, y sus negocios eran de
tal calidad que no podian parar sino con gran daño, como
trujese tanta gente á su mision, y le restase tanto que
hacer para adelante, acordó enviar á Andrés Niño con las
provisiones reales al Darien, y con ellas requerir á Pedrárias
que le favoreciese y ayudase á efectuar su viaje y demanda,
como el Rey á todas y cualesquiera justicias y personas
mandaba, y en especial que le mandase entregar los navíos
que habian sido de Vasco Nuñez de Balboa, que estaban
en la otra mar. Llegó Andrés Niño al Darien, mostró sus
provisiones reales, hizo sus requirimientos en forma, y como
Pedrárias no era menester enseñalle á hablar, ni á pensar, ni
á obrar, sino á matar y destruir indiós, y despoblar aquellos
reinos, respondió que las obedecia, pero, cuanto al cumplimiento, decia que aquellos navíos no habian sido de Vasco
Nuñez de Balboa, más de lo que dellos le podia caber como
Capitan, sino de 300 hombres españoles, que á hacellos le habian con sus trabajos ayudado (y el triste no hacia cuenta de
tres ó cuatro mil indios que habian muerto para hacellos, con
llevar las anclas y maromas, y otros pesos inauditos y nunca
pensados, á cuestas, como arriba en el cap. 74 se vido), y
que aquellos cúyos eran andaban en ellos sirviendo al Rey,
descubriendo tierras y gentes en aumento de su Estado, y que
él haria relacion á Su Alteza de toda la verdad, y si sabida se
lo tornase á mandar, luégo cumpliria su mandado. Tornóle otra
vez á requerir Andrés Niño, protextando daños y males; res-

pondió Pedrárias que no podia dar lo ajeno, por eso que podia tornarse. Tornóse Andrés Niño á Acla sin nada; en estos dias llegó Lope de Sosa al puerto, y fué dél lo que queda declarado. Sabida la muerte de Lope de Sosa, en cuya venida tenía colocada toda su esperanza, viéndose perdido, acordó de por su persona ir á rogar á Pedrárias que le diese aquellos navíos pues el Rey lo mandaba, y no le desaviase, que sería perder toda la demanda que traia, de donde muy grandes servicios y provechos para Dios y para el Rey se esperaban. Pedrárias, que muerto Lope de Sosa, en mayor insolencia se habia encumbrado, como por algunos dias estaba seguro que no habia de haber quien le fuese á la mano como en lo pasado, en cuanto á concedelle los navíos hizo tan poca cuenta dél como del Andrés Niño que habia enviado, diciéndole que no le daria la menor cuaderna dellos porque le diese toda su armada. Vuelto á Acla, viendo que ningun remedio podia venirle de Pedrárias, acometió una obra que el Rey acometerla, con mucho mayor número de gente, y facultad, y aparejo que él tenia, no osara, y fué hacer de nuevo otros navíos en aquella mar, con la gente que traia consigo de Castilla y materiales. Comienza con ocho caballos á pasar lo que tenía por aquellas altísimas y aspérrimas sierras, de que dimos noticia en el capítulo 74, trabajos nunca pensados; manda cortar y aserrar madera para tres navíos y dos bergantines en el rio de la Balsa, y aunque le aconsejaron algunos de los vecinos españoles de Acla que no los hiciese allí, porque se le comerian luégo de broma ó de otros achaques, creyendo que por estorballe lo engañaban, no curó, sino pasó por su obra adelante. Fueron tantos los trabajos que en ello, por los caminos y en los montes, y en la obra de los navíos, y por poco y mal comer y hambre padecieron (porque no comian sino caçabí por onzas, de lo que acarreaban los caballos, y de lo que habian traido de Castilla en sus navíos, que siempre es muy poco y muy presto se les acaba), y con ésto ser nuevos en la tierra, y aquella ser montuosa y sombría y para los nuevamente venidos mala, que de 200, muertos y enfermos, 80 no le quedaron.

Finalmente, con tanto riesgo, y costa y angustias acabó sus
navíos mal ó no bien acabados; embarcóse con sus 80 hombres, y fuése á las isletas de las Perlas que están de aquel rio
dentro en la mar 12 ó 15 leguas. Estando allí aparejando
para se partir á su descubrimiento, dentro de veinte dias se
le pudrieron todos sus navíos y bergantines; miserable cosa
de decir é oir y más de quien lo padecia y via, que cosa que
tantas hambres, angustias, trabajos, muertes y enfermedades habian costado viesen tan en breve aniquilado', no
pudo ser sino muy triste y muy amargo. Gil Gonzalez era
hombre prudente, y aunque angustiosa tribulacion ésta fué
bastante para desmayar, todavía cobró ánimo y determinó de
tornar á hacer los navíos, y porque ya no tenía gente para los
trabajos, por habérsele muerto y enfermado tanta, y la que
quedaba sana quedaba muy molida y quebrantada, escribió á
Pedrárias rogándole que le socorriese con gente de indios y españoles para tornar á rehacer los vasos para su viaje necesarios. O le respondió Pedrarias desabridamente, ó entendió que
detraia dél, con algunas indecentes palabras; viénese á Acla y
de allí váse para el Darien en un barco y saca cierta provision del Rey, por la cual mandaba, so graves penas, que á
cualesquiera Gobernadores, justicias y á personas públicas ó
privadas pidiese socorro y ayuda, se lo diesen luégo, y en
ninguna cosa le estorbasen; Pedrárias le dió cierto número de
indios, que poco le habian á criar costado, que llevaban á
cuestas y acarreaban, del puerto de Acla y del Nombre de
Dios, bastimentos y otras cosas necesarias, y ciertos españoles
que en todo lo que pudiesen le ayudasen. Tornóse Gil Gonzalez á la isla de las Perlas, donde de la mejor madera que pudo
sacar de los navíos perdidos, y de otra que hizo cortar y aserrar, y clavazon de aquellos, tardando casi un año en hacerlos,
acabó tres navíos y un bergantin con que pudo hacer su viaje;
y porque pertenece lo demas que hizo al libro IV, quédese
aquí agora Gil Gonzalez, hasta que, si Dios fuere servido, tornemos en su lugar á tomarlo.

_____

CAPÍTULO CLXII.

Arriba dijimos como Pedrárias escribió al Rey, que convenia mucho deshacer ó despoblar la ciudad del Darien, y pasar la iglesia catedral á Panamá, porque el Darien era tierra enferma y no conveniente para de españoles ser poblada; esto deseaba en grande manera Pedrárias por hacer y prosperar á Panamá, por parecerle que para el trato de la mar del Sur estaba con el puerto del Nombre de Dios más proporcionado, y así era verdad si no fuera tan enfermo como el Darien, y quizá doblado. Los españoles, que eran vecinos del Darien, resistian por tener ya hechas allí sus casas y hogares; finalmente, vista por el Rey la carta de Pedrárias, respondióle mandándole que si allí no convenia estar aquella ciudad, que la pasase á Panamá, donde decia, ó á otro lugar que mejor le pareciese que debia estar la iglesia catedral. Esta respuesta y mando recibido, luégo escribió Pedrárias á Gonzalo Hernandez de Oviedo, que habia dejado en el Darien por su Teniente, que con la mayor priesa que pudiese, por la mar y por la tierra, sacase y hiciese sacar todo lo que en la ciudad habia, y la despoblase trayéndolo todo á Panamá, y así cada vecino sacó sus albajas, haciendas movibles y ganados, hácia el Nombre de Dios, y de allí, aunque con muchos trabajos, y regañando y con tardanza no chica, y con dolores y angustias, hambres y sudores, y áun muertes algunas, segun creemos, de los indios, porque ellos son los que todo lo lloran, los que todo lo padecen y trabajan hasta espirar, y así á Panamá se pasaron. En este tiempo ó poco despues se proveyó por Obispo primero de Panamá un religioso de la órden de Sancto Domingo, llamado fray Vicente Peraza, natural de Sevilla, hijodalgo y de buena casta, el cual vivió muy pocos dias despues de á Panamá llegado. Entre

otros Reyes y señores de aquella tierra firme que Pedrárias
y el licenciado Espinosa con sus satélites infestaban y destruian y destruyeron, fué uno llamado Urraca, muy gran
señor y esforzado, y debia señorear, ó á la provincia de Veragua, ó las sierras confines della y comarcanas; éste rescibió
grandes agravios, insultos é invasiones, de los españoles en
sus vasallos, y fué muy corrido muchas veces por tomallo y
hacer dél y de sus gentes lo que de todos los demas, en especial que tuvieron nueva que tenía mucho oro, pero era tan
valiente y tan ardil, prudente y solícito en la guerra, que
muchas veces lastimó á los españoles, que por su tiránico
ejercicio, sin causa ni razon como á los demas, lo impugnaban.
No hobo recuentro con ellos que no hiriese muchos, y algunos mataba, y nunca jamás pudieron sojuzgarlo. El licenciado
Espinosa, prosiguiendo sus obras de insigne tirano, salió de
Panamá por la mar del Sur en dos navíos, con cierta gente y
dos ó tres caballos para ir la costa abajo del Poniente á sojuzgar la gente de las islas que llamaron de Cebaco, más de 30
grandes y chicas, 70 leguas de Panamá, y envió á Francisco Pizarro por tierra, con la parte de la gente que le pareció,
que fuese haciendo su mismo oficio, matando y captivando,
y destruyendo todos cuantos no se le daban, de donde muchos
de los que consigo llevaba quedaron muchas veces bien descalabrados, aunque al cabo, como los desventurados de los
indios son desnudos y sus armas de aire, siempre quedan
muertos, captivos y sojuzgados; todo lo que anduvo por
aquella tierra, más de 50 leguas, con el terror de las crueldades
des que hacia, los que no pudieron defenderse ó esconderse
ó huirse viniéronse á subjetar y poner en sus manos. Y ésta
fué la predicacion del Evangelio que por toda aquella tierra
firme hicieron y ayudaron á hacer nuestros hermanos; y háse
de tener siempre por cierto, como ya queda dicho algunas
veces, que si han de salir 50 españoles á guerrear ó conquistar como ellos dicen, que tambien llaman pacificar, llevan
consigo 500 ánimas, mujeres y hombres, cargados con cargas
importables, y para su servicio, que ver lo que aquellos pa-

decen, los sudores y cansancios, las hambres y amarga vida
y peor muerte de los muchos que mueren por aquellos caminos, es cosa lastimera, angustiósa, plorable y lamentable.
Llegó Espinosa á las islas dichas, y todos le salieron de paz,
porque no se atrevieron á resistille ni pelear, y como su
principal Evangelio era preguntar lo primero si tenian oro ó
nueva donde lo hobiese, respondieron señalando que en
aquellas sierras muy altas, cuyo Rey y señor era Urraca, habia
mucha abundancia, y por eso creo que aquel Rey señoreaba
en la provincia de Veragua, que siempre, desde que el Almirante primero Don Cristóbal Colon la descubrió por la mar
del Norte, el año de 1502, segun en el libro I dijimos, de
abundar aquella tierra en oro tuvo gran fama. Oidas estas
nuevas con mucho placer, deja el buen capitan Espinosa los
navíos con solos pocos marineros, y salta con toda la gente,
bien en aquel oficio amaestrada, en tierra, y saca los caballos
y va derecho camino á la tierra del señor Urraca; el cual,
viendo desde lo alto de las sierras donde habitaba, los navíos
andar por la mar, sabiendo que no andaban por allí en valde
y que podia resultar fácilmente venillo á buscar, estaba aper-
cibido ya, y puestas las mujeres, y niños, y viejos, y que no
eran para pelear, en recaudo, y, venidas las espías de como
venian los españoles cerca, sáleles al encuentro con tanto
esfuerzo y braveza como si fueran tigres ó leones contra gatos
que los rascuñaran. Toparon primero con ciertos indios de
los que traian los españoles de su servicio, que andaban por
el campo, los que iban delante espiando ó haciendo otra cosa
que les mandaron, y á éstos luégo los mataron, y sueltan sus
dardos y flechas contra los de caballo, y los de á pié herian y
mataban cuantos podian; los indios, contra ellos fortísimamente
peleando, herian muchos de los españoles, y en gran manera
los lastimaban como eran muchos y que de todas partes los
cercaban, y en tanto grado los apretaron que cuasi se per-
dieran, desmayando. Parece que de la gente que sacó Francisco Pizarro debió de enviar á Hernando de Soto, con 30
hombres, á hacer algun salto por aquella tierra, y acaeció

andar tan cerca de por allí, que oyeron las voces de la batalla,
y acudió allá, y visto los indios el socorro tan tempestivo se
retrajeron algo. Ayudábales la aspereza de la tierra, que no
se podian bien aprovechar de los caballos, y donde ésto hay
en aquellas Indias, mucho ménos pueden los españoles contra
los indios, y no hobieran tan presto asoládolos; como el licenciado Espinosa sintió que podia por entónces ganar poco
con Urraca, determinó de noche, cuanto secretamente pudo,
tornarse; pero Urraca, que estaba con su gente vigilante, sin-
tiólos ir, y va tras ellos hasta esperallos en un peligroso paso,
en el cual pelearon los indios como fieros leones por atajallos,
y muriendo muchos dellos, y muchos más con las espadas y
ballestas heridos, dejaron el paso libre, y los españoles no
tuvieron por poca ayuda y merced de Dios de verse fuera de
aquel peligro, y no con poco miedo se tornaron á los navíos.
Pasó adelante la costa abajo á una de las islas dichas, que
llamaron de Sancto Matías, y de allí saltaron en su derecho en
tierra, que es costa y tierra de Borica; por las nuevas que de las
obras de los españoles sabian, salieron gran número de indios
á resistilles la venida, pero como vieron los caballos, estimando
que los habian de tragar, comenzaron á huir. Van en el alcance los españoles, entran en su pueblo, prenden las mujeres y
hijos y cuanto pudieron haber, sin los muertos y heridos, robando y quemando cuanto hallaron; el señor del pueblo, viendo
llevar sus mujeres y hijos y de los suyos, acordó de venirse
á los españoles teniendo la pérdida y absencia dellos, que la
de su libertad, por más grave; rogó al Licenciado con lágrimas que le diese sus mujeres y hijos: de compasion lo hizo
así el Licenciado. Supo de él que cerca de allí estaba ó vivia
otro señor y que debia tener oro (porque, como ha parecido,
ésto era lo primero que se preguntaba); envió el Licenciado á
Francisco Compañon con 50 hombres á salteallo. Dió en el
pueblo al cuarto del alba, pero no los tomó descuidados; salieron contra ellos con tanto esfuerzo y ánimo, que los hicieron
retraer y huir por donde habian venido un buen pedazo, pero
ellos, viéndose avergonzados, segun ellos decian, y tambien

en peligro si les dieran alcance, tornaron sobre sí con nuevo ánimo y dan en ellos, hiriendo y matando cuantos delante sí hallaban, hasta llegar al pueblo donde tenian hecho un palenque de madera como fortaleza, y en el mismo entraron y allí mataron más, porque, no pudiendo salir del palenque por unos á otros estorbarse, tuvieron lugar los españoles de emplear bien sus fuerzas brazos y espadas. De allí toma toda la gente el licenciado Espinosa, y váse por tierra para dar sobre la gente de la provincia ó pueblos de Acharibra, mandando á los navíos que se fuesen para allá, pero la gente dellos, como estaban sobre el aviso, salieron al encuentro, y comenzaron á pelear, pero al cabo, viendo los caballos, pusiéronse en huida y no pararon; acordó Espinosa con su apostolado tornarse á Paraqueta, que era la tierra de Natá, donde pensaba poblar. Y desta manera quedó en todas aquellas provincias la fe predicada, y afamada y estimada la religion cristiana.

CAPÍTULO CLXIII.

Como aquella tierra de Paraqueta ó de Natá y su comarca
sea muy fértil, descubierta, llana y graciosa, y está cercana de
las sierras de Urraca ó Veragua, que siempre tuvo de tener
mucho oro mucha fama, deseaba el licenciado Espinosa hacer
por allí un pueblo, y aplicar á él todos los indios de las provincias ó gentes comarcanas para que sirviesen los españoles,
que es todo tras lo que andan. Escribiólo á Pedrárias, dándole
las razones que á su parecer convenian, para que le diese
licencia de poblar; respondióle Pedrárias que le parecia bien,
y que así se haria, pero que él queria en ello hallarse, y por
tanto que se viniese para él. dejando allí la gente que le pareciese convenir, con la demas; dejó á Francisco Compañon, que
era uno de los principales verdugos que en aquellas sus obras
le acompañaban, con 50 hombres y dos yeguas, que no hacian
menores estragos con ellas que con caballos, y con los demas
se fué á Panamá donde Pedrárias estaba. El rey Urraca, que
no siempre dormia, sabida la partida del licenciado Espinosa
para Panamá, y que no quedaban en la tierra de Natá sino.
pocos españoles, juntó su gente y vino una noche á dar sobre ellos, y los delanteros hallaron tres españoles en una casa
ántes de su real, y con una lanza atravesaron el uno, y muerto
prenden al otro, y el tercero se escondió; éste toma sus armas,
y con grandes voces hizo grande estruendo como que venia
gente, y con gran denuedo y esfuerzo, dá tras ellos y mató
cinco dellos, y con la turbacion sueltan al otro y comienzan
retraerse, de manera que tuvieron lugar los dos de recogerse
á donde su compañía estaba. Entendido por ellos la mucha
gente que Urraca traia sobre ellos, Francisco Compañon, el Capitan, envia á toda furia á Hernando de Soto, y luégo tras él

á Pero Miguel, hombres muy sueltos, que avisen á Pedrárias del estrecho en que quedaban. Pedrárias, que no era en semejantes tiempos y peligros negligente, despachó luégo en un navío á Hernan Ponce con 40 hombres, y llegó á tiempo que Francisco Compañon queria con su compaña dejar la tierra, porque Urraca habia convocado cuanta gente habia por aquellas provincias, y los tenía cercados que no podian salir un tiro de piedra á buscar raíces que comiesen. Como Urraca vido el navío, estimando que todos los españoles de Panamá allí venian, alzó el cerco y retrújose á sus sierras. Despachado el navío, Pedrárias, con 160 españoles y dos caballos, y ciertos tiros de artillería, y por Capitan de su guardia Francisco Pizarro, determinó de seguillos; llegado á Paraqueta ó tierra de Natá, donde Compañon estaba y los demas, y sabido que Urraca se habia con su gente retraido, mandó á Hernan Ponce que con 30 españoles se quedase allí con él, y otro dia Pedrárias, para buscar y seguir á Urraca, se partió con toda la otra gente. Estábalos esperando Urraca para pelear, teniendo junto consigo á otro señor Exquegua, en la entrada del pueblo deste que era lugar para su favor fuerte, con gran número de gente, y sí Pedrárias bien quisiera excusar la contienda por ver el lugar dicho para los caballos no favorecelle, pero viendo que por muchas partes lo infestaban y acometian, arremete con toda su gente contra ellos, y los indios no ménos resistiéndoles su ímpetu, pelearon cuasi todo el dia, donde hobo muchos heridos; muertos, no pude saber los que fueron de los indios, porque de los españoles pocos suelen morir, como las armas de los indios sean para jugar niños. Con toda su poquedad les dieron aquel dia mal dia, y apretaron tanto á los españoles, que Pedrárias se vido en harto trabajo, y quisiera más estar en Panamá descansando. Finalmente, acudió luégo al remedio último, que fué los tiros de pólvora, los cuales sueltos, no paró de los indios hombre con hombre; pero no por eso Urraca que del todo desmayase, y así, por cuatro continuos dias, salieron á pelear al campo, pero al fin, viendo que por aquella vía no podian pre-

valecer, por los tiros de pólvora y los caballos, acordó de retraerse y convocar más gente de la que quedaba, y fortalecerse
sobre cierto rio llamado de Atra, donde acudieron muchas
gentes de ambas á dos mares á servillo y ayudalle. Pedrárias
propuso de ir tras él y probar si podia tomalle, y llegando á
la comarca donde Urraca con su ejército estaba, tuvo un ardid
para engañarlos, y fué que echó ciertos indios, como que se
habian descuidado, para que los prendiesen los corredores, y
preguntándoles por Urraca, respondiesen que en aquella sierra
estaba, y consigo tenia gran suma de oro; y desta industria
ó ardid de guerra usó Urraca, porque sabia el ánsia y sed que
los españoles de oro tenian, y que habian de ir á buscallo
desahilados y sin órden, donde podia, con las celadas que
tenía puestas en ciertos pasos, desbaratallos. Presos, pues, los
que para ésto envió, luégo Pedrárias envió á Diego Albitez
con 40 hombres, y en el camino de las sierras cae en las celadas, y dánles tanta priesa que ninguno quedó dellos que
no fuese herido y bien lastimado, y el remedio que tuvieron
fué huir para salvarse. Pedrárias torna con 60 hombres á enviar al mismo Albitez que suba en pos dellos la sierra, donde
no halló á nadie; torna por lo llano del rio donde los vió, y
los indios con grandes alaridos arremeten á ellos, y pelearon
defendiendo que los españoles, por una angostura que el rio
hacia, no pasasen, donde hobo muchos heridos de ambas partes; y porque los españoles delanteros comenzaban á desmayar, fué Diego Albitez con ciertos, de priesa, para los animar,
y hobieron de caer en el rio donde se bien remojaron, y fué
harto escapar; finalmente, prevalecieron los españoles despues de muchas heridas y trabajos, y siguiendo el alcance,
fueron acuchillando y matando dellos cuantos podian alcanzar. Despacha Pedrárias cuadrillas de españoles por toda la
provincia en diversas partes, robando y quemando, y aso-
lando y captivando cuanto y cuantos hallaban; lo mismo
hicieron en las tierras de otros señores, llamados los dos dellos
Bulaba y Musa, que vinieron en ayuda de Urraca, y así quedó
toda aquella tierra lastimada, y menoscabada, despoblada, y

la gente della huida por los montes amedrentada, dejado los muchos muertos y captivos que della faltaban. Pedrárias, por remunerar á los españoles que tanto por allí habian trabajado, acordó de hacer un pueblo dellos por allí cerca en comarca, y pareció que debia de asentarlo en el pueblo, ó cerca dél, de un Cacique ó señor que se llamaba Natá, la última sílaba luenga, y quiso que así se llamase; y porque los españoles de las Indias, en especial los que andaban y andan en estos pasos, tienen y han tenido poco cuidado de arar y cavar, sino comer de aquellos sus tan meritorios trabajos á costa de las vidas y ánimas de los indios, y esto es y fué haciendo repartimientos de los pueblos, y dárselos en encomienda, que es donde va á parar todo su descanso, señaló Pedrárias á cada uno de los que allí se quisieron avecindar cierto número de indios, en los pueblos que por aquellas provincias, con las guerras y violencias de que usaba, tenía subjetados, que los españoles llaman pacificados, y que de miedo y por no ser como los demas, hechos pedazos, querian estar en sus pueblos, y servirlos cuando los españoles por allí pasasen ó á llamar los enviasen, aunque nunca ellos pensaran que aquel servicio habia de ser tan duro y tan diuturno hasta acabarse como se acabaron; y hoy está toda aquella tierra, siendo felicísima y poblatísima, despoblada. Esto así ordenado y repartido y tiranizado por Pedrárias, dejó allí por su Teniente y Capitan á Diego Albitez, y él volvióse á Panamá. Los indios repartidos, enviados á llamar, venian y servian en hacer las casas y labranzas para los españoles, cazas, pesquerías y de todos los otros trabajos para sustentar un pueblo de 50 ó 60 vecinos españoles, que es más allá que sustentar una villa de 2.000 en Castilla, porque quieren ser servidos dellos como hijos de Condes y Duques regalados, y no sólo servidos, pero adorados. Asentábaseles á los indios esta carga no usada como intolerable, y así unos venian tarde, otros no curaban, otros se huian, y éstos llaman los españoles alzarse. Envia Diego Albitez y va tras ellos, que llamaban ranchear; á los que tomaban, dellos mataban, dellos cautivaban para los es-

carmentar, dellos aseguraban, y así los forzó á que viniesen
á servir á sus encomenderos y tiranos. El señor y rey Urraca,
cada y cuando que via la suya, no olvidaba de visitar los españoles con las gentes que podia juntar y darles muchas buenas
alboradas, y los que hallaba á mal recaudo, no habia menester tornarlos á buscar para dellos ' vengarse. Salian los españoles y quemaban y asolaban toda la tierra y provincia de
Urraca, y en ésto se pasaron nueve años, que nunca pudieron aplacallo; porque, en la verdad, como el aplacallo no
podia ser, segun ellos, sino que sufriese el cautiverio, y
servidumbre y tiranía de los demas, en la cual él y su gente
se habian finalmente de acabar, y ésta es la satisfaccion
y recompensa que de los daños é injusticias tan estupen-
das los nuestros á aquellas gentes han acostumbrado y
acostumbran dar, él, como hombre prudente y esforzado, y
que sentia bien la justa guerra que proseguia contra quien
con tanta injusticia, sin culpa, ni razon, ni causa, estando en
sus tierras seguro, le habia hecho y hacia tantos daños y males, no cura de se aplacar. A los indios suyos que los españoles tomaban les daban grandes tormentos, porque descubriesen la gran suma de oro de que Urraca y sus vasallos poseer
tenian fama; con ésto más cada dia Urraca se indignaba. Despues, pasado algun tiempo, envió por Teniente de la villa de
Natá, Pedrárias, á Compañon, y por el gran temor que señaladamente se tenía por los españoles de un indio muy esforzado, Capitan de Urraca, por los tártagos que muchas veces
les daba, este Compañon tuvo muchas maneras para le haber
á las manos, y como no podian por guerra, trabajó infielmente
de habello de paz, y sobre seguro, y así, asegurándolo con mensajeros indios y con sus engañosas ofertas, hobo de venir al
pueblo á visitar los españoles, y vino á sus manos. Pero el
Compañon quebrantándole la palabra, fealdad bien usada por
los españoles con los indios en aquellas partes, y pocas ó ningunas de parte de los indios no bien guardada, prendiólo, y
cargado de hierros lo envió al Nombre de Dios desterrado; y
no fué poco bien el que le hizo, pues no lo quemó como mu-

chas veces lo hicieron los que se llaman cristianos. Desto rescibió grande dolor Urraca, y puso mucho cuidado en juntar
toda la gente que pudo de ambas á dos mares, del Norte y del
Sur, y juntos hacerles una gran habla, diciendo : «Nó es razon
que dejemos reposar estos cristianos, pues allende dè tomar-
nos nuestras tierras, nuestros señoríos, nuestras mujeres y
hijos, y nuestro oro, y todo cuanto tenemos y hacernos esclavos, no guardan fe que prometan, ni palabra, ni paz; por eso
peleemos contra ellos y trabajemos, si pudiéramos, de los matar y de tirar de nosotros tan importable carga, miéntras las
fuerzas nos ayudaren, porque más nos vale morir en la guerra
peleando, que vivir vida con tantas fatigas, dolores, amarguras y sobresaltos.» No dijeron más Judas Machabeo y sus
hermanos sobre la misma causa. Plugo á todos, y todos profe-
saron de morir peleando, miéntras las fuerzas y la vida les
durasen, y así, los repartidos á los españoles se alzaron y
mataron cinco de los que estaban en los pueblos dellos descuidados, muy con imperio mandándolos. Muertos aquéllos,
vienen gran número dellos sobre la negra villa de Natá;
salen los españoles, pelean todos fuertemente, hay muertos y
muchos heridos de todas partes, mayormente de los indios,
porque con los caballos, por ser la tierra llana y descombrada,
rescibieron muy gran daño. Duró la guerra muchos años, dentro de los cuales murieron en ellas muchos españoles y de
los indios, sin comparacion, innumerables; pero porque los
tristes eran desnudos y tan flacas, como se ha dicho, sus armas, viéndose cada dia sin algun fruto, ni remedio, ni esperanza dello, perecer, cansados y quebrantados de andar por
sierras y por valles tantos tiempos en guerra, sudando y hambreando y padeciendo mil otros trabajos que aquella vida, en
especial en las Indias, consigo trae, acordaron todos los más
de los pueblos de venirse á los españoles, en su servidumbre,
á acabar su vida desventurada. Sólo el rey Urraca, con la gente
que tenía y le habia quedado de tanta mortandad, nunca
quiso venir, sino siempre tuvo su teson de aborrecimiento
contra los españoles, llorando toda su vida no podellos aca-

bar; al cual del todo dejaron en su tierra sin illo más á buscar,
cognosciendo que nunca vez le hicieron guerra que muchos
dellos no saliesen della muertos y bien descalabrados, y así
en su tierra y casa murió, y con él su gente, no con más cognoscimiento de Dios del que tuvo ántes que oyese nombrar
cristianos, en su infidelidad. ¿Quién habrá dado cuenta de su
perdicion y de tantas ánimas, que ningun impedimento de su
parte para rescibir la fe tenian si se les predicara? bien claro
para cualquiera cuerdo cristiano está.

CAPÍTULO CLXIV.

Despues de haber destrozado aquellas provincias y puestas en la servidumbre ordinaria del repartimiento y encomiedas, que es el fin de los españoles propincuo, para conseguir el último que es abundar en oro, pareció á Pedrárias que habia mucha gente española en Panamá junta; por derremalla envió á un Benito Hurtado, que mucho habia servido, segun los vocablos, en los insultos y tiranías pasadas y presentes, con cierto número dellos, á que pusiese en la misma servidumbre, por mal ó por bien, á las gentes que de los confines de Natá habia, hasta la tierra que, por mandado de Espinosa, Hernan Ponce por la mar habia descubierto, y mandóle Pedrárias que poblase un pueblo en la provincia de Chiriquí, donde llegado comenzó á enviar á llamar las gentes de la tierra: vinieron á su llamado los de Chiriquí, ó despues otra gente llamada bareclas, y despues los de la provincia de Burica, y los que vivian sobre el golfo que llamamos de Osa, toda tierra muy poblada y que dura cerca de cien leguas. Todas aquellas gentes vinieron sin resistencia, por estar asombradas de las guerras y crueldades que habian oido haberse hecho á las provincias pasadas, y experimentado quizá cuando por aquellas tierras ó por sus vecinas los años pasados habia andado Espinosa. Estuvieron dos años en aquel pueblo de Chiriquí los españoles, sirviéndoles los indios, pero no pudiendo sufrir tan dura servidumbre y contina tiranía, se levantaron contra ellos, y mataron algunos dellos, y al cabo, por cierta ocasion, acordaron los españoles de deshacer ó despoblar su pueblo. Toda aquella tierra como otras muchas que contienen millares de leguas, estando de gentes refertísimas, está hoy desierta y habitada de fieras bestias, mayormente de tigres. Porque un

poco más arriba se dijo, que por derramar la gente que sobrada
habia en Panamá Pedrárias envió á Hurtado con della, es de
saber que una de las cosas que ha destruido y asolado y despoblado las Indias ha sido dar licencia el Consejo del Rey á
todos los que han querido pasar á ellas, indiferentemente y sin
número ni medida, porque comunmente han pasado gente hol-
gazana, y que por fuerza habia de comer de sudores ajenos
aunque pesase á Rey y á Roque que se lo prohibiese, de donde,
sin otros inconvenientes, ha sucedido que, para que tanta gente
no destruyese, comiendo, las haciendas de los españoles de una
comarca ó de una provincia, no las que ellos cavaban y sudaban sino cavadas y sudadas por los indios, los que gobernaban, y áun hoy gobiernan, enviaban y hoy envian golpe
de gente española, con color de descubrir ó de apaciguar ó
de poblar, que destruian cuerpos y ánimas de infinitas gentes
de indios; y otro tras éste no ménos cruel y diabólico ni
conveniente, que, como se ha dicho arriba, llevaban de los
opresos y siempre fatigados indios, que servian á los pueblos
de los españoles, mucha gente, dejando desmamparadas sus
mujeres y hijos, con cargas de tres y cuatro arrobas y todo
fardaje, de los cuales si sacaban 1.000, por los trabajos y
cansancio y hambres, 50 no volvian. Ha habido en ésto tan
desatinada é incomparable desórden, que de cuarenta cuentos
de ánimas que habemos echado desta vida, desde que entramos
en aquellas infelices Indias, los quince por esta causa tenemos
por cierto haber perecido. Todo ésto han sabido los del Consejo del Rey, y ha sido tanta su insensibilidad que ni lo han
castigado ni prohibido, y si á proveer algo en favor de los
indios se arrojan, por los clamores que religiosos siempre les
dan y han dado por cartas ó por presencia, mandan y escriben, ó dan por instruccion á los que allá gobiernan y de
nuevo de acá envian, lo que saben que ni guardan ni
cumplen ni han de guardar ni cumplir, pensando, engañando
á sí mismos, que con la estrechísima y periculosísima obligacion que acuestas tienen, han cumplido, y con ésto comen y
beben y duermen sin escrúpulo, á lo que en ellos parece, pues

andan alegres y se rien, habiendo de llorar todos los dias de su vida, la menor negligencia en negocio tan grande y tan puesto á su cuenta, en que cognosciesen haber incurrido. ¡Cuánto más debian y debrian de gemir é áun lamentar la perdicion de tantos millones de cuerpos y ánimas que injustamente habemos muerto, teniendo ellos en las manos el gobierno espiritual y temporal de aquel Nuevo Mundo, y el ejercicio ó administracion de la justicia! Todo lo que aquí escribo, muchas veces, juntos en su Senado y Tribunal, y en sus casas á cada uno lo he dicho. Dejo de decir de los robos y tantos millones que habemos tomado á sus propios dueños con tantos daños dellos y tan mal adquiridos; dejo de encarecer tambien estar á su cuenta la conversion de aquel mundo tan grande, tan ancho y tan extendido; dormir á sueño suelto y á pierna, como dicen, muy tendida, y comer y beber muy á sabor, y vivir con mucho contento y alegría, quien tan estrecha cuenta, y de cosas tan pesadas, ante el Divino juicio espera dar (si piensa, empero, darla, porque si no piensa darla su insensibilidad será más incurable), no se yo cómo aquello les es posible. Tornando al propósito, es aquí de notar que tres estados han tenido siempre los españoles, y hoy tienen, en las Indias, á los cuales córresponden otros tres estados de infelicidad en los indios. El uno es entrar haciendo violencias y guerras en ellos, donde matan y destruyen cuantos pueden por sojuzgallos hasta en su servidumbre traellos. El segundo, entre sí repartillos y servirse dellos como de jumentos ó asnillos, y pluguiese á Dios que así los tractasen y no fuesen ménos que sus bestias tenidos. El tercero, despues que los han muerto todos, ó cuasi todos, si de todas sus violencias y tiranías se hallan con dineros, venirse á heredar ó á hacendarse á Castilla, y si no tienen con qué venirse, como, por la mayor parte, que medren con cuanto roban Dios no les permite, sino que vivan en necesidad, quédanse, y entónces comienzan á hallar ménos los indios, y no sé si les pesa de tan inexpiables pecados que han cometido. El cuarto estado, el cual yo no dudo, es, en muriendo irse á los infiernos á lastar lo que con tanta sangre de sus prójimos hobieron comido y bebido, si en algun tiempo de su vida la Divina clemencia no les socorrió con su gracia, para que cognosciesen sus tan inexpiables pecados, y por el perdon dellos implorasen su misericordia con entrañables suspiros y gemidos. Al primero correspondió el primero de los indios que padecian tan grandes crueldades y matanzas que con las guerras les hacian. Al segundo respondió la cruel servidumbre y cautiverio en · que poco á poco iban pereciendo, sin hacer más cuenta dellos de la que dije, no sólo cuanto á lo que tocaba á la vida y salud del cuerpo, pero á la salud y vida del ánima, porque no tuvieron más cuidado de que fuesen cristianos que si fueran borricos. El tercero estado fué, despues de muertos todos en el servicio de los que les debieran dar vida, no dándoles tantas ni tales fatigas, y las tierras todas despobladas, remanecian dos aquí ó cinco allí, casi en pegujalejos, y á éstos los españoles comenzaban á tractar bien, y otros que aún no dejaban de llevar el acostumbrado camino. Del cuarto estado tampoco debemos dudar, pues es manifiesto que todos los más morian sin fe y sin sacramentos, y si á muchos se dió el bautismo dióseles sin doctrina y sin saber lo que rescibian, como se han hecho muchas veces por muchos, cerca desto, grandísimos desatinos en las Indias; y dejemos aquí por agora de hablar de tierra firme, por aquella parte, hasta que tornemos á contar sus desventuras y miserias.

CAPÍTULO CLXV.

Resta decir algo de lo que acaesció en la otra parte de tierra firme que está al Oriente, conviene á saber, la costa de Cumaná, y que dicen de las Perlas en la isleta de Cubagua, lo cual tenía su lugar poco ántes deste tiempo; ya se dijo en el cap. 159 como los indios de la provincia de Cumaná, despues de salido el clérigo Bartolomé de las Casas para la isla Española, mataron un fraile y ciertos criados suyos, y quemaron el atarazana y toda la hacienda que allí tenía, y como al cabo se metió fraile como en el el cap. 160 queda escripto. Luégo el Almirante y Audiencia y toda la Consulta, que dijimos ser con éstos los oficiales del Rey, determinaron de enviar otra armada para que castigase por guerra á aquella gente, porque estando alzados como estaban no podian vivir los moradores de Cubagua, que allí vivian por la granjería de las perlas, por no tener agua la isleta, y la que bebian era del rio de Cumaná en la misma tierra firme, de la isleta siete leguas, y no podian irla á coger sin pelear con los indios, que era muy peligroso por la ponzoña de la hierba que en las flechas ponian. Fué por Capitan desta gente un vecino de la ciudad de Sancto Domingo, llamado Jácome de Castellon; éste fué y llevó alguna gente, y tomó de la gente que estaba en la isla de Cubagua en la dicha pesquería de las perlas, y junta cuanta pudo pasó á la tierra firme, siete leguas de allí por la mar, y asentóse con ella á la boca del dicho rio de Cumaná, donde ya tuvo segura el agua para que pudiesen venir por ella libremente los que quedaban en la dicha isleta. Desde allí envió cuadrillas de españoles tras los indios, mató muchos dellos, y hizo muchos esclavos, que es lo que despues del oro es lo más deseado de los españoles; los que no pudo

haber asegurólos que no rescibirian más daños, que se viniesen á sus pueblos, y así quedaron apaciguados. Edificó
Jácome de Castellon una fortaleza á la boca del rio de Cumaná,
donde el clérigo de las Casas la queria edificar, para tener
segura la cogida del agua, siñ la cual, como está dicho, no
podian vivir los de la isleta de Cubagua. Hízose despues un
muy buen pueblo de españoles en la isleta, con muchas casas
de piedras y adobes y tapias, como si hobieran de perseverar
por algunos quinientos años, pero acabadas las perlas, despues
algunos y no muchos años, se quedó la poblacion ó pueblo
todo despoblado, aunque primero, ó poco más tarde ó poco
ménos, se consumieron los indios en aquel ejercicio de sacar
perlas, donde han perecido inmensidad dellos; con las guerras
dichas y esclaverías que en ellas se hicieron, y con las perlas
está desierta ó cuasi desierta de sus habitadores toda aquella
tierra. Y porque se vea si sacar las perlas es ménos pernicioso
para los indios que sacar el oro, y por consiguiente los bienes
que de las Indias vienen á España vienen por todas partes
justificados, y si es posible que con tales bienes se puede esperar que Dios haga merced á España, es, pues, la vida de
los indios que se traen para pescar perlas, no vida, sino
muerte infernal (algo dijimos della en el libro II, cap. 45), y
es ésta: Llévanlos en las canoas, que son sus barquillos, y
va con ellos un verdugo español que los manda, llegados en la
mar alta, tres y cuatro estados de hondo, manda que se echen
al agua; zabúllense y van hasta el suelo, y allí cogen las
ostias que tienen las perlas, y hinchen dellas unas redecillas
que llevan al pescuezo ó asidas á un cordel que llevan ceñido, y con ellas ó sin ellas suben arriba á resollar, porque
no siempre donde se zabullen las hallan, y si se tardan en
mucho resollar, dales priesa el verdugo que se tornen á zabullir, é á las veces les dan de varazos que se zabullan, y siempre todo este tiempo nadando y sosteniéndose sobre sus brazos;
están en ésto todo el dia desde que sale hasta que se pone el
sol, y así todo el año si llegan allá: la comida es algun pescado, y el pescado que tienen las mismas ostias donde están

las perlas, y pan caçabí hecho de raíces y maíz, que son los panes de allá, el uno de muy poca sustancia, que es el caçabí, y el otro que se hace con mucho trabajo, y destos no muchas veces quizá se hartan. Las camas que les dan á la noche son el suelo con unas hojas de árboles ó hierba, los piés en el cepo porque no se les vayan. Algunas veces se zabullen, y no tornan jamás á salir, ó porque se ahogan de cansados y sin fuerzas y por no poder resollar, ó porque algunas bestias marinas los matan ó tragan. Hay dos especies de bestias comunmente, y áun tres crudelísimas, que comen los hombres y áun caballos hacen pedazos, la una es tiburones, la segunda marrajos, la tercera cocodrilos, que llaman los que no saben lagartos; los tiburones y lagartos que tienen los dientes admirables, asen del hombre ó del caballo por la pierna ó por el brazo, ó por otra cualquiera parte, y llévanlo al hondo y allí lo matan, y despues de su espacio lo comen; los marrajos son muy más grandes y tienen grandes bocas, y del primer bocado lo tragan. Una vez acaesció que un indio, zabulléndose, vido cerca de sí un marrajo; subióse luégo, huyendo á lo alto, el español verdugo riñe con él porque se subió tan presto sin sacar algo, dijo que estaba por allí un gran pescado, y que tuvo temor dél no le matase; fuérzalo á que tornase á se zabullir, é, por ventura, le dió de varazos. Zabullóse el triste, y el marrajo que lo estaba aguardando, arremete con él y trágalo. Parece que al principio peleó el indio con el pescado, y hobo cierto remolino en el agua por un rato; entendió el español que el pescado habia acometido al indio, y como vido el indio que se tardaba, mató un perrillo que allí tenia y púsolo en un anzuelo de cadena grande que para estos pescados comunmente traen, y echólo al agua, y luégo lo asió el marrajo que aún no estaba contento, y el anzuelo prendió dél de manera que no pudo escaparse; sentido por el español que estaba preso, lárgale soga, y poco á poco váse hácia la playa en su canoa ó barco. Salta en tierra, llama gente que le ayuden, sacan la bestia, dánle con hachas y piedras, ó con lo que pudieron y mátanla; ábrenle el vientre y hallan al des—

dichado indio, y sácanlo, y dá dos ó tres resuellos y allí acabó
de espirar. De aquí se puede cognoscer si con esta granjería de
pescar ó sacar perlas nuestra gente guarda los mandamientos
divinos del amor de Dios y del prójimo, poniendo en peligro de
muerte corporal y tambien del ánima, por morir sin fe y sin
sacramentos, á sus prójimos, por anteponer su propia cudicia
y interese temporal; y ésto allende la tiranía con que los oprimen trayéndolos allí por fuerza y contra su voluntad; item,
allende la infernal vida que les dan hasta que los acaban y
consumen por la mayor parte en breves dias; porque ¿cómo
es posible los hombres vivir, estando la mayor parte de la
vida sin resuello debajo del agua? Y allende la frialdad del
agua que los corrompe, mueren comunmente de echar sangre
por la boca, y de cámaras de sangre por el apretamiento del
pecho, por causa de estar cuasi la mitad de la vida sin resuello.
Conviértenseles los cabellos, siendo ellos de su naturaleza negros, quemados como pelos de lobos marinos, y sáleles por
las espaldas salitre que parecen otra especie de hombres ó de
monstruos. Con este trabajo mortífero y vida desesperada acabaron de consumir las gentes de los lucayos, como dejamos
referido en el segundo libro, y, despues de aquéllos, otra inmensidad de gentes de otras partes; hoy en este dia, que pasa
de 1560 años, matan gentes en el cabo de la Vela, donde se
pasó la dicha pesquería porque se acabó la de la isleta de
Cubagua. Muchas veces lo ha mandado remediar el Consejo
con cédulas del Rey é no ha aprovechado nada, pero la culpa
principal y el pecado muy grande tiene el mismo Consejo,
porque no parece sino que lo proveen solamente por cumplir, ó
para que no se cumpla lo que en favor de los indios mandan,
pues no castigan rigurosamente los que no cumplen su mandado. Y es cosa de burla cuanto en estos casos mandan, y por
ésto principalmente, conviene á saber, por no castigar los delincuentes, así jueces como particulares que no cumplen lo
que en favor de aquellas gentes han proveido y proveen, ha
sido la causa principal de estar aquel orbe asolado, lo cual se
pedirá á ellos principal y aspérrimamente. Y aunque lo que

aquí agora contaré acaesció en aquella provincia de Cumaná algunos años despues, y pertenecia su historia al cuarto libro, todavia lo quiero referir aquí como me lo escribió el mismo capitan Jácome de Castellon, porque quizá no se me olvide. Primero dia de Setiembre año de 1530, á las diez horas ántes de mediodía, estando el dia sereno y los aires tranquilos, súbitamente se alzó la mar, y sobrepujó los límites ordinarios en altura cuatro estados, que alcanzó por encima de ciertos árboles que están á la boca del rio (el cual es grande y caudal) y cubrió todos los llanos, llegando hasta las laderas de las serrezuelas que hay por alli, cerca de media legua, y así como la mar comenzó á entrar en la tierra, la tierra comenzó á temblar terriblemente, y duró el primer temblor un ochavo de hora, y despues dió temblores diversas veces por aquel dia; éstos fueron tan grandes que la fortaleza cayó en tierra hasta los cimientos, que no quedó della sino una esquina de la primera cerca. Abrióse la tierra por muchas partes en los llanos y en las serrezuelas, y por las aberturas manaba una agua como tinta, negra y salada, que hedia á piedra azufre. Una sierra del golfo que llaman de Cariaço, que entra por alli dentro en la tierra 14 leguas, se abrió en tanto que queda dividida y hecha en ella una gran abra. Cayéronse muchas casas de los indios, que son de paja y madera por lo cual murieron algunos indios, juntamente por el terror y espanto que hobieron.

CAPÍTULO CLXVI.

Ya digimos en el libro II cómo viendo los españoles que las
gentes de la isla Española, con la crueldad de las minas y los
otros trabajos que les daban, se les iban muriendo y acabando,
inventaron engañar al Rey Católico para que les diese licencia que pudiesen traer las gentes naturales de las islas que
llamábamos Yucayos ó Lucayos. Esta licencia concedida, su
ocupacion toda por aquellos tiempos fué ir á traerlos; dellos
tomados por engaño, dellos salteándolos y por todas maneras de injusticia y maldad, los trujeron sin quedar ánima viva
en treinta ó cuarenta islas que son, chicas y grandes, donde,
al cabo y los que restaban, en la pesquería de las perlas todos
los mataron y acabaron. Estos tambien acabados, comenzaron á tractar de otra granjería para tener á quien más matar
en sus minas; como los españoles que vivian en la isla de
Cuba hicieron armadas para saltear los moradores de las islas
de los Guanajos, al Poniente, y las que más pudiesen hàllar y
despoblar, segun arriba en el cap. 91 digimos, así los que vivian en la Española inventaron hacerlas para saltear y cautivar
naturales vecinos de las islas y tierra firme, que la naturaleza
puso al Oriente. Estas armadas hacian de la manera que
hicieron las que inventaron para traer la gente de los Yucayos,
juntándose en compañía tres ó cuatro vecinos, ó más ó ménos,
segun tenian el caudal, y ponian cinco, ó seis, ó siete mil pesos
de oro, compraban un navio ó dos, metian 50 ó 60 españoles,
personas bien desalmadas, proveidos de bastimentos ó á soldada, ó á que en las presas que trujesen tuviesen sus partes.
Dábaseles un Veedor, tan gran ladron como ellos, y ménos te-
meroso de Dios y que parecia haber recibido el alma en vano,
para que viese lo que allá se hacia, conviene á saber, que mi-

rase si se hacian los requerimientos, y si las instrucciones que
se les daban guardaban. Las instrucciones contenian que á
cualquiera Isla ó parte de tierra firme que llegasen, hiciesen
sus requerimientos, diciendo que supiesen que habia un Dios
en el cielo, y un Papa vicario suyo en la tierra, y que habia
dado aquellas Indias á los reyes de Castilla, cuyos vasallos
ellos eran; que viniesen á su obediencia, si no que supiesen
que les harian guerra y harian esclavos, etc. ¿Qué mayor escarnio de la fé de Jesucristo y más injusta maldad, que aquellos mal aventurados letrados, que gobernaban estas islas y
tierras, y que obligados eran á saber ser aquéllo contra toda
ley natural, y divina, y humana, tales instrucciones no tuviesen vergüenza y confusion de darlas? Destos requerimientos
(no pase de aquí el lector, hasta que vea lo que dellos digimos arriba en los capítulos 57 y 58), algunas veces enviaban
un clérigo idiota por Veedor, para justificar más su tiranía,
que veia las maldades que allá se hacian, y dellas descubria y dellas no; dello por no tener todo por malo, pues el
Audiencia real lo autorizaba, enviaba y mandaba, y mandaba
y tenía en ello parte, siendo todo execrable, dello quizá porque se holgaba de que se trujese más gente robada, porque
tambien de las presas llevaba su parte de esclavos ó se le daba
por aquella su veeduría buen salario. Estos, salidos del puerto
de Sancto Domingo, porque de allí era su embarcaje, llegaban á la Isla ó á la parte de tierra firme donde ir acordaban
que más cómodo hallaban, y desde los navíos hacian sus requerimientos, y aunque los hicieran al oido de cada uno de
los moradores, como fuese en nuestra algarabía, no entendieran
ni entendian palabra, y desto daba testimonio el: Veedor como
en tal puerto de tal isla ó provincia de la tierra firme se habia
hecho el requerimiento que Su Alteza mandaba. Venian los
indios en sus barquillos ó canoas á ellos trayéndoles comida,
y sus cosillas ellos les daban y saltaban en tierra por asegurallos, y venida la noche daban en el pueblo llamando á Santiago que los ayudase; tomaban cuantos podian, y otros, para
meter temor á todos, mataban á cuchilladas. Metian en los

navíos los presos, y de allí se iban á otras partes y hacian otro tanto, hasta que les parecia que tenian buena carga. Siempre por el camino echaban á la mar muertos mucha parte, del poco comer y beber porque siempre llevaban ménos bastimento de lo que para tanta gente era necesario, y del calor por los meter debajo de cubierta, y de angustia y tristeza de verse así traer, como digimos arriba en los capítulos 43, 44 y 45 de la segunda parte desta Historia, hablando de los Yucayos. Veníanse al puerto de Sancto Domingo los navíos con sus cabalgadas, desembarcaban á los tristes desventurados, desnudos, en cueros, flacos, para espirar, echábanlos en aquella playa ó ribera como unos corderos, los cuales, como venian hambrientos, buscaban los caracolicos ó hierbas y otras cosas de comer, si por allí hallaban, y como la hacienda era de muchos, ninguno dellos curaba para les dar de comer y abrigallos hasta que se hiciesen partes, sino, de lo que traian en el navío, algun caçabí, que ni los hartaba ni sustentaba. Y porque siempre no faltaba quien dijese y publicase algunas señaladas crueldades que allá se habian hecho cuando los tomaban (y tan bien las sabian los Oidores como los predones que las hacian, porque cierto les era que no los podian tomar ó prender sino haciendo grandes males), para engañar al mundo, ponian una persona que se les antojaba, que quizá tendria en el armada parte, que averiguase si habian sido bien tomados. ¡Oh gran Dios y Señor, y que has sufrido con tu paciencia y longanimidad en este caso que nunca se hallaron ser mal tomados ni traidos, estando en sus tierras y en sus casas sin hacer mal á nadie, como que no fuera iniquísimo enviar salteadores que los robasen y trujesen para los hacer esclavos! y si alguna vez hallaban, segun su ceguedad, alguna causa que á su parecer era más desvergonzada en fealdad que condenaba la traida de aquellos, no por eso los libertaban ni enviaban á sus tierras, diciendo que ya que estaban acá mejor les era porque serian cristianos, ó que moririan por el camino, y otras excusas semejantes, como que de su cristiandad tuvieran algun cuidado. Verlos por aquella playa, la ribera del

rio, dellos sentados, dellos echados en aquel suelo que no se
podian tener, dos y tres dias y noches, al sol y al agua, miéntras los repartian, llenos de espanto y de toda tristeza, era una
de las grandes miserias y calamidades, para quebrantar los
corazones de cualquiera persona que no fuera piedra ó már-
mol, que se podian ver. Viniendo á la partija, cuando el padre
via que le quitaban el hijo, y el marido que daban á otro dueño
su mujer, y la madre á la hija, y la mujer al marido, ¿quién podrá dudar que no les fuese nuevo tormento y doblada miseria, llena de dolor grandísimo, derramando lágrimas, dando
gemidos, lamentando su infelicidad, y quizá maldiciendo su
suerte? Entre las inexpiables ofensas, que contra Dios y los
hombres en el mundo se han cometido, han sido, cierto, las que
en las Indias habemos hecho, y de aquellas esta granjería fué
una de las más injustas, más en maldad y daños calificadas y
más crueles. Entre otros saltos que los nuestros hicieron en
aquella costa de tierra firme, abajo de Cumaná obra de 45
leguas, quiero contar uno, aunque de otro especie, porque fué
sin embarazo de requerimientos. Está donde digo una provincia, ó era un gran pueblo en ella, á la ribera de la mar, en
un Cabo que entra en la mar y hace algun puerto que llamaban el cabo de la Codera; el señor della ó del pueblo se llamaba Higoroto, nombre propio de la persona ó comun de los
señores dél, este señor, aunque infiel, era muy virtuoso, y
su gente buena, y que imitaba en amar la paz y ser hospe-
dativa á su señor. El señor y toda su gente tuvo grande amor
á los españoles, y los rescibian y abrigaban en su pueblo y
casas como si fueran padres y hijos, y acaecia venir huyendo
por los montes algunos malos cristianos españoles, de otras
provincias ó pueblos de otros indios que habian salteado, y
escapádose de las manos dellos, muertos de hambres, descalzos y afligidos, y recibíalos el señor Higoroto y abrigábalos,
dándoles de comer y su cama, y lo que más les era menester,
con mucha alegría; y despues de los haber reformado, y ellos
de su hambre y trabajos convalecido, y se querian ir, los enviaba en una canoa por la mar á la isleta de Cubagua, donde

estaban los españoles en su granjería, proveidos de lo que habian menester, acompañados de muchos indios, y así libró á
algunos de los nuestros de la muerte que no fueran oidos ni
vistos. Finalmente era tal Higoroto y su gente, y á los españoles obligaba con tan continuos beneficios, que todos los españoles llamaban aquel pueblo de Higoroto meson y casa refugio y consuelo de todos los españoles que por allí iban y
venian. Acordó un mal aventurado hombre de con una insigne obra mostrar el agradecimiento de tanto beneficio; llegó,
pues, aquél allí con un navío, y en él su compañía, que debian
de no haber hallado aparejo para hacer salto en toda la costa,
y por no tornar de vacío saltaron en tierra, y los indios con su ·
señor rescibiéronlos y regocijáronlos como á los otros solian.
Tornáronse al navío y convidaron mucha gente, hombres y
mujeres, grandes y chicos; entran en él seguros como en otros
otras veces hacian. De que los tuvieron dentro alzaron las
velas, y viniéronse á la isla de Sant Juan y vendiólos por esclavos; y á la sazon yo llegué á aquella Isla y lo vide y supe
la obra que habia hecho, y cómo mostró al señor Higoroto y
á su gente ser los españoles de cuantos beneficios dél rescibieron agradecidos. Desta manera dejó destruido aquel pueblo, porque los que no pudo robar se desparcieron por los
montes y valles, huyendo de aquellos peligros, y despues al
cabo todos perecieron, con las maldades tiránicas de los españoles que fueron á poblar ó despoblar á Venezuela, como
aparecerá en el siguiente libro. A todos los salteadores y malos cristianos, que en aquellos pasos andaban, pesó entraña-
blemente de aquella maldad que aquel pecador con el pueblo
de Higoroto hizo, y es de creer que no por la fealdad de la obra
tanto, segun éstas y otras semejantes cada paso se hacian,
cuanto por haber perdido todos aquel cierto y buen hospedaje que Higoroto y su gente á todos sin diferencia hacian.

CAPÍTULO CLXVII.

¿Quién podrá numerar los insultos, y encarecer las fealdades y gravedad dellos, que con estas y en estas armadas se
hicieron, y cuántas gentes á la isla Española y á la de Sant
Juan se trujeron y vendieron, y en ellas, sin sus naturales
vecinos, en las minas y otros trabajos perecieron? y no sé si
diga que fueron más de dos cuentos. Muéstralo bien la despoblacion y soledad de toda aquella costa de tierra firme, y
de muchas islas que estaban poblatísimas; y esta es cosa digna,
cierto, de considerar, que ha mostrado la divina justicia, que
ninguno se cree, de cuantos en estas armadas entendieron
y pusieron dineros, teniendo parte en la cofradía, que no vi-
viese pobre y mezquino, y las muertes fuesen de sus obras
testigos, ó que despues de sus vidas, por muchas haciendas
que dejasen, que en breve, por diversas vías, no fuesen con-
sumidas. Hombre destos cognoscimos en esta isla, que dejó
hacienda que valia 300 y 400.000 castellanos, y en ellos dos
ó tres mayorazgos, y á cinco ó seis años despues de su muerte
se habia deshecho tanto entre las manos, cuasi impercepti-
blemente, á no valer toda 50.000, y no se duda que no vaya
del todo adelante, hasta que sus herederos, ó que gocen poco
de aquellos bienes, ó que vengan á tiempo que mendiguen, y
destos hobo muchos en aquella ciudad y en toda la Isla.
Cerca de aquellos requerimientos que por ceremonia hacian
los que iban y mandaban hacer los que gobernaban, y llamábanse letrados juristas (y por aquel oficio de letrados comian
y señoreaban, no por sus ojos bellidos, y por tanto no les
era lícito ignorar aquella tan inhumana y grosísima injusticia),
quiero aquí contar lo que me acaesció tractando dello con el
mayor dellos, que sobre todos ellos presidia. Decíale yo, y

traíale razones y autoridades para persuadille, ser aquellas armadas injustas y de toda detestacion y fuego eterno dignísimas,
y cómo los requerimientos que se mandaban hacer y hacian
eran hacer escarnio de la verdad y de la justicia, y en gran
vituperio de nuestra religion cristiana, y piedad y caridad de
Jesucristo, que tanto por la salvacion de aquellas gentes habia
padecido, y que no les pudiendo limitar tiempo dentro del
cual se convirtiesen á Cristo, pues él ni á todo el mundo lo
limitó, más de dalle todo el tiempo que hobo y hay desde su
principio hasta el dia del Juicio, ni á persona particular alguna, sino que á cada uno le concedió todo el espacio de la
vida, dentro del cual se convirtiese usando de la libertad del
libre albedrio, y que los hombres cortasen aquel privilegio
divino de tal manera, que unos decian que bastaban requerilles y esperalles tres dias, otros se alargaban diciendo que
bien era esperallos quince dias; respondióme él: «No, poco
es quince dias, bien es dalles dos meses para que se deter-
minen». Quise dar gritos desque oi é vi insensibilidad tan
profunda y maciza, en quien gran parte de aquellas regiones
regia. ¿Qué mayor ignorancia y ceguedad podia caer en persona que profesaba ser letrado y gobernar tanta tierra y tanta
gente, que no supiese, lo uno, que aquellos requerimientos
eran injustos y absurdos y de derecho nulos; lo otro, que
aunque fueran justos y se les pudieran hacer, que eran dichos
en lengua española que no entendian, y así no los obligaban,
y que para entendellos más tiempo habian menester de dos
meses, y áun de catorce y de veinte para que los obligaran;
lo otro, que no por más probanza ni testimonio de afirmar
aquellos, que por tan malos infames y crueles hombres por
sus malvadas obras tenian, que Dios del cielo habia dado el
señorío del mundo á un •hombre que se llamaba Papa, y el
Papa concedió aquellos reinos de la Indias á los reyes de
Castilla, que pensase y creyese quedar obligados á creellos y
rescibillos, y dar á los reyes de Castilla la obediencia, y donde
no, pasados los dos meses, les pudiesen hacer guerra. Item,
que creyese aquel Presidente de aquella Audiencia que fuesen

obligados aquellas gentes á rescibir á los reyes de Castilla por señores, teniendo sus señores naturales y Reyes, primero que de Dios su criador y redentor se les diese cognoscimiento. Pero esta ignorancia y ceguedad, del Consejo del Rey tuvo su orígen primero, la cual fué causa de proveer que se hiciesen aquellos requerimientos; y plega á Dios que hoy, que es el año que pasa de 61, el Consejo esté libre della. Y con esta imprecacion, á gloria y honor de Dios, damos fin á este tercero libro.

APÉNDICE.

ALGUNOS CAPÍTULOS

DE LA

APOLOGÉTICA HISTORIA

cuanto á las cualidades, dispusicion, descripcion,
cielo y suelo destas tierras, y condiciones naturales, policías, repúblicas, maneras de vivir y costumbres de las gentes destas Indias occidentales y
meridionales, cuyo imperio soberano pertenece
á los Reyes de Castilla.

ARGUMENTO DE TODA ELLA.

La causa final de escribilla fué cognoscer todas
y tan infinitas naciones deste vastísimo orbe infama-
das por algunos, que no temieron á Dios, ni cuánto
pesado es ante el divino juicio infamar un solo hombre de donde pierda su estima y honra, y de allí le
suceda algun gran daño y terrible calamidad, cuanto
más á muchos, y mucho más á todo un mundo tan
grande, publicando que no eran gentes de buena razon para gobernarse, carecientes de humana policía
y ordenadas repúblicas, no por más de por las hallar
tan mansas, pacientes y humildes, como si la Di-

vina Providencia en la creacion de tan innumerable
número de ánĭmas racionales se hobiera descuidado,
dejando errar la naturaleza humana, por quien tanto
determinó hacer y hizo, en tan cuasi infinita parte
como ésta es del linaje humano, á que saliesen todas
insociales, y por consiguiente monstruosas, contra
la natural inclinacion de todas las gentes del mundo,
no permitiendo que yerre así alguna especie de las
otras corruptibles creaturas, sino alguna por maravilla de cuando en cuando. Para demostracion de la
verdad, que es en contrario, se traen y copilan en
este libro (referida primero la descripcion y calidades y felicidad de aquestas tierras, y lo que perte-
nesce á la geografía y algo de cosmografía) seis
causas naturales que comienzan en el cap. 22, conviene á saber, la influencia del cielo, la dispusicion
de las regiones, la compostura de los miembros y
órganos de los sentidos exteriores é interiores, la
clemencia y suavidad de los tiempos, la edad de los
padres, la bondad y sanidad de los mantenimientos;
con las cuales concurren algunas particulares causas,
como la dispusicion buena de las tierras y lugares y
aires locales, de que se habla en el cap. 32. Item
otras cuatro accidentales causas que se tratan en el
capítulo 27, y éstas son la sobriedad del comer y
beber, la templanza de las afecciones sensuales, la
carencia de la solicitud y cuidado cerca de las cosas
mundanas y temporales, el carecer asimesmo de las
perturbaciones que causan las pasiones del ánima,
conviene á saber, la ira, gozo, amor, etc. Por
todas las cuales, ó por las más dellas, y tambien por

los mismos efectos y obras de estas gentes, que se comienzan á tractar en el cap. 39, se averigua, concluye y prueba, haciendo evidencia ser todas, hablando *à toto genere,* algunas más, y otras muy poco ménos, y ningunas expertes dello, de muy buenos, sotiles y naturales ingenios y capacísimos entendimientos; ser asimismo prudentes y dotadas naturalmente de las tres especies de prudencia que pone el Filósofo, monástica, económica y política; y cuanto á esta postrera, que seis partes contiene, las cuales, segun el mismo, hacen cualquiera república por sí suficiente y temporalmente bienaventurada, que son labradores, artífices, gente de guerra, ricos hombres, sacerdocio (que comprende la religion, sacrificios y todo lo perteneciente al culto divino), jueces y ministros de justicia, y quien bien gobierne, que es lo sexto, las cuales partes referimos en breve abajo en el cap. 45, y en el 57, por gran discurso, hasta las acabar proseguimos; cuanto á la política, digo, no sólo se mostraron ser gentes muy prudentes y de vivos y señalados entendimientos, teniendo sus repúblicas (cuanto sin fé y cognoscimiento de Dios verdadero pueden tenerse) prudentemente regidas, proveidas y con justicia prosperadas, pero que á muchas y diversas naciones que hobo y hay hoy en el mundo, de las muy loadas y encumbradas, en gobernacion, política y en las costumbres se igualaron, y á las muy prudentes de todo él, como eran los Griegos y Romanos, en seguir las reglas de la natural razon con no chico exceso sobrepujaron. Esta ventaja y exceso, con todo lo que dicho queda, parecerá muy á la clara cuando, si á Dios pluguiere, las unas con las otras se cotejaren. Escribió esta Historia, movido por el fin de suso dicho, Fray Bartolomé de las Casas ó Casaus, fraile de Sancto Domingo y Obispo que fué de la ciudad Real de Chiapa, prometiendo delante la divina verdad, de en todo y por todo lo que dijere y refiriere decir verdad, no saliendo en cuanto él entendiere, á sabiendas, cosa ninguna de la verídica sustancia.

CAPÍTULO PRIMERO.

En el año de 1492, estando los Reyes Católicos don Hernando y doña Isabel, de felice memoria, con su ejército en la villa de Santa Fe, puesto cerco sobre la ciudad de Granada, fué mandado despachar por sus Altezas el ilustre y egregio varon D. Cristóbal Colon, primero Almirante del mar Océano, el cual Dios eligió sólo para esta tan grande hazaña, como fué descubrir este orbe de las Indias. Tomada ya la dicha ciudad y puesta ya la cruz de Cristo en el Alhambra, á 2 dias de Enero del dicho año, salió con sus despachos el dicho Almirante de la dicha ciudad de Granada, sábado 12 dias de Mayo; hízose á la vela en el puerto de la villa de Palos, con tres navíos y en ellos 90 hombres, viérnes á 3 dias de Agosto del dicho año de 1492. Navegó por este mar Océano, y á cabo de setenta dias que del dicho puerto de Palos habia salido (como si ántes hobiera dejado estas Indias debajo de su llave) descubrió la primera tierra dellas, jueves dos horas despues de media noche á 11 de Octubre, y así parece pertenecer aqueste descubrimiento al dia siguiente, que fué viérnes 12 del dicho mes de Octubre. Esta primera tierra fué una isleta de las que llamamos de los Lucayos, que las gentes de estas islas por propio nombre llamaban Guanahaní, la última sílaba aguda, que en las cartas del marear que agora se pintan llaman Triango, como ignorantes, los pintores, de la antigüedad: tiene la dicha isla forma de una haba. Descubrió otras por allí juntas, y luégo adelante la isla de Cuba, y andando por la costa della algunos dias hácia el Poniente, como es muy luenga, creyó que era tierra fir-

me, y por las señales que por señas las gentes de aquellas islas, que ya traia consigo en los navíos voluntarias,
le daban, entendió dejar atras esta grande y felicísima isla
Española; tornó para ella y desde á pocos dias la vido.
Navegando, pues, por ella de Poniente á Oriente, y comu-
nicando con muchos de los vecinos y con algunos señores principales que reinaban en ella, el tiempo que le pareció, dejado 38 hombres en la tierra y reino de un muy
virtuoso Rey llamado Guacanagarí, la última luenga,
el cual le habia hecho grande y paternal hospedaje y
abrigamiento, dió la vuelta á los reinos de Castilla, para
dar relacion y nuevas tan nuevas á los Reyes Católicos
que le habian enviado, lo más presto que pudo. Padeci-
dos á la vuelta en la mar inmensos é increibles trabajos
y peligros, llegó con grandísima y turbulentísima tormenta á Lisboa, en Portugal, á 4 dias de Marzo del año
siguiente de 1493; de allí entró en el dicho puerto de
Palos, de donde habia partido á 15 dias del mismo mes
de Marzo, por manera que tardó en todo su viaje seis
meses y medio, que fueron 225 dias, y viérnes salió y
viérnes descubrió y viérnes tornó á entrar en el mismo
puerto de donde habia para este descubrimiento salido.
Para tractar, pues, en suma, la dispusicion, descripcion
y calidades destas regiones, reinos y provincias, y las
condiciones naturales, policías y costumbres de las gentes y naturales habitadores dellas, parecióme comenzar
por esta isla Española, pues fué primero que lo demas,
de lo principal hablando, descubierta, y su excelencia,
bondad, fertilidad y grandeza merece, cuanto á ser isla,
que á todas las tierras sea prepuesta. Della más singular-
mente que de todas las otras tractaremos cuanto á la
descripcion, porque más que de alguna otra, su sitio, su
grandeza, su latitud, su longura, sus provincias, sus
calidades, fertilidad, felicidad y amenidad, más que otro
á lo que creemos, por muchos años de experiencia de
propósito y mirando en ello, penetramos y cognosci-

mos. Y comenzando del sitio, la punta ó cabo della más oriental que agora llamamos cabo del Engaño, y el Almirante primero lo nombró una vez cabo de San Miguel y otra de Sant Theramo (si por ventura no puso este nombre postrero á otro Cabo que á él viniendo navegando se le hacia), está de la línea equinoccial apartado 18 grados y algo ménos. Por la mayor parte toda la costa del Norte desta Isla, hasta el cabo de San Nicolás que se mira con la primera punta oriental de la isla de Cuba, está situada en 20 grados, en algunos lugares poco más y en otros poco ménos. Toda la costa del Sur hasta una isleta que se llama la Beata, que está pegada con esta Isla, está 17 grados, y desde la isleta Beata obra de 15 leguas de tierra sale esta Isla hácia el Sur aquellas 15 leguas, un grado más, y aquel pedazo está en 15 grados; despues torna desde un ancon que allí se hace á seguirse hasta el fin desta Isla en 17, algunos minutos ménos, y este es un brazo de esta Isla, que no tiene de ancho de mar á mar ó de Norte á Sur sino obra de 15 leguas, porque de la parte del Norte tiene el golfo de Xaraguá; llámase aquel Cabo y parte occidental desta Isla el cabo del Tiburon, el Almirante lo llamó al principio cuando descubrió á Jamáica, isla, el cabo de San Rafael. Finalmente, toda esta Isla está en altura de 16 á 20 grados, y el veinteno grado le cae y corta la costa ó ribera de la mar del Norte por la longitud viniendo de Oriente á Poniente; la provincia de aquel Cabo llamaban los indios moradores della, en su lenguaje, Guacayaríma, la penúltima sílaba luenga. Tiene de ancho esta Isla, por lo más, 60 leguas medidas por el aire, segun parece vistos los grados, pero medida por la tierra tiene más de 80, de longura terná 180 y áun más leguas; en el anchura y longura desta Isla están erradas las cartas del marear como en otras muchas partes destas Indias. Tiene de boja esta isla 600 leguas; el Almirante decia que tenía más de 700, quiere

decir que para rodealla un navío toda las ha de navegar. Tiénese por los que la han paseado que es tan
grande y mayor que toda España, aunque entren Aragon y Portugal en ella; el Almirante la rodeó el año
de 95, cuando fué á descubrir á Cuba si era isla ó tierra
firme. Por la parte del Poniente ábrese ó pártese en dos
ramos ó brazos, como quien abre un poco los dos dedos
de la mano izquierda, teniendo las espaldas al Oriente,
el dedó pulgar y el dedo con que señalamos, y esta
abertura hace un gran lago ó golfo que llaman de Xagua; está cuasi al rincon de este golfo, aunque ocho leguas de la playa, una isla tan grande y harto más fértil
y mejor que Gran Canaria, que los indios llamaban el
Guanabo. De estos dos ramos, el uno es el que digimos
que era el cabo ó punta del Tiburon, y está frontero de la
punta oriental de la isla de Jamáica, y el otro ramo, que
es el que hace el Cabo que nombró el Almirante cabo de
San Nicolás, se mira con la punta ó Cabo oriental de la
isla de Cuba, la cual creo que se llamaba, en tiempo, la
punta de Mayci ó de Bayatiquiri en lenguaje de los indios. Puertos tiene esta isla Española, excelentísimos
algunos, y otros buenos para algunos vientos y para
otros no muy seguros. El puerto de San Nicolás es muy
bueno y el puerto de la Concepcion, y otro maravillosi-
simo puerto, al cual llamó el Almirante el puerto de la
mar de Santo Tomás, y otros más que por allí·habia, y
de aqueste dice el Almirante que es el mejor del mundo;
y éste creo que está frontero de donde sale ó llega la
gran Vega Real de que luégo se dirá. Estoy en duda si
éste de la mar de Santo Tomás ó el pasado de la Concepcion se nombra hoy puerto del Paraíso, porque es felici-
sima la tierra de por allí, aunque toda es dignísima de
ser alabada por bienaventurada. Adelante de estos, cuatro ó cinco leguas, segun creo, está el puerto de la Navidad, y hácelo una sierra que se llamó por los indios
Guarique; este puerto es bueno, pero adelante hay otro,

que es Puerto Real, y este es mucho bueno y por tal le
puso, quien se lo puso, Puerto Real, porque no hallo
que le pusiese tal nombre el Almirante en su primer
viaje, como por allí pasó de priesa con sus buenas nuevas para Castilla; pudo ser que al segundo como de propósito buscó puerto para poblar que lo nombró, y sino
paró allí por ventura vido que para poblar en él le faltaba algo. De aquel Puerto Real, 10 leguas, pocas ménos
ó más, sino me he olvidado, está el puerto de Monte-
Christi, del que dijo el Almirante que era singularísimo.
Adelante de este Monte-Christi, está el puerto de la Isabela, donde pobló el Almirante el primer pueblo, y
este es buen puerto sino es para guardarse del viento
Noroeste, que es el más peligroso y dañoso en esta parte
del Norte que otro alguno. Adelante.tres leguas está el
puerto de Martin Alonso, el cual es buen puerto y hondo,
y donde podian caber muchas naos, sino que la entrada en él no tiene más de dos brazas. Despues de este
puerto, cinco leguas, está el puerto de Plata, que es
como una herradura de caballo de las manos; tiene cuatro brazas en la entrada, no es muy seguro con tormenta grande, y creo que con viento Norte tienen los
navíos el mayor trabajo, y yo he visto allí perderse uno
pero la tormenta fué muy grande. Pasando de allí algunas leguas, en esta costa está otro puerto muy grande, al
cual loó de bueno y nombró el Almirante Puerto Sacro; y
porque no hay poblacion de españoles por aquesta costa,
sino es en puerto de Plata, no se trata ni se sabe de este
puerto nada. El golfo de Samaná, donde sale el rio Yuna,
que es un rio grande cerca del golfo de las Flechas, de
donde se despidió desta Isla para Castilla, aunque es
muy capaz y entra mucho en la tierra y pudiera haber
muy buen puerto, pero segun tengo entendido tiene la
entrada muy baja. Otro puerto no hay de aquí adelante
hasta el de Santo Domingo, puesto que entre la isla ó
isleta Saona y esta Isla pueden estar navios surtos pero

no seguros, y lo mismo entre esta Isla y la isleta de
Santa Catalina. Este puerto de Santo Domingo es un rio
adonde está la ciudad, en el cual se han perdido, creo
yo, más de 50 y áun 60 navíos y más, grandes, estando
surtos y amarrados con muchas anclas, porque cuando
es tiempo de muchas lluvias viene con tanto ímpetu de
avenida y con tanto poder de agua, que si torres hobiese donde están las naos las llevaria de paso; y finalmente no es bueno, sino muy peligroso y muy dañoso,
como lo es cualquiera puerto que sea rio por la misma
causa, pero súfrese por no haber otro que tenga la tierra
que tiene éste en su comarca, y porque para la navega-
cion de aquí para Castilla está en mejor paraje. Diez y
seis leguas de aquí al Poniente, más abajo, está un muy
buen puerto, que se llamó, no sé por quién el primero,
Puerto Hermoso y así se llama hoy, otros le llaman
Puerto Escondido, y porque siempre tenía gracia especial en poner nombres á las tierras que descubria, creo
que se lo pornia el Almirante; si este puerto tuviera
buena tierra junto á sí y á sus alrededores, en él se hiciera esta poblacion, pero es toda su comarca estéril y
arenales y tierra, por más de una ó dos leguas, para no
poderse poblar, ni sembrar, ni aprovecharse della. Cuatro leguas de allí está el puerto de Açua, la sílaba del
medio breve, puerto muy ancho y descubierto como
bahía, no bueno para estar en él mucho los navíos. Abajo
de la Beata, isleta, 12 leguas, está un ancon con una
isleta á que puso el Almirante Alto Velo, donde pueden
surgir, y creo que es puerto seguro, al ménos del Norte
y de las brisas, pero no de vendavales ni de vientos po-
nientes. Más abajo la costa ó ribera, otras ocho ó diez leguas, es el puerto de Yaquimo, que el Almirante llamó
del Brasil, porque allí lo habia, es poco más cerrado que
como media herradura; á la entrada tiene una isleta que
hace algun abrigo: no es mucho ni áun poco bueno. De
allí, 40 leguas ó pocas ménos, no hay surgidero alguno

hasta llegar á unas isletas, cuatro ó cinco cercanas unas de otras; hacen poco abrigo, pero dos leguas más abajo está un rincon que hace la tierra y casi el cabo de la Isla, donde pueden surgir mejor y estar guardados los navios, al ménos del Poniente y algo ·del Sur, á lo que me acuerdo, pero no de las brisas. De allí adelante, la vuelta del cabo de San Rafael, que es el que dicen del Tiburon, tiene otras entradas y como bahías ó puertos hasta llegar al rincon donde está agora el pueblo de la Yagüana, y aquél no se puede decir puerto, porque para todos los vientos está descubierto y desabrigado, como sea una mar grande, no más de cuanto pueden llegarse á tierra. ·Volviendo la costa del otro ramo que va á parar al cabo de San Nicolás, hay otras tres. ó cuatro entradas de mar en la tierra, y alguna que parece buen puerto; no sé si pueden anclar en ellos al ménos grandes navíos, pero la principal es donde sale el rio Hatibonico de que abajo diremos; es muy buen puerto y muy capaz, entra-rán naos grandes una legua rio arriba. Allende estos podrá ser que haya algun puerto en la isla que allí está, que se llamaba por los indios Guanabo, pero esto no miré cuando pudiera escudriñarlo; finalmente, otros puertos no tiene más esta Isla de los que aquí ya he se-ñalado. Los de la mar y parte del Norte son muchos y encarecidamente buenos y segurísimos, y otros buenos aunque no del todo muy seguros; de la parte del Sur, sacado Puerto Hermoso, todos los demas no son buenos ni seguros.

CAPÍTULO II.

Dicho del sitio, grandeza, longitud, latitud y puertos desta isla Española, digamos agora de las provincias de ella, y primero por la parte que el Almirante la descubrió, describiendo las provincias más cercanas á la mar del Norte, y esto se hará en la primera vuelta. En la segunda describiremos las provincias comarcanas de la mar del Sur. La tercera vuelta describirá las provincias del riñon desta Isla, y la cuarta se ocupará en referir las grandezas, hermosura, calidades, amenidad y felicidad de la grande y admirable Real Vega; por manera que describiéndola toda daremos por ella cuatro vueltas. La primera, pues, de las provincias desta Isla por la parte susodicha, fué (cuando estaba llena de sus naturales pobladores y agora es despoblada de hombres y llena de bestias) la provincia de Baynoa, la silaba penúltima luenga; ésta, por la costa de la mar, es fértil y muy deleitable á la vista, y podré decir fertilísima y deleitabilísima, y que cuando la descubria el Almirante y la contemplaba, decia della maravillas; estaba toda labrada de las labranzas del pan y de las otras raíces, que abajo diremos, comestibles. Entre la costa de la mar y las sierras, tiene á muchas partes grandes llanos y hermosas campiñas, y las mismas sierras tienen montes ó bosques y rasos cubiertos de hermosa yerba, porque lo uno y lo otro está en muchas partes dellas á manchas, todas muy fértiles que se pueden sembrar y labrar, por lo que el Almirante, que la iba costeando y considerando, dice; y con justa razon puso, creo yo que él mismo, aunque no lo sé de cierto, á un puerto de los

de esta provincia, puerto del Paraíso, ántes toda ella
parece un terrenal Paraiso. Tiene frontero de sí esta provincia la graciosa isla que llamó el Almirante la Tortu-
ga, una legua ó dos de mar en medio: es tan grande,
segun el Almirante dijo, como la isla de Gran Canaria,
pero harto más fresca y fértil que aquella y más felice.
La tierra dentro, cuya parte que yo he andado y muy
bien visto, y por muchos dias visto y considerado su hermosura, es admirable y graciosísima; tiene muchos y
hermosos valles, alegres corrientes y deleitables rios,
los nombres de los más de ellos no me acuerdo segun
que los llamaban los indios. Entre otros valles, es uno
que se llamaba Amaguey, la sílaba del medio breve, y
creo que se denominaba del rio que pasa por él; era y es
uno de los alegres (y lleno de buenos y abundantes
pastos para puercos, donde los hobo infinitos) que hay
en esta Isla, puesto que hay muchos uno mejor que otro,
que es cosa de maravilla. Los cerros y los collados y
sierras della, por lo de dentro, dejadas las que parecen
por la mar en su postura quebradas ó arroyitos de agua,
yerba y arboledas, verdura y lindezas, no pueden ser
encarecidos. Hay otro valle que terná tres ó cuatro leguas de luengo, y una ó más de media en ancho, pasa
por medio dél un arroyo grande, cuasi rio; cerros y
sierras y llanos, todo lleno de alegría, hermosura, fertilidad y amenidad, que no me ocurren palabras con que
encarecer y engrandecer la dignidad de todo ello. Al
cabo dél se asentó una villa de españoles, y estuvo en él
algunos años hasta que los vecinos della consumieron,
con trabajos y opresiones, todos los indios naturales de
la provincia; llamóse la villa Lares de Guahaba, estuvo
asentada en un cerro no muy alto, sino tanto que señoreaba un buen pedazo del valle, al cual cercaban dos
rios ó arroyos grandes, el uno, el principal del valle,
que se llamaba en lenguaje de los indios Hamí, la última sílaba aguda, y el otro Çapíta, la penúltima luenga,

abundantes de pescado como los otros desta Isla; un tiro de ballesta de la villa se juntaban ambos y salian juntos por una muy estrecha abertura entre dos sierras altas, aunque no mucho, en la una de las cuales se podia edificar una linda fortaleza. Es toda esta provincia temperatísima y amenísima, mucho más que otras desta Isla; por Navidad hace frescura de Paraíso, y por Julio y Agosto ningun calor, y sin sentirse; yo vide en ella cogido mucho buen trigo, y creo que se hará muy mejor y más que en toda la Isla, y que lleve ventaja á la de Sicilia. Para ingenios de azúcar tiene en los rios grandes heridos, y para todas las otras granjerías donde hayan de intervenir intrumentos de aguas y semejantes artificios; háse sacado de esta provincia mucha cantidad de oro fino, porque hobo en ella muchas y buenas minas, donde se hallaron granos crecidos y grano de ocho libras. Hay en ella unos gusanos ó avecitas nocturnas que los indios llamaban cocuyos, la media sílaba luenga, y en Castilla llamamos luciérnagas, ó quizá son escarabajos que vuelan, las tripas de las cuales están llenas de luz; son tan grandes, que con uno vivo en la mano, y mejor si son dos, se pueden rezar maitines en un breviario de letra menuda (é yo los he rezado segun creo) como con dos candelitas; el pellejuelo que tienen en la barriga es trasparente, y cuando vuelan ó les alzamos las alillas resplandece la luz que tienen; luégo en anocheciendo, salen y están los campos y los montes, en mil partes, como si estuviesen llenos de candelillas: no se alzan mucho en alto de tierra. Tomado uno se toman muchos, porque acuden muchos adonde ven como preso á uno; muertos y estrujados con las manos, y puestas aquellas tripillas por el cuerpo, como hacian los indios, y más si fuesen pegadas sobre vestidos, queda todo el cuerpo reluciente como luz esparcida, puesto que dura poco, pero siempre dura cuando vivos; háylos muchos en toda esta Isla, pero no tantos ni tan grandes ni tan

lucientes como en esta provincia. Creo que se distingue
de esta de Baynoa otra que se dice de Guahaba, la tierra
más dentro, y porque es toda una tierra y toda de una
manera felice, no hay que decir más della que de la precedente, sino que sea una, que sean dos, me parece que
ternán de luengo 25 ó 30 leguas; la anchura, á mi parecer, será de 12 á 15. Despues desta se sigue la provincia
del Marien, siguiendo la costa de la mar del Norte; aquí
viene á parar y acabarse la Vega Real!, de que adelante
haremos, placiendo á Dios, larga mencion. Aquí es
donde llegó el Almirante cuando perdió la nao el primer
viaje, donde rescibió del Rey de esta provincia Guacanagarí é de sus gentes tan señalado y benévolo acogimiento
y hospedaje que fué maravilla; aquí tambien dejó los 39
cristianos, que llamó el puerto y la villa de la Navidad.
Esta provincia del Marien ocupa un buen pedazo de la
Vega Real, y la tierra desde las sierras, aguas vertientes á la mar, puesto que no miré en los tiempos pasados
qué tanto se extendia el señorío del rey Guacanagarí;
sé que habia por allí muchos señores y caciques, aunque
no supe si aquellos le obedecian, y creo que sí; paréceme que se extendia el señorío hasta 15 ó más leguas,
y si sobia las sierras en lo alto podrian ser hasta otras
tantas. De aquellas sierras descienden muy graciosos y
alegres rios; es fertilísima y alegre, tiene muchas cam-
' piñas, muchos y diversos rincones que entran como valles
entre las sierras; estaban todos poblados, y de poblarse
cada uno es muy digno; puédense hacer tambien muchos
ingenios de azúcar y otras muchas granjerias, señaladamente los ganados vacunos son aquí, en grosura, grandeza y sebo, áun sobre los desta isla, excesivos. Tiene
sierras y minas en ellas de muy fino cobre, del cual se
sacaba por cada libra un peso de oro; en otra parte se-
dirá cuando se quiso sacar de propósito y se dejó por los
gastos que se hacian, y porque hallaron ser más barato
entónces andar tras el oro, despues sucedieron tiempos

y mudanzas por las cuales esta granjería se olvidó del todo. Con todos los bienes y fertilidad que esta provincia tiene, abunda de una poco ménos que plaga más que otra, y es de muchos mosquitos de los que los indios llamaban xoxenes, que son tan chiquitos que apénas con buenos ojos, estando comiendo la mano y metiendo un ahijon que parece aguja recien quitada del fuego, se ven; están comunmente por toda la ribera de la mar y por la tierra cercana á ella desta Isla, por la mayor parte, donde es la arena muy blanca, pero ninguno hay destos la tierra dentro; para defenderse dellos hay buen remedio, y es tener escombrado de árboles y de yerba el pueblo, y los aposentos para dormir algo oscuros, y lo mejor de todo es tener unos pabelloncitos que se hacen con 12 ó 15 varas de angeo ó lienzo ó de algodon para que ni en poco ni en mucho impidan el sueño; entre dia poca pena dan en los pueblos escombrados, como dije, segun parece, porque en esta provincia está hoy y ha estado asentada una villa de españoles más ha de 47 años, y dura, como dije, hasta hoy, sin pena ninguna. Entre dia vientan comunmente las brisas que bañan y refrescan toda esta Isla, y con el viento ningun mosquito puede parar. Despues desta provincia del Marien se continúa la que llamábamos en aquellos tiempos el Macorix de abajo, dentro de la cual se contiene Monte-Christi; es tambien parte de la Vega Real y toma la costa de la mar, y, porque es parte de la Vega Real, de encarecer su bondad y lindeza no hay necesidad, pues adelante, cuando se refirieren las maravillas desta Vega Real, se parecerá. Sale al Monte-Christi el gran rio Yaqui, donde, por unas isletas que allí junto hay, se hace aquel puerto, en uno de los cuales se hace ó cuaja alguna sal. Despues deste Monte-Christi está otra provincia, que dura más de 20 leguas y áun 25, aguas vertientes á la mar, de una sierra ó cordillera de sierra que ha nacimiento del mismo Monte-Christi, que es una de las que hacen la Vega

Real; el nombre que tenía puesto por los indios no miré preguntallo cuando pudiera muy bien sabello dellos, y áun en tiempo que yo habia ya comenzado á escrebir esta Historia, y así quedó esto como otras muchas cosas por mi inadvertencia. Entra en ésta el puerto de la Isabela, donde el Almirante asentó, cuando vino á poblar, la primera poblacion; entra tambien el puerto de Martin Alonso y el puerto de Plata. La lindeza, hermosura y fertilidad de esta provincia, el Almirante la encareció mucho cuando la descubrió, y mucho más despues cuando la pobló, que no se hartaba de dar gracias á Dios por haberle deparado tan gracioso y hermoso lugar para el primer pueblo, y esto repitió á los Reyes en algunas · cartas de las que en otro lugar habemos referido. Esta provincia dura, por el ancho della, hasta encumbrar la sierra dicha de donde, se señorea la Vega Real; es toda tierra muy linda y muy fresca todo el año, sin cuasi calor, mayormente lo que participa de cerros y sierras no muy altas; es abierta, rasa, descuélganse de los cerros y sierras muchos rios y arroyos muy graciosos y frescos; grana la mostaza y los rábanos y otras semillas, lo que por muchos años no se ha visto en muchas partes de esta isla. Tiene una vega de más de 15 leguas, hermosísima; de ancho tiene dos y tres y cuatro, entre dos sierras, la una cubre la gran Vega y la otra la mar; pasa un rio por ella, caudal, que lleva harta agua, que se llama, en lenguaje de los indios, Bahabonico, que tiene grandes pesquerías de muy buenas lizas, y éste es el que sale á la Isabela, el pueblo primero que digimos que hizo cuando volvió á poblar el Almirante: otros dos ó tres pequeños entran en ella. Pacen en la dicha vega, y beben en el dicho rio, más de 20 y de 30.000 vacas y otras bestias caballares y de carga. A tres leguas desta vega, al cabo,. al Poniente, está el puerto de Plata, y junto á él la villa que así se llama, y encima della, en un cerro, hay un Monasterio de la Orden de Santo Domingo, donde se

comenzó á escrebir esta Historia el año de 1527; acabarse
ha cuando y donde la voluntad de Dios lo tenga ordenado. Dentro del sitio deste Monasterio hice yo mismo
sembrar trigo en cantidad, y sembráronse tres hazas, el
cual cresció y espigó tan perfectamente, que todos se
maravillaban, y la gente de las naos que venian de Castilla y pasaban por estas partes lo venian á ver como á
cosa señalada, pero porque se sembró por Octubre como
en Castilla, creyendo que acertábamos, llovió ántes que
del todo se secase, por lo cual se añubló y perdióse lo
más, pero todavía sacamos algun poco dello muy bueno;
y molido en un almirez y cernido por un paño y cocido
en un tiesto, al fin se comieron tres muy buenos panes;
hiciéronse tambien muy buenas hostias, con las cuales
se dijeron misas y comulgaron otros algunos frailes, y
tambien celebraron los clérigos de la iglesia del pueblo
con las hostias de la misma masa, y todo esto fué dia del
Espíritu Santo. No hobo duda alguna que si se sembrara
por Junio ó por Julio, cuando comunmente son en esta
tierra las aguas, que viniera á cogerse muy bueno por
Navidad, porque por aquel tiempo se seca y agosta la
yerba por mucha parte deste orbe, como adelante parecerá. El Almirante dice á los Reyes en una carta estas
palabras: «Dijeron que la tierra de la Isabela, adonde es el
asiento, que era muy mala é que no daba trigo, y yo lo
cogí y se comió el pan dello, y es la más fermosa que
se pueda cudiciar, etc.»; esto dijo el Almirante, y dijo
verdad cuanto á la tierra ser hermosísima, y tambien lo
debió de decir cuanto á haber sembrado y comido pan.
La sierra que llamó el Almirante el Monte de Plata está
tres ó cuatro tiros de ballesta del pueblo, es altísima, y,
como sea tan alta, está casi siempre cierta neblina encima de la cumbre, della que la hace plateada, por lo
cual el Almirante la llamó Monte de Plata; toda ella
tiene arboledas muy hermosas, pero muy raras, y por
esto la hermosean más. En lo más alto de la cumbre,

decian los indios que hay una laguna de agua dulce; quisimos un dia ir á verla, y subiendo muy gran parte de la sierra hallámosla muy más alta de lo que de abajo parecia, y creyendo que nos faltaria el dia nos tornamos á bajar no muy descansados; á media legua y á una legua están dos ingenios de azúcar poderosos, y otro de los menores.

CAPÍTULO III.

Pasado este monte ó sierra de Plata, síguese dél la cordillera de sierras, altísimas como él, hácia el Oriente, y luégo está la provincia de Cubao, que es el Macorix de arriba, que así lo llamamos á diferencia del de abajo. Macorix quiere decir como lenguaje extraño, cuasi bárbaro, porque eran estas lenguas diversas entre sí y diferentes de la general desta isla. Esta proxincia de Cubao terná 15 ó 20 leguas de luengo y 8 ó 10 de ancho; de una parte, hácia la mar, se descuelgan muchos arroyos y rios; de la otra parte va á la cordillera de las sierras que vierten sus aguas en la grande y Real Vega. En estas 8 ó 10 leguas de ancho de esta provincia de Cubao son infinitos los rios y arroyos, sin los que están dichos de las dos sierras ó cordilleras, que caen y hacen riberas muy fértiles, aunque angostas y estrechas, para las labranzas de los indios, dentro de las cuales hay, agora que están despobladas de indios, grandes manadas y cercados de yeguas y caballos y de otras bestias, puesto que todo esto está entre altísimas sierras, y todas estas son vestidas y cubiertas de árboles muy altos. En estas muy altas sierras se crian unos pajaritos de diversos colores, hermosos á lo que tengo entendido por lo que se me ha dicho, pero yo no los he visto sino oido y bien oido, los cuales cantan á tres voces cada uno solo; digo que cantan por sí á tres voces, que, cierto, es cosa de maravilla, no juntas todas tres voces, sino una tras otra diferentes y consonas como tiple y tenor y contra, pero tan presto todas, tan claras y dulces, que cuasi parecen tres juntas y tres subjetos ú órganos que las producen. Cosa es que no se puede su dulce sonido encarecer, ni dar

bien á entender más de que es una música mucho dulce
y deleitosa; yo los he oido en aquellas muy altas sierras,
y testifico que es cosa para provocar á los hombres, que
los oyesen, á dar muchas y magníficas gracias á Dios.
En oyéndolo la primera vez, para gozar de aquel canto,
luégo se ha de asentar el hombre, y con silencio pararse
á oir, porque en sintiendo cualquiera estruendo, luégo
callan y por ventura se esconden. Dije que había entendido que estos pajaritos eran muy pintados de muchos
colores, porque me dijo quien mató uno con ballesta,
(uno muy pintado que era maravilla verlo, parezque por
allí hablando, que hablábamos, de la dulzura del canto
dellos), que creia que debia ser aquel; fácil cosa es de
creer, que avecita en quien la bondad divina puso tanta
suavidad por objeto del sentido del oir tuviese tambien
concedido en sí con qué deleitara el sentido del ver.
Adelante, por esta cordillera de sierras hácia el Oriente,
que hacen, como he dicho, la gran Vega Real, se sigue
la provincia de los Ciguayos, de quien abajo en otros
capítulos hablaremos largamente, y de las injustas guerras que le hicieron los cristianos, cuyo Capitan fué el
Adelantado. Esta provincia es más larga y ancha, y más
capaz, y fértil, y graciosa, que la precedente de Cubao,
cuya longura, segun yo creo, se extiende más de 30 leguas, porque llega junto á las sierras de la provincia del
Macao por la tierra adentro, por la parte de la Vega
Grande, y por la mar hasta la provincia de Higuey;
tiene muy lindas campiñas y riberas de rios, en el an-
chor de ella, entre las sierras que hacen la dicha gran
Vega y las sierras que están junto á la mar, y creo que
pertenece á esta provincia de los Ciguayos el golfo que
el Almirante llamó de las Flechas. Pasada esta de los
Ciguayos, viene luégo allí, por la costa de la mar, la
provincia grande de Higuey, dentro de la cual se contiene todo lo que resta desta isla por aquel camino de la
banda del Norte, que fenece en el cabo del Angel ó del

Engaño y puntas ó tierras orientales, y dentro dellas se encuentran los pueblos, ó quizá es provincia, de Samaná, la última sílaba aguda; torna la dicha provincia de Higuey por la del Sur hasta cuasi 25 leguas ó 30 de Santo Domingo, y así tiene de costa de mar más de 45 ó 50 leguas; por la tierra dentro creo que tiene en lo que resta de contorno más de 30. La isla de la Saona, que está pegada con esta cuasi dos leguas, como arriba en cierto capítulo digimos, pertenece á esta provincia de Higuey; pertenece tambien, ó está muy cerca, la isleta que dicen de Santa Catalina. Dentro tambien de esta provincia, se contiene la provincia que se dijo de Cotubanamá, que está frontero de la Saona, de las cuales diremos adelante, si place á Dios, muchas cosas nuevas; entran lo mismo los pueblos del Macao, adonde van á fenecer, ó junto allí, la cordillera de las sierras que hacen la Vega Grande. Esta provincia tiene dos partes, la una de llanos y campiñas. que los indios llamaban çabanas, de yerba muy hermosa, como parte y fin que son de la Vega Real y grande, y duran 10 y 12 leguas algunas dellas, con algunas manchas de arboledas; la otra parte della es admirable desta manera: que al cabo de las çabanas ó campiñas dichas, comienzan unas peñas cuasi cortadas ó tajadas, que apénas se puede subir á gatas, asiéndose el hombre á las ramas que allí hay, por ellas, y esta altura terná 50 y 100 estados, y en partes más; todo lo de arriba, 10 y 15 y 20 leguas. es tan llano como una mesa muy llana, y en algunas partes hay otras mesas de la misma manera sobre aquellas: todas estas mesas son de peña muy llanas. pero levantan de si infinitas puntas como de diamantes. segun solemos proverbialmente decir. tan espesas y duras que vamos por ellas como si fueramos encima de alesnas. y habemos de ir bien herrados de alpargates. porque zapatos no se pueden traer por allí. porque no duran ᵢsino cosa blanda que asiente por aquellas puntas᾽ cuatro ó cinco ó pocos más dias.

Todas estas duras y ásperas, aunque llanas, peñas ó lajas, son de la especie y naturaleza de las piedras que hay mejores de que se hace cal; tienen muchos hoyos de dos ó tres palmos de hondo, y en contorno otro tanto y más, y en este hondo hay una tierra muy colorada ó bermeja como almagra, esta tierra es de tanta virtud y fertilidad, que las cosas que en ella se siembran de las labranzas de los indios (porque son plantas de donde nacen las raíces de que hacen su pan), que si echan en las otras tierras ó partes desta isla las dichas raíces tan gruesas como la pierna ó el brazo, se hacen allí tan gruesas cuanto es todo el hoyo, que partidas por medio tiene un indio, con llevar á cuestas la mitad, no chica carga. Como si pusiéramos allí una simiente de nuestras zanahorias serian tan gruesas como por la cinta es un hombre, lo mismo si sembrásemos una pepita ó dos de melon, se harian los melones tan gruesos que hinchan y ocupen todo ó cuasi todo el hoyo; y así se hacen en la isleta de la Mona, de la cual diremos, si Dios quisiere, algo más, porque es toda ella de aquellas mesas de peñas ó lajas y hoyos, y en ellos la tierra colorada ó bermeja; y son aquellas mesas todas tan peñas, que acaece andar dos y tres dias sin hallar tierra ni tanto hoyo de ella donde pueda dormir tendido un hombre una noche. Todas ellas están llenas de árboles y monte bajo; en medio de estos montes hacian los indios sus pueblos, talados los árboles tanto cuanto era menester quedar de raso para el tamaño del pueblo y cuatro calles en cruz, (quedando el pueblo en medio), de 50 pasos en ancho y de luengo un tiro de ballesta; estas calles hacian para pelear, á las cuales se recogian los hombres de guerra cuando eran acometidos. Por esta parte de esta provincia que decimos ser de peñas, no hay rio alguno, y no carecen de aguas, que beban, excelentes; estas están en ·aljibes obrados por la misma naturaleza, que en lengua de indios se llaman xagueyes; la causa destos aljibes y aguas en ellos, es esta, conviene á saber, que la otra parte desta provincia, que digimos que era de campos rasos y campiñas ó çabanas graciosas, que son el cabo de la gran Vega, rescibe en sí muchos arroyos y rios muy lindos y frescos, que descienden de las sierras que digimos venir de la cordillera, que tiene su orígen de Monte-Christi y va por la Isabela y puerto de Plata, y Cubao, y los Ciguayos, y hace como he dicho la Vega, y al cabo va á fenecer á las dichas çabanas y campiñas, y en llegando estos arroyos al medio dellas, súmense todos por debajo de la tierra y van á salir grandes ayuntamientos de aguas á los dichos aljibes ó xagueyes (que son unas concavidades que la naturaleza hizo debajo de aquellas mesas y peñas), al ménos á las más bajas, de las cuales las aguas que dellas llenas sobran, van, finalmente, á vaciar en la mar. Diré aquí una cosa digna de oir, que vide en aquella provincia, en la parte della que está en derecho de la isla Saona, en la tierra y señorío de un Rey ó Señor que se llamaba Cotubanamá, de quien en otro lugar se dirán cosas notables: en este señorío y tierra, cuatro ó cinco leguas de la mar, está un aljibe ó xaguey, cuasi media legua del pueblo donde residia el dicho Señor ó Rey, el cual, segun nos parecia á los que íbamos por allí, ternía media legua de ancho ó quizá en todo él, porque andando sobre las mesas dichas y peñas, lo que nunca ántes en toda aquella tierra habíamos sentido, sonaban unos pasos como si anduviéramos sobre un hueco ó vacío tablado ó sobre una tolda de navío, tanto que íbamos no con poco miedo; descubrimos el aljibe, llegamos, pues, donde tenía la boca, que sería como tres ó cuatro palmos en cuadro, cuasi como una escotilla del pañol, que llaman los marineros en las naos, parámonos á mirar por ella, y estaba tan oscuro todo lo de abajo que parecia un abismo; allí no nos faltó harta grima. Puesta diligencia en buscar unas raíces que llamaban bejucos, que sirven de cuerdas, con un vaso de

barro sacamos el agua, la más dulce, delgada, fresca y
fria y la más sabrosa que podia ser vista; habia ocho brazas hasta llegar al agua desde arriba, y queriendo expe-
rimentar la hondura, hallóse, finalmente, que tenia 40
brazas de hondo, las 32 de salada y las ocho de dulce, la
cual, por su ligereza, es natural, como suele, estar encima: otros muchos hay y hallamos muy someros, de muy
buena agua, clara, dulce y muy fria. Lo que creíamos de
aquella salada era que, aunque estaba léjos la mar, entraba por aquellas cavernas el agua salada della, y de
los rios que se sumian venia la dulce; y cierto, este
xaguey era verlo maravilla. Adonde se sumen los rios
queda en seco tanto pescado, que podria mantenerse por
algun tiempo la gente de una villa. Por todas las dichas
mesas de lajas ó peñas, y entre ellas, se crian unas
raíces que no las hay en toda esta isla; estas raíces se
llaman guayagas, y hacen dellas el pan que comian
por toda esta provincia los indios: las raíces son como
cebollas gruesas albarranas, las ramillas y hojas que
salen fuera de la tierra dellas, obra de dos ó tres palmos,
parecen algo como de palmitos de los que hay en el Andalucía, puesto que son más angostas y más lisas y delicadas que las de los palmitos. Hácese el pan de esta
manera, conviene á saber, que en unas piedras ásperas
como rallos, las rallan como quien rallase un nabo ó za-
nahoria en un rallo de los de Castilla, y sale luégo
masa blanca, y hacen della unos globos ó bollos redondos, tan grandes como una bola, los cuales ponen al sol,
y luégo pónense de color de unos salvados ó afrechos;
están al sol uno y dos y tres dias, y al cabo dellos se
hinchen de gusanos como si fuese carne podrida, y quedan eso mismo tan negros poco ménos como una tizne,
como un negro algo deslavado que tira á pardillo: despues que ya están en esta dispusicion, negros y her-
viendo de gusanos tan gordos como piñones, hacen
unas tortillas dellos, que ya es masa cuanto á la blan-

cura y ser correosa como la de nuestro trigo, y en una
como cazuela de barro que tienen ya sobre unas piedras,
y fuego debajo, caliènte, ponen sus tortillas, y desde un
rato que están cociendo de un lado las vuelven del otro,
donde bullendo los gusanos con el calor se frien y mueren y así se quedan allí fritos. Y este es el pan de aquella
tierra y provincia; y si se comiese ántes que se parase
prieto y no estuviese lleno ó con alguno ó muchos gusanos, los comedores moririan. En la parte otra que
digimos ser de llanos y campiñas, en esta provincia, se
hacen más que en otra parte de esta isla los mayores y
más gruesos puercos que pienso jamás haber visto; allí
vide puercos que habian sido domésticos, de la simiente
traida de Castilla, que se habian á los montes huido, que
eran tan grandes que con un solo cuarto iba tan cargado
un valiente hombre indio, que cuasi daba pasos para atras
y al traves como si llevara dos quintales encima; cierto,
eran tan grandes los cuartos como de grandes terneras,
las enjundias de la manteca no eran creibles, porque, á
lo que me puedo acordar, creo, de una sola enjundia
vide que se hinchieron dos botijas y más, de á media
arroba cada una, de las que vienen con aceite de Castilla. Toda esta provincia, por la mayor parte, mayormente la de las dichas mesas, es templada, y la otra de
los llanos ó campiñas no tiene calor excesivo. Entre la
isleta de Saona y Santa Catalina sale un rio que me
parece llamarse Heuna; á la ribera dél se pobló una
villa que se llama Salvaleon, de donde procedió hacerse
decirse há, si á Dios pluguiere. En las sierras que vienen
de donde se dijo y en esta provincia se acaban, se ha cogido oro y buen oro, y creo que si á ello se diesen más se
cogeria, pero como despues que mataron los indios (de
cuya muerte y perdicion total ellos poco se dolian) no
acordaban de sacarlo por sus manos, por esta causa
luégo cesó el sospiro de buscar y descubrir minas.

CAPÍTULO IV.

Yendo por esta costa del Sur al Poniente, ocurre, luégo despues de esta de Higuey, otra provincia que se llamaba Cayacoa ó Agueybana y llega á Santo Domingo, que serán 30 leguas, la ribera de la mar; es toda de peñas, cuasi de la naturaleza de las ya dichas, pero no á mesas sino baja, y á un tiro de piedra, y no tanto la tierra adentro, es todo campiñas y çabanas, que son el fin de la Vega con sus rios y arroyos y florestas adornadas de toda hermosura, fertilidad y lindeza; á las 15 leguas destas 30, ántes que lleguen á Santo Domingo, está un pedazo desta provincia, donde sale á la mar un lindo rio que se llama el Macorix, fertilísima tierra para el pan cazabí y para criar puercos y otras muchas cosas de provision y mantenimientos. En todos estos campos y çabanas no tienen número las vacas que hay, y las que cada dia multiplican y crecen. Ocho y diez leguas de ancho, la tierra dentro de Santo Domingo, y 15 de luengo de campiñas y rios grandes y florestas y hermosura con fertilidad, es toda tierra beatísima y utilísima. Tres leguas abajo deste puerto y rio de Santo Domingo sale un rio que se llama, en lenguaje de los indios, Hayna; la ribera, agua y pescado y alegría dél no puede ser encarecido. En 10 leguas y hasta 12 dél están muchas estancias que llaman en nuestra Castilla cortijos, y en ellas muchas haciendas de la tierra, huertas y granjerías; hay algunos ingenios de azúcar entre ellas. Luégo, creo que á dos leguas, sale á la mar el rio Nigua, no tan grande como Hayna precedente, cuya ribera está bien avecindada de muchas y gruesas haciendas, y entre ellas algunos

poderosos ingenios. Sale otro poderoso rio, que se llama
Niçao, de allí tres leguas, donde hay tambien ingenios,
y es tierra mucho buena, y creo que por ella se halló
metal de hierro. En las sierras donde nace este rio Niçao,
que son muy altas, en la cumbre más alta, se dijo haber
una laguna de agua, y que subieron ciertos cristianos y
indios, y que, con dificultad subida la sierra, vieron la
laguna y oyeron tan grandes ruidos y estruendos que
quedaron espantados; debia por ventura ser que el agua
de aquella laguna se derrocaba por algunas peñas que
tenía dentro de sí que no se vian, como hemos visto en
estas Indias hacer ruidos grandes otras aguas. Queda,
pues, Santo Domingo, llamando la tierra que la atribui-
mos provincia con 30 leguas buenas de luengo y áun 40
ó pocas ménos, aunque dejemos 10 de la provincia de Cayacoa para la villa de Salvaleon, que está en la provincia de Higuey, puesto que no las ha menester como
arriba parece. Adelante desta hallaremos la provincia
de Açua, que tiene cerca de 30 leguas por la ribera de
la mar, y 10 ó 12, y á partes más, creo yo, de 15, por la
tierra dentro; no es toda muy fertil porque tiene gran
pedazo de sierras ásperas y comparadas á las comunmente
de toda esta Isla son algo estériles, pero tiene una ve-
gueta donde hay una villa que se nombra de Açua, muy
fresca y muy fértil. Hay en esta provincia tres ó cuatro ingenios muy buenos; uno dellos está en el rio de Ocoa,
tres leguas ó cuatro ántes de Açua, y otro en un arroyo
que se llama Cepicepi, una ó dos leguas, y otro junto al
pueblo ó cerca dél. Otra provincia está delante desta, que
se llama de Baoruco, que tiene 25 ó 30 leguas de costa de
mar y más de 20 dentro en la tierra; y ésta es toda muy
altas y ásperas sierras, grandes quebradas de arroyos, muchas montañas de arboledas, pero todas las más fértiles
para las labranzas de las del pan y lo demas que se dá
en esta Isla, y plenísima de puercos monteses de los
traidos de Castilla, que se han multiplicado y en nú-

mero grande crecido; es muy templada y fresca, sin calor alguno, y por consiguiente sanísima. En esta provincia, y cuasi al principio della, está una sierra de sal, que segun he oido tiene más de seis leguas; yo la he visto muchas veces, puesto que no miré la longura ni anchura della. Y ésta parece cosa maravillosa, y ló es, que sobre la sal, que es como peña, esté obra de dos palmos de tierra, y aquella tierra produzca de sí raíces y arboledas diversas, pero estériles, bajas y secas, y en última dispusicion para quemarse en el fuego, porque es cuasi como tea. La costa abajo, y por la tierra dentro, al descender de las sierras desta provincia, se continúa otra que llamamos de Yaquimo, y ésta, puesto que tiene montes y lomas, pero á partes, es más abierta y rasa que la precedente y más fértil; es tierra de mucho algodon, y de las labranzas del pan y cosas de bastimentos de los indios habia abundancia. No es muy calurosa, ántes alcanza parte de templanza; tiene algunos buenos valles y arroyos no grandes, y en ellos hay muchos árboles robles, y hobo los años pasados, en tiempo del primer Almirante, mucho y buen brasil, y se llevó á Castilla, y pensó que fuera perpetuo y de donde los reyes de Castilla tuvieran mucha renta, segun en otra parte se verá, pero en estos dias de agora y de muchos atras no veo que hay dello memoria. Toda esta provincia está cuasi en una loma, y comenzó ancha como la del Baoruco, de donde continuándose hobo principio, pero váse ensangostando por el brazo desta Isla, que allí va angosto de 12 ó 15 leguas, entre las dos mares, como arriba se dijo; bien tiene largas 30 leguas esta provincia, y áun cerca de 40. A ésta se junta la provincia de Haniguayagua, que comprende todo el resto, por aquella parte, desta Isla; tendrá más de 25 leguas de largo y 12 y 15 de ancho. Desta provincia, dejados algunos pedazos de la costa del Sur, cerca de la mar, donde hay algunos esteros y salitrales, que no creo que serán

más de cinco ó seis leguas, toda la demas es hermosa y
fertilísima tierra, y parte della cuasi como un pedazo
de la Vega, de çabanas, llanos ó campiñas, para todas
las cosas que hay é se crian en esta isla; es llana por la
mayor parte y á partes rasa, como son las çabanas
dichas, y tiene muchas manchas de montes llanos ó florestas ó arboledas: á partes tiene algunas no muy altas
sierras, llenas de muy altos árboles y espesos. Al cabo
último desta provincia y punta de toda esta Isla, que
digimos arriba llamarse en el lenguaje de los indios
Guacayarima, que se mira con la punta oriental de la
isla de Jamáica, son todos los árboles ó los más, de
grandes montes ó arboledas que allí hay, de la fruta que
los indios llamaban mameyes; esta fruta es en olor y
sabor fruta de reyes, y en color y á la vista no mucho
ménos; podremos dar alguna semejanza comparándola
en algo á alguna de las de Castilla, y ésta es á los melocotones, cuanto á la color y manera de la carne dellos,
solamente son los mameyes tan grandes como una bola
con que se juega á los bolos ó birlos ó muy poco ménos,
y en esto de los melocotones harto difieren. Tienen la
color cuando están con su cáscara como la cáscara del
níspero, y será poco ménos gorda que la de una granada; quitada aquella cáscara y raida un poco otra
tez ó cascarilla delgada, como blanquilla, que un poco
es amarguilla, tiene luégo la carne, como el melo-
coton, bien amarilla. Terná desta carne un dedo de
altos sobre los cuescos, y dentro cuatro dellos tan
grandes como buenos huevos de gallina, y de la manera de los duraznos cuanto á ser ásperos; tiene de
carne entre los cuatro cuescos, tanta, que poco ménos
hinchirá un escudilla, y con toda la que en el mamey
hay restará poco della para henchilla: el olor y sabor
dellos cierto es tal, que ninguna fruta se le iguala de
todas cuantas habemos y comemos en Castilla. No los
hay estos mameyes ni los hobo de naturaleza nascidos

en toda esta Isla, sino en aquella punta nombrada, como digimos, Guacayarima; trujeron algunos cuescos de allí los religiosos de San Francisco al monasterio de San Francisco de esta ciudad de Santo Domingo y al que tienen en la Vega, pusiéronlos y nacieron y hiciéronse grandes árboles y dieron la fruta ó mameyes, pero degeneraron mucho de los de su origen y nascimiento porque no tienen más de un cuesco, al ménos los que yo he visto, y así son muy menores que aquellos, cuasi como bolas ó poco mayores de las de jugar á la sortija, y en el sabor y color, cierto, mucho difieren, porque lo principal dellos es la carne que está entre los cuatro cuescos. Es admirable en hermosura el árbol que los produce y las hojas en color, y verdor, y forma de lindísima manera, el árbol es muy alto y grueso, de muchas y grandes y chicas ramas, de hojas densisimas ó espesas copado, adornado y cubierto; y esto es de maravillar más, que, si lo contemplamos despacio, cuasi todas las ramas grandes y chicas van subiendo hácia arriba en modo de cruz, las hojas cuasi lo mismo, porque son de la forma de un corazon y tan anchas, por lo más, como una grande palma de la mano y más, y que tenga en ancho buenos seis y ocho dedos, es gruesa más que un canto de real, no floja sino tiesta, muy lisa y de color verde algo escura; finalmente, árbol, rama y hojas, son muy hermosas, fruta sabrosa, odorífera y nobilísima. Es tierra, un buen pedazo de esta provincia, buena para vacas, pero muy mejor en los montes llanos que dije para infinitos puercos, porque hay unas palmas que tienen una cierta fruta de color de dátiles que llamamos palmicha, que los puercos comen mucho y engordan mucho con ella. Hobo infinitos puercos, agora no creo hay tantos por los perros en gran número, que se han hecho monteses, que los destruyen y apocan y ellos cada dia crecen. En esta provincia estuvo asentada una villa de españoles á la ribera de la mar del Sur, frontero de las isletas que cuasi en fin del capítulo

primero digimos; llamóse Salvatierra de la Çabana, tuvieron cargo los vecinos advenedizos de Castilla de consumir los naturales señores y dueños de la tierra, y porque siempre, acabados de matar los indios, los españoles
se despueblan y van á buscar otra guarida, por eso creo
que no debe haber memoria della, como han hecho en
otras muchas partes destas Indias. Y esto baste para
cumplir con la vuelta primera de la descripcion que
propusimos hacer desta Isla.

CAPÍTULO V.

Para comienzo de la segunda vuelta y descripcion de esta Isla, es menester tornar donde comenzamos á describilla, esto es, á la provincia de Guahaba y de Baynoa, á la cual se sigue por esta otra parte, ó mano derecha, teniendo las espaldas al Norte, la provincia de Iguamuco; esta es, y toda aquella tierra hasta la provincia de Xaraguá, la que en fertilidad, hermosura, montes, çabanas ó campiñas, rios y arroyos, aguas, aire, frescura, templanza, y el mismo cielo, sobrepuja todo encarecimiento; es, en fin, para que la vida humana, si tanto bien no le empeciese, pudiese gozar de un paraiso de deleites: en esta provincia del Iguamuco sale un volcan de una sierra, que echa de sí algunas veces humo. Síguese, á lo que pienso, otra por la mano izquierda (digo pienso, porque esta sola no he visto aunque he estado cerca de ella), que los indios llamaban Banique, la media sílaba breve, que participa de los bienes mismos y calidades de la susodicha; ésta tiene la cordillera de las sierras, que hacen la Gran Vega por la mano derecha, teniendo las espaldas al Norte, como dije, á la mano izquierda. Tornando, pues, á la mano derecha de estas dos provincias, que nombré Iguamuco y Banique, ocurre la provincia que en lenguaje de los indios se decia el Hátiey, la penúltima sílaba luenga, esta es maravilla verla por su lindeza y amenidad, frescura y alegría, fertilidad para todas las labranzas y frutas y cosas de esta tierra y para muchas de las de Castilla; tiene muchas aguas de arroyos y rios que descuelgan de las provincias de Guahaba y de Iguamuco, viene á dar á ella tambien un gracioso y poderoso rio, mayor que el rio de Duero junto con Pisuerga, el cual pasa por esta provincia algunas leguas hasta dar en la mar, donde fenece, llámase Hatibonico en el lenguaje de los indios: hácense unas salinas cerca de la boca dél. Puédese contar con esta provincia del Hatiey lo que resta de todo aquel brazo desta Isla de á mano derecha, teniendo las espaldas al Norte, que asemejé como el dedo pulgar de la mano izquierda, cuanto del dicho brazo hay por la mar del Sur, ántes que pasemos la punta ó cabo de San Nicolás, que está en este brazo á la mar del Norte, y así parece que terná esta provincia de Hátiey más de 20 ó 25 leguas de luengo; las que habrá de ancho serán 15 ó más, segun sospecho. A ésta ocurre, por la ribera de la mar, la provincia del Çahay; ésta, por la mar y por la parte de la tierra, confina con la nobilísima provincia de Xaraguá, y como participe de las pasadas y sea toda una tierra y de una manera, no hay que decir ni encarecer de ella sino que és fértil y fructifera y muy buena. Pero á ésta y á otras excede otra, la tierra más adentro desta, viniendo todavía las espaldas al Norte como veníamos, y ésta es Baynoa, otra sin la que primero que todas describimos en la primera vuelta; ésta goza de todo el rio grande que nombramos Hatibonico ó de la mayor parte dél, creo que más de 25 leguas; prosiguese á la del Hátiey el rio arriba. Esta, por ambas á dos riberas del rio, es grande consuelo verla y considerar su hermosura, disposicion, fertilidad, suavidad, frescura da gozo y alegría; cuasi no se siente calor, frio no es de hablar dél, es luégo·temperatísima; tiene llanos por las dos riberas del rio Hatibonico, tiene cerros, collados, valles, todos cubiertos de yerba hermosísimos; los puercos que por ella se han criado son infinitos. Entremos en la provincia de Xaraguá, que á las dichas se sigue luégo, donde fué la corte (como diremos si Dios quisiere) de toda esta Isla, ésta contiene en sí casi en redondo más de 40

leguas, á mi parecer; por una parte tiene la vega de
la Yaguana, que es cosa hermosísima y deleitable y
provechosa mucho para puercos, que han sido innumerables los que allí han nascido, y tambien hay hoy muchas vacas y ha habido. Esta llega hasta la mar y la ribera viene del Çahay, y es el rincon y puerto, no buen
puerto, deste golfo de Xaraguá, que arriba digimos, y allí
está poblada de españoles una villa. Hace esta Vega
la sierra grande, que por esta parte se hace grande,
aquella, digo, que dije ser loma, que desciende y se hace
más baja de las sierras de la provincia del Baoruco, en la
cual loma ó lomas está la provincia de Yaquimo, donde
se cortaba el brasil, y está Norte-Sur, por derecho, Yaquimo, desta Vega, justas 18 leguas, que es un grado
ménos media legua. Descienden desta alta sierra, que es
todo lo más della montuosa, algunos arroyos frescos,
que proveen de abundante agua toda la que la vega para
hartar los hombres y animales ha menester. Esta sierra
va adelante junto á la mar, todo el brazo que digimos ser
el dedo con que señalamos de la mano izquierda, hasta
el cabo desta isla que llamamos del Tiburon y de la
Guacayarima, donde hay la fruta de los mameyes
que tanto arriba encarecimos. Volviéndonos ocho leguas
atras, hácia el Oriente, de la ribera de la mar, fin desta
Vega, estaba la ciudad y corte de aquel rey Behechio
y aquella reina Anacaona, su hermana, de quien si place
á Dios diremos. Este asiento desta ciudad y corte del
rey Behechio es tierra más enjuta que la que habemos
dicho, porque ménos húmida y por eso muy más sana;
es muy llana, como una gran campiña ó çabana, la yerba
della es chequita y seca ó tostada como la de Castilla;
tiene á media legua delante de sí, hácia el Sur ó Mediodía, la dicha sierra muy alta que va su camino al
Baoruco, hácia el Oriente, adonde se extiende y pára y
regocija la vista. Desciende de aquella frontera y alta
sierra un muy hermoso rio, el cual se llamaba, por la len-

gua de los indios, Camín, aguda la última sílaba; el agua
deste rio se solia decir la mejor y más delgada y más
sana (puesto que no es rio de oro) que la de todos los rios
desta Isla, como quiera que todos en comun excedan
en sabor y delgadeza y bondad de agua y sanidad, ó al
ménos no sean inferiores de cuantos en estas partes puedan ser referidos. Regábanse con el agua deste rio, sacada por acequias, todas las labranzas de gran parte
desta tierra, lo que no se hizo jamás (por su gran ferti-
tilidad) en toda esta Isla; bien creo que ninguna cosa
de las de Castilla en esta tierra se pornía, así de plantas
como de pepitas y de cualquiera semilla, que no se hiciese muy buena y diese los fructos que convernia, solamente dudo de los árboles ó frutales que proceden de
cuescos, porque hasta agora no se ha visto en esta isla.
En esta provincia, obra de una legua de la ciudad de
Behechio, Rey della, comienza una laguna de agua dulce
al principio por los rios que desaguan en ella, pero su
principal orígen de la mar creemos que viene; durará
esta agua dulce y algo mezclada con la salada, de ancho una y de largo tres leguas, donde hace la tierra una
angostura y se sangosta la laguna, y luégo entra en
otra laguna ó lago muy grande, y aquél va cerca de
otras 15 leguas hácia el Oriente, el cual pertenece á
otra provincia y en ella diremos lo que de ambas á dos
sentimos. Por la vera de la sierra grande, que es las espaldas del Baoruco, vuelta la cara al Oriente, vuelven
los términos de la provincia de Xaraguá, creo que por
aquella parte 12 leguas, hasta una sierra muy alta que
dura dos leguas, que llamábamos el puerto de Careybana, porque á la descendida del puerto estaba en un
gran llano una grande poblacion, que se decia por los
indios Careybana. En esta provincia de Xaraguá, en el
asiento y ciudad del rey Behechio, despues de todo destruido, estuvo por algunos años una villa de españoles
poblada, que llamaron la Vera-Paz, no porque la paz

entró con ellos en ella, como se dirá placiendo á Dios, y
harto tambien dello arriba en algunos capítulos se ha
dicho, la cual no duró más, como otras muchas poblaciones que han hecho los españoles en ésta y en las otras
partes destas Indias, de cuanto quitaron las vidas á los
indios. La provincia que luégo se continúa despues desta
de Xaraguá es y se llama el Cayguaní, la última sílaba aguda; todo lo más della consiste y se extiende por
la ribera de la grande laguna. Comienza de la gran poblacion que dije que se nombraba Careybana, que está á
la descendida del puerto, y va por la vera de la sierra
que está á las espaldas del Baoruco, dentro de la cual
entra la sierra de la sal y las poblaciones que allí habia,
y llega á partir términos con la provincia de Açua; bien
tiene de circuito la tierra que he dicho más de 30 leguas,
pero lo que dello es de loar es la ribera de la laguna, no
toda, porque la banda del Baorucó y vera de la sierra
que cae á la parte del Sur ó del Austro, llega el agua
della allí, que apénas puede el hombre pasar, más de 10
leguas, sin mojarse, solamente la banda del Norte es la
fértil, y la tierra de por allí era muy fértil, donde habia grandes poblaciones, como se dirá: por esta tierra
hay cantidad de yeso, lo que fuera de allí no he visto en
esta Isla. La vecindad y provecho que se sacaba desta
laguna causó estar muy poblada toda esta tierra, en especial la ribera della de la banda del Norte, como se
dijo, porque habia grandes pesquerías de muchos pescados de la mar; y esto es cosa, cierto, de maravilla, que
estando esta laguna, creo que, no ménos que 10 leguas
de la mar, que por los abismos, debajo de tantas sierras
como las del Baoruco, que están desta laguna al Sur ó
Mediodía, entre la mar tanto en la tierra y haga tan
gran lago ó laguna que tenga de longura 15, y de ancho
buenas tres leguas. Que esta agua sea y entre de la mar
es manifiesto por esto: lo primero porque es muy salada,
lo segundo, porque tiene gran profundidad que no se

halla suelo, lo tercero, y esto es lo más eficaz, que se hallan en ella tiburones y otros pescados grandes marinos que no se crian ni se han visto en estas Indias sino en la mar. Algunos han creido que entra la mar hácia esta laguna por la parte de Xaraguá, porque desde que comienza la laguna dulce tiene tres leguas poco ménos de sí la mar, y por estar más cerca juzgan que por allí debe entrar; pero no parece ser así por estas razones: la una, porque como la mar sea tan profunda poco hace al caso para poder impedir á la naturaleza que no entre la mar y haga el dicho lago ó laguna por debajo de tres leguas de la tierra ó de diez, ni que la tierra sea llana por su superficie ó que sobre ella suban y haya grandes sierras, porque como la tierra que habitamos no sea sino sierras ó montañas que suben desde el centro, harto mayores que las que por la tierra en que vivimos vemos, segun aquello del Salmo 103, hablando de la tierra: *Qui fundasti terram super stabilitatem suam, non inclinabitur in sæculum sæculi. Abyssus, sicut vestimentum, amictus ejus, super montes stabunt aquæ.* El fundamento de la tierra es el centro, del cual nunca se mudará. El abismo es el agua ó mar Océano, que cubre y cerca la tierra como la vestidura del cuerpo humano. Y así están las aguas de la mar sobre los montes que suben desde el centro, como vemos que yendo en un navío, cuanto más nos apartamos de tierra, tanto más honda se va haciendo la mar, y si echamos un plomo en un cordel, que los marineros llaman sondava cuesta abajo, y está esto bien claro, y por esto dice *super montes stabunt aquæ.* Así que, como por los soterráños ó venas de la tierra entren las aguas de la mar, y áun las aguas dulces de los rios, como en el *Ecclesiastes* se dice, poco puede hacer al caso que entre el agua en este lago estando diez ó doce leguas ó tres de la mar, ni que tenga la tierra sierras altas ó ásperas, ó que sea toda llana. La otra razon es porque la primera laguna que decimos dulce ó cuasi dulce, que comienza junto á Xaraguá, y que tiene tres leguas, que desagua en la grande, parece por el angostura que tiene de la tierra al cabo, que otro tiempo debia estar cerrada y distincta de la grande salada, y con el ímpetu de aquella haberse rompido y así haberse una con otra mezclado, y la que era dulce toda haberse hecho salobre ó salada. Y desto parece otro muy claro argumento, porque tengo entendido de muchos años, y de 40 y 50 que lo platicábamos, y muchas veces que he pasado por ella, atras en la primera laguna dulce ó poco salada, no se toman tiburones ni otros pescados marinos sino en la grande salada, y así los indios no se solian guardar ni quejar en la primera que los tiburones los desgarraban, sino de la segunda entendia yo que temian y se quejaban. Y así parece, que no por parte de las tres leguas y cerca de Xaraguá, sino por las 10 ó 12 de hácia el Baoruco está el ojo ó ojos por donde entra en este lago la mar.

CAPÍTULO VI.

Ya que habemos juntado esta provincia del Cayguaní con la del Baoruco, y tambien con los términos de la de Açua, no queda más tierra que descrebir por aquí; tornemos á la tercera vuelta, describiendo lo íntimo de toda esta isla, con lo más gracioso, felice y rico della, excepto la Vega. Tomemos, pues, desde las que arriba en la segunda vuelta y en el capítulo 5.º nombramos provincias de Iguanuco y Banique, á las cuales se sigue la gran provincia y rica de Cibao, que el Almirante, oyéndola nombrar, creyó ser la de Cibanco, donde estimaba que Salomon habia para el templo el oro llevado, y con esta opinion creo que murió. Los indios, por su lenguaje, llamaban á esta provincia Cibao, por la multitud de las piedras, porque ciba quiere decir piedra. Toda esta provincia es sierras altísimas, todas de piedras peladas, de las que en Castilla llamamos guijarros; no están comunmente las piedras sueltas cada piedra por sí, sino juntas y pegadas, como si lo estuviesen con argamasa; y todas las sierras están vestidas de yerba cortita, como un palmo ó dos, en unas partes más crecida que en otras, porque en algunas hay más tierra, aunque toda arenisca, y más húmida ó ménos estéril que en otras. Están todas estas sierras adornadas de muchos pinos y pinares, no espesos sino raros, por su órden puestos, cuasi á la manera que en Castilla se ponen á mano los olivares; son muy altos y muy gruesos y derechos para hacer dellos muy lindos masteles para grandes naos, llenos de zumo para hacer dellos infinita pez, no llevan fructo sino unas piñitas como en Castilla los que llaman negrales. Co-

mienzan desde las sierras de Niçao, que digimos arriba
estar ocho leguas de Santo Domingo, y pasan por las
minas viejas que arriba tocamos y diremos, placiendo á
Dios, abajo, y por toda aquella renglera de las sierras, y
hinchen á esta provincia de Cibao y pasan adelante, y
segun creo hinchen y ocupan más de 70 leguas grandes,
y más de 25, y quizás 30 por partes, en ancho. El riñon
desta provincia y áun de toda la isla es en casi la cumbre de toda esta tierra y de más fertilidad, porque el
terruño es de barro ó cuasi barro, y aquello está sin pinos, porque regla general es que toda la tierra donde
hay pinos es estéril. No me acuerdo qué tanto durará de
ancho y largo esta cumbre, porque há más de 50 años
que estuve en ella; llámase Haytí, la última sílaba
aguda, de la cual se denominó y llamó toda esta isla, y
así la nombraban todas las gentes de las islas comarcanas. En ella y por ella hace mediano frio, y es menester hasta que encumbra el sol algun fuego, pero no
es tanto que el agua se hiele; hay por ella zarzamoras
como las de Castilla, y nueces naturales, pero tienen
mucha madera y poca médula ó meollo, por lo cual no
son de provecho. Por esta tierra granan las cosas que
granan en Castilla, que proceden de semillas, en especial se hacen muy buenos nabos, y créese que se harian
maravillosas viñas. Toda esta provincia de Cibao es bien
fresca, sin algun calor ni que cause pena el frio; es toda
ella hermosa, graciosa, alegre, y más que otra sanísima;
la causa es la enjutez de la tierra, y ser toda de sierras
descubiertas altísimas, exenta de toda humidaḋ y que
la baña el sol en saliendo por todo el dia, y los aires
templados continuos y muy sanos que son las ordinarias y continuas brisas. Los rios y arroyos que desta
provincia de Cibao salen son los más graciosos, lindos,
frescos y de las más suaves y delgadas aguas que creo
haber en el mundo, y estos son sin número infinitos; los
principales que de millares de arroyos se hacen son los

siguientes, todos por mis ojos vistos: uno se llama Xagua, otro Guaba, otro Guanahumá, la última luenga, otro Baho, la última breve, otro Yaqui, la misma breve, otro Xanique, la media breve, otro Agmina, la misma breve, otro Maho, otro Paramaho, la penúltima luenga, otro Guayobín, la última aguda, todos nombres del lenguaje de los indios; los cinco primeros, cada uno por sí, é con ellos Maho, que es octavo, son tan grandes, cuando ménos agua llevan, como por Córdoba Guadalquivir; el sétimo poco ménos, el sexto y el noveno algo más ménos, pero lindísimos y graciosísimos, y todos presurosos, corrientes y rapidísimos, en especial Baho, Agmina y Guayobín. Los primeros cuatro entran en el rio Yaqui, ántes que salga de las sierras; despues, adelante por la gran Vega, recibe en sí todos los otros rios, donde pierden todos sus nombres, y sólo queda Yaqui con el suyo hasta que sale á la mar junto al Monte-Christi, y aunque lleva inmensa cantidad de agua, cuasi siempre, sino es por el tiempo de las aguas lluvias, todo él se vadea. Estos rios y arroyos, en muchas y diversas partes de la tierra que ocupan, hacen muchas veguetas y hoyas graciosísimas y deleitables, que no parecen sino pintadas en un paño de Flandes. Todos estos rios y todos los desta isla están de pescados plenísimos, y por la mayor parte los pescados dellos son lizas de las de Castilla, pero muy mejores y más gruesas y sabrosas y en tamaño mayores, y la semejanza tienen; en la escama, con los albures de Sevilla; hay otros que llaman guabinas, la media sílaba breve, las cuales tienen cuasi el parecer de truchas, en la escama, especialmente cuanto á las pinturas, puesto que son las pinturas ó manchitas negrecitas y el pescado dellas muy blanco, es sanísimo y delicatísimo pescado que se puede y suele dar á los enfermos como si fuesen pollos. Otros, que se llaman dahaos, la media luenga, son pequeños como pequeños albures, ménos que un jeme, y tienen los huevos tan

grandes y mayores que los de los sábalos, y esto es lo
principal que tienen de comida, porque lo otro todo tiene
poca sustancia. Hay tambien otros que se llamaban ça-
ges, pequeños pero muy sabrosos, cuasi del tamaño y
escama que albures chiquitos. Hay asimismo los que
llamaban los indios diahacas, la media luenga, éstas son
como mojarras de Castilla, difieren algo de mojarras en
tener las escamas prietecitas, y las mojarras son todas
muy blancas; estos pescados son tambien sabrosos y
muy sanos. Hay anguilas grandes y chicas, pero son
tan dulces de comer que causan á algunos náusea ó
mal estómago; hay lagostines, que son camarones muy
grandes, muy buenos de comer aunque duros, de la manera de los de España. Estas seis especies de pescados
de escama son, y no más, los que se hallan y hay en
abundancia en los rios desta isla; en los arroyos pequeños hay unos pececitos chiquitos que en Castilla llaman
pece-rey y los indios tetí, la última aguda; son sanísi-
mos. Hay en ellos tambien hycoteas que son galápagos
de los arroyos de Castilla, puesto que estas hycoteas
son muy más limpias y más sanas que aquellos, segun
creo, porque no son tan limosas ni tan amigas de lodo
y tierra, porque andan más por el agua que los galápagos; verdad es que tenian por opinion los indios desta
Isla que las hycoteas eran madres de las bubas, y así á
mí muchas y algunas veces me lo dijeron, por esta
causa nunca jamás las quise comer, puesto que muchos
las comian y nunca tuvieron bubas. Hay en los arroyos
tambien unos cangrejos, que sus cuevas tienen dentro del
agua, que los indios llamaban xaybas; estos cangrejos
ó xaybas tienen dentro, en el vaso ó caparacho, ciertos
huevos ó cierto caldo que parece cosa guisada con azafran y especias, y así tiene el color y el olor y el sabor
de especias, mayormente cuando están llenas, que es
con la luna nueva, porque entónces están sazonadas;
hánse de comer asadas porque cocidas irse hia el caldo

y no serian tan buenas. Tornando á nuestra provincia
de Cibao, el oro que se ha sacado della no puede ser
encarecido, y áun tambien el que hoy en ella hay, sino
que despues de haber muerto todos los indios no se dan
á buscarlo por inmensidad de arroyos y quebradas y rios
que por toda ella están, porque quien alcanza 10 ó 20
negros más los quiere ocupar en otras granjerías que
tiene más ciertas y con menores trabajos, que andar con
ellos buscando minas que suelen salir muchas veces in-
ciertas. Es muy fino en quilates todo el oro desta provincia, y el más fino que otro de todas las partes destas
Indias, excepto lo de Carabaya, en el Perú, que dicen ser
tan fino y más; tambien hobo en la isla de Cuba en la
provincia de Xagua oro fino, poco ménos fino, pero yo
digo que á mi parecer poco ha debido haber en estas Indias que se iguale y ninguno que pase á lo de Cibao.
Hay en esta provincia de Cibao, al principio que á ella
suben, dos leguas pasado el rio de Yaqui, y siete de la
ciudad de la Concepcion, que está en el comedio de la
Vega, como se dirá, una cuesta ó sierra pelada no muy
alta, harto seca y pedregosa, de la cual salen tres arroyos como los tres dedos del medio salen de la mano,
los cuales están secos sin agua lo más del año; el uno
llamaron los indios Buenicún, al cual llamaron los españoles rio Seco, el segundo se llamaba por los indios
Coactinucum; el tercero Cybú, todos tres la última
sílaba aguda; no hay cuarto de legua de travesía en
todos tres, ó al ménos no hay media legua. En media
legua, desde el nascimiento de cada uno hácia abajo,
el oro que se ha dellos sacado, y mayormente del rio
Seco, ha sido inmenso; hánlos vuelto cien mil veces
de abajo arriba la tierra, y siempre sacan oro poco que
mucho, y, cierto, cada dia se cria, segun la experiencia nos muestra, y dejando holgar por algunos años
aquella misma tierra tornaria á dar, como ha dado por
tiempos, muchas riquezas. Háse cogido tambien oro en

otro arroyo que está adelante del Cybú, que es el postrero de los tres dichos, yendo la cara al Norte, media
legua, que se llamaba Dicayagua; háse sacado tambien
infinito en los rios susodichos Yaqui, Xanique, Agmina,
Maho y Paramaho, y adelante donde se dicen los arroyos. Adelante desto, ántes, creo que, doce ó nueve leguas
de la villa de Puerto Real, en un arroyo que se llamó
Guahaba y en la tierra y cuestas de por allí, que es toda
una sierra con la de Cibao, mayormente en unas minas
que se llamaron la Cienaga, fué mucho el oro que en ella
se cogió; y acaeció allí que dos españoles tomaron las
minas juntas, guardados ciertos pasos, que segun las or-
denanzas sobre aquello hechas se debian á cada mina
de guardar, llegando que llegaron á coger y sacar el
oro de los confines de cada mina, porque era cosa rica,
acordaron de echar una plomada para que ninguno de
los dos tomase más tierra de la que le pertenecia, y descendiendo la plomada por derecho abajo dió por medio
de una gran plasta de oro, y asi la partieron ambos á
dos. Comunmente todo el oro, que en esta provincia de
Cibao habia y hay, es menudo como sal menuda, puesto
que se han sacado en algunos arroyos granitos como
lentejas, y otros poco ménos y otros poco más. Paréceme
que tendrá esta provincia de Cibao 30 y áun 40 leguas
de longura y más de 20 en ancho. Y porque la fúerza del
oro está en todas las sierras, rios, y arroyos que miran
al Oriente, las cuales baña el sol en saliendo y todas
las aguas se vierten al mismo sol, y lo mismo es en
las minas viejas y nuevas que están desta ciudad de
Santo Domingo ocho leguas; y de la otra parte de éstas
sierras, aguas vertientes al Poniente, no se ha hallado
algun oro, por manera, que parece que las influencias
del sol tienen más eficacia en las tierras que están hácia
donde nascen que las de adonde se ponen; por esta
causa creo que en toda la cordillera de las sierras que
comienza desde las sierras del rio Niçao de la costa del

Sur, las más descubiertas de hácia el sol, hasta que acaban á la punta ó cabo de Guahaba que se mira con la punta oriental de la isla de Cuba, y así dura la dicha cordillera más de cien leguas, dentro de las cuales son infinitos los rios y arroyos que hay, en toda, digo, la dicha cordillera y todos los dichos rios y arroyos infinitos que en ella hay, que miran al sol cuando nace, tienen oro, y ningun estimo, ó pocos, se hallarán que no tengan oro poco que mucho. Desto es claro argumento y harto eficaz las minas viejas que están continas á la dicha cordillera, y aquella va á parar á éstas de Cibao, y de Cibao va siguiéndose hasta la provincia de Guahaba, donde habemos dicho que se ha sacado mucha cantidad de oro. Y porque el oro no se puede sacar de las minas sino es lavando la tierra en agua, como abajo se dirá, y hay muchos lugares en las sierras y quebradas donde suele estar el oro que están léjos del agua, por ende infinitos lugares habrá y que tengan mucho oro, lo cual, empero, por la falta del agua nunca se podrá sacar, sino fuesen tan ricas las minas en los dichos lugares apartados del agua, que sufriesen la costa de llevar la tierra á los rios ó arroyos léjos á lavar.

CAPÍTULO VII.

Complido con la provincia de Cibao, resta decir de otra, que con ella se continúa por lo alto de las sierras á la mano derecha, teniendo las espaldas al Norte, y esta es la Maguana, en la cual despues se pobló una villa de españoles que llamaron San Juan de la Maguana. Esta provincia, en sierras, y en rios, y en valles ó çabanas ó campiñas, aunque no son muy grandes, es tierra bienaventurada; es muy fértil, es muy templada, que cuasi ningun calor ni frio alguno es menester que en ella se halle, sino es en las sierras muy altas que confinan con Cibao, donde hay harto frescor, que ropas enforradas no harian mucho daño. Es tierra mas enjuta que otras vegas que habemos dicho en lo llano, y por esto es muy sana; granan aquí muchas cosas de semillas sembradas, trigo se ha hecho, y yo lo he visto mucho bueno granado; hay en ella ingenios de azúcar, la cual á toda la de ésta Isla hace, en blancor y en dureza, y en las otras calidades, mucha ventaja. Pasa un rio grande por ella, que se llama Yaqui, como el que arriba digimos en el precedente capítulo, que tiene el mismo nombre, porque segun decian los indios nascen de una misma fuente ambos; uno vierte las aguas á la banda del Norte descendiendo de Cibao y pasa por la Vega grande, y el otro va á parar á la costa del Sur por esta parte, como si de propósito dijera la naturaleza que partia la Isla en dos partes, y con una fuente sola queria regarlas, ó al ménos (porque no ha menester regarse) adornarlas, produciendo de ella dos rios tan señalados, que el uno adornase la Vega pequeña y el otro la Vega grande. Lla-

maban los indios á la Vega grande Maguá, absolutamente la última sílaba aguda, y á esta provincia decian
con adicion, Maguana, .cuasi la Vega menor. Salen
ambos á dos rios Yaquis á la mar, el uno del otro 150 leguas, nasciendo, como dije, de una sierra y de una fuente
en la provincia de Cibao. Pasa despues del rio Yaqui
dicho, por esta provincia, otro mayor y más caudal que
se llama Neyba, la primera sílaba luenga, el cual queda
con su nombre aunque estotro Yaqui se junta con él, y
pierde el suyo cuando entra en la mar; y esto es general
en esta isla que cuando los rios se juntan, puesto que
corran por mucha tierra, siempre los indios dejaban su
nombre al más principal, ó por tener más oro, ó llevar
más ó mejor agua, ó más y mejor pescado, ó otra pre-
eminencia tal. Parte aquesta provincia de la Maguana
términos con la de Xaraguá y con la de Cayguani, y
con la de Açua; lo que terná de longura y anchura y
en contorno, porque ha muchos años que estuve en ella y
no pensaba en la describir, no puedo bien acordarme para
precisamente lo decir; paréceme que terná más de 30
leguas de luengo y más de 20, y de 25 quizás, en ancho.
Y porque para la cuarta vuelta nos reste sola la gran
Vega, y de toda esta isla, sin la Vega, no queda otra
provincia de que hablar sino la del Bonao y de lo que
allí se sigue hasta la provincia de Santo Domingo, tornemos á Cibao, y de allí á la mano izquierda, hallaremos
la dicha provincia del Bonao que de aquella va conti-
nuada. Comienza, pues, la provincia del Bonao desde la
descendida de la sierra que hace y ataja la Vega de
luengo y viene por su renglera de Cibao, y asi está el
Bonao de la otra parte de la dicha sierra yendo de Cibao
por la Vega abajo, y la descendida es de un puerto muy
alto; comienza la subida por la parte de la Vega tres
leguas de la ciudad de la Concepcion por la Vega abajo.
Este puerto es hermosísimo, lleno todo de muy lindos
pinos y de yerba deleitable, y es de la misma tierra y

dispusicion, y alegría, templanza y suavidad que la de la provincia de Cibao, y si subimos por la parte del Bonao en este puerto á la cumbre más alta, pasado un montecillo de un tiro de ballesta, de donde se despeña un arroyo de muy linda agua, asomamos á ver la Vega, cuya vista es tal que verdaderamente no parece sino que todos los sentidos tienen presentes sus deleitables objectos y se abren y extienden y regocijan las entrañas: véense más de 30 leguas como la palma de la mano. Este puerto, de aquí adelante, se va abajando, desde á poco se acaba por allí toda la renglera de las sierras que vienen de Guahaba, y entónces se ensancha mucho la Vega grande. Así que, comienza, como dije, de la descendida de este tan alto y hermoso puerto, la provincia del Bonao, y luégo, descendido abajo, están dos arroyos de agua, y comienza una vega desde allí de diez leguas grandes, y dos, y tres, y cuatro en ancho, que no es ménos pintada toda ella y hermosa de yerba y de árboles que una huerta ó vergel puesto á mano; pasan por ella algunos rios señalados y muchos arroyos de muy sabrosas aguas. Destos es uno que le nombran el rio de Mastre Pedro, un español, y pusiéronle aquel nombre porque tuvo junto á este rio una hacienda ó granja, que por estas islas llamamos estancia; este Mastre Pedro y á su hacienda en la ribera deste rio, cognoscí yo algunos años. Es muy alegre rio, y trae siempre gran ímpetu y vehemencia en el agua, viniendo por peñas, y trae infinitas piedras grandes. Hay otro más adelante, yendo hácia Santo Domingo, que se llama Yuna, la primera sílaba luenga, y así los indios lo llamaban; este es gran rio y muy ahocinado, súbito y muy impetuoso, lo cual causa que un año vaya por una parte de la madre y otro por otra, porque la tiene muy ancha; desciende de altísimas sierras y muchas, que hacen infinitas quebradas, y de muy cerca, y así han de estar sobre el aviso los que por allí viven y pasan, que en pocas horas, si llueve,

rescibe en sí grande cantidad de aguas. Al cabo de esta
vega sale otro rio grande, que llamaban los indios Maymon, tambien muy deleitoso; no va con tanto ímpetu
como los dos dichos, pero cuando viene crecido es peligroso por las grandes y muchas piedras que tiene, y
como los demas de muy delgada y suavísima agua. Estos son los tres principales, pero entre ellos hay otros
muchos arroyos grandes y de muy buenas aguas, y
donde se pueden hacer muchos ingenios de azúcar y
otros artificios que se suelen hacer de agua, de los cuales
hay ya hechos algunos. Es de tanta fertilidad esta provincia y vega del Bonao del pan y frutos naturales desta
tierra, que aunque toda esta Isla es de ellos abundante y
fructífera, pero ésta es sobre todas las provincias dichas,
ó pocas hay que le lleven ventaja, porque era sobre
todas abundantísima y cuasi como el alholí de toda la
Isla. Aquí hizo edificar el Almirante viejo una fortaleza,
y despues se hizo una villa de españoles, que se llamó la
villa del Bonao, aunque fué como humo decreciendo
como las otras, por la causa que en otra parte, si Dios
quisiere, se dirá. Está hoy toda despoblada de hombres y
llena de vacas, y naranjos, y guayabas y otros frutales;
tiene de longura, creo que 15 ó 20 leguas y otras tantas de
ancho, con un abismo de sierras altísimas, de las mayores desta Isla, todas fresquísimas y de grandes arboledas
y montañas, las cuales son ramos, digo las sierras, de la
hilera ó cordillera que viene de Guahaba y pasa por la
provincia de Cibao. Por la mano derecha de esta provincia, teniendo todavía al Norte las espaldas, se sigue
otra grande, que nombraron los indios Maniey, la penúltima luenga, todo lo más della de sierras muy altas,
con algunos valles, llena de arroyos y maravillosas
aguas muy frescas, y muy fértil, y de los frutos de la
tierra naturales bien abundante; creo que hay ó hobo
salinas en ella, no de la mar, porque está en el riñon
desta tierra, sino de las que suele haber en Castilla, y

tambien hay hartas en estas Indias, de pozo ó pozas; y
de ésta hablo asi dudando, porque como está adentro
como arrinconada de la manera de las provincias Iguamuco y Xanique, no se me ha ofrecido á estas tres llegar;
de todas las susodichas, y las que se dirán, tengo noticia
por habellas visto por mis propios ojos todas ó parte de
cada una dellas, y de muchas lo más. Tornando á la
mano izquierda de la provincia del Bonao, yendo adelante, hay otra continua que há por nombre Cotuy, la
última aguda, de la manera y fertilidad de las otras,
puesto que no tiene las sierras y montes que las demas,
sino cerros con yerba y arboledas algunas, como ya
está muy vecina de la Vega grande y Real. Ha tenido muy
ricas minas de oro y tiene algunas hoy, con minas tambien de muy fino azul; en ella está hoy una villa de españoles que se nombra el Cotuy. Dejadas las dos manos derecha é izquierda, saliendo de la provincia del Bonao,
camino derecho hácia Santo Domingo, va el camino
entre dos rengleras de altas sierras, de parte de las de la
mano diestra quedando la dicha provincia del Maniey,
y de las de la izquierda la del Cotuy, donde habrá de
valle ancho entre las dos rengleras, si no me he olvidado, cuatro ó cinco leguas; comienzan luégo, desde el rio
Maymon, que es el postrero de los tres dichos grandes
de la provincia del Bonao, los cerros que llaman las Lomas del Bonao, que duran tres leguas de mal camino, por
ser aquellos cerros barriales de barro bermejo y pegajoso,
y estar siempre sombrío con muchos árboles y haber infinitos arroyos y aguas; de un lado y de otro de las dichas
Lomas, entre ellas y las rengleras de las sierras que se han
dicho, van dos valles con sus rios, que no parecen sino
unos vergeles muy graciosos pintados. Sálese luego,
las tres leguas pasadas, á otra provincia descombrada de
çabanas ó vegas y rios y arroyos muy hermosos, y especialmente á los principios del gracioso y fresquísimo
rio Hayna, en el cual entran muchos arroyos de oro, así

de las minas nuevas como de las viejas, el cual tiene una muy graciosa, alegre y rica ribera que dura 10 leguas y más, desde donde comienzan en ella las labranzas de los españoles hasta que entra en la mar. Tiene grandes pesquerías de. lizas y de otros pescados que de la mar entran al ménos una legua ó dos de la boca, porque en lo de atras, por las muchas haciendas y frecuencia de la gente y ganados, ó se huye ó se esconde ó no se puede bien criar. Esta provincia llamábamos la provincia del Arbol Gordo, y una villa que allí estaba donde agora está un ingenio de azúcar, que hizo ó comenzó á hacer un licenciado Lebron, se llamó la villa del Arbol Gordo; la causa de este nombre fué por un árbol que habia allí cuasi frontero de donde agora está el dicho ingenio, junto al rio, el cual era de tanta gordura, que ocho hombres, los brazos tendidos, no pudieran cercallo. Luégo, de allí á dos leguas creo que son, están las minas viejas, á la mano derecha del rio Hayna, teniendo las espaldas, como queda dicho, al Norte, y éstas se llamaron, ó por el Almirante ó por el Adelantado su hermano, de San Cristóbal. Llamámoslas viejas por diferencia de las que despues se hallaron frontero destas á la mano izquierda del dicho rio Hayna, que por ser halladas despues se las puso por nombre las minas nuevas, de las unas á las otras habrá legua y media; ámbas á dos están ó son en ciertos arroyos y quebradas que descienden al rio Hayna, . y son unos muy hermosos y alegres cerros rasos, cubiertos solamente de muy hermosa yerba. Destas minas viejas y nuevas el oro que se ha sacado no tiene número ni cuento, y mucho más de las nuevas, que de las viejas. Han sido grandes los granos y gruesos que en las unas y en las otras han parecido, los que nunca en lo poblado ó rico del mundo tales se han visto, y éstos mucho mayores en las nuevas que en las viejas; entre otros muchos granos grandes de oro fino se halló en las nuevas un monstruoso grano, nunca otro en el universo ni visto ni oido á lo que se cree, ni tan grandę ni tan hermoso, dignísima joya para estar en la recámara real de Castilla perpetuamente, cosa que viéndola fuera motivo para levantar y encender los corazones de los hombres á referir inmensas y continas gracias al Criador que tal hizo. Tenía tres palmos en redondo y cuatro dedos en alto, pesaba 36 libras de oro, que son libra y media ménos que arroba y media; valía 3.600 pesos ó castellanos de oro, de valor cada uno de 450 maravedises; juzgábase que ternia los 600 pesos de piedra por las manchuelas que della tenía, puesto que el oro y ellas todo parecia oro; yo lo vide y, cierto, era cosa digna de ser vista. El dia que se halló se cortó y comió en él un lechon de puerco no muy chico; en otra parte se dirá, placiendo á nuestro Señor, quién, y cómo y cuándo fué hallado, con lo demas que tocare á estas minas. Al principio, y cuasi en medio de estas minas viejas y nuevas, viniendo de Santo Domingo, la cara hácia el Norte, al reves del camino que hasta agora hemos traido, se edificó una villa sobre el rio Hayna, arriba dicho, puesto que, muertos los indios, tambien como otras se despobló, y agora no hay sino unas ventas en ella. Desde allí, pasados unos pocos de cerros, van grandes dehesas, çabanas y campiñas, con muchos arroyos llenos de hatos de vacas, ocho leguas, hasta Santo Domingo y la ribera de Hayna, á la mano derecha, que es vellas alegría y maravilla; quedan á la mano izquierda del mismo camino ciertas minas en unos arroyos, que se llamaron las minas de los Arroyos, de donde se sacó los tiempos pasados mucho oro y muy fino. Y con esto, á la vuelta tercera damos fin.

CAPÍTULO VIII.

Dicho queda en las tres vueltas de la descripcion desta Isla todo lo que se me ha ofrecido referir, para poder dar noticia de las provincias y disposicion de la tierra y puertos della; para la cuarta vuelta quedó reservado el hablar de la grande y bienaventurada y Real Vega, y como muchas particularidades, y en encarecida manera, se hayan afirmado de la fertilidad y bondad de todas y tantas provincias como hay en esta Isla y de su grandeza, no parece que puede haber ya más vocablos, ni para relatar las condiciones y calidades desta Vega, ni vehemencia para con encarecimiento las dar á entender. Esta Vega lo primero tiene de longura de mar á mar (y va de Oriente á Poniente) 80 grandes leguas, las cuales todas yo he andado por mis piés, comienza desde la proincia de Higucy, sobre la de Samaná, de las cuales en el capítulo 3.° hicimos mencion, que están á la parte del Sur desta Isla, desde un pueblo grande de indios que llamaban Macao, la penúltima luenga, despues se viene enderezando esta Vega y se pone de Oriente á Poniente, como digimos; va á parar á la mar del Poniente y pasa la provincia del Marien, digo pasa, puesto que la dicha provincia llega hasta la mar, y comprende, como se dijo, el puerto de la Navidad. Su anchura ó latitud tiene 12 y 15 leguas, y 7, y 6, y 4, y cuando llega á estas cuatro, aquí estuvo y está asentada la ciudad de la Concepcion, que tambien llaman la ciudad de la Vega, cabeza de obispado; y fué la cabeza de toda la Isla los primeros años, pero despues de muertos los indios fuese despoblando de españoles, y, por el trato y frecuencia de los navíos al puerto de Santo Domingo, prevaleció la poblacion de aquella ciudad, y así se hizo cabeza de la Isla, quedando la Concepcion con hasta 10 ó 12 vecinos, aunque con su iglesia catedral. De aquí se va la Vega, á veces, un poco sangostando, poco más de media ó una legua, otras veces un poco ensanchando, hasta llegar á la provincia del Marien, donde allí en la mar fenece y se sangosta hasta no quedar sino una legua, ó quizá ménos, si bien me acuerdo. Hacen esta Vega ó cércanla, desde que comienza hasta que se acaba, dos cordilleras de altísimas y fertilísimas y graciosísimas sierras, de que ya hemos hecho mencion, que la toman en medio, lo más alto dellas y todas ellas fértil, fresco, gracioso, lleno de toda alegría; la una destas sierras, de la parte del Sur, es la que habitaban los Ciguayos, y otra parte della la gente de los Macoriges del Macorix de arriba, de las cuales naciones hablaremos abajo, y arriba en el capítulo 3.º las tocamos; y esta cordillera comienza desde la provincia de Higuey é de la comarca del pueblo del Macao, y se acaba en el Monte-Christi, y, á lo que yo creo, corre más de 100 leguas. Es toda esta sierra muy fértil, tan fértil en las cumbres como en el medio y en el principio, para labranzas y ganados, como si fuera campiña llana, y es llena de grandes arboledas, y estaban de pueblos y gentes rebosantes. La otra cordillera de sierras, que por respecto de la ya dicha y de la Vega, está hácia la parte del Sur ó Mediodía, tiene su nascimiento de los términos de la provincia de Açua, y prosíguese por las minas viejas, y va por las minas de Cibao, y llega á la primera provincia que describimos de Baynoa, y pónese sobre la mar, y de allí torna hasta la punta de Guahaba, que así se solia decir el cabo de San Nicolás que se mira con la punta primera y más oriental de la isla de Cuba; bien creo que tiene aquesta cordillera de sierras más de 150 leguas bien tiradas. A partes son estas sierras fértiles, como las otras sus fron-

teras que hacen la Vega, y á partes es algo estéril, en
especial lo que comprende de la provincia de Cibao;
digo estéril, no tanto que no estuviesen todas muy pobladas, y encima de la más alta dellas no pudiesen pacer
hatos de ovejas y cabras, salvo las muy altas donde fueron las minas muy señaladas, porque comunmente las
tierras donde hay metales suelen ser estériles y como
quemadas, puesto que áun en aquellas de Cibao hay
infinitos valles y riberas de rios fértiles, donde habia
muchas labranzas y estaban de gentes muy pobladas.
Lo que desta sierra tan luenga la Vega alcanza será
hasta 50 ó pocas más leguas, que comienzan de la sierra
ó puerto que dicen del Bonao, el cual es una sierra alta
que yendo de Santo Domingo á la Concepcion la suben
por la parte de la villa que solia haber del Bonao, y á la
bajada entran en la Vega, y de allí á donde se fundó la
Concepcion hay tres leguas, como en los capítulos de
arriba hemos algunas veces hablado; llega esta sierra,
con la Vega, hasta en el puerto de la Navidad, junto á la
mar, donde la Vega se acaba y la sierra torna sobre la
mano izquierda, teniendo al Poniente la cara, y váse por
la dicha provincia de Baynoa á la de Guahaba. Por cualquiera parte destas dos sierras que se asomen los hombres, mayormente por el dicho puerto del Bonao y por
la de la Isabela (donde primero pobló el Almirante, y
viéndola por allí la llamó la Vega Real, como se dirá en
otro lugar), y por otras partes, se parecen y descu-
bren 20, 30 y 40 leguas á los que tienen la vista larga,
como quien estuviese en medio del Océano sobre una
altura muy alta. Creo cierto que otra vista tan graciosa
y delcitable, y que tanto refrigere y bañe de gozo y alegría las entrañas, en todo el orbe no parece que pueda
ser oida ni imaginada, porque toda esta Vega tan grande, tan luenga y larga, es más llana que la palma de
la mano, ántes es más llana que una mesa de bisagras;
está toda pintada de yerba, la más hermosa que puede

decirse, y odorífera, muy diferente de la de España; píntanla de legua á legua, ó de dos á dos leguas, arroyos
graciosísimos que la atraviesan, cada uno de los cuales
lleva por las rengleras de sus ambas á dos riberas su
lista ó ceja ó raya de árboles, siempre verdes, tan bien
puestos y ordenados como si fueran puestos á mano,
y que no ocupan poco más de 15 ó 20 pasos en cada
parte. Y como siempre esté esta Vega y toda esta Isla
como están los campos y árboles en España por el mes
de Abril y Mayo, y la frescura de los continos aires,
el sonido de los rios y arroyos tan rápidos y corrientes,
la claridad de las dulcísimas aguas, con la verdura de
las yerbas y árboles, y llaneza ó llanura tan grande,
visto todo junto y especulado de tan alto, ¿quién no
concederá ser el alegría, gozo, y consuelo, y regocijo
del que lo viere, inestimable y no comparable? Digo
verdad, que han sido muchas, y más que muchas que
no las podria contar, las veces que he mirado esta Vega
desde las sierras y otras alturas, de donde gran parte
della se señoreaba, y considerándola con morosidad,
cada vez me hallaba tan nuevo y de verla me admiraba
y regocijaba, como si fuera la primera vez que la vide
y la comencé á considerar. Tengo por averiguado, que
ningun hombre prudente y sabio que hobiese bien visto y
considerado la hermosura y alegría y amenidad y postura
tura desta Vega, no ternía por vano el viaje desde Castilla hasta acá, del que siendo filósofo curioso ó cristiano devoto, solamente para verla, y despues de vista
y considerada se hobiese de tornar; el filósofo, para ver
y deleitarse de una hazaña y obra tan señalada en hermosura de la naturaleza, y el cristiano para contemplar
el poder y bondad de Dios, que en este mundo visible
cosa tan digna y hermosa y deleitable crió, para en que
viviesen tan poco tiempo de la vida los hombres, y por
ella subir en contemplacion qué tales serán los aposentos invisibles del cielo, que tiene aparejados á los que

tuvieren su fe y cumplieren su voluntàd, y coger dello
motivo para resolvello todo en loores y alabanzas del
que lo ha todo criado. Pienso algunas veces, que si la
ignorancia gentílica ponia los Campos Elíseos comunmente en las islas de Canaria, y allí las moradas de los
bienaventurados que en esta vida se habian ejercitado
en la vida virtuosa, en especial secutado justicia, por lo
cual eran llamadas Fortunadas, y teniendo nueva dellas
acaso aquel gran Capitan romano, Sertorio, aunque
contra Roma, le tomó deseo de irse á vivir y descansar
en ellas por una poquilla de templanza que tienen (y
áun la tierra dellas es harto seca y estéril, y las sierras
ásperas y peladas en las más partes), ¿qué sintieran los
antiguos, y qué escribieran desta felicísima Isla, en la
cual hay diez mil rincones, y en todo este orbe de las
Indias cuentos de millares, cada uno de los cuales difiere tanto, en bondad, amenidad, fertilidad y templanza
y felicidad, de la mejor de las islas de Canaria, como hay
diferencia del oro al hierro y podria afirmarse que mucho
más? ¿Cuánto con mayor razon se pusieran en esta Vega
los Campos Eliseos, y Sertorio la vivienda della cudi-
ciara, la cual excede á estas Indias todas, y siento que
á toda la tierra del mundo sin alguna proporcion cuanta
pueda ser imaginada?

CAPÍTULO IX.

Prosiguiendo, pues, adelante, la relacion comenzada desta Vega, tiene más, que toda la tierra della no es cualquiera, ni para que á una parte sea fértil y á otra estéril ó seca, ó alguna cenagosa, y á otra con otro daño y dificultad; no es así, ántes es toda enjuta, toda fértil, toda en bondad igual, toda dignísima para producir de sí frutos de cuantas plantas, cuantas semillas, cuantas cosas en ella y en todas las partes della quisieren plantar y sembrar, y para haber en ella 10 y 15 ciudades como Sevilla, muy mejor que en Lombardía. Y puesto que algunas plantas y semillas luégo no se den bien por la lozanía, grosura y fortaleza de la tierra y estar holgada, poniendo empero diligencia é industria, y aguardando los tiempos y la sazon, ninguna de las de España tengo por cierto que se dejara de dar. Así fué y acaeció en la villa de Açua, que, ántes que hobiese cebollas, un clérigo procuró de las sembrar, y muchas veces perdió la semilla, no acertando con el dia ó el mes, ó con el viento, ó con el agua, ó porque la tierra estaba holgada; cayó en sembrallas cada mes y en cada tiempo, y por alguna de las dichas causas que cesó, acertó en las sembrar, y hiciéronse tan hermosas y grandes como las de España, el cual, sembrando 100.000 granitos de semilla de cebollas, tuvo de renta por algunos dias 100.000 cuartos de á cuatro maravedís, porque á cuarto las vendia, hasta que ejercitaron la granjería otros. Entran en esta Vega, de ambas á dos cordilleras de las sierras dichas, sobre creo que 30 rios y arroyos que la pintan y adornan, y hermosean y refrescan con sus noc-

turnos vahos ó aires suaves, con la frescura y suavidad
de las hermosísimas corrientes, rápidas, quebradas y delgadas aguas que traen, cosa dignísima de maravillar.
Nace un arroyo bien grande hácia la sierra de Cibao, que
los españoles por su hermosura nombraron rio Verde,
que corta por medio á la luenga la Vega, por la parte
donde se asentó la ciudad de la Concepcion, y va por
ella cuatro ó cinco leguas hasta que entra en el rio que
luégo se dirá, que toda la fertilidad y alegría que decirse
puede parece comprehender; en cuya ribera, obra de dos
leguas, tuve labranzas de pan de la tierra, que valian cada
año más de 100.000 castellanos. En el capítulo 6.º queda
dicho cuán llenos y de cuántas especies de pescados
suelen estar los principales rios grandes que en esta
Vega entran; son 14, los 10 que arriba en el capítulo 6.º
nombré, que fueron Xagua, Guahaba, Guanahuma, Bao,
Yaqui, Xanique, Agmina, Maho, Paramaho, Guayobin
(los acentos destos allí se declaran), el onceno se llamó
Dahabon; todos estos once desaguan en la mar del Norte.
Otros tres, que son Camó, la última·aguda, que pasa
una legua de la ciudad de la Concepcion, donde entra el
rio Verde, que poco ha dije, y el otro Yuna, que pasa
por la provincia del Bonao, y el otro Maymón, la última
aguda, que tambien desciende por la dicha provincia;
estos desaguan en la mar del Sur. Estos tres, con otros
muchos arroyos grandes y de mucha agua, que por evi-
tar largura no curo de nombar, y otros pequeños infinitos que estos en sí reciben, van á parar y salir al
golfo de mar que arriba en cierto capítulo digimos llamarse de Samaná, la última aguda. Cuando Yuna allí
llega, y á otra provincia ántes de Samaná que se llamó
Canabócoa, la penúltima luenga, no se puede vadear, y
todos los que con él se juntan pierden el nombre y él
queda con el suyo, y así lo llamaban por allí los indios,
Yuna. Hay grande copia de pescado destos rios juntos,
en especial lizas muy grandes y muy buenas en las dos

dichas provincias Samaná y Canabocoa; y el rio destos
que más abunda en estas lizas es el rio Camó, la última
aguda, del cual, desde que nace, obra de dos leguas de
la dicha ciudad de la Vega ó Concepcion, solian pescar
los indios, cuando eran vivos, grande cantidad. Los 10
susodichos que van á parar al Norte rescibe Yaqui en
sí, quitando el nombre á todos, quedándose con el suyo,
y cierto es graciosísimo y hermoso rio, aunque á cada
uno de los otros no le falta frescura y hermosura, agua
suavísima y disposicion de tierra y arboledas, aires suaves y alegría; cuando están juntos, Yaqui ya no se vadea. Van á salir en la mar, todos juntos con Yaqui, al
puerto de Monte-Christi, como arriba se ha dicho; los
arroyos grandes y chicos que en estos entran son infinitos. Algunas de las provincias desta Vega están ya referidas en la primera vuelta, como la del Marien (y esto
viniendo del principio de donde comenzamos á contar las
provincias), y el Macorix, que nombramos, de abajo, y
parte de la provincia de Higuey, la sílaba de en medio
luenga, que es el fin de toda la Vega, y está á la costa del
Sur, y que por ventura la podríamos aplicar al Macao,
que era una poblacion grande, la cual podria ser que fué
cabeza de todo lo que eran llanos y parte ó cabo de la
dicha Vega Real, como digimos en el capítulo 3.°, de
manera que Higuey y Macao fuesen dos provincias; y
parece haber razon para esto, por la diferencia grande
que hay en grandeza y calidad, ser la de Higuey aquellas mesas de piedra ó peña, y la del Macao muchas y
grandes campiñas ó çabanas. A esta del Macao, que es ya
el cabo de la Vega como he dicho, se consigue la de Samaná, en la misma Vega, y tiene un valle muy hermoso
donde fué asentada una villa, una legua de la mar, que
se llamó Santa Cruz de Icaguá, la última sílaba aguda,
porque se debia llamar así el valle ó el pueblo de los
indios que allí estaba; á la de Samaná, la de Canabócoa,
la penúltima sílaba luenga, y paréceme que deben ser

diversas provincias estas dos. Esta provincia de Canabócoa era abundante de pan y pesquerías, como está dicho. Las leguas que cada una tenía no puedo certificar,
porque ha muchos años (y son más de 50) que estuve en
la de Canabócoa; paréceme que las podemos atribuir á
ambas, si son dos, 20 leguas y más en torno. Entrando
la Vega adentro, la cara hácia el Norte, porque las dichas provincias de Samaná y Canabócoa están al Sur,
no me acuerdo que tuviese nombre otra provincia hasta
llegar á la casa y pueblo real del rey Guarionex, Señor
desta Vega, que estaria de las dichas provincias ó poblaciones 30 leguas, pocas ménos, y esto es donde se puso
la ciudad de la Concepcion como despues diremos; y
pienso que se debia llamar todo su estado deste rey
Guarionex, Maguá, la última sílaba aguda, cuasi por excelencia, como si dijeran reino de la Vega, porque llamaban los indios á esta Vega Maguá, en su lenguaje,
como se ha dicho. Hay en esta Isla, mayormente en esta
Vega, aves infinitas, los aires llenos dellas, naturales en
ellas, como son palomas torcazas, tórtolas, gorriones,
pezpitas, garzas, ánades, ansares de paso muchas por
Navidad, y infinitos tordos negrillos, cuervos que dan
gritos que apénas se pueden oir los hombres donde ellos
están; hay aves de rapiña, como halcones muchos, no sé
de qué especies, cernícalos, milanos, inmensidad de papagayos verdes con algunas manchas coloradas. Y en
esta Isla son tres especies dellos, mayores y menores y
muy chiquitos, los mayores se llamaban por los indios
higuacas, la sílaba de enmedio luenga, y éstos difieren
de los de las otras islas en que tienen sobre el pico ó la
frente blanco, nó verde ni colorado; los de esta especie
que hay en la isla de Cuba tienen sobre el pico ó la
frente colorado. Estos higuacas son muy parleros, cuando
les enseñan á hablar las palabras humanas. La otra especie de los medianos son los que llamaban xaxabis; son
muy más verdes, y pocos tienen plumas coloradas; son

muy traviesos y inquietos, bullidores, muerden y airanse más que otros; nunca toman cosa de la habla humana por mucho que los enseñen, pero son muy chirriadores y parladores en su parlar natural. Diez destos xaxabis acometen á ciento de los higuacas y los desbaratan, y nunca en paz se juntan éstos con aquéllos. Vuelan cada especie muchos juntos por sí, y por donde quiera que pasan van todos, cada especie, voceando á su manera, porque los higuacas tienen el sonido más entero y grueso, los xaxabis más delgado y agudo, y aunque no hablan los xaxabis palabras humanas, todavía, puestos en jaula, es placer vellos porque nunca están quietos ni callando. La tercera especie es de unos chiquitos como gorriones, verdes todos, y no me acuerdo que tengan alguna pluma colorada; hay pocos dellos, y cuasi no suenan ni hacen bullicio alguno, sólo por ser verdes y chiquitos parecen bien y son agradables. Hay lo mismo ruiseñores que cantan dulcisimamente todo el año, de lo que el Almirante se maravilló, y con razon, cuando los oyó cantar por Navidad, como en otra parte será dicho. Hay los pajaritos que en el capítulo 3.° dijimos, que cantan á tres voces, y estos exceden á todas otras aves, aunque sean calandrias y ruiseñores. Hay eso mismo unos pajaritos poco más grandes que el dedo pulgar con algunas colorcitas hermositas, que no vuelan más altos del suelo, de una lanza, y su volar es cerca de arbolitos y florestillas bajas; de tal manera suenan y con el ronquido hacen estruendo como si fuesen puercos grandes, y uno sólo que por cerca del hombre suene no lo parece sino que es algun puerco berraco. Toda esta Isla es refrescada de los suavísimos aires ordinarios, que son los que llaman los marineros terrales, conviene á saber, los vahos y frescores fresquísimos que producen de sí los muchos rios y arroyos y frescos valles. Estos refrescan las noches, y comienzan cuasi á las diez de la noche y duran hasta las diez del dia, y de allí adelante comien-

zan en los puertos de mar los templados y suaves aires
que los hombres de la mar llaman mareros ó embates,
y estos duran tambien hasta las diez de la noche, que
ellos cesan y tornan á ventar los terrales; pero en
esta Vega, de las diez del dia en adelante, vientan las
suaves y sanísimas brisas ó cuasi vientos orientales y
boreales, más recios algo que los mareros, aunque suaves, y todos muy sanos naturalmente, los cuales refrescan y alegran y consuelan todas las cosas vivas que
moran y habitan en esta Vega, por manera que ninguna cosa le falta para ser felicísima y los verdaderos
terrestres Campos Elíseos.

CAPÍTULO X.

Los mantenimientos que habia en esta Isla naturales fueron el pan de raices, de que abajo se dirá; cuanto á la carne, habia unos conejos de hechura y cola propia de ratones, aunque poco ménos grandes que conejos de los de Castilla, muy sabrosa y muy buena carne, y comunmente vivian y criaban entre la yerba, y no en los montes, no en madrigueras ni cuevas, sino en la superficie de la tierra, de los cuales habia infinitos. Estos eran de cuatro especies; una se llamaba quemí, la última sílaba aguda, y eran los mayores y más duros; la otra especie era las que se llamaban hutias, la penúltima luenga; la tercera los mohics, la misma sílaba luenga; la cuarta era como gazapitos, que llamaban curics, la misma sílaba tambien luenga, los cuales eran muy sanos y delicatísimos. Tenian unos perrillos chiquitos como los que decimos de halda, mudos, que no ladraban sino gruñian, y estos no servian sino para los comer. Tenian ratones chiquitos, y muy chiquitos, que tambien comian, grandes como los de Castilla no los habia hasta que nosotros vinimos, ó que salieron de los navíos en las cosas que trajimos de allá ó se criaron del orin del hierro ó de la corrupcion de nuestras cosas de Castilla, de los cuales hobo despues y hay hoy harta abundancia. Cuando los indios vecinos desta isla querian cazar muchos, ponian fuego á las çabanas ó yerbazales, y huyendo del fuego los conejos iban á parar donde la gente los esperaba. Habia otra caza, segun ellos muy preciada, y áun segun muchos de nuestros españoles despues que la gustaron, y esta fué las que llamaron iguanas, propias sierpes; es tan grande como un

gordura de alrededor della es almizque verdadero, y lo
mismo es las agallas; es tan penetrativo aquel olor, aunque muy suave, que pone hastío quitando la gana de
comer; yo tengo al presente dello, y ha más de 16 años
que lo tengo y huele hoy tanto como si fuera ayer
cuando se sacara. Viven de noche en el agua, y de dia
en la tierra; puédense matar con anzuelo de cadena en
el agua, con cebo, y cuando están en tierra durmiendo
con alguna ballesta dándoles por la barriga, pero si le
dan por encima, un arcabuz no lo matará por la dureza de
las conchas ó cuero que tiene. Es pecoso de manchillas
amarillas como azafranadas, y por eso se dice crocodilo,
de *croco,* que quieré decir azafran; uno solo se halló en
esta Isla, en la punta del Tiburon, á la mar del Sur. La
abundancia dellos es en tierra firme, muchos hay en la
costa del Sur de la isla de Cuba, en un rio que se llama
Caulo; dícese que éste, entre todo los animales, mueve
la quijada ó mejilla de arriba. Hay en esta mar, en especial por estas islas, á la boca de los rios, entre el
agua salada y dulce, los que llamaban los indios mana-
tíes, la penúltima sílaba luenga: estos se mantienen de
yerba, la que nace en el agua dulce junto á las riberas.
Son tan grandes como grandes terneras, sin piés sino con
sus aletas, con que nadan, y bien tieneñ tanto y medio
como una ternera; no es pescado de escama, sino de
cuero como el de las toninas ó atunes, ó como de ba-
llenas; el que lo comiese delante quien no supiese qué
era, en Viérnes Santo, creeria que comia propia carne,
porque así lo parece; es muy más sabroso y precioso que
ternera, mayormente los que se toman pequeños, echados en adobo como se suele comer la ternera. En todas
las cosas que comian estas gentes, cocidas, ó asadas ó
crudas, echaban de la pimienta que llamaban axí, la última sílaba aguda, la cual ya es en toda España cono-
cida; tiénese por especia sana, segun acá dicen nuestros
médicos, y la mejor señal es comella mucho los indios,

porque esto es cierto, que en no comer cosa que sea dañosa eran temperatísimos. Hay tres especies de esta pimienta ó axí; la una grande, cuasi como un dedo, y que
llega á pararse muy colorado, y otra redonda, que parecen propias cerezas, y esta especie quema más, y ambas las dichas son domésticas; la tercera es menudita
como la pimienta que conoscemos, y ésta es toda sil-
vestre que ñasce sin sembralla en los montes. Y es aquí
de saber, que sólo aquello es lo que quema en esta pimienta ó-axí, conviene á saber, la simiente y unas lis-
ticas ó rayas ó cejas que hacen dentro los apartamientos
donde suele estar la simiente; todo lo de en medio, que
no toca á las dichas rayas ó granitos de simiente, dulce
y suave es. Tornando al pan, que llamaron los indios
cazábi, la penúltima luenga, este es el mejor pan que
creo yo haber en el mundo despues del de trigo, porque
es muy sano y muy fácil de hacer, y pocas personas y en
pocos dias pueden aparejar cantidad para provision de
mucha gente, y sostiénese mucho tiempo; este defecto
tiene, que para solo no tiene sabor ni gusto, sino poco,
pero con manjar que haga cocina sabrosa, y tambien
para con leche, muy mejor es que áun el de trigo. Pónese, y críase, y cógese y amásase de la manera siguiente: Hacian los indios unos montones de tierra,
levantados una vara de medir y que tenian en contorno 9 á 12 piés, el uno apartado del otro dos ó tres
piés, todos por su órden, rengleras de 1.000 y 2.000
y 10.000 de luengo, y otros tantos de anchura, segun la
cantidad que determinaban poner; hechos los montones
tomaban la planta, que son unas ramas tan altas como
un hombre, y como los sarmientos de las vides cuando
están tiernas y verdes con sus yemas, puesto que muy
más gruesas y áun más hermosas y más verdes oscuras
que los sarmientos que digo de nuestras viñas, y hacen
pedazos dellas de á palmo ó poco más de palmo, y hincan
seis ó ocho ó nueve dellos, las yemas hácia arriba, en la

corona de cada monton, por su órden, apartados uno de
otro, á la manera de un alquerque con que entre nosotros se juega, con tres ó cuatro rengleras, segun el
monton es, dentro todo en la tierra, salvo dos ó tres dedos que dejan fuera: la cual postura en tiempo que no
llueve, sino que en polvo esté la tierra, debe ser. Sobre-
viniendo despues las aguas, prenden aquellos pedazos
que de á palmo fueron puestos, y de cada yema de las
que quedaron fuera de la tierra se produce su ramilla, y
éstas van creciendo; y cuanto las ramas crecen y suben
en alto por de fuera, tanto se arraigan y crecen de dentro de la tierra las raices, así en grandeza, que será de
dos y de tres palmos (de la hechura de zanahorias aunque no de aquella color), como en gordura, que llega á
ser gruesa como una pierna, y á las veces como el muslo,
y otras veces, segun la fertilidad de la tierra, algo más.
Luégo, como son presos aquellos pedazos de planta, en las
puntas dellos brotan las hojas, y creciendo crecen ellas,
y de las ramas principales nacen otras ramillas, y luégo
sus hojas encima de las puntas dellas; son las hojas
como una mano abierta y extendidos los dedos, es muy
hermosa y verde oscura, con una listilla que tira algo á
coloradilla ó un poquillo bermejuela. Cuando esta labranza es ya de cuatro ó cinco meses, que hace copa la
hoja, es tan hermosa de ver de léjos y de cerca, que ni
nuestras viñas por Mayo ni Junio, ni otra alguna huerta
ni labranza puede parecer más hermosa, mayormente
cuando la labranza es grande que tiene 20 ó 30.000 montones de luengo juntos y 5 ó 10.000 de ancho, porque
ocupa gran campo, sólo carecen de olor del que abundan las viñas en Castilla. Despues de puestas estas plantas, hasta un entero año no están las raíces, para hacer
pan dellas, sazonadas, puesto que, á necesidad, bien se
podria hacer y comer; de un año en adelante puédense
coger y hacer pan, pero mejor despues de año y medio
pasado, y mejor de dos, y duran hasta tres, que pueden

estar debajo de la tierra sin dañarse, y así se va comiendo dellas. Despues de tres años son ya viejas y duras y no buenas para hacer pan sino fuere para los puercos ó para el muladar, por manera que despues de un año se comienza á hacer pan dellas el que es menester, y estáse siempre en el campo el resto, que aunque llueva ó ventée no le hace daño hasta los tres años, como dicho es. Dentro del primer año es menester desyerbarse toda la labranza dos veces, porque nace mucha yerba como la tierra es tan fértil, despues del año no es menester. Esta labranza, en el lenguaje de los indios desta isla, se llamaba conúco, la penúltima luenga, y las raices yuca, luenga la primera sílaba, y la planta yucubia; la color de las raices es como leonada oscura una tez que tienen muy delgada por encima, pero quitada ó raspada con una concha como de almeja, aquella tez, todo lo demas es blanco como la nieve, al ménos más blanco que un nabo raido; esta yuca ó raices de que hacen el pan es tal, que quien las comiese así crudas moriria, por el zumo que tienen, que es ponzoña, como abajo diremos. Hay otras raices que llamaron los indios ajes y batatas, y son dos especies dellas; estas postreras son más delicadas y de más noble naturaleza en su especie; siémbranse de planta en montones de la manera que de la yuca se ha dicho, pero la planta es diversa. La planta de estas raices es á la manera de las calabazas de nuestra tierra, pero es muy más hermosa y delicada; no tiene aquellas como espinitas que la planta de las calabazas tiene, sino más suave, delgada, limpia ó lisa, y las hojas del tamaño, y así arpadas y tan lisas suaves y hermosas, como la de las vides ó viñas de Castilla. Estas, á cuatro y á cinco meses despues de plantadas á ser comestibles vienen. Plántanse en los montones dichos un palmo ó dos de aquellas ramillas, ó como correas, la mitad dentro de la tierra, en cinco ó seis partes de la corona del monton, y por la órden de la

planta de la yuca que está dicha, las cuales luégo con
el sol se amortiguan y marchitan como que se mueren,
pero fácilmente prenden y reviven, y tanto crecen las
raices que crian dentro de la tierra, cuanto la planta por
la tierra cunde, y como la de las calabazas se extiende;
no son mayores que nabos grandes ó zanahorias pequeñas. Llámase la dicha planta yucaba, la media sílaba
luenga; cómese cocida como espinacas ó acelgas con
aceite y vinagre, y crudas son buenas tambien para los
puercos. Estas raíces de ajes y batatas no tienen cosa
de ponzoña, y puédense comer crudas y asadas y cocidas, pero asadas son más buenas, y para que sean muy
mucho buenas, las batatas especialmente que son de
más delicada naturaleza, hánlas de poner 8 ó 10 dias al
sol rociadas primero y áun lavadas con un escudilla de
salmuera, más agua que sal, y cubiertas por encima de
rara yerba porque no les dé todo el sol, lo cual hecho,
las que se quieren comer asadas, metidas en el rescoldo
del fuego hasta que ellas esten tiernas, salen enmeladas como si las sacasen de un bote de conserva; y si las
quieren cocidas hinchan una olla de ellas y echen dentro una escudilla de agua, no para cocellas, sino porque
la olla, estando seca en el principio, no se quiebre, y cu-
bran la olla con hojas de la planta dellas, ó de vides ó
de otras hojas buenas, para que no salga el vaho fuera, y
cociendo así una, ó dos, ó tres horas, ó lo que menester
fuere, porque no han menester mucho tiempo, embé-
bese aquella agua y sale otra tanta miel ó almíbar, y
ellas todas enmeladas como si fuesen una conserva, pero
harto más sabrosas que otra cosa muy buena. Y cierto
en ninguna parte del mundo parece que puede haber
tantas ni tales raíces como las destas tierras; las batatas de la provincia de Xaraguá eran las mejores de toda
esta Isla por excelencia. Habia en esta Isla, y ponian los
vecinos naturales della, otras raíces tan gruesas y redondas como unas chicas pelotas, que llamaban lere-

nes; las hojas dellas eran como de coles, las que llaman
yantas, pero más hermosas y más llanas y anchas, y
las ramas ó mástiles que tienen la hoja son más tiestas y levantadas. Otras raíces habia que llamaban ya-
hubias, que no hallo en las cosas de Castilla á qué
comparallas; todas estas buenas y sabrosas de comer
cocidas y asadas, pero ninguna se iguala con los ajes
y batatas. Sin todas estas raíces, que eran domésticas y los indios las sembraban ó plantaban y cultiva-
ban, hay en los montes otras que llamaban los indios
guayaros, la sílaba de en medio breve, que tienen la
hechura y blancura de chiquitos rábanos, buenas de
comer asadas, pero para los puercos muy sabrosas y de-
seadas, y por esta raíz y otras muchas montesinas y
frutas que hay en esta Isla, que los puercos comen, y
con que se crian, es tan sabrosa y tan sana y comestible su carne. Otra fructa tenian, que sembraban y se
criaba ó hacia debajo de la tierra, que no eran raíces sino
lo mismo que el meollo de las avellanas de Castilla,
digo que eran ni más ni ménos que las avellanas sin
cáscara, y estas tenian su cáscara ó vaina en que nacian
y con que se cubrian muy diferente que las avellanas,
porque era de la manera como están las habas en sus
vainas cuando están en el habar, puesto que ni era verde
la vaina ni'blanda, sino seca, cuasi de la manera que
están las vainas de las arvejas ó de los garbanzos en
Castilla cuando están para cogerlas; llamábase maní, la
última sílaba aguda, y era tan sabrosa'que ni avellanas
ni nueces, ni otra fruta seca de las de Castilla por sabrosa
que fuese, se le podia comparar. Y porque siempre se
comia della mucha por su buen sabor, es luégo el dolor
de la cabeza tras ella, pero no comiendo demasiada ni
duele la cabeza ni hace otro daño; háse de comer siempre, para que sepa muy bien, con pan cazabi, ó de trigo
si lo hay.

CAPÍTULO XI.

Queda por decir el cómo se amasa el pan cazabi, y cuán fácilmente y cuánto provecho sale dél, porque por entremeter todas las raíces domésticas de que la gente desta Isla para su mantenimiento usaba, no ha tenido en el precedente capítulo esto su lugar. Pasado, pues, el año, que es el tiempo del cual en adelante tiene su sazon el conuco, ó labranza, ó la yuca que son las raíces, para comenzar á hacer pan dellas ó dél, van dos, ó tres, ó cuatro hombres ó mujeres al conuco ó labranza, y sacan fácilmente y sin trabajo, con un palo escarbando, las raíces ó yuca de los montones, (como sea tierra mollida y allí ayuntada, puesto que con las aguas se aprieta algo), de cada rama que se hizo de cada tarazon de 9 ó 10 de los que de á palmo plantaron, dos y tres y cuatro raíces mucho mayores que zanahorias y más gruesas, como se dijo, por manera, que de cada monton sacan cuasi media carga y áun buena de un asno; y si la tierra es holgada y muy fértil, como la hay en muchas partes, dá mucha más de la señalada. Traidas estas raíces á casa, que comunmente junto está la labranza, la cantidad dellas que quieren traer, con aquellas conchitas que dije como almejas, ó las que llamamos en Castilla veneras, raspan aquella tez ó hollejo, que dije ser cuasi como leonada, y quedando la raiz como la nieve blanca, ráyanlas en unas piedras ásperas sobre cierto lecho, al cual llamaban guariqueten, la penúltima breve, que hacen de palos y cañas puestas por suelo de unas hojas ó coberturas que tienen las palmas, que son como unos cueros de venados; finalmente, como si lo rallasen

en una artesa para que aquella masa no se caiga, que es
como la que podria salir de muchos nabos en un rallo
rallados que estaria con mucho zumo blanco como es
la masa dellos, de aquesta misma manera es la masa de
la yuca. Despues de rallada la cantidad que determinan rallar, cúbrenla con las hojas de las palmas que
dije y diré abajo, placiendo á Dios, y déjanla cuasi como
para lîvdar *(sic)* hasta otro dia; tienen una manga que
llaman cibucam, la media sílaba breve, hecha de empleita de palma, de braza y media ó poco más y ancha
cuanto quepa un brazo, la cual tiene un asa á cada cabo,
de donde se pueda colgar; esta manga híncheńla de
aquellâ masa, muy llena y apretada, y cuélganla de la
una asa de alguna rama de un árbol, y por la otra asa meten un palo de dos brazas ó poco más, y metido el un
cabo del palo en un agujero del árbol junto á la tierra,
siéntanse dos y tres mujeres ó personas al otro cabo del
palo, y están allí una hora ó más sentadas, y así se aprieta
y exprime toda aquella agua y jugo de la dicha masa. Sá-
canla despues de la manga ó cibucam, y queda ni más
ni ménos que si fuese alfeñique blanco y apretado, no
seco sino sin zumo, que es placer verlo cuán lindo está.
Tienen luégo un cedazo algo más espeso que un harnero
de los con que aechan el trigo en Andalucía, que lla--
maban híbiz, la primera silaba luenga, hecho de unas
cañitas de carrizo muy delicadas, y allí desboronan
aquella masa ya vuelta en otra forma, la cual, como esté
seca ó enjuta sin el agua ó zumo que tenía, luégo se
desborona con las manos, y, pasada por aquel híbiz ó cedazo, queda cernida muy buena harina, y en el cedazo algunas granzas ó pedacillos de la yuca que no fué bien
rallada. La harina así limpia y aparejada, tienen ya los
hornos calientes, tres y cuatro, si quieren hacer cantidad
de pan; estos hornos son como unos suelos de lebrillos
en que amasan y lavan las mujeres de Andalucía; finalmente, son hechos de barro, redondos y llanos, de dos

dedos en alto, como una rodela grande que estuviese no
por medio levantada sino toda llana: esto llamaban
burén, aguda la última. Tiénenlos puestos sobre tres ó
cuatro piedras, y debajo todo el fuego que cabe, y, ellos
así bien calientes, echan la dicha harina por todo el
horno de dos dedos asimismo en alto, y está un cuarto
bueno de hora cociéndose de aquella parte; despues
vuelven la torta con una hoja ó vestidura de palma, que
es como si fuese pala ó tabla muy delgada, de la manera
que se vuelve una tortilla de huevos en la sarten con un
plato, la cual está cociéndose de aquella parte otro tanto,
y, cocida, queda la torta de altor de medio dedo, y muy
blanca y algo rosada; pónenla luégo al sol, donde se
tuesta en dos ó tres horas y se para tan tiesta como si
fuese un plato de barro cocido ó una tabla, pero al tiempo
del comer, luégo ó despues de muchos dias que lo ponen
en la mesa, pártenlo á pedazos con la mano, el cual
luégo se parte y poco ménos suena al partir que si par-
tiesen un plato; metiéndolo en caldo de la olla se han de
dar priesa á sacallo luégo, porque no se quede todo deshecho en la escodilla como si fuese una oblea. Queda
blandísimo y suave, y cuasi enjuto, despues de sacado del
caldo y puestos los pedazos en un plato, del cual pueden
comer suavemente mozos y viejos sin dientes, harto
mejor, al ménos lo viejos, que del pan de trigo; haciase y
hácese muy delgado, y muy más lindo y blanco, para
poner á la mesa para los Señores, cuasi como unas muy
hermosas obleas, cuando es rallada la yuca en unos cueros de pescado como cazon, que los indios llamaban libuça,
la media sílaba luenga, el cual cuero tenían apegado á
una piedra, ó cubierta la piedra con él, sobre que ralla-
ban, y las tortas delgadas que desta masa rallada en
aquellos cueros hacian, llamaban xabxao; en las piedras
comunes rallado, hacian las tortas más gruesas para
mantenimiento de mucha gente, y así cuando querian lo
diferenciaban. Despues de puesto al sol aquellas, dos, ó

tres, ó cuatro horas ó poco más, en las cuales se seca y
hace bizcocho, como es dicho, cuando se hace cantidad
ponen las tortas en unos cadalechos de palos ó cañas sobre
unas horquetas, medio estado altas del suelo, y dura dos
y tres años sin dañarse, tan bueno como si hobiera un mes
que se hobiera hecho, pero hánlo de guardar de goteras
y de agua, porque luégo se deshace y no aprovecha para
cosa sino para echarlo á los puercos y á las aves. Tiene
cada persona que comer en dos arrobas de aquel pan
ó de aquellas tortas un mes bueno en abundancia. Salen
comunmente de cada millar de montones 200 arrobas,
que son cien cargas de las de los indios, porque á dos
arrobas se mandó que echasen en cada carga; puesto
que nunca lo han guardado los españoles ó pocas veces
lo han guardado que no echen más á un indio, y áun
tres y cuatro han acostumbrado á echar. Tierras hay
muchas en esta Isla, que de un millar de montones se
sacarán 150 y 170 cargas de pan cazabí, que, como
dicho es, cada carga tiene dos arrobas. Y reducida toda
la facilidad con que se hace planta y cria y amasa
este pan, y el aprovechamiento dél, á cierto compendio
y brevedad, sumámosla así: que 20 personas de trabajo
que trabajen un entero mes, seis horas no más cada
dia, harán tanta labranza de estos conucos, que dije
llamarse, cuanto puedan comer de pan 300 personas en
dos años, y ántes me acorto que alargo; mayormente
que arada la tierra con bueyes, como hay dellos tan
grande abundancia, y alzando los montones con azadas
de hierro, no como los pobres indios, que con un palo de
una braza, tostada la punta y en tierra vírgen y dura, la
cavaban y los alzaban, es manifiesta hoy la ventaja.
Amasarán y cocerán cinco ó seis mujeres, con cinco bu-
renes ó hornos de los que digimos, cada dia 50 y 60 arrobas deste pan, que son 25 ó 30 cargas, con que comerán
mil personas largas, mayormente que ya no es menester
para sacar ó exprimir el zumo ó agua de las raíces ó

yuca las mangas de empleita, ni sentarse las mujeres en
el palo, porque ya háy, y se pueden hacer cada dia, unas
prensillas de husillo, que en un credo se puede todo
el agua ó jugo exprimir sin alguna tardanza ó trabajo.
Y así creo que consta bien clara la facilidad con que se
hace aqueste pan, y la utilidad y provecho que dello se
saca y puede sacar. Y esta es y ha sido, y no otra, la
causa porque no hay en esta Isla más trigo que en Sicilia, ni en Italia ni en toda España, conviene á saber,
que como los españoles no hayan venido ni vengan á
estas Indias por otro fin, ni tengan ni hayan tenido otro
intento, el que más asentado parece que está, sino haber
oro y las riquezas que haber pretenden á costa de las
vidas y trabajos ajenos, y tornarse á Castilla á las pom-
pear y gozar como esta Historia por su discurso mostrará, constándoles la facilidad y ganancia deste pan,
miéntras les duraron los indios que en servidumbre tuvieron, hasta que en ella los acabaron en las minas y
en otros trabajos, no curaban de hacer más deste pan
para con que los indios les sirviesen, porque, para sí
mismos, con dos pipas de harina que traian los navíos de
Castilla, que les costaban á diez castellanos, tenian que
comer un año; despues de aquellos muertos que mataron
á los indios, sucedieron otros vecinos que hoy en esta Isla
hay, los cuales comenzaron á traer negros que en lugar de los indios pasados heredaron los trabajos, y hallan
el mismo provecho y áun mayor en los ingenios de azúcar y otras granjerias, y el pan para mantener aquellos
tan á la mano, ¿quién les ha de boquear en que á sí mismos y á la gente que tiénen ocupen en arar, y cavar, y
hacer molinos y aceñas, y semejantes cuidados de dónde
no han de haber más utilidad de tener pan, teniéndolo
de Castilla para sus personas por 10, ó 20, ó 30 castellanos? Si en esta Isla no hobiera pan, ó no tal pan, más
trigo y mejor pan hobiera dél que en todo lo poblado del
mundo, y de no habello hoy ninguna otra ha sido la

causa. Con esta cosa de maravillar quiero acabar lo
que toca á este pan, y es, que aquella agua ó zumo, que
es mucha, que tiene y sale de la dicha masa, y la llaman
los indios hyen, es de tal naturaleza, que cualquiera que
la bebiese así cruda como sale, moriria como si bebiese
agua de rejalgar, con la cual se han muerto á sí mismos
muchos indios, bebiéndola desesperados, en esta Isla y
en la de Cuba, por salir de la vida tan amarga que los
españoles les daban, segun que en otra parte se dirá;
pero con un hervor que se dé al fuego, pierde la ponzoña
y queda hecho vinagre sabroso para guisar algunos gui-
sados que requieren agro ó vinagre, y así los hacian los
indios y yo comí algunas veces dellos. Sembraban y cogian dos veces en el año el grano que llamaban mahíz,
no para hacer pan dél, sino para comer tierno por fruta
crudo, y asado cuando está en leche, y es muy sabroso,
y tambien hacian dél cierto potaje, molido y con agua; era
menudo y de muchas colores, morado y blanco y colorado
y amarillo, todo esto en un macora, llamábanlo mahíz,
y desta Isla salió este nombre.

CAPÍTULO XII.

Habia en esta Isla algunas frutas silvestres por los montes, y dellas muy buenas, ninguna, empero, doméstica, porque no curaban de tener huertas ni frutales los indios, como se dirá, el contrario de los de Tierra Firme, sino que cuando las topaban acaso, las comian, la mejor de las cuales, y quizá de gran parte del mundo, eran los que llamaban mameyes, que arriba digimos haber de su orígen sólo en la punta desta Isla, que se llamaba la Guacayarima; las que llamamos piñas, que es fruta en olor y sabor admirable, no la habia en esta Isla, sino que de la isla de San Juan se trujo, y por esto aquí no hablo hasta su lugar della. Habia las que llamaban guayabas, la penúltima sílaba luenga, y éstas son muy odoríferas, sabrosas tambien, pero las desta Isla eran chiquitas; las que hoy hay, y está la Isla llena dellas, que son muy mayores y muy más hermosas y más sabrosas y más olorosas, fueron traidas de Tierra Firme, y, cierto, es fruta de harta golosina. Habia otra mucho buena y suave, muy sabrosa, puesto que no odorífera, tan grande como un membrillo, que no es otra cosa sino una bolsa de natas ó mantequillas, y así es blanco y más ralo ó líquido que espeso, como manteca muy blanda, lo que della es comestible; tiene dentro algunas pepitas negras y lucías, como si fueran de azabaja, tan grandes como piñones con sus cáscaras, aunque muy más lindas; la cáscara ó bolsa donde está lo comestible es como entre verde y parda, la cual llamaban los indios annona, la penúltima luenga. Otra fruta hay que se llama hovos, propios como ciruelas, sino que son amarillos y tienen los cuescos grandes y poca carne, pero lo que tienen es muy sabroso mezclado con un poco de agro, y sobre todo es muy odorífero, y no hay cosa que más coman los puercos, y vayan 10 leguas al olor por buscalla; los árboles son muy grandes y altos y graciosos á la vista, la hoja es no del todo redonda, del tamaño de un real de plata, verde clara; cocida en agua es muy buena para lavar las piernas los que las tienen malas. Hay otra en esta Isla que llaman guanabanas, la penúltima sílaba breve, que son tan grandes como unas bolas de jugar birlos; la corteza tienen verde clara, y unas como tetillas de niño, con unas espinitas en ellas; lo de dentro, y que es de comer, algo amarillo, y como un muy maduro y tierno melon. Son muy sabrosas, con un poco de agro que le dá el buen sabor; hay en cada una que comer dos hombres. Otra fruta hay del tamaño de una almendra, sin cuesco, y de aquella cuasi hechura, colorada como una guinda ó cereza, poco ménos, y creo que tanto sabrosas que ellas, y así zumosas y frescas como ellas. Otra es llamada pitahaya, la penúltima sílaba luenga; es colorada la cáscara por de fuera y tiene ciertas espinas no buenas en ella, lo de dentro es cuasi como lo de una madura breva, con unos granitos muchos negros como los de los higos paharies de Castilla, y de la hechura de la breva; algo es sabrosa y fresca. El árbol en que nace son unas pencas luengas, de la naturaleza de las çabilas de Castilla, de que creo hacen el acíbar, aunque las çabilas están nacidas en la tierra y sus pencas son muchas y derechas desde abajo arriba, y las pencas de las pitahayas sale una de la tierra y encarámase en otros árboles y cunde al traves y al reves por ellos que parece culebra, y desta salen otras pocas de pencas, y todas llenas de espinas no muy buenas; finalmente, nunca están solas sino entre otros árboles de otra especie que las sostienen. Otra es redonda como una gran lima ó una naranja pequeña, es amarilla clara la cáscara por de fuera; lo de dentro, que se come, es cuasi como lo de la pitahaya, puesto que no tan bueno, el nombre no me acuerdo; nace en unos espinos de espinas bravísimas, los cuales no hay á qué comparallos, sino que hasta un estado en alto es tan gordo como un gordo muslo, de allí salen dos ó tres como cirios, muy derechos, cuasi juntos y como labrados por un entallador, con sus follajes, para poner en un retablo, llenos, empero, de grandes espinas como alfileres grandes, y áun agudas como agujas de acero, sin otra hoja alguna. Hay unos árboles grandes, mayores que grandes nogales, que producen unas uvas del tamaño de guindas, entre coloradas y leonadas, sabrosas; no se me acuerda el nombre dellas. Otro árbol hay que parece algo en las hojas á grandes higueras, aunque es mayor y las hojas mayores, y algo más abierto en las ramas y brazos que tiene que las higueras, que llaman yabruma, la penúltima luenga, todo el mástil ó tronco dél y las ramas tiene huecas y cuasi como canutos de las cañas de Castilla. Este dá una fruta pardilla que parece gusano, tan complido y grueso como un buen dedo, y está tambien hueco; esta fruta sabe cuasi como higos pasados, porque tiene dentro de sí cierta dulzura como miel, y pasarse hia al sol como se pasan los higos. Otra se halla en ciertos árboles grandes que están en las riberas frescas de los rios, que se llamaban por los indios guabas, y es cuanto á las vainas ó cáscaras como garrobas propias la fruta, salvo que lo que tiene de comer es como manteca blanca, sino que es poquita pero dulce y muy sabrosa, y de la manera que digimos que es la de las annonas, y tienen dentro de sí, entre lo comestible, unas pepitas. Todas estas frutas, si se hubieran traspuesto y hecho domésticas en huertas y sido curadas y cultivadas ó regaladas, como todas las frutas del mundo de que hoy en Castilla gozamos se trasplantaron, domesticaron y curaron, sin duda ninguna cada una dellas fuera estimada, y algunas por excelentes, y más que muchas de las de España, tenidas; pero ni los indios, por no ser de su naturaleza

dados á regalos ni curiosidades, no se curaron dellas más
de cuanto las comian cuando acaso las topaban, ni los
españoles por sus ocupaciones de adquirir dineros y poco
cuidado de poblar en estas tierras, é imperseverancia de
morar en ellas mucho tiempo, y áun porque son amigos
de comer de sudores ajenos, ni las estiman ni han dellas
curado. En las riberas de la mar hay una fruta que llamaban los indios tunas, de hechura de las bolsas en que
están las adormideras, pero son verdes claras y llenas
las cáscaras de unas espinitas delgadas, á trechos por
órden bien puestas; nacen en unos arbolillos de hasta á
cuatro palmos poco más altos del suelo, todos espinosos
y fieros; lo que tiene dentro esta fructa, quitada la cáscara, es de zumo y carne como lo de las moras de nuestra tierra; comiéndola, toda va á parar al orina, y á los
principios, cuando no sabíamos qué era, la comieron
algunos, no sin gran miedo, creyendo que era sangre lo
que salia y que se debian de haber rompido todas las venas. En las mismas riberas de la mar hay otros arbolitos,
que la hoja y cuasi todo tienen de madroños; la fruta es
unas manzanillas cuasi del tamaño de nueces, con un
hollejo ó cáscara delgada, blanca y algunas veces morada, y otras colorada; lo de dentro, que se come, es blanco
y sabroso, pero es poco, por tener los cuescos grandes;
llamaban los indios á esta fructa hicacos, la penúltima
luenga. Ninguna fruta ni árbol, los indios desta Isla y
áun de las demas islas, tenían cuidado sembrar ni plantar despues de su pan y ajes y batatas, y el axi, que es
la pimienta, y el mahíz y las otras raíces que se han
dicho, sino solos arbolillos de las manzanillas, con que
cuando se sentian enfermos se purgaban, y nosotros acá,
desque lo supimos, nos purgábamos, y áun agora en
Castilla mezclan los médicos en purgas que dan. Estos
arbolillos plantaban junto á sus casas, como cosa que
mucho estimaban, y otras yerbas, como lechugas grandes, medicinales ó purgativas, como abajo diré. Este ar-

bolillo de las manzanillas no es mayor ni crece más de hasta estado y medio; tiene pocas ramas y poco bulto, la hoja es muy hermosa, cuasi es como la de la yuca, de que se hace el pan cazabí, como una gran mano los dedos desparcidos ó abiertos; la fruta es cuasi como avellanas, y así blancas, es la que llaman los médicos ben, de la manera que está escrita, y hace mencion della la medicina; es de gran eficacia para purgar, de cólera principalmente, segun se cree por los no médicos por lo que se ha visto por la experiencia. Con ella nos purgábamos antiguamente sólo mascándolas como si mascáramos avellanas, y como no iban molidas, sino en pedacillos enteros, pasábamos gran trabajo en los vómitos y grandes arcadas, las cuales no cesaban miéntras los pedacitos no se deshacian ni desapegaban de las tripas; despues caímos al cabo de muchos años en tostallas y molellas, y así no daban tanta pena, pero despues que vinieron á esta Isla médicos usaron dellas como debian, preparándolas y confeccionándolas con otras convenientes medicinas, porque dicen que estas manzanillas son, no purga sino punta de purga en la medicina; finalmente, la leche dellas, que es muy blanca como de almendras, es la que tiene la virtud purgativa. Otra cosa para purgar, no sé para qué enfermedades, hay en esta Isla, y sospecho que debe ser para males de flema, y ésta es una correa ó raíz, no porque esté debajo de tierra, sino que tiene su raíz debajo della y encarámase por los árboles de la manera de la hiedra, y así parece algo, no en la hoja, porque no la tiene, sino en parecer correa y encaramarse como la hiedra; llamábanla los indios bexuco, la penúltima sílaba luenga. Pueden atar cualquiera cosa con ella como una cuerda, porque es nervosa y tiene 15 ó 20 brazas y más de luengo: generalmente hay muchos bexucos en todos los montes, y sirven para todas cosas de atar y son muy provechosos.

`CAPÍTULO XIII.

Referidas las frutas que en esta Isla hay naturales y silvestres, digamos de los árboles más principales de que tenemos más frecuente noticia, y esto es general en todos, que nunca pierden la hoja en todo el año. Ya digimos arriba la multitud y grandeza y hermosura de los pinos, los cuales creo que ocupan 50 leguas de sierras, mayormente en la provincia de Cibao, que son las minas del oro, donde más numerosidad dellos hay; son derechos como cirios, muy altos y muy gruesos para másteles de muy grandes naos, son muy jugosos por la mucha resina que tienen para hacer mucha y muy buena pez; llevan unas piñitas chiquitas inútiles, finalmente, son de los que en Castilla llaman negrales; puédese hacer gran tablazon dellos y nunca acabarse. El árbol que se llama guayacan en lengua desta Isla, la sílaba postrera luenga, cuya agua se toma para sanar de la enfermedad de las bubas, es árbol bien grande, como nogal pero más lindo; la hoja me parece que será como la del peral de Castilla y más clara, verde, y más chica, el tronco principal y las ramas son como plateadas y doradas entreveradas de dos ó tres colores; para sacar el agua se ha de cortar la madera y hacer dos ó tres almozadas de pedacitos muy menuditos y echallos á remojar en agua del rio, que haya cuatro azumbres, cinco y seis dias y más, despues cocello que mengüen los tres azumbres y quede sólo el uno. Ha de tener, el que lo toma, muy gran dieta, sin comer sino un par de yemas de huevos, y, de tres á tres ó cuatro dias, un cuartillo de una polla con unos bizcochillos, y más delicado y sano, y para

esta cura más provechoso, creo es que el cazabí xabxao,
que no los bizcochos de pan de trigo; no ha de beber, todo
el tiempo que determina tomallo, agua ni vino, sino solamente aquella agua del palo, que no es ménos amarga
que hieles ó acíbar; desta manera lo han tomado mucho
tiempo en esta Isla, pero ya hay más experiencia en la
manera como se ha de tomar, y en la dieta que hay que
tener; especialmente en Castilla; todavía, digo, que requiere sobre todo extrema dieta y no beber otra cosa
sino aquella agua. Acostumbróse á tomar en esta Isla
desta manera, que tomándola con mucha dieta, despues
de pasados los 9 ó 15 ó más dias que la determinaban
tomar, tenian una olla, como dicen, podrida, y comian
mucho de todo lo que en ella estaba, y como el estómago
estaba tan delgado de la dieta pasada, prorumpia luégo
en cámaras dos ó tres dias, por las cuales purgaba todo
el humor malo, y así quedaban del todo muy sanos; y
yo tuve dello experiencia, que lo vide y tambien lo oí
haber acaecido á algunos. Tengo por cierto, que no sólo
para las bubas, pero para cualquiera enfermedad que
proceda de humor frio, tomándola, será cierta la sanidad, y cuando acaece del mal de las bubas ó de otro alguno con ella no sanar es porque procede de humor
caliente, y esto tengo por cierto dias ha; el palo de la
isla de San Juan se tiene por mejor, no sé si es de la
misma especie dé lo desta Isla ó de otra que difiera en
cualidad, al cual llaman los españoles el palo santo. Hay
en esta Isla, y comunmente en todas estas Indias, donde
no es la tierra fria sino más caliente, unos árboles que
los indios desta Isla llamaban ceybas, la y letra luenga,
que son comunmente tan grandes y de tanta copa de
rama y hoja y espesura que harán sombra y estarán
debajo dél 500 de caballo, y algunos cubrirán mucho
más; es muy poderoso, alegre y gracioso árbol; tiene
de gordo más que tres y cuatro bueyes su principal
tronco, y algunos se han hallado, y creo que está uno

en la isla de Guadalupe, que fueron 10 ó 12 hombres, los cuales abiertos los brazos, y áun con dos pares de calzas extendidas, no lo pudieron abrazar, y así lo oí certificar. De ser comunmente grandísimos y grosísimos y admirables ninguno debe dudar, ni tener por exceso que aquél fuese tan grande, porque en esta Isla, en la ribera de Hayna, 8 ó 10 leguas de Santo Domingo, yendo hácia la Vega, hobo uno que llamaban el árbol gordo, y cerca dél se asentó una villa de españoles que la nombraron así, que si no me he olvidado cabian dentro de sus concavidades, pienso que, 13 hombres, y estaban cubiertos, cuando llovia, del agua, y á mí en él acaeció lo mismo, y creo que no lo podian abrazar 10 hombres, si, como digo, no me he olvidado. El mástel ó tronco principal ántes que comiencen las ramas terná dos y tres lanzas en alto; comienzan las primeras ramas, no de bajo á alto como los otros árboles, sino extendidas mucho derechas por lo ancho que parece maravilla con el peso que tienen no quebrarse, y por esto lo hacen tan capaz y que tanta sombra haga; son tan gruesas comunmente las ramas dichas como un hombre, aunque tenga más que otros de gordura; las hojas son verdes oscuras, delgadas y arpadas, si bien me acuerdo; no siento que haya en Castilla á qué las comparar, sino es, sino me engaño, á las del que llamamos árbol del paraíso. Y porque lo dicho no parezca increible, léase lo que dice Estrabon en el XV libro de su Geografía, donde cuenta que hay árboles de admirable grandeza en las Indias, algunos de los cuales apénas podrán cinco hombres abrazar, los brazos extendidos; así, pues, como hay tan gruesos que los troncos ó másteles dellos no los puedan cinco hombres abrazar, parece que aunque se diga que 6 y 10 tienen que hacer en abrazar alguno, no será increible maravilla, cuanto más que habemos visto lo que decimos. Hay en algunas partes robles, pero en pocas y pocos; háylos, más que en otras, en la provincia de Ya-

quimo, en unos valles cerca de la mar, y en esta provincia hobo y hay el brasil, pero no mucho, de donde
pensó el Almirante que descubrió este orbe que salieran
grandes riquezas, como abajo diremos. Tiene tambien
otros árboles esta Isla, que llamaban caoban la o letra
luenga, los indios; tienen muy buena madera para arcas
ó mesas, algo colorada ó encarnada con algun olorcillo
bueno, que parece que quiso ser cedro pero no lo es, porque en esta Isla no hay cedros, en la de Cuba sí muy excelentes. Otros árboles hay, como hayas, algo blancos, en
lengua de indios no sé el nombre dellos. Hay otros árboles delgados, pequeños, en los montes de la costa del Sur
hácia Santo Domingo especialmente, que los indios llamaban caymitos, la penúltima luenga, que tienen la madera para hacer arcos como de tejo, y de éstos creo que
los hacian los indios; tienen la hoja muy señalada, porque de una parte la tienen muy verde como la del naranjo, aunque es chiquita, y de la otra parte como si toda
fuese alheñada. Hay otros que llamaban los indios gua-
cimas, la media sílaba breve, que propios son moreras
en la hoja, puesto que la tienen áspera y gruesa, pero
cuando comienza la nueva creo que sería para criar seda
ó poco ménos; la fruta es de hechura de moras, pero
es muy dura y negra, puesto que tiene algun zumo pero
muy poquito, y es dulce como miel, por lo cual los puercos la comen y con ella engordan, y la van á buscar
donde la huelen, como tras los hovos digimos en el precedente capítulo. Deste árbol sólo sacaban fuego los indios; tomaban dos palos dél muy secos, el uno tan gordo
como dos dedos, y hacian en él con las uñas ó una piedra una mosquecita, y ponian este palo debajo de ambos
piés, y el otro palo era más delgado como un dedo, la
punta redondilla, puesta en la mosca, con ambas palmas de las manos traíanlo á manera de un taladro, y esto
con mucha fuerza; con este andar de manos salia del
palo de abajo molido polvo, de la misma manera del-

gado como harina, cuanto el palo de abajo se ahondaba con el de arriba, y cuanto más el hoyo se ahondaba y el polvo salia, tanto más se hacia apriesa con las manos y con fuerza ó vehemencia, y entónces el mismo polvo ó madera molida que del palo de abajo salia era encendido, de la manera que se enciende la yesca dando con el eslabon en el pedernal en Castilla. Y esta es la industria que los indios para sacar fuego sin hierro y pedernal tenian, la cual es antigua, segun della hace mencion Plinio en el libro XVI, capítulo 41, donde dice: «que los soldados en la guerra, y los pastores en los montes ó campos, hallaron este secreto, como no tuviesen pedernal ni eslabon para sacar fuego»; sacábanlo de la manera dicha, segun él, de las ramas de los morales y laureles, y de los tejos, porque son cálidos de su naturaleza.

CAPÍTULO XIV.

Hay en esta Isla asimismo unos árboles que los indios llamaban xaguas; árboles son hermosos y copados como naranjos, pero mucho más altos y la hoja verde escura, no me acuerdo á qué la pueda comparar; tiene una fruta de hechura de huevos grandes de abutardas, blanca la tez y dura por de fuera, lo de dentro no hay á qué lo pueda comparar de las cosas de Castilla. El zumo desta fruta es blanco y poco á poco se hace tinta muy negra, con que teñian los indios algunas cosas que hacian de algodon y nosotros escribíamos. Este zumo ó agua de las xaguas tiene virtud de apretar las carnes y quitar el cansancio de las piernas, y por esto se untaban los indios las piernas principalmente y tambien el cuerpo; despues de pintada se quita con dificultad en algunos dias aunque se lave. Estos mismos árboles y la misma fruta, á lo que parece, porque ninguna diferencia parece tener, hay en la isla de Cuba, y allí tambien los llamaban los vecinos naturales de allí xaguas; dándoles con un palo ó piedra, porque son duras, y poniéndolas juntas muchas dellas á un rincon, tres ó cuatro dias ó pocos más, se maduran y se hace la carne dellas muy zumosa ó llena de un licor dulce como miel y cuasi de la color de miel, que las hace como una breva muy madura, y tan dulcísimas, que pocas ó ninguna fruta les hace ventaja de las de Castilla, pero en esta Isla española no las comian los vecinos della, ó porque no cayeron en ello, ó porque por ventura son aquéllas de otra especie, aunque no lo parecen por ningun indicio. Otro árbol hay muy provechoso en esta Isla, y es el que llama-

ban los indios híbuero, la sílaba penúltima luenga;
éste produce unas calabazas redondas como una bola y
no mayores comunmente, aunque algunos las echan un
poco luengas, están llenas de pepitas y carne blanca
como las de Castilla, y son tan tiestas y duras las teces
despues de secas, por de dentro y por de fuera, no como
las de Castilla, que son fofas y fácilmente se quiebran,
sino como si fuesen de hueso; sacada la carne y las pepitas, servíanse dellas de vasos para beber y de platos
y escudillas. Hay tambien unos arbolitos tan altos como
estado y medio, que producen unos capullos que tienen
por de fuera como vello, y son de la hechura de una almendra que está en el árbol, aunque no de aquella color
ni gordor porque son delgados y huecos; tienen dentro
unos apartamientos ó venas, y estos están llenos de
unos granos colorados pegajosos como cera muy tierna
ó viscosa. Destos hacian los indios unas pelotillas, y con
ellas se untaban y hacian coloradas las caras y los cuerpos, á jirones con la otra tinta negra, para cuando iban á
sus guerras; tambien aprieta esta color ó tinta las carnes.
Tírase tambien con dificultad, tiene un olor penetrativo
y no bueno; llamaban esta color los indios bixa. Almácigos tambien hay muchos, segun decia el Almirante;
si almácigos son aquellos que él decia, no siento á quó
los comparar, y nunca vide que se probase sacar dellos
almáciga. Hay otro árbol en esta Isla que los indios della
llamaban cupey, la penúltima sílaba luenga, del cual
se puede alguna cosa nueva referir; es árbol más alto
que un alto naranjo, aunque no así copado sino algo más
abierto, tiene tres cosas notables, la una las hojas, que
son tan grandes y cuasi de la hechura de un azuela de
hierro de un carpintero, imaginándola que sea lo agudo
della redondo, y sin gavilanes; es muy verde y escura y
hermosa, gruesa como un real y tiesta, no floja, y por
esto con un alfiler, y mejor con un palillo agudo, escribe
el hombre todo lo que quiere, y luégo señálase la letra

amarilla, de un sudor ó zumo cuasi como el de la çabila,
y desde á poco tórnase la letra blanca; deste papel, y
péndolas, por falta del de Castilla, los tiempos primeros
en esta Isla usábamos. La otra cosa es la fruta que produce aqueste árbol, no para comer, ni hay á qué com-
paralla sino á unas rosas no llanas de madera que ponen
sobre las cuatro varas de las camas de .campo, doradas,
bien hechas, con unas coronillas encima cuasi de la forma
de las adormideras; por de fuera son blancas y que tiran
á verdes claras, puesto que se abren ó desquebrajan, lo
de dentro es pez negra, con que se puede cualquiera cosa,
como con pez, empegar; tiene algunas pepitas que comen
las aves, ó lo que con ellas está pegado. La tercera cosa
es más notable, que cuando las aves están en este ó en
otro árbol, y en él purgan algunas de las dichas pepitas, las que páran ó se pegan en el árbol allí nacen
como si las ingiriesen, y lo que nasce son unas raíces
del gordor de una lanza muy lisa, y todo su crecer
es ir cara abajo á buscar la tierra y despues en ella
arraigarse, y, echadas raíces, nasce della otro árbol
como el que la fruta hobo dado; estas raíces, descendiendo hácia abajo, como el árbol es alto, son de 25 y 30
y más palmos, y éstas son muy lindas astas de lanzas,
todas muy derechas y muy nervudas y lisas, que no han
menester dolallas ó alisallas. Y deste árbol, que digimos llamarse cupey, salen de la manera dicha las varas   •
de lanzas, y no, como algunos piensan, de los árboles
que se llaman xaguas. Estrabon, en el libro XV de su
Geografía, refiere haber en la India, que está más al
Mediodía, unos árboles grandísimos, que algo parecen
á lo que deste cupey habemos dicho, aunque digno de
mayor admiracion. Destos dice que sus ramas, despues
que han crecido hasta grandor de 12 codos (debe ser en
soslayo y no hácia arriba), van creciendo para abajo en
busca de la tierra, y llegadas en la tierra echan allí
raíces, y dellas nasce otro árbol como él mismo, el cual,

despues de criado y las ramas crecidas como las primeras, van cara abajo buscando· la tierra, y echan sus
raices, y dellas crece otro árbol, y así de uno se hacen
muchos, y de todos se constituye una como cámara ó
pabellon grande puesto sobre muchas columnas; de
aquí podemos colegir que estas nuestras Indias son
parte de aquella nombrada India. Otro árbol hay, principalmente en la provincia de Higuey, hácia la costa de
la mar, y más cantidad en la isla· de la Saona y por
aquellas isletas, que los indios llamaban guao, la primera sílaba luenga, el cual será, el más alto, de estado
y medio de un hombre, que con sus ramas no hace mucho bulto, árbol seco y estéril, y así no se halla sino
entre peñas, cuya hoja es como la coscoja ó carrasco
que queman en los·hornos en Castilla, con sus espinitas
al rededor de la hoja, y tambien tiene algunas por las
ramas y todo él (á lo que creo, porque ha dias que no
lo vide); la leche deste árbol es ponzoñosa, y della y de
otras cosas hacen los indios la yerba que ponen en las
flechas con que matan. Andando por los montes destos
árboles, como son espesos y bajos y los caminos an-
gostos, tocando las ramas en la cara, con las espinillas,
parece que salpica la leche, y luégo se hincha la cara
y abrasa como si se cubriese de la que llamamos del
monte, y por muchos dias no se quita y amansa, y esto
comunmente hace daño á las caras de los hombres que
son muy blancos y delicados y flemáticos, á los coléri-
cos y que tiran en el pelo á çaheños y á los bermejos
ningun daño hace; y á mí me dieron las ramas muchas
veces en la cara y nunca me hizo mal, porque no soy
de los muy blancos ni flemático. Fuera de las provincias y tierra que dije, por toda esta Isla no hay este
árbol guao, sino uno de cuando en cuando, porque toda
la tierra, fuera de aquella que es estéril, en esta Isla
es fertilísima, que sean montes ó valles.

CAPÍTULO XV.

Hay otro árbol de que se hace artificiosamente el bálsamo, que llaman en esta Isla bálsamo; este árbol será como pequeños naranjos, la hoja tiene verde escura, del tamaño de medio real ó poco más, cuasi es de la forma de un corazon; donde yo lo he visto es en el monte, una legua pasando de la villa de Santiago, yendo camino de Puerto de Plata y por los montes por allí adelante. Hácese por arte desta manera: Que los palos ó rajas dél se cortan muy menuditos con una hacha (y mejor es azuela, porque cuanto más menudos se cortaren mejor es); estas cortaduras, en cantidad de dos celemines ó tres, échanse en un lebrillo grande que quepa dos arrobas y áun media más lleno de agua, y así, con esta proporcion, más ó ménos segun la cantidad de la madera el agua proporcionable; déjase así estar remojando ocho dias, despues, en una caldera muy limpia, pónese á cocer, y mengua de cuatro las tres partes; cocido y menguado así, en muchas escudillas se echa y reparte, poniéndolo al sol dos ó tres dias, el cual se espesa como miel y pára de color de arrope ó de miel algo escura, y el olor cobra algo suave. Yo lo he hecho hacer por este modo y salió mucho bueno, y obra de un cuartillo ó poco más que envié á Castilla á cierta persona, en el año de 28 ó 30, lo vendió, segun supe, por 20 ducados. La experiencia que deste licor se tiene hoy es, que para cualquiera herida donde salga sangre, ó donde no haya miembro ó nervio ó casco cortado, puesto en ella caliente, bien empapada y atada, no es menester más de una vez curalla. Las palmas desta Isla son muy provechosas,

mayormente las que tienen las hojas y ramas como las
de Castilla, porque hay otras especies de palmas que las
tienen tiestas y como una mano abiertos los dedos, ó
como la hoja de las de los palmitos de Castilla, sino
que las de Castilla están parradas con el suelo y éstas
son altas tres y cuatro estados dél, y destas hay dos ó
tres maneras déllas, y el provecho que hay dellas es
cobrir las casas en algunas partes desta Isla con ellas.
Nacen comunmente en los lugares no fértiles, y no en
montañas sino en llanos rasos, pero las primeras que
dije, que tienen las ramas y hojas como las de Castilla,
éstas son muy hermosas y provechosas, fértiles, y nunca
se hallan sino en tierra muy fértil, de muchas aguas y
rios cerca; éstas son muy altas, tanto y más que las de
España, porque tienen 10, y 12, y 15 brazas en alto, y
muy derechas, el mástel dellas no es á pencas como las
nuestras, sino lisas y duras, mucho más que si fuesen
de hueso. Son huecas, pasados dos ·dedos buenos de
gordo, que tiene lo que digo, que es muy dura, y
están llenas de unas hilachas, las cuales quitadas
ó sacadas, que se quitan y sacan fácilmente, quedan
como una culebrina ó lombarda, que suelen servir,
enteras ó partidas por medio, de canales por donde
venga el agua para edificios, en especial donde se
hace el azúcar, que se llaman ingenios; desta madera
hacian los indios las que llamaban macanas. Llegando
á lo alto, que es pasando todo lo que digo ser duro
como hueso, comienza el palmito, que terná seis palmos y siete de alto, y terná de grueso como un hombre por la cintura y más grueso, y es algo más que
el mismo mástel que viene desde el suelo; este palmito, que dije tener seis y siete palmos, está vestido de
unas hojas que los indios llamaban yaguas, la última
breve, de las cuales tiene 10 y 12 tantas cuantos son
los ramos de la palma y unas sobre otras; las primeras,
como se van secando, las despide la naturaleza, y como

CAPÍTULO XVI.

Cuanto á las yerbas, son inmensas las que hay en esta Isla y de especies diversas, y que creo que de gran virtud medicinales, porque son muy hermosas y pintadas, como con tijeras cortadas muchas dellas, que luégo parece haberlas naturaleza por su virtud señalado. Una yerba conozco yo que es como una lechuga de pocas hojas, y está parrada con el suelo, y comunmente está en los rasos y çabanas, con el zumo de la cual el flujo de la sangre de las narices se estanca echándose la persona en el suelo ó sobre una mesa, la cara arriba, exprimiendo de aquel zumo algunas gotas por la ventana de la nariz por donde sale la sangre. De las de Castilla, que acá son y eran, cuando los primeros venimos, naturales, las que yo he visto y conozco son las que aquí nombraré: Helecho muy alto y grande, hay en las sierras comunmente que tienen yerba y son de montes muy claros en gran abundancia, culantrillo de pozo, cerrajas, creo que doradilla, llanten, verdolagas, y éstas me acuerdo que llamaban los indios manibari, la penúltima breve; bledos de dos maneras, unos muy verdes y otros colorados y muy grandes, salvo que tienen algunas espinas; ortigas, yerba-mora, altamisa muy grande y muy buena, manzanilla, á lo que parece sin olor alguno; los boticarios dicen que hay otras muchas de las que hay en España, que los que no las conocemos no tenemos cuenta con ellas. Una otra yerba, natural desta Isla, nasce á las riberas y junto al agua

de los rios, en la tierra de las hoyas, que es muy fértil
y muy blanda para sembrar en ella cualquier hortaliza;
esta yerba llamaban los indios *y*, es muy fresca y muy
verde y muy graciosa, tiene la forma de un corazon en
plano, y es tan ancha como muy poco ménos que dos
manos, críase y cunde todo el suelo sin levantarse como
la hiedra ó las calabazas, pero las córreas donde nace
son muy más hermosas y sotiles y delgadas que la de
la hiedra ni calabazas; tiéne un poco de buen olor, y con
ella se lavaban los indios, hombres y mujeres, como
siempre acostumbraban. Tiene la virtud del jabon para
lavar ropas, en especial de lienzo, puesto que los españoles no han curado della para en esto della se aprovechar. Algunas veces se han purgado con ella á tiento y
sanado de calenturas, no sabiendo á qué indisposicion
se ha de aplicar: cómenla muy bien los puercos y engordan con ella. Otra yerba hay que es como cebollas albarranas, la cual es muy buen jabon para lavar ropa,
puesto que creo que mucho la gasta. Hay juncia de la de
Castilla, y tambien la que llamamos enea, de donde salen
los que nombramos bohordos; en las ciénagas y lugares
de muchas aguas hay muchas malvas de las de Castilla.
La yerba comun, de que todos los llanos que llamaban
los indios çabanas, la penúltima luenga, y las sierras
que no tienen arboledas, están llenas, es yerba hermosísima y odorífera, delgada y muy alta, que poco ménos
por alguna y muchas partes un hombre se cubria, pero
en general pasaba de la cinta. Entre esta yerba se
criaba otra yerba muy delgada que parecia lino en cerro
ya seco, cogido, raspado y adobado para hilarse, y podré
decir que era muy más linda, con la cual cobrian los
indios sus casas, que llamaban bohíos, la penúltima
luenga, que la hermosura y limpieza della, y de las casas della cubiertas, eran verlas alegría. Era muy más
hermosa y espesa y alta la de las vegas, y sobre todas
la de la Vega Real; quien agora viere las vegas, y ma-

yormente la Grande, parecerle ha que nunca en ellas hobo
tal yerba, porque están tan pacidas y comidas de los
infinitos ganados que en ellas hay, que no es salida de
la tierra cuando es comida y raida; pero lo dicho es
verdad.

———————

CAPÍTULO XVII.

De todas las cosas referidas de esta Isla, se puede bien colegir su salubridad y templanza, así por su sitio, por respecto del aspecto y figura del cielo, como por la figura y disposicion de la misma tierra; puédese tambien luégo entender la bondad, fertilidad, templanza y sanidad de todas estas Indias, si se considerase lo que las otras islas y Tierra Firme y partes della están desta distantes; pero, para mayor noticia y claridad desto, es bien de notar, que así como los médicos dicen que para conocer la naturaleza y disposicion del cuerpo humano es necesario considerar, no sólo la raíz ó la causa superior y universal, conviene á saber, el cielo ó cuerpos celestiales y su disposicion y movimientos, pero tambien debe el médico de tener consideracion de la raíz ó causa inferior, y ésta es la complexion y disposicion de la persona, por esta misma manera es en el propósito, conviene á saber, que para haber noticia de las tierras si son aptas y dispuestas para la habitacion humana, si son templadas ó destempladas, sanas ó enfermas, si son pobladas ó frecuentadas mucho ó poco de los hombres, se requiere que tengamos noticia y conocimiento de la causa universal, que es el cielo, conviene á saber, de la moderacion, ó mediocridad, ó templanza, ó exceso y destemplanza que se causa por la distancia ó propincuidad de la vía ó camino del sol, porque la mucha distancia causa el mucho frio, y la mucha propincuidad ó vecindad causá el excesivo calor, y tambien de las causas particulares ó especiales por respecto de la tierra y disposicion della. Y de aquí es, que puede acaecer y acaece, que, por el aspecto y figura del cielo, esté alguna tierra favorecida, y dispuesta por su templanza y mediocridad para la habitacion humana, y para los animales, arboledas y frutos de que los hombres tienen para vivir necesidad, y por las causas inferiores, conviene á saber, por la disposicion de la tierra, de sierras ó valles ó aires, ó de otros inconvenientes que concurren, no sea proporcionada ni conveniente para ser habitada ó mal habitada ó del todo inhabitable; y por el contrario, por el aspecto y figura del cielo ser desconveniente y desproporcionada para habitarse ó ser naturalmente inhabitable, y por la buena disposicion, sitio y compostura della y de los montes y valles.y aires que en ella hay, ser convenientísima y. proporcionable para la habitacion humanà. Cinco causas particulares se pueden colegir de lo que dejaron escrito los filósofos y astrólogos, como abajo se dirá, que pueden concurrir, ó alguna dellas, para que alguna tierra sea mal habitada ó del todo inhabitable, aunque en conveniente y proporcionada distancia del sol: La primera, por ser aquella tierra cubierta de algun pedazo de mar ó de otras aguas dulces, como lagunas, ó lagos ó ciénagas. La segunda, porque la tierra es estéril é infructuosa, que ni nace yerba ni árboles como los arenales de Egipto ó de Etiopía. La tercera, cuando está ocupada de serpientes ó malas bestias, como en algunas partes de Etiopía y en otras de la India ó Taprobana son algunos montes, que llaman de oro ó dorados, llenos de grifos y hormigas y otras bestias, como abajo si viniere á propósito, placiendo á Dios, se dirá. La cuarta, por la disposicion ó figura de algunos lugares ó montañas, montes ó valles, que son inhabitables por el exceso de calor ó frio que en ellos por su mala postura ó sitio hace. La quinta, por razon de ser el aire de aquella comarca mucho y demasiadamente sotil, ó en mucho exceso grueso, espeso y tupido, ó por otra causa particular. Por el contrario es posible que suceda en tierras cuyo sitio está en disconveniente y desproporcionada distancia del sol (las cuales, cuanto al aspecto y figura del cielo, fueran inhabitables ó mal habitables), por el concurso de cinco causas contrarias á las cinco susodichas, conviene á saber, siendo la tierra enjuta de agua de la mar, y de lagunas, y de ciénagas, que es contrario de la primera; y siendo la tierra fértil, fructuosa de yerbas, árboles y fructos, y el terruño grueso, jugoso y de buena color, que es contrario á lo segundo, y que carezca de bestias fieras y ponzoñosas, contrario de la tercera; y porque es tierra exenta, descubierta, no avahada ni sombria, las sierras ó montañas altas de cara el sol, los valles no cubiertos de espesas nieblas, que es contrario de la cuarta; los aires de la comarca no demasiadamente sotiles ni gruesos, sino llegados á mediocridad, que es contrario de la quinta causa. De aquí es lo que de los montes Hiperbóreos se dice, los cuales, por la figura del cielo, están en la extremidad del mundo, debajo del polo Artico ó del Norte, el cual tienen encima de la cabeza, y la línea equinoccial por horizonte, y el dia es de seis meses y de otros tantos la noche, que habian de ser inhabitables por el excesivo frio; empero cuentan dellos las historias que moran en ellos unos pueblos y gentes que dicen ser beatísimas, que nunca mueren, sino, de hartos y cansados de vivir, se suben á una peña altísima de donde se despeñan en la mar. Asi lo cuenta Plinio en el libro IV, cap. 12, y Solino en su *Polystor*, cap. 26, y Pomponio Mela, libro III, cap. 5. Estrabon, libro XV, dice que algunos tenian por opinion que vivian mil años: dellos tambien habla Macrobio *De Somno Scipionis*, libro II, y Diodoro tambien dice dellos muchas cosas, en especial de su religion, libro III, capítulo 11, y otros autores, de los cuales algo hablamos en el cap. 7. La razon de aquello, àsigna Lyconniense, segun refiere Aliaco en el tratado *De Imagine mundi*, capítulo 12, diciendo que aquello acaece por la figura y disposicion de aquellos montes, porque tienen la super-

ficie hácia el sol polida ó de su naturaleza clara y cón-
cava, y por esto reciben y retienen la lumbre del sol, y
por consiguiente el calor soficiente para que no haya
por allí tanto frio, y sean defendidos y conservados los
moradores de aquellos montes, que los vientos naturales
de la region, que son frios, no les sean nocivos y empe-
cientes. En estas nuestras Indias tenemos tambien ejemplo de lo que decimos, y es en la línea equinoccial, la
cual, por respecto del cielo, es manifiesto estár debajo
de una figura y constelaciones en todas partes y en
igual latitud, como esté medio por medio del mundo,
pero en muchas partes, así en la mar como en la tierra
hácia las provincias del Perú, es tierra templada, y en la
provincia del Quito debajo de la misma línea; en las sierras, por nieves, hay algunos pedazos inhabitables, y en
la isla de Santo Tomé, que tienen los portugueses y
está debajo de ella, apénas es habitable por mucho calor:
esto no puede ser sino por razon de la tierra y su dispusicion. Lo mismo es de las islas de Cabo Verde, las cuales
están en la misma altura con ésta, y aquéllas son por el
mucho calor mortíferas, y ésta por su amenidad felicísima y vivificativa. Y así parece que si las causas especiales aptas para la buena habitacion concurren, aunque
la universal fuere contraria, sería posible ser la tal region de buena y saludable habitacion, no embargante la
contrariedad de la universal y superior; de aquí mucho
con más verdad se sigue, que si la causa universal y superior es favorable y concurren ó convienen con ella las
especiales é inferiores, conviene á saber, que el aspecto
y figura del cielo por sus salubres influencias favo-
rezca, y la tierra por la mediana y cómoda distancia del
sol sea situada en buena proporcion, y así sea fértil,
enjuta, descubierta y bañada de buenos aires ó vientos,
y de ciénagas y hediondez ó pudrimiento y otros inconvenientes apartada, esta tal region será mucho bien
templada, muy apta y dispuesta para la habitacion hu-

mana, y dignísima de ser de hombres frecuentada y poblada; y así es verisímile que debe ser la tierra del Paraíso terrenal y todas las tierras que son muy habitadas y pobladas. De todo lo susodicho en este capítulo se puede colegir manifiestamente la salubridad, fertilidad, y sanidad, felicidad, y poblacion desta Isla; la razon es, porque en ella concurren, juntamente, la causa universal que es el aspecto y figura del cielo, y la cómoda y mediana ó mediocridad de la distancia del sol, y concurren asimismo con la causa universal susodicha las cinco causas ya dichas especiales favorables, y que por sí solas pudieran bastar. Cuanto á la causa superior y figura del cielo y distancia convenible del sol, parece porque como esta Isla, segun en el capítulo 1.º digimos, esté en 16, y 17, y 18, y 20 grados, y el mayor dia del año no pase de 13 horas con algunos minutos, y la noche no mengüe de 11 ménos aquellos minutos, lo cual es poca distancia y hay poca diferencia de la templanza que hay en la linea equinoccial por la igualdad del dia y de la noche, como en otra parte, por sentencia de Avicena y otros filósofos, digimos, y por experiencia sabemos ser así verdad, luego el aspecto del cielo y distancia convenible del sol, y así la causa superior y universal, concurren á la salubridad, fertilidad, sanidad, felicidad y poblacion de esta isla Española, y á ser de su naturaleza bien habitable. Esto se corrobora, porque segun Aristóteles, en el libro «De las causas de las propiedades de los elementos», y Avicena é Hipócrates y todos los astrólogos y matemáticos y filósofos, la raíz de la felicidad y fertilidad y habitacion de las tierras es la igualdad, ó templanza, ó mediocridad, y ésta procede de la igualdad del dia y de la noche, porque cuanto el dia escallenta el calor del sol, tanto enfria el frescor de la noche, pues como esta Isla tenga una hora no.más, ó poco más, de dia, cuando mayor es el dia de todo el año, y aquélla ménos de noche, y ésta sea muy poca diferencia de la igualdad y templanza que alcance la linea equinoccial, síguese que muy poco ménos de templanza tenga esta Isla en el mayor dia del año que la línea equinoccial, y, por consiguiente, cuando vuelve el sol y va creciendo la noche hasta subir á 13 horas, y menguando el dia hasta 11, de necesidad en esta Isla se ha de seguir deleitable habitacion. De aquí es, que desde mediado Setiembre, que es el equinoccio austral, hasta todo Abril, que son siete meses y medio, es muy buena y muy deleitable por toda esta Isla la habitacion humana, y los cuatro meses y medio que son, Mayo, Junio, Julio y Agosto y mediado Setiembre, hace los calores (y más son bochornos que calores), porque entónces son las aguas comunmente; y áun este calor no es demasiado en muchas partes della, sino son las provincias que están á la costa ó ribera de la mar del Sur, y esto proviene por el aspecto ó figura del cielo y la conveniente distancia del sol, y así por la causa universal y superior.

CAPÍTULO XVIII.

Visto como concurre el favor que dá la causa universal para que la habitacion desta Isla sea próspera y deleitable, veamos en este capítulo cómo concurren las
causas favorables particulares. Concurren, pues, todas
cinco causas, porque toda esta Isla es tierra enjuta de
agua de mar, de lagunas hediondas, y las de una que
hay son muy limpias y de muy buen pescado, que tengan el agua salada ó dulce, y las riberas della arenosas, y la tierra de alrededor tiesta y no lodosa, enjuta,
airosa y limpia de todo lo que le puede dañar; es limpia
de ciénagas de charcos esta Isla y de todá hediondez,
porque todas las aguas que tiene, que pudieran causar
ciénagas ó alguna pudricion, no son sino arroyos y rios
corrientes, y de limpias y delgadas y suaves aguas. El
terruño ó tierra de toda ella, es jugosa y gruesa ó llena de
grosura en si, cubierta de odorífera yerba de árboles fruc-
tíferos y lindos, y así fertilísima y felicísima; y de muy
agradable color, no negra sino en algunos lugares colorada, y generalmente algo pardilla como un leonado
oscuro. Bestias ponzoñosas no las hay, puesto que hay,
como se dijo, unas poderosas culebras muy mansas y
cobardes que las pisa el hombre muchas veces y cuasi
no lo sienten, porque miéntras se revuelven á desha-
cerse de como están hechas rosca pasa mucho tiempo;
y yo he visto comerlas á los españoles, con hambre, á los
principios que comenzaron á destruir las gentes, vecinos y moradores desta Isla, y comer de la cola donde
tienen las culebras y sierpes la ponzoña y no recibir
mal alguno. Es asimismo toda esta Isla, tierra descu-

bierta y exenta, no avahada ni sombría, sus sierras y
montes y montañas muy altas, rasas; los collados, los
valles, las cuestas muy bien asentadas, las cuales todas,
y cada parte dellas, las bañan y penetran y apuran los
aires y el sol; los valles muy sin nieblas, claros y deleitosos, con sus corrientes rios y arroyos, y si algunas
causan en ellos los vapores, como son muy delgadas y
sotiles, fácilmente las resuelve y deshace el sol. Los
aires naturales que se engendran en esta tierra son de
necesidad claros, sotiles, no espesos, nebulosos ni oscuros, sino de buena sustancia, porque se engendran de
los frescores de las sierras y montañas tan altas y valles
desavahados, que causan las suaves noches, y por eso no
se les mezclan vapores ó fumosidades extrañas, ni gruesas,
ni de mala naturaleza, porque no hay de dónde, como
quiéra que no pasen por lugares cenagosos, podridos ó
hediondos, ni por donde haya malas yerbas ó ponzoño-
sos árboles que los inficionen con sus vapores, ántes los
árboles por donde pasan, como sean pinos y otros muchos
muy altos que arriba hemos contado, son de nobilísima
especie ó casta, y las yerbas odoríferas y medicinales,
como queda declarado, y así no exceden en alguna de
las cuatro primeras calidades, que son, frio, calor, humedad y sequedad; y aunque alguna humedad parece
tener esta Isla más que sequedad, pero recompénsase
con la enjutez de la tierra y clemencia de los aires, y
tambien de los vientos, como luégo se dirá. De la sotileza,
claridad, buena sustancia y clemencia de estos aires, podré dar un argumento bien claro, que de cerca de sesenta años que ha que cónozco esta Isla y habitado en ella
muchos años, no me acuerdo que pasase más de un dia
que no se viese el sol en invierno ni en verano; aunque
á la verdad no hay invierno sino que todo el año es verano, pues por Navidad canta el ruiseñor, como arriba
ha sido relatado. Los vientos comunes que corren por
esta Isla, y por la mayor parte de todas estas Indias son•

los que llaman los marineros brisas, y por el aguja del
marear se llaman Nordeste y Nornordeste y Lesnordeste,
que parte son boreales, vecinos del Norte, y parte orientales, y así son los más sanos de todos los cuatro cardi-
nales ó principales, segun los filósofos y médicos y astrólogos, y segun Aristóteles en el séptimo de la Política,
capítulo 11, y en el segundo de los Meteoros. Los vientos
orientales son más sanos que otros, porque por su mucha
materia moran más debajo de la vía del sol, por lo cual
son más cálidos, y por su calor resuelven las nubes y
sutilizan y apuran el aire, y así causan sanidad. Item
el aire de las regiones orientales es aire claro y poco
seco, templado, entre húmedo y cálido, y por esto el
viento (que no es otra cosa sino aire movido y forzado á
correr por las fumosidades ó vapores, que salen de la
tierra con ímpetu y que de Oriente nascen) clarifica las
aguas y dáles sabor suave, y por esta causa los cuerpos
conservan sanidad por la templanza de sus calidades; de
aquí tambien es que los vientos orientales más que otros
abundan en flores y frutos. Item, las aguas de los rios
tambien que corren hacia Oriente y que por allí entran
en la mar, como hay infinitos en esta Isla, son mejores y
más claras y más sanas; la razon es por el encuentro de
los vientos orientales, y tambien por la reverberacion
del sol, que viene de Oriente, que las apuran y sutilizan. Los vientos boreales, que tambien corren y vientan
en esta Isla y proceden de debajo del polo Ártico que
llamamos Norte, y segun San Isidoro, en el libro XI, capítulo 13, y libro XIV, cap. 8.°, proceden de aquellos
montes Hiperbóreos que digimos en el capítulo precedente, donde viven las gentes beatísimas, son asimismo salubres y convenientes á la humana habitacion,
porque son frios y secos y vientan con ímpetu y vehemencia, y por razon de su fuerza limpian y apuran el
aire, ahuyentando las nubes y vapores gruesos que están
en él, y por su frialdad y sequedad endurecen los cuer-

pos y cierran los poros por de fuera, incluyendo y ahuyentando el calor intrínseco natural para la buena digestion; purifican los humores, sutilizan los espíritus y
los sentidos, ayudan la potencia digestiva, la retentiva
confortan, el aire pestilencial sanan, y ayudan la potencia generativa y así causan en todo sanidad, lo que
no puede ser sin mediocridad ni templanza. Pues que las
aguas desta Isla son sanas y maravillosas, y ayudan
á la templada y buena habitacion humana, por lo que
dellas hemos dicho arriba en los capitulos 6.° y 9.°,
bien claro á quien lo leyere parecerá; y la razon desta
mediocridad y sanidad es, porque son muy dulces, muy
movibles y corrientes, clarísimas, muy sotiles y delgadas, descubiertas, donde las dá todo el dia el sol, descienden de montañas ó sierras muy altas, pasan por
tierras enjutas y arenosas, con el calor del sol y con
el verano muy presto se escallentan, y con la frescura
de la noche y con el tiempo que acá tenemos por invierno, aunque no lo es pero es el más fresco de todo el
año, se suelen fácilmente enfriar. Todas las dichas calidades ó propiedades, que en este capítulo y en el precedente habemos notificado, ponen y acumulan los que, de
las señales y juicio que alguna tierra es templada y
cómoda y proporcionada para la habitacion humana, trataron, del número de los cuales es Avicena en el libro I
De locorum habitabilium indiciis, cap. 11, é Hipocras en
el libro *De Aere et aqua*, y Aristóteles en el VII de Las
Políticas; Tolomeo en el Quadripartito, tratado II, capítulo 1.° y 2.°, y Haly, su intérprete; Alberto Magno, en
el libro I, tratado primero, cap. 25 de los Meteoros, y
en el libro *De Natura locorum*, cap. 11 y 13, y otros muchos. Y así, de todo lo dicho manifiestamente parece,
concurren esta Isla, no sólo la causa universal, aspecto
y figura del cielo, pero muchas favorables particulares
que juntamente causan en ella mediocridad y templanza,
y por consiguiente hacen salubre y deleitable su habi-

tacion; y porque su altura es desde 16 hasta 20 grados,
cuanto á su latitud, por eso el sitio que tiene cae debajo
del clima primero, segun la distribucion de los climas
que hicieron los antiguos, pero debajo del segundo y
tercero segun la de los modernos. Comunmente la costa
ó ribera de la mar del Sur es más caliente que la del
Norte, aunque los embates y vientos de la mar ordinarios la templan desde medio dia abajo, como arriba
hemos dicho, pero la del Norte abunda en frescura
más; es la razon porque por aquella parte le vientan las
brisas ó vientos boreales, sin que los impida la tierra
como le vengan descubiertos inmediatamente por la
mar. En todas partes, frias ó calientes, siempre la
costa ó ribera de la mar naturalmente es caliente, porque la mar de su género y naturaleza es cálida, por la.
terrestridad que se la apega cálida ó quemada por la
reverberacion de los muchos rayos del sol, que se des-
parcen por muchas partes sobre ella, y por esto, de
necesidad, los lugares vecinos á la mar han de ser cálidos y secos ó cálidos y húmedos, sino fuere por alguna
causa particular, como vemos especialmente en estas
islas, segun hemos dicho, de las continuas brisas y virazones del dia y los terrales de noche.

CAPÍTULO XIX.

Entre otras cosas buenas que esta Isla tiene no es de dejar de referir ésta, que tampoco es de no mucho estimar, conviene á saber, que en toda ella no crian los españoles piojos ni pulgas; de los piojos, por maravilla uno se suele, sino muy raras veces, hallar; de las pulgas, ninguna se halla donde quiera que la casa está de gente habitada. Lo que dellas he visto, por experiencia, es que cuando se hacen algunas chozas, así como se suelen hacer en las minas, que hoy las hacian y dende á un mes ó dos, acabada la mina, por ir á buscar otra mina, dejaban aquella choza, luégo que la gente salia se henchia de pulgas, y duraban en ella tres ó cuatro dias y despues se morian todas. Los vecinos naturales indios desta Isla criaban en las hamacas, sus camas, y tambien en las cabezas, hartos piojos; perecidos ya todos los indios y sucedido en esta tierra tanta multitud de negros, no sé cómo les va de piojos. Generalmente las naos y la gente que por la mar anda hierven de aquesta fruta en tanto, que para los que de nuevo en la mar caminan no es poco cuidado y trabajo, pero por el viaje destas Indias vemos una cosa singular y de notar; que hasta las Canarias y 100 leguas más acá, ó por el paraje de las islas de los Azores, son muchos los piojos que se crian, pero desde allí para acá comienzan á morirse todos, y llegando á las primeras islas no hay hombre que crie ni vea uno; á la tornada para Castilla, van todas las naos y gentes dellas limpios destas criaturitas, hasta llegar en la dicha comarca, desde allí adelante, como si los esperasen, los tornan luégo en mucho número á inquietar. Dos cosas hobo y hay en esta Isla, que en los principios fueron á los españoles muy penosas: la una es la enfermedad de las bubas, que en Italia llaman el mal frances, y ésta, sepan por verdad que fué desta Isla, ó cuando los primeros indios fueron, cuando volvió el almirante don Cristóbal Colon con las nuevas del descubrimiento destas Indias, los cuales yo luégo vide en Sevilla, y éstos las pudieron pegar en España, inficionando el aire ó por otra vía, ó cuando fueron algunos españoles, ya con el mal dellas, en los primeros tornaviajes á Castilla, y esto pudo ser el año de 1494 hasta el de 1496; y porque en este tiempo pasó con un gran ejército en Italia, para tomar á Nápoles, el rey Cárlos de Francia que llamaron el Cabezudo, y fué àquel mal contagioso en aquel ejército, por esta razon estimaron los italianos que de aquéllos se les habia pegado, y de allí adelante lo llamaron el mal frances. Yo hice algunas veces diligencia en preguntar á los indios desta Isla si era en ella muy antiguo este mal, y respondian que sí, ántes que los cristianos á ella viniesen sin haber de su orígen memoria, y desto ninguno debe dudar; y bien parece tambien, pues la divina Providencia le proveyó de su propia medicina, que es, como arriba en el cap. 14 digimos, el árbol del guayacan. Es cosa muy averiguada que todos los españoles incontinentes, que en esta Isla no tuvieron la virtud de la castidad, fueron contaminados dellas, y de ciento no se escapaba quizás uno sino era cuando la otra parte nunca las habia tenido; los indios, hombres ó mujeres, que las tenian eran muy poco dellas afligidos, y cuasi no más que si tuvieran viruelas, pero á los españoles les eran los dolores dellas grande y continuo tormento, mayormente todo el tiempo que las bubas fuera no salian. Lo otro, que afligió algunos españoles á los principios, fué las que llamaban los indios niguas; éstas son cierta especie de pulgas, y así saltan como pulgas, y son tan chiquitas que apénas pueden ser vistas,

CAPÍTULO XX.

Para concluir la felicidad y excelencia desta Isla, será bien cotejalla con las más cognoscidas y celebradas islas que antiguamente fueron en el mundo; éstas fueron principalmente tres: Inglaterra, Sicilia, y Creta, que agora se llama Candía. Cuanto á la grandeza de Inglaterra, segun César en sus Comentarios, libro V, *De bello gallico,* tiene en todo su circuito dos cuentos de pasos, que son más de 650 leguas, y habla segun lo que por relacion de los mismos ingleses César oia. Plinio, libro IV, capítulo 16, refiriendo tambien lo que otros decian, dice que de luengo tiene Inglaterra 800.000 pasos, que hacen 270 leguas, y de ancho 300.000, que cumplen 100 leguas, pero estas medidas ambas son falsas sino se salvan con que, segun los antiguos, para hacer una legua debian poner más de tres pasos (ó eran pasos de gatos), porque segun hoy vemos por las leguas que se tasan por el arte de marear, que es la verdadera experiencia, no tiene de longura, entrando en ella el reino de Escocia, sino 160 leguas, y de ancho 100 no más; y éstas contándolas desde una puntilla de tierra, harto delgada, que se llama Mirafurda, que, en la verdad, no es lo ancho de la Isla; lo ancho della, y no de toda ella sino por cierta parte, no llega á 70 leguas. Beda, que fué natural desta Isla, y San Isidoro, libro XIV, cap. 6.º, que refirió la cuenta del mismo Beda en el principio de su Historia eclesiástica, y tambien Solino, cap. 3.º, dicen que tiene de circuito 48 veces 75.000 pasos, que hacen más de tres cuentos y medio de pasos, que venian á hacer 1.400 leguas, lo cual es manifiesto ser falsísimo por la experiencia. Diodoro dice áun más en gran exceso, que tiene la dicha Isla 42.000 estadios, que hacen 2.260 leguas en circuito, y esto es más que falso como por los ojos se demuestra, así que la verdad es lo que arriba está dicho. Pero esta isla Española todo el luengo que tiene son 145 leguas, el ancho son 80 ó al ménos 70 buenas, en circuito siempre se ha dicho tener 600; el Almirante, que la bojó ó anduvo en derredor, de propósito, toda, dijo tener 700, de manera que ántes tiene más tierra esta Isla en ancho y en largo que Inglaterra, ó al ménos, segun la verdad, no es menor que ella. Inglaterra es fructífera, que dá los frutos de la tierra de que se mantienen los hombres, tiene grandes arboledas, grandes campos y pastos para ganados y bestias, donde hay gran número de ovejas, porque no hay lobos; vino no lo habia antiguamente, agora lo hay, no en todas sino en algunas partes; tiene oro y plata, hierro y plomo, y estaño y perlas ó margaritas; tiene salinas, tiene rios grandes, es tierra más templada que Francia. Habitábala de gentes gran multitud, de costumbres, segun Diodoro, simples y muy diferentes de la astucia y malicia de otras gentes; contentábanse con comida simple, y de los deleites que usan los hombres ricos muy ajenos, las casas hacian de palos ó ramas y cañas; tenian muchos reyes y príncipes, los cuales todos vivian en paz. Todo esto es de Diodoro; pero Plinio, y Solino, y Julio César y otros, ponen hartas malas costumbres de aquellas gentes, como abajo parecerá; todo lo de mas arriba es de los Comentarios de César, y de Estrabon, libro IV, y Solino, cap. 35, Plinio, libro IX, cap. 35, y libro XXXIV, cap. 17, y Diodoro, libro VI, cap. 8.º, y de otros. Esta nuestra Española es toda, como ya está dicho, más que ninguna otra fructifera, para los mantenimientos de los hombres, de frutos infinitos; las arboledas y frutales naturales de la tierra, y de los que de Castilla se han traido, mayormente naranjas, y limones, y sidras, granadas, y higueras, nunca tantas y

tales por el mundo, fuera destas Indias, se han visto;
vino, ni lo habia ni se ha hecho, puesto que muchas uvas
se comen cada dia, y no haberse hecho por nuestra culpa
y negligencia ha sido. Campos y dehesas para toda especie de ganados y bestias domésticas, no hay tierra
tanta ni tal, en mucha parte del mundo, tan dispuesta
y aparejada para ellas, ni dellas que esté hoy ni haya
estado tan llena; muchos vecinos hay, y que pasan de
500, que tienen á diez á veinte y á treinta y á cincuenta
y á sesenta mil vacas, tan grandes que son mayores que
búfanos; ovejas no tienen número, y cabras muchas, y,
sobre todas las carnes, la infinidad de los puercos y la
carne dellos no se igualan gallinas ni capones con ella.
Bestias caballares exceden, asi en número como en hermosura, grandeza, ferocidad y gentileza, á todos los que
en toda la redondez del orbe se crian; andan mostrencas
y perdidas millares de yeguas y caballos, por los montes,
sin dueño, que no hay quien diga estas son mias. Mulas
y las demas bestias para el servicio no tienen número
cuando se hace por ellas, y en muchas partes no hallarán par. Oro tiene mucho y más fino que en otras partes
del mundo, como arriba se ha probado, hierro y cobre
tambien, aunque no nos hemos curado mucho dello, por
venir tanto de Castilla y tan barato, y por el ansia que
tenemos de andar tras el oro, lo cual nos impide aquesta
y otras muchas más provechosas y naturales que el
oro. Perlas ó margaritas, ni plata ó estaño, hasta agora
no se han hallado, aunque hallarse por muchas partes
desta Isla plata y estaño, y quizá plomo, yo no dudo,
pero, en lugar de esto, hay minas de azul muy fino
y de ambar, puesto que en pocas partes; de creer es
que se hallaria más si se buscase. Item, para la recompensa de la plata y margaritas que hay en Inglaterra, tiene aquesta isla Española 40 y 50 ingenios de
azúcar, y disposicion para hacer 200, que valen más
y son más provechosos al linaje humano que cuanta

plata, y oro, y perlas en Inglaterra hay. Item los árboles
y yerbas medicinales, señaladamente el palo de Guayacan, que no sólo para el mal frances ó de las bubas pero
para toda enfermedad que proceda de frio y humedad, y
el árbol de que se hace el bálsamo artificial, y otros infinitos que se cree haber de su naturaleza saludables,
cosas más preciosas son que ni margaritas, ni oro, ni
plata, ni plomo ni estaño. Los rios cuántos y cuáles, y
cuán caudales y de cuán dulcísimas y suaves aguas, arriba queda bien declarado. Salinas de agua de la mar y de
una sierra grande, que la peña de toda ella es sal, muchas hay. Toda esta Isla ser temperatísima, salubérrima
y amenísima, y el cielo, y suelo, y aires locales, y naturales della, y los vientos que la bañan, y refrescan, y re-
crean, ser todo favorable para cumplimiento de su gran
felicidad, por todas las cualidades della, en muchos capítulos arriba referidas, se puede asaz y abundante-
mente colegir. De la multitud de las gentes que habitaban esta Isla querer hablar, es acometer á contar
cuántas aguas entran en la mar; eran innumerables,
segun que abajo más parecerá, tenian muchos reyes, y
todos vivian, sino eran muy raras veces que riñesen por
alguna ocasion, en paz. Cinco reyes habia grandes, de
cinco principales reinos y provincias que en esta tierra ó
Isla hay; el uno se llamó Guacanagarí, la sílaba última
-aguda, el cual reinaba en la provincia que se llamaba el
Marien, que es donde comienza la Vega Real, teniendo
las espaldas al Norte, por donde la descripcion de esta
Isla comenzamos, y que fué la primera tierra que desta
Isla el Almirante viejo descubrió; el otro Rey fué Guario-
néx, la última sílaba luenga, que en la Vega Real reinaba, y éste fué muy gran señor; el otro se llamó Caonabó, la misma última tambien larga, que en la provincia
reinó de la Maguána, donde se asentó despues una villa
de españoles que llamaron San Juan de la Maguána,
luenga la sílaba penúltima, y esta tierra raya hácia la

parte austral: éste fué muy valeroso y de mucha gravedad y autoridad, y á su manera muy esforzado. Fué el
cuarto rey Behechio, la penúltima luenga tambien, que
reinó en el reino de Xaraguá, la última aguda, y éste en
corte y polideza y otras humanas calidades á todos los
demas excedió; y ésta cae á la parte desta Isla más
occidental. Era el quinto reino en la provincia de Higuey, la penúltima luenga, que es al Oriente, cuya
tierra, viniendo de Castilla á esta Isla, es la primera que
topamos, y en éste reinaba en mi tiempo una reina vieja
llamada Higuanamá, la última sílaba aguda. A estos
cinco reyes obedecian y seguian otros infinitos grandes·
señores, que numerarlos sería mucho esta Historia dilatar. De todo lo cual parece no ser inferior ni ménos rica
y preciosa esta isla Española que la de Inglaterra, ántes
en muchas calidades naturales, riquezas y propiedades
salubres, le hace muchas ventajas. La otra Isla, por la
antigüedad de los siglos pasados muy celebrada, fué la
isla de Sicilia, la troja ó alholí de los romanos nombrada, segun Estrabon, libro VI de su Geografía; la
grandeza della, rodeándola toda, segun Plinio, libro III,
capítulo 8.º, son 618.000 pasos, que hacen 206 leguas,
dando á cada legua 3.000 pasos. Solino, cap. 40 de su
Polystor, pone 3.000 estadios (al cual sigue San Isidoro,
libro XIV, cap. 6.º de las Etimologías), que suman 126
leguas, pero algunas más añade Diodoro como natural
vecino della; éste asigna en su libro VI, cap. 1.º, 4.360
estadíos, los cuales cumplen 182 leguas, aplicando á
cada ocho estadios una milla, y tres millas á cada legua,
porque cada estadio contiene 125 pasos, que fué la carrera que corrió Hércules sin resollar, y porque allí paró
y estuvo, se dijo estadio *à stando*, segun San Isidoro, XV, cap. 16 de sus Etimologías; por manera que
segun todos, poco más ó poco ménos, concuerdan,
cuanto á la grandeza podrán caber dos buenas Sicilias
en esta nuestra Española isla. Cuanto á la fertilidad, Pli-

nio, libro X, cap. 18, dice ser fertilísima y que dá de trigo ciento por uno; en esta isla Española no he mirado lo que multiplica el trigo de Castilla, porque no hemos curado dello por ocuparnos en otras, como arriba dije, granjerías, pero yo lo hice sembrar una vez, y dello cinco celemines, de los cuales fueron hechas tres hazas grandes, y muy espigado, que lo venían á ver por maravilla, y porque lo sembraron muy temprano y vino agua ántes que del todo granase, con ella se anubló y perdió, y, segun lo que mostraron, bien se creyó que sobrepujara á la multiplicacion de lo de Sicilia. El mahíz, grano desta Isla, mucho más dá de sí en aumento que ciento por uno, y áun ciento y cincuenta, porque de un grano nace una caña, y en una caña proceden al ménos. comunménte tres mazorcas ó espigas, y cada espiga ó mazorca tiene 600, y 700, y 800 granos, de manera que de un grano salen al ménos mil y quinientos. Plinio pone por maravilla que el campo de Byzancio, que es en Africa, daba 150 hanegas por una, y que de allí envió un hacedor imperial á César Augusto de un sólo grano (lo cual dice Plinio ser apénas creible) pocas ménos que 400 macollas ó hijos de trigo, y otro al Emperador Nero envió de un grano 340 cañas con sus espigas; esto dice Plinio. En la provincia del Rio de la Plata, procedieron de 30 granos de trigo 30.000, en la de Guatemala, de cinco granos de trigo salieron 180 espigas muy grandes y hermosísimas; esto me certificaron las personas de verdad y autoridad que lo vieron. Tornando al propósito, Solino pone muchas y diversas cosas naturales, y no ménos admirables, de la isla de Sicilia, de las cuales las más no hacen al caso, para que puesto que en ésta no las haya pierda algo de su excelencia; dellas son la fuente de Diana, de la cual si con manos no castas tocare alguno el agua, no se podrá mezclar aquella agua con vino; la sal que se hace en la ciudad Agrigentina, pueblo de aquella Isla, que si la echan en el fuego se des-

hace, y si la echan en el agua estalla ó revienta, como la
otra sal echada en el fuego, haciendo ruido; que en cierta
parte de la Isla, la tierra cria muchas cañas, de que se
hacen flautas de diversos sonidos; en esta Española son
las cañas cuasi macizas, pero muy provechosas para hacer casas y para otras muchas cosas. Hay en Sicilia una
fuente que es quieta y tranquila, pero en sonando una
flauta ó en cantando una voz, cuasi como si se admirase
con ella, se levanta el agua y derrama saliendo de sus
términos; otras dos fuentes hay, la una es, que si una
mujer estéril, que no concibe, del agua de ella bebiere
será fecunda y concebirá, y la otra, si la mujer fuere
fecunda se hará estéril y no concebirá. Otras muchas
cosas maravillosas naturales y otras fabulosas refiere
allí Solino, que para nuestro propósito hacen poco al
caso; San Isidoro dice que abunda en oro, no sé si lo dice
por el pan y otras cosas ricas que della para sustentacion de los hombres salen, ó porque minas de oro en ella
haya, pero parece que desto, pocos ó ningun autor
mencion hace; algunas piedras preciosas, y esmeraldas, y
coral, segun Plinio, libro XXXII, cap. 2.°, y libro XXXVII,
cap. 5.°, y Solino, dicen que allí se hallan. Dice más Solino, que todo lo que aquella Isla cria, ó que la tierra
con su fertilidad natural lo produzca, ó que por industria humana se siembre, todo es cercano á las cosas que
son perfectas, excepto el azafran de la ciudad que allí
hay, que se llama Centuripina, que á todo lo sobrepuja;
afirma tambien que no pasa dia que no se vea el sol en
la ciudad Siracusana, que es la metrópoli de aquella Isla,
aunque sea tiempo de invierno. De la fertilidad desta
Isla, cuanto á lo que dá de sí y de lo que por industria
de los hombres se cria, y como apénas que por todo el
año no se deje de ver el sol un dia, no en sola una ciudad
ni una provincia sino en toda esta gran Isla, asaz queda
en los precedentes capítulos prolijamente dicho, y por
todo ello parece en cuantas cualidades y riquezas natu-

rales, al ménos cuanto á la capacidad y aptitud, cielo y
suelo y otras propiedades, para producir muchos más
bienes y utilidades para la feliz y próspera vivienda de
los hombres, esta Española excede á Sicilia. De las piedras
y coral que allí dicen haber, aunque ya no debe parecer
alguno, y que en ésta no se han visto hasta ahora, en lo
que á las perlas de Inglaterra digimos queda respondido. La tercera Isla, por los antiguos muy nombrada
y solemnizada, es la isla de Candía, que antiguamente
se llamó Creta; esta Isla fué celebratísima en los tiempos antiguos, mayormente por los poetas, y tambien todos los escritores griegos hacen gran mencion della, y la
razon fué porque en ella se hallaron las cosas más famosas que trata la materia poética. Nasció en ella el gran
Júpiter, y reinó en ella y en ella fué sepultado; della fué
Saturno; á ella fué llevada Europa, hija del rey Agenor;
della tambien fué la madre de los dioses, que fué Cibe-
les; destas cosas hablan, Virgilio en el III de la Eneida,
y Ovidio, libro III, Metamorfóseos. Por estas causas, y por
la grandeza y otras muchas calidades señaladas que esta
isla tiene, los que repartieron las provincias de Grecia,
y le dieron dos provincias en la mar, dijeron que la una
era Candía ó Creta, y la otra era las islas Cyclades; por
manera, que á sola Candía contaron por provincia ma-
rina de Grecia, igualándola con las islas Cyclades,
siendo 53 como San Isidoro cuenta, y muy nombradas
islas entre ellas, y tanto la quisieron magnificar los poetas, que dijeron ser adornada de cien ciudades, y no solamente los poetas, como Séneca en la tragedia primera
llamada *Hércules Furens,* pero áun muchos de los historiadores, á los cuales, siguiendo San Isidoro, libro XIV,
capítulo 8.º de sus Etimologías, dice que tenía cien
ciudades otro tiempo; pero rearguye Solino en su *Polystor,* cap. 35, y dice que aquellos fueron muy pró-
digos en el hablar y dar loores demasiados: *Non stipata
centum urbibus sicut perhibent qui prodige lingua largiti*

sunt, sed magnis et ambiciosis oppidis, etc.; confiesa, empero, tener algunos grandes y famosos lugares y poblaciones. Y puesto que le dieron los poetas demasiados y fingidos loores cerca desto, todavía los mereció verdaderos por muchas excelencias que tuvo; de las cuales algunas cuenta Solino, y Estrabon, libro X, Diodoro, libro VI, capítulo 13, y Plinio, libro IV, cap. 12, y San Isidoro, libro XIV, cap. 6.º, y otros muchos poetas é historiadores. La grandeza della, segun Plinio, es de longura de Oriente á Poniente 270.000 pasos, que hacen 90 leguas, y de latitud no excede en 50.000, que son 16 leguas; y en circuito y boja tiene 589.000, que cumplirán no cabales 200 leguas; esta es cuenta de Plinio, donde arriba. Estrabon, refiriéndose á otros, dice que tiene de luengo 2.300 estadios y más, que hacen 96 leguas, y de circuito 5.000 y algunos más estadios, que serán 210 leguas; por manera que, cuanto á la grandeza, bien podrán tres Cretas ó Candías caber en esta nuestra Española isla. Cuanto á la templanza y fertilidad, dice Solino y San Isidoro, que antiguamente se llamaba *Macaroneson,* que en griego significa ser templada, por la clemencia del cielo y fertilidad y bondad de la tierra; Plinio dice, libro XXV, cap. 8.º, que las cosas que en ella se crian son infinitamente mejores que las que nacen en otra parte de aquel género, el vino señaladamente que en ella se hace es excelente, y abunda en campos para pastos de ganados, mayormente para ganado de cabras; ciervos no los hay, las lechuzas y serpientes no pueden vivir en ella, y si acaso de otra parte allá las llevan, luégo se mueren, segun dice Solino y San Isidoro; lobos, ni zorras, ni animal ponzoñoso alguno, no lo tiene, segun todos, y Plinio, libro IX, cap. 58, excepto arañas ponzoñosas, segun Plinio, allí, y segun Solino, que se llaman *phalamgra,* cierta especie de araña chiquita y que dando una picada mata un hombre. Tiene abundancia de cedros, segun Plinio, libro XVI, cap. 24,, principalmente sobre unos montes ó sierras altas que nunca carcccen de nieve, y segun Solino si los cortan tornan á reverdecer. Hay en ella una yerba, segun Plinio, libro XXV, cap. 8.°, y Solino y San Isidoro, que se llama *dictamnos* y *halimon* (ó quizá son dos estas yerbas), de la cual pone Plinio grandes virtudes y efectos en muchas partes, y Solino y San Isidoro ponen que si la muerden no se siente la hambre por todo el dia; otro de los efectos suyos que ponen, es que si una cabra es herida con una saeta, luégo la va á buscar, y comiéndola la salta la saeta del cuerpo; otro efecto tiene, y es que á las mujeres que tienen dolores de parto las ayuda á luégo parir, ó las aplaca los dolores, y para esto, no de los ramos ni de la fructa ó flor de ella, sino de las hojas bebidas con agua, se han de aprovechar, las cuales tiene semejantes á las del poleo. Tambien afirma esto Teofrasto, libro IX, capitulo 16 de la Historia de las plantas. Estas cosas son las en que podamos cotejar esta isla Española con la de Creta, dejadas muchas fábulas é historias con que aquella fué por poetas é historiadores engrandecida, de las cuales algunas tocaremos abajo cuando la materia lo pidiere. Ya, pues, habemos visto que esta Española excede á aquella en la longura, anchura y redondez de toda ella; en la templanza y suavidad de los tiempos, clemencia de aires y cielos, y fertilidad de la tierra, queda tambien manifiesto, porque áun allí habia en cierta sierra siempre nieves, que por la mayor parte donde quiera que están, al ménos los lugares que ocupan y los que alcanzan propincuidad dellos, no suele ser buen vecino y al cabo son estériles. Si aquella tenia muchas y grandes poblaciones, como dice Solino, aquesta tenía infinitas, y llenas de infinitas gentes, no eran muy grandes, pero toda cuán grande es estaba de gentes llena. Y dejado lo que los primeros que á ella vinimos con nuestros ojos vimos, es desta multitud manifestísimo argumento que toda esta Isla y todas estas

islas son sanísimas, no tenian entre sí guerras, no padecian hambre, ni pestilencias, nacian y multiplicaban
cada dia infinitas gentes, que cada mujer casada tenia
comunmente tres, y cuatro, y cinco hijos, como parecerá, y morian viejos, de necesidad la gente habia de ser
infinita; porque esta es conclusion universal y verdade-
rísima, que donde no hay ni guerras, ni hambre, y faltan
pestilencias, siempre nascen más gentes que mueren.
Otro argumento y señal es y será, al que hoy quisiere
mirar en ello, manifiesta, que como las labranzas que
tenian eran en montones de tierra, y no fácilmente con
las aguas ni vientos se deshacen, no se hallará hoy en
toda esta Isla rincon que no esté amontonado por su
órden, lo cual es de sus labranzas claro vestigio, y, por
consiguiente, haber habido innumerables vecinos. Yo
creo, cierto, que pasaban de tres, y de cuatro cuentos los
que hallamos vivos, y que ésto sea así ó que hobiese
más gentes de las que digo persuádolo por este camino:
El reino de Egipto, segun Diodoro, libro I, cap. 3.°, afirma,
tiene de luengo 2.000 estadios, que son cuasi 84 leguas,
y de ancho 1.060, que hacen 42 ó 43 leguas; este reino, en
tiempo de Ptolomeo, segun Diodoro, tuvo siete cuentos de
hombres, y en tiempo de Diodoro habia en él tres cuentos
de ánimas, pues como esta isla Española tenga más tierra
que dos veces el reino de Egipto, y la hallásemos toda
poblatísima, y las cualidades della sean las de suso largamente dichas, manifiesto es que ternía mucho mayor
número de gentes de los tres y de los cuatro cuentos referidos, luego en gente numerosa la isla de Creta ó Candía, y ambas las otras dos islas, no tienen qué compararse
con esta Isla. En campos y pastos, para ganado de toda
suerte, como exceda á Candía y á todas las del mundo
asaz queda probado arriba, y así los hay hoy, puesto que
ántes no los habia. Animal ni bestia ponzoñosa en ella
no habia, solas unas arañas negrillas, como un grano de
yerba mora, y unas culebrillas verdes que viven en los

rios, que fuesen ponzoñosas se decia, como arriba se dijo, pero no habia nueva que alguna persona muriese de picada ó mordedura dellas; las culebras grandes, que en ella y en Cuba y en todas estas islas hay, ningun mal hacen aunque las pisen. Si cipreses hay en Creta ó Candía, en ésta hay millones y millones, y muchas leguas de luengo y ancho llenas de pinos hermosisimos, y si los cipreses cortados reverdecen, aquí cualquiera tronco de árbol delgado ó grueso que lo metan en la tierra, á cabo de tres años se hace tan grande árbol cuanto era el de que fué cortado y habido. Si Creta ó Candía tiene la yerba *dictamnos*, esta Isla tiene infinitas yerbas, sino que no las cognoscemos, virtuosisimas, y áun ésta por ventura la tiene á vueltas dellas, que podrá ser que sea la de que hacen los tabacos para tomar el humo, que abajo diremos, que les quita el cansancio y cuasi los mantiene. Y así parece, que en todas las cualidades de la isla de Creta referidas, hace ventaja á aquélla esta Isla, solamente se la debemos de dar en el vino, entre tanto que acá somos más diligentes que hasta hoy para poner viñas, donde quizá podrá ser que en muchas y diversas partes desta gran Isla se coja tanto vino, que no solo Creta ó Candía en este punto se olvide, pero tambien se venza Guadalcanal, San Martin, Toro y Ribadavia, y los demas que son loados en Castilla. Y esto baste para manifestacion de la grandeza y capacidad, amenidad, templanza, suavidad, riquezas, felicidad y excelencia de esta Española sobre las otras islas.

CAPÍTULO XXI.

Declarados quedan muy en particular, en la descripcion desta isla Española, su sitio, su templanza y amenidad, sus calidades, con muchas buenas y provechosas cosas, al ménos las principales, que en ella hay, que componen y perfeccionan, y muestran su felicidad y habitacion saludable, y finalmente en lo que sobrepuja y excede á otras islas; lo mismo podemos afirmar, cuanto á muchas de las dichas calidades y propiedades suyas, de las otras islas comarcanas, y no sólo de las comarcanas, pero ésto y mucho más de la grande y vastísima Tierra Firme, que tiene de costa ó ribera de mar sobre 10.000 leguas descubiertas ya, de las cuales muy pocas se podrán sacar que no sean en toda ella, por el aspecto y figura del cielo, y por todas las susodichas causas y otras más favorables particularidades, en mediocridad y templanza, felicidad, suavidad, sanidad y clemencia de aires, su habitacion felicísima. Esto parece lo primero de las islas, como la que llaman de San Juan y Puerto Rico, la cual, en muchas partes della, es más fresca y suave vivienda que en otras muchas de los alrededores, puesto que en todas no falte la susodicha suavidad; está situada la isla de San Juan en 17 y 18 grados, la de Cuba en 20 hasta 22, la isla de Jamáica en 16 y 17. Todas estas islas están dentro del trópico de Cancro, hácia la equinoccial, con otras sin número, que desde la isla de Cuba va una renglera de más de 500 leguas llenas de islas, que de una á otra se puede ir á dormir cada noche, en un navío pequeño, en tierra y en ella holgar, y éstas llegan hasta la isla de la Trinidad, que está junta y pegada con la

Tierra Firme de Paria (como abajo, si Dios quisiere, se verá), á cinco grados ó poco más de la equinoccial. Hay ciertas islas, cercanas desta isla Española y de la isla de Cuba, por la parte del Norte, y son 30 ó 40, que llamamos de los Lucayos, las cuales fueron la primera tierra que el Almirante viejo descubrió; muchas destas son mayores que la gran Canaria tanto y medio, y algunas mayores que tres veces aquélla, y todas sin comparacion más felices, amenas, fértiles y sanas que ella; báñanlas continuamente las brisas, no tienen humedad alguna, favorécelas muy mucho el cielo, y por otra causas particulares que no sabemos, por manera que todas ellas son temperatísimas y salubérrimas. Yo he visto hombre en esta isla Española que estaba hidrópico, el cual se llamaba Francisco Monasterio, que tenía la barriga como una mujer preñada, y la cara como unas gualdas amarillas; éste, cognosciendo la virtud y sanidad de aquellas islas, porque habia, segun creo, andado por ellas, ó á lo ménos teníase comunmente de la bondad dellas cierta noticia, pasóse á ellas, y en cuatro ó cinco meses volvió tan sano y tan cenceño como si mal nunca hobiera tenido, y creo de cierto, que hidrópico y despues sano yo lo vide. Su sitio, de algunas dellas y de las ménos, es en 20 hasta 23 grados, y éstas están dentro del trópico de Cancro, y debajo del segundo clima, segun los antiguos, pero del tercero, segun los modernos, y así el mayor dia del año en ellas terná 13 horas y 15 minutos, poco más; todas las más dellas están fuera del mismo trópico, á la parte Septentrional, en 25 y 26 grados, caen debajo del clima segundo, segun los antiguos, y del tercero y cerca del cuarto, segun los modernos; tienen de 13 horas y tres cuartos, algo menos, el mayor dia. Entremos agora en aquella vastísima Tierra Firme, tocando no más su descripcion y calidades, cuya temperancia, mediocridad, fertilidad, sanidad, suavidad, en muchas y diversas é infinitas regiones, provincias, reinos y lugares, que con-

tiene todo este orbe indiano, y todas y todo por la mayor
parte, no parece que haya en el mundo tierra, ni region,
por bienaventurada que sea, que pueda compararse á la
ménos buena de toda ésta, y que sobre todas las del
mundo se deba, en verdad, decir que es felicísima. Si mucho habemos dicho desta isla Española y de sus comarcanas, mucho con mayor encarecimiento, las mismas excelentes, y otras mayores y mejores propiedades cuanto
á ciertas cosas, de toda la Tierra Firme, ó de su mayor
parte, podemos no sin razon afirmar. La latitud que al presente della sabemos son 45 grados de la parte del Norte
ó Septentrion desde la equinoccial, y otros tantos de la
otra parte yendo hácia el austro, y áun más, los cuales
grados hacen 1.800 largas leguas, aplicando á cada grado 17 leguas y media. Toda es tierra felicísima, y de felicísima y deleitable, y gozosa, y suave habitacion por
la mayor parte, y la más felice, y deleitable, y salubre de
todas es la que está dentro de los dos trópicos, así islas
como Tierra Firme, que llamaron los antiguos la tórrida
zona, que creyeron muchos, por calor, ser inhabitable,
cuyo error los especieros de Sevilla, que vienen á estas
partes á trocar especias por oro, por vistas de ojos lo
saben. Todas, pues, aquellas regiones, por la mayor
parte, son tierras enjutas, descubiertas, altas, rasas, alegres, graciosas, muy bien asentadas; los collados, los
valles, las sierras, y las cuestas muy limpias y libres de
charcos hediondos, cubiertas de yerbas odoríferas, y de
infinitas medicinales, y de otras comunes muy graciosas,
de que están cubiertos y adornados y riéndose todos los
campos. Echan de sí cada mañana, y áun al mediodía,
vapores odoríferos, que consuelan, y alegran, y confortan
los espíritus de los caminantes; los montes ó bosques de
todas ellas, al ménos dentro de los dos trópicos, que
ocupan de latitud 45 grados, como dije, de una y de
otra parte de la equinoccial, son altísimos, crecidos y
muy grandes, y que por cierto muchas veces, para pa-

rarse el hombre á especular su altura, conviene alzar la
cabeza no ménos que cuando quisiese ver y contemplar
lo más alto de los cielos; las especies dellos son pinos,
de los cuales hay á cada paso infinita cantidad, hay en-
cinas, alcornoques pocos, robles, laureles, al ménos pa-
récenlo, grandísimos y odoríferos cedros blancos y colorados, los árboles del Guayacan, con que se curan las
bubas y otras enfermedades que procedan de humedad.
Hay gran multitud de árboles aromáticos, estoraques, y
liquidambar del bálsamo natural; digo natural, no el
que es propiamente bálsamo que dicen nacer en Alejandría, sino por respecto de lo artificial, de que arriba en el
capítulo 14 hablé, que en esta isla Española con cierta
industria se hacia, pero este de que agora decimos sin
industria humana, con sola una herida que se hace en el
árbol, sale aquel licor odorífero, que le pusimos nombre
de bálsamo como al artificial, por su olor suavísimo, no
sabiendo su eficacia y virtud: de éstos hay muy pocos
árboles, á lo que hasta agora se tiene entendido. Infinitos árboles hay de liquidambar, y éstos son altísimos
más que los pinos y más derechos, los cuales tienen la
hoja como propia la del algodon; éstos son muy hermosos árboles y á la vista deleitables. ¿Quién contará
los frutales y las naturalezas dellos, y la suavidad y sanidad juntamente de sus frutas, y la multitud numerosa,
así domésticos como silvestres? Todos estos árboles son
amigos, segun sentencia de los médicos, de la compli-
sion humana. Hay otros muchos é innumerables, que
segun su altura, sus hojas, y sus flores, su hechura, su
órden, su hermosura, la tierra donde están y la vecindad
y compañía que de otros tienen, muestran (sino que no
los cognoscemos) ser de nobilísima propiedad y naturaleza. Dentro de los montes y florestas, y en los campos
tambien, mayormente desta islas, hay raíces domésticas
y silvestres, para los hombres y para algunos ganados
como son puercos, las mejores y más provechosas, como

arriba se ha visto, que creo haber en mucha parte del
mundo. De esta serenidad, mediocridad, suavidad, sanidad y deleitable disposicion destas tierras, es asaz
bueno y cierto argumento, conviene á saber, que cuando
las naos llegan de Castilla, y comienzan á acercarse á
las primeras islas, y así en todas las partes de la Tierra
Firme, es cosa maravillosa los frescores, olores y fragan-
cia que los hombres sienten salir della, como si rosas
y flores tuviesen cuasi presentes. Los aires locales son
claros, delgados, sotiles y clementes, por todas las
grandezas de provincias de aquellas partes, al ménos
como ya digimos dentro de los dos trópicos; la causa es
muy natural, segun los filósofos arriba nombrados, conviene á saber, que como la presencia del sol siempre
asiste muy claro, porque, como ya tambien digimos, muy
raras veces hay espesos nublados, y pocas suele arriba
de un dia estar de las nubes cubierto y ocupado, el sol
no deja engrosar los aires, desparciendo y consumiendo
los vapores que la tierra produce por sus humedades.
En saliendo el sol el aire luégo se escallenta, y en poniéndose luégo se refresca y enfria en todas aquellas
tierras, como verá cualquiera que quisiere mirar en ello,
y esto es señal de ser sotiles allí los aires, segun dice
Avicena donde arriba fué alegado. Los vientos universales que todas aquellas provincias y reinos comunmente bañan, al ménos todas las desta parte de la línea
hácia el Septentrion, y 300 leguas de la otra del austro,
son las brisas, los que arriba hemos dicho boreales y
orientales, los cuales por ser tan continos, para tornar las
naos á Castilla huyen dellos metiéndose hácia el Norte,
por cobrar vientos frios donde las brisas no alcanzan, y
así les es necesario andar más de 400 leguas más que á
la venida anduvieron, por ir rodeando. Las virazones de
la mar, los terrales de la tierra, otros que nascen en algunas lagunas muy limpias y de agua dulce y salubre
y deleitable, como se engendran en las lagunas de la fe-

lice provincia de Nicaragua, y otras semejantes como se engendraban en el lago dulce de Genesareth ó mar de Galilea ó Tiberiadas, de que hace mencion San Lúcas, los cuales, decimos, son vientos locales, porque son propios de aquellos lugares, son en aquestaṣ partes fresquísimos, suaves, alegres y saludables. Las aguas que riegan toda aquella Tierra Firme, y sustentan las gentes infinitas della, tienen las calidades que digimos de las desta isla Española, en el capítulo precedente, sotiles, dulcísimas, movilísimas, rapidísimas y claras, no estañales ni·de nieves sino en rarísimos lugares; descienden de altísimos montes, por entre peñas y por piedras guijarreñas de diversos colores naturales, haciéndose cien mil pedazos; y como son infinitos los rios, arroyos y quebradas, y la tierra de donde comienzan y por donde pasan tan grande, por esto hay en esta Tierra Firme los más grandes y poderosos rios que en toda la redondez del mundo, de tanta grandeza y abundancia de agua, ni que tanta tierra corran, que salgan á la mar del Norte ó Sur, se hallan. Todo lo que aquí decimos de la mediocridad, bondad, salubridad y felicidad de todas aquellas regiones y felices tierras, es verdad en universal y en todas partes y rincones dellas, pero no contradice ni deroga cosa de lo dicho porque en algunas partes y lugares, por la disposicion y sitio dellos y por algunas causas particulares se halle lo contrario, por ser la tierra sombría ó ahogada, ó por pasar las aguas por algunas ciénagas ó tierras lodosas, y por esto los aires locales no·ser tan sanos, y el sol no resolver los vapores terrestres, y por otras causas de las susodichas contrarias particulares, y así ser algun pedazo de tierra mal sana. Esto parece en el Nombre de Dios y Panamá, que, por ser tierra ahogada y lodosa, y tener cerca ciénagas, es mal sana, y así en la Vera Cruz y en Tabasco, y Guaçaqualco, y otros lugares de Tierra Firme, de la mar del Norte; pero esto es en muy pocas partes y raras, y es como monstruo en natura, como suele la naturaleza errar en las cosas que produce naturales, y estos yerros se llaman monstruos, cuasi raros y muy pocas veces, y fuera del curso y órden ordinario y natural, y por esta manera que decimos, que no deroga ni deja de ser verdad, si dijéremos que todos los hombres del mundo tienen cinco dedos en la mano, porque nazca uno, ó dos, ó tres con seis dedos; y así es de todas las otras cosas naturales. Y así diremos, con verdad, que todas estas Indias son las más templadas, las más sanas, las más fértiles, las más felices, alegres, y graciosas, y más conforme su habitacion á nuestra naturaleza humana de las del mundo, aunque en algunas parte acaezca ser el contrario por algunas particulares causas, las cuales son muy raras.

CAPÍTULO XXII.

Prueba y confirma todo lo que habemos dicho de la fertilidad y felicidad de todas estas Indias, ser parte y la postrera de la verdadera India, de cuya felicidad tantas maravillas escribieron los historiadores antiguos, la India digo *ultra* ó *extra-Gangem*, la cual, segun sentencia de Solino en su *Polystor*, cap. 65, por muchos años fué estimada ser la tercera parte de todas las tierras; Plinio, libro VI, cap. 17, dice lo mismo, y Estrabon en el libro XV de su Geografía, y Pomponio en ella, libro III, capítulo 7.º, afirma que tanto espacio de costa ó ribera de mar ocupa, cuanto en 60 dias con sus noches podrá una nao ó navío navegar, en el cual tiempo al ménos podrá un navío andar 2.000 leguas, porque entre dia y noche, con viento moderado, anda 40 leguas un navío por perezoso que sea. Plinio, libro VI, cap. 17, dice ser tanta su longura, cuanto se anduviese por la mar en 40 dias, con sus noches, pero puede estar la letra corrupta, puesta la *x* ántes de la *l*, y así por decir 60 dijo 40. Pues corriendo 2.000 leguas, y que sea 1.500, desde donde comienza la India que dicen *extra-Gangem*, harto vecinas pueden parecer las postreras partes que se han descubierto de nuestras Indias, sin haber parecido el cabo, como podrá ver cualquiera que especulare el globo en que se figura ó pinta toda la tierra; y esta puede ser una de las razones que se puedan traer por argumento de que aquestas Indias nuestras son cabo de la que antiguamente se llamó India, conviene á saber, la fertilidad destas conformar con la de aquellas. De la cual dice San Isidoro, libro XIV, cap. 3.º de sus Etimologías, que es

tierra salubérrima, llena de infinitas gentes, los árboles
nunca despiden las hojas, dá dos veces fruto en el año,
en lugar de invierno sirven las lluvias Etesias, que son
los vientos que corren en el verano, especialmente en
los dias caniculares, así toda la fuerza de las lluvias que
hay en toda la mayor parte deste orbe son Julio y Agosto. Abunda de metales, oro y plata, y cobre y hierro,
perlas y piedras, ó margaritas preciosas; notoria cosa es
el oro, plata, cobre, perlas y esmeraldas que hay por
este orbe; hay muchas especies aromáticas y odoríferas.
Cria los papagayos verdes; los que en estas Indias y de
diversas especies hay, y todos verdes, son sin número.
Todo esto dice San Isidoro, lo cual, todo, vemos en estas
Indias, puesto que elefantes y otras cosas que allí pone
no las hayamos en esta tierra visto. Plinio, muchas cosas
cuenta de la India en el libro VI, pero muchas más particularidades refiere Diodoro en el libro III, y más que
Diodoro Estrabon en el XV de su Geografía; Diodoro, en
el cap. 5.°, dice que la India excede á todas las otras regiones en hermosura, y que la riegan muchos y grandes
rios, y lo mismo dijo Plinio; y en el capítulo 10 dice Diodoro, que la razon porque muchos y grandísimos rios
hay en la India, señalan los filósofos y físicos ser porque toda la India es muy húmeda, y así, los rios de nuestras Indias ser tan grandes y tan nunca otros tan poderosos vistos ni oidos, manifiestan ser parte de aquella
nombrada India. Cuenta eso mismo la fertilidad della que
dá dos veces fruto en el año, y tan cierto sin faltar ninguno, que nunca se vido en ella esterilidad, ni hambre,
ni falta de los frutos de la tierra; y así nunca las gentes
destas tierras parece que la tuvieron sino despues que á
ellas nosotros venimos. Dos veces se siembra y coge el
grano, y otras muchas cosas cuasi cada mes, y frutas
cuasi todo el año; y en Tierra Firme, á la parte de Cumaná, he comido yo dos veces uvas de las nuestras de
Castilla, en obra de cinco ó seis meses, todas de unas

mismas vides ó parras. Dice más Diodoro, que hay mucho grano, que llama mijo, pero Herodoto, en el libro III, donde cuenta inmensas fertilidades, y alabanzas, y propiedades de la India, dice que es semejante al mijo, el cual sin sembrallo nace; podrá ser que por el grano que en esta Isla llamaban mahíz lo diga, y cosa es maravillosa que, segun vemos, con este grano de mahíz se mantengan sobre 12.000 leguas de tierra llenas de gentes. De otras legumbres hace allí Diodoro mencion; manifiesto es en la Tierra Firme haber muchas y diversas especies de legumbres, como abajo en su lugar, Dios queriendo, se verá. Loa mucho Diodoro haber en la India muchas y muy dulces y sabrosas raíces; dicho queda en los capítulos de arriba de cuántas naturales, y cuán sabrosas y provechosas para el mantenimiento y recreacion de los hombres, está proveida esta Isla, de las cuales, y de otras, no carece la Tierra Firme. Es argumento tambien la grandeza de los árboles, que arriba en los capítulos 12 y 13 pusimos, que conforman con los de la India, no sólo en la grandeza y proceridad pero tambien en nunca perder la hoja, en lo cual, segun Solino, excede á todas las tierras la India. Conforman tambien algunos árboles destas nuestras islas con aquella, en criar cierta lana por fruto, de que hilándola creo que se podrian vestir, puesto que no he visto que della se aprovechen; de aquellos árboles hacen mencion Herodoto, libro III; y Estrabon, XV, y Pomponio Mela, libro VIII, cap. 7.º Hay otro harto suficiente argumento, y es que, segun Plinio, libro X, cap. 42, y Solino, en su *Polystor*, cap. 65, sola la India tiene los papagayos, verdes por todo el cuerpo y el cuello colorado; pues ya está dicho que en estas Indias destos hay inmensos. Es, finalmente, otro argumento en la multitud de las gentes y naciones que en estas Indias hay, en lenguas diversas, como dicen los autores antedichos de la India. Refiere Herodoto ser los indios numerosísimos en multitud sobre todos los mor-

tales, y Diodoro que son muchas y varias gentes, y que
nunca colonias 'de naciones extrañas entraron á poblar
en la India, sino que todos son della naturales; la razon
de la multitud dá Solino, conviene á saber, porque nunca
salieron destas tierras á buscar ni infestar á otras, sino
vivian en ellas pacificos. Las naciones y multitudes dellas, y diversidades de lenguas, que en estas islas y Tierra Firme habia, cuando á ellas vinimos, tampoco se pueden por hombre alguno encarecer, ¿cómo se podrian numerar? Por maravilla se hallará en pueblo alguno, que,
donde hobiese 100 vecinos casados, no haya 500 ó 700
personas procedidas dellos alli presentes y naturales;
váse una mujer por agua al rio, y lleva delante dos ó tres
muchachos como los dedos de las manos, y otro en los
brazos, y otro dentro de la barriga, y de esto más diremos adelante. Cuanto á la color, dice Estrabon que los
indios que están hácia el Mediodía son algo semejantes
en la color á los negros, pero no son crespos como ellos
porque participan de los aires húmedos y templados; los
que están y viven más hácia el Polo Ártico, que llama
boreales, son semejantes en la color á los naturales de
Egipto. De aquí parece que nuestras Indias alcanzan
mejor aspecto de cielo, y mejor disposicion de tierra y
clemencia de aires, y otras causas particulares, y, por
consiguiente, son las tierras más templadas, pues las
gentes dellas tienen mejor color y más llegada á la mediocridad de los extremos dos, negro y blanco, que ninguna de las de la India, que ha sido siempre tan nombrada y celebrada; la razon es porque, segun Tolomeo en
su Quadripartito, y Haly, su intérprete, cap. 2.°, y Hipocras en el tratado *De Aere et aqua et regionibus*, y Alberto
Magno, en el libro II, cap. 3.° y 4.° *De Natura locorum*, la
causa de la color negra, en los hombres principalmente,
es el gran calor del sol en las regiones cálidas, el cual
quema ó deseca y ennegrece los cuerpos, y deseca los
humores dellos, asa las caras y rostros, y enmagrece los

miembros, y así vence la complexion caliente en los
cuerpos, y, por consiguiente, su figura y color de sus cabellos es segun la natura de los de donde salen, y, porque la complexion de su naturaleza es muy cálida, necesariamente han de ser negros, y porque los poros de
sus cuerpos no son ductivos ni desembarazados, por la
sequedad del cuero por donde pasan, por tanto de necesidad han de ser en gran manera crespos. Por el contrario, en las tierras que son mucho frias, como las que
están só el sétimo clima, que terná de latitud de 50
hasta 63 grados, donde hace poco calor en el estío, y en
el tiempo del invierno mucho frio, que vence al calor, el
cual incluye ó encierra las fumosidades y vapores en los
cuerpos, tapando ó apretando la superficie ó tez de los
cueros, por ende causa los cuerpos humanos blancos, y
por el encerramiento de las fumosidades son los cabellos
rubios, blandos, extendidos, ó, como dicen, correntíos, y
porque por el calor natural que está encerrado é incluso
en los cuerpos se crian de las fumosidades y vapores húmedos muchos humores, de aquí es que los cuerpos de
los tales hombres, naturalmente, son grandes, como parece en los ingleses y alemanes y las otras gentes que
moran só el sétimo clima y dende adelante. De lo dicho
se sigue, segun Haly, que los que viven só la línea equinoccial, como participen de la templanza della, son de
color algo azafranada, ó, como decimos, loros, y porque,
como habemos arriba probado, todas estas indianas regiones, por latitud 1.800 leguas, son temperatísimas y
felicísimas, algo más y algo ménos segun la figura de
los cielos, clemencia de los aires, y disposicion de la tierra
que unas provincias y tierras alcanzan más y mejores
que otras, de necesidad se sigue ser la color de todas
estas gentes, entre blanco y prieto, mediada, en unas
partes más cercana á lo blanco y en otras más á lo negro,
pero en todas en mediocridad ó en mediana manera, y,
por consiguiente, los cabellos de todas son llanos, blan-

dos, y comunmente tiran más á negros, y todos correntios, segun todo lo dicho vemos asaz por larga experiencia. Y así parece, que de la color destas gentes podemos la templanza de este orbe, y de la templanza misma su color y tambien sus costumbres y sus entendimientos, como luégo veremos, argüir.

———————

CAPÍTULO XXIII.

Despues de haber dado noticia particularizadamente de las calidades y bondades desta isla Española, cuanto al sitio y figura del cielo y disposicion de la tierra, con todo lo á ésto perteneciente, y en comun la misma materia tratado de todas estas Indias, resta en los capítulos siguientes, segun al principio de este libro prometimos, hablar de lo que concierne á las gentes naturales vecinos y habitadores della, y despues, consiguientemente, trataremos en universal lo que conviniere decir de todas las otras naciones de que hallamos lleno este Mundo Nuevo, de las cuales, para consecucion del fin que pretendemos, cinco consideraciones principalmente con el favor divino explicaremos. La una declarará la disposicion y habilidad natural en lo tocante á los actos del entendimiento y á las otras potencias que al entendimiento sirven; la segunda mostrará las especies de prudencia de que usaban, y con que se regian; la tercera, cuál fué y de qué especie la gobernacion que tuvieron; por la cuarta se verá sus costumbres malas y buenas, que á la voluntad concierne; la quinta conterná, dar noticia de la religion, ritos y supersticiones que tenian, como gentes desiertas de gracia divina y de verdadera doctrina. En todo lo cual se cotejará y haremos comparacion destas otras naciones del mundo, pasadas mayormente y tambien presentes, porque cognoscan los imperitos y cudiciosos, que toman por achaque y color para las sojuzgar, robar y consumir, ser de bajo entendimiento, ser infieles, idólatras y de corruptas costumbres, no ser solas en el orbe, ni tampoco las peores que hobo en él;

que si nosotros y otras naciones fuímos y fueron con la
predicacion de la fe más temprano que aquestas socor-
ridos, que no fué por faltarnos idolatría y supersticiones,
y bestialidades y vicios, ni por haberlo á Dios más que
ellas merecido, sino sola por su inmensa bondad y gra-
tuita liberalidad, por lo cual quiso prevenirnos, no dán-
donos licencia por este privilegio para menospreciàr y
maltratar las otras gentes, de las cuales, por ventura,
tiene la Providencia divina más predestinados que de nosotros, puesto que primero á su cognoscimiento hayamos
venido. Cuanto, pues, á lo primero, es de considerar que
tener los hombres habilidad natural de buenos entendimientos puede nacer de concurrir seis causas naturales
ó algunas dellas, y éstas son, la influencia del cielo, la
una; la disposicion y calidad de la region y de la tierra
que alcanzan, la otra; la compostura de los miembros y
órganos de los sentidos, la tercera; la clemencia y suavidad de los tiempos, la cuarta; la edad de los padres, la
quinta, y la bondad y sanidad de los mantenimientos, que
es la sexta. La influencia de los cielos, cuando es buena y
favorable, disponiendo los cuerpos y miembros humanos
en buena y conveniente proporcion, ayuda y aprovecha
mucho á la perfeccion y grado de nobleza del ánima
cuando es infundida en el cuerpo, y, por consiguiente,
aquella persona será de más sotil entendimiento. Esto
no lo pueden causar los cielos directamente, porque,
como nuestra ánima sea espíritu inmaterial, los cuerpos
no pueden obrar bien ni mal en las cosas inmateriales;
pueden, empero, los cuerpos celestiales causar indirectamente algo en el ánima, en cuanto influyendo en el
cuerpo, más ó ménos, mejor ó peor, más capaz ó ménos
capaz lo disponen, para que reciba el ánima, y en el
instante de su efusion queda determinada en sus grados
de bondad, ó de no tan buena cuanto á lo natural (no á
lo moral sino natural digo), el ánima. Y de aquí es, que
segun la capacidad del cuerpo se mide la capacidad del

ánima, y así unos hombres tienen el ánima más perfecta ó
ménos perfecta que otros; la razon es, que como la natura del ánima sea natura espiritual que se comunica al
cuerpo humano, y ella, segun ella, no tenga término,
porque no es cosa compuesta, por ende puédese comunicar más y ménos, segun que el cuerpo á que se comunica
es más capaz, y, por consiguiente, segun la capacidad del
cuèrpo es el término de la naturaleza del ánima en los
hombres. Y esta es la causa porque vemos y parecen algunos hombres más sotiles y más ingeniosos que otros,
y de las virtudes naturales del ánima más adornados,
segun que el ánima no igualmente es comunicada en
diversos cuerpos, permaneciendo siempre la misma,
segun su especie. Y este término recibe el ánima de la
disposicion del cuerpo que la recibe, porque el cuerpo
humano es apto naturalmente para ser informado de
tal ánima, segun las disposiciones que en él son, y ningun cuerpo otro sería capaz para rescibir tal ánima,
porque la naturaleza entiende siempre disponer tal
cuerpo para tal ánima, de donde se sigue ser algunos
cuerpos humanos más capaces de ánimas que otros; y
puede llegar esta diferencia, de mayor y menor disposicion, hasta haber ánima, en algun cuerpo determinado,
en todos los grados de perfeccion que le puedan compe-
ter, segun es posible en la especie humana. De aquí es,
que si Dios quiere infundir un ánima perfecta, que tenga
todas las virtudes naturales, comienza del cuerpo, el
cual le dá tal que convenga á tan excelente ánima. Y
así, segun la diferencia de la disposicion de parte del
cuerpo, asi consigue los grados diversos en la comunicacion del ánima; y esto necesariamente suele ser, que
segun el cuerpo de alguno en la infusion del ánima fué
más y mejor dispuesto, y más capaz de la forma que el
cuerpo de otro, el ser del ánima de aquél es determinado
más perfecto, y segun más perfecto grado de naturaleza
que el de otra ánima: y por esta causa pensaron algunos

ser las ánimas en los hombres tales, cuales hicieron ser
los cuerpos celestiales. Así lo toca el Filósofo en el III
De Anima, cap. 3.°, alegando á Homero, que decia ser tal
el entendimiento de cada uno, cual lo dió en el dia el
Padre de los varones y de los dioses, conviene á saber,
el sol ó los planetas en el dia de la concepcion de cada
uno; desde allí se comienza á tomar el indicio, y por el
nacimiento de cada uno, de las condiciones ó inclinaciones del que nace, no por otra causa sino porque los
cuerpos celestiales, influyendo sobre el cuerpo humano
su natural virtud, lo disponen ántes que el ánima se le
infunda para que sea tal ó tal, y segun lo que requiere
aquella disposicion así se siguen los grados en el ánima.
Lo cual tambien aprueba Salomon en el libro de la Sabiduría, cap. 3.°, *Puer eram ingeniosus et sortitus
sum animam bonam.* Venir en suerte al hombre ánima
buena, es cuasi rescibir por buena suerte ánima en lo
natural perfecta, y solemos decir que aquello habemos
por suerte y por ventura, que no es en nuestra mano ni
poder sino que de otro depende; y allí no se entiende
ánima buena moralmente virtuosa ó santa, porque ninguna ánima nace tal, sino los que son santificados en
el vientre de sus madres, sino entiéndese naturalmente
hábil é sotil en el ingenio y buen entendimiento, y bien
inclinada en la voluntad. Y desta manera se entiende
causar los cielos, por sus influencias, en nosotros buenos
y sotiles ó no tales entendimientos, y por consiguiente,
indirectamente y de recudida, como dicen, ayudan los
cielos mucho á la perfeccion y grados, mayor ó menor,
de la nobleza natural de nuestras ánimas. Y así parece
que segun la diversidad de los cuerpos, proviene la diversidad de las ánimas, y ser los hombres más ó ménos
entendidos, naturalmente sabios ó de poco saber; pero
no por eso se sigue que haya diferencia específica en las
ánimas, como todas sean de una especie y á ésta no
pueda diversificar la diferencia material, que es de parte

del cuerpo, ni el ménos ó más ó mejor entender, que es diversidad accidental, puede causar diferencia en la especie. De esto trata Santo Tomás en la primera parte, cuestion ochenta y nueve, artículo 7.°, y en el II de las Sentencias, distincion treinta y dos, cuestion segunda, artículo tercero.

CAPÍTULO XXXIII.

Declarado queda difusamente cuántas y cuáles sean las causas que concurren ó concurrir puedan para que los hombres sean bien intelectivos y dispuestos para producir los actos de buena razon, y tengan buenos entendimientos, conviene de aqui adelante mostrar, yendo por cada uña de estas causas, en qué grado de entender colocó la naturaleza los entendimientos de estas indianas gentes, que es el fin por que hemos entrepuesto en la Historia esta tan gran digresion. Cuanto, pues, á la primera causa, que asignamos ser la influencia de los cielos (y esta es causa universal), la cual, segun arriba en el capítulo 16 y en otros habemos tocado y probado, que los cielos y estrellas, con sus influencias, esta Isla y todas estas islas é Indias, por la mayor parte de la latitud de 1.800 leguas, segun demostramos en el cap. 19, favorezcan y hagan felices en templanza, y mediocridad, y amenidad, y por consiguiente, siendo favorables, sean causa de que los cuerpos humanos, en estas Indias nacidos y criados, sean proporcionados en los miembros y en todas sus partes, como vemos claro y abajo parecerá más; luego, por las influencias de los cielos para tener buenos entendimientos, y así naturalmente, son estas gentes ayudadas, al ménos no impedidas ni les son contrarias. Item, como se dijo arriba en el cap. 23, las estrellas y cuerpos celestiales, para por sus influencias y virtudes producir los efectos que la naturaleza pretende, usan de dos medios, el uno es su rayo, y el otro es el continente de la cosa que se engendra; para las aves el aire, y para los peces el agua, y la tierra para los

animales; pues el continente, que son todas estas regiones indianas, es felicísimo y favorable á la naturaleza y
condicion humana, como arriba queda muy más que bien
probado, y ésto es por la virtud é influencias de los cuerpos celestiales, luego por las influencias de los cielos, que
influyen en las gentes que en estas tierras nascen, el
continente mediante, naturalmente son bien inteléctua-
les, y por consiguiente, la naturaleza les dió en suerte
rescebir buena ánima. Item en los capítulos 16 y 17 está
probado que la causa superior y universal, que son las
influencias celestiales, concurren con las causas cinco
particulares para la bondad, felicidad, sanidad, amenidad, y favor y conformidad de la naturaleza humana, y
destas tierras, pues no serian favorables ni útiles, sino
muy defectuosamente, á la naturaleza humana, si estas
gentes tan infinitas no las dotara la naturaleza de buenos entendimientos, como sea lo más precioso y más necesario que les podia dar; luego la influencia del cielo
concurrió en dotar estas naciones de buenos entendimientos, ingenio y racional habilidad. Item, á la parte
austral, pasada la línea equinoccial, destas nuestras
Indias, hay grandísimas tierras llenas de infinitas naciones, no sólo el espacio que hay entre la línea y el trópico de Capricornio, pero el espacio que hay despues del
dicho trópico, donde cae la grande y felice tierra de
Chile, que es la postrera provincia ó reino del Perú; y de
este espacio, pasado el dicho trópico, hablando Alberto
Magno en el libro *De Natura locorum,* distincion primera,
capítulo 7.°, dice, que hasta la latitud del sétimo clima,
que será 48 ó 50 grados, es la habitacion continua y deleitable, y concuerda bien con la experiencia que ya tenemos de la provincia ó reino de Chile, pues en aquella
parte austral las estrellas y cuerpos celestiales son mayores y más resplandecientes, y más nobles y perfectas,
y de mayor virtud y eficacia, y así sus influencias y virtud en sus operaciones son más eficaces, por ser aquella

parte toda austral la cabeza del mundo, como abajo parecerá, luego las influencias del cielo á todas aquellas gentes de la parte austral fueron y son favorables, para que naturalmente sean por la mayor parte intelectivos y áun de mayor habilidad que otras, no lo estorbando algunas causas particular; y esta no parece que la hay, pues sabemos ser todas aquellas tierras felicísimas, y vemos las gentes dellas capacísimas, como es manifiesto y abajo parecerá. Y porque cuanto más las cosas se apropincuan y allegan á alguna causa de que pueden recibir alguna alteracion en bien ó en mal, más participan de su accion y virtud, y cuanto ménos, ménos, como parece cuando nos llegamos al fuego ó á la nieve y nos desvíamos dellos, por esta razon, cuanto más propincuas son las gentes de nuestras Indias de aquella parte austral, áun dentro de los dos trópicos, pero al ménos de esa parte de la equinoccial, más favorables y benignas les son las estrellas y cuerpos celestiales por sus influencias, y, por consiguiente, más hábiles y más racionales, ingeniosos, y agudos de entendimientos, naturalmente, por la mayor parte serán; y esto expresamente lo pone Tolomeo en su Quadripartito, tratado segundo, donde dice estas palabras: *Horum autem hi, qui meridiani sunt propinquiores, in majori parte melioris sunt ingenii et acutioris intellectus, et in scientia rerum stellarum fortiores, propter circuli signorum et stellarum erraticarum loco zenit capitum eorum propinquitatem,* etc. Y así parece, que la primera causa y universal, que es la influencia del cielo, favorece naturalmente, y por la mayor parte, á estas nuestras indianas gentes á que sean intelectivos, ingeniosos, racionales y de buena capacidad, y así, por consiguiente, les haya cabido en suerte recibir de Dios y de la naturaleza buenas y nobles ánimas. Lo mismo probaremos por la segunda causa que arriba en el capítulo 23 pusimos, la cual puede concurrir para ser los hombres bien intelectivos y bien racionales, y ésta es las

buenas calidades y disposicion de la region y tierra que
alcanzaron. Esta, en nuestro propósito, no habria menester por teórica y razones naturales proballa, pues, por
práctica y experiencia ocular, y por todos los sentidos de
infinitos que á aquestas nuestras Indias han venido y
vienen cada dia, es, porque así lo diga, palpada, sabida y
averiguada; y este es uno de los primeros principios y
fundamentos que la Geografía supone (segun Tolomeo,
en el libro I, cap. 2.°, y cap. 8.°), sin los cuales, como ni
en las otras ciencias, ninguno la puede saber ni adquirir, conviene á saber, la relacion é historia de los que
por sus ojos y experiencia vieron y cognoscieron las
tierras de que se hobiere de tratar. Esta experiencia, digo,
que es el principio, ó de los primeros principios de la
Geografía, segun Tolomeo, pero para quien no las ha
visto, ni oido á los que las vieron, arriba desde el capítulo 1.° hasta aquí, y mayormente queda probado en
suma en el capítulo 19 y 20, por razones naturales, y
por sus causas y efectos más que la lumbre claros, ser
todas estas regiones, islas y Tierra Firme de este tan
vasto orbe, temperatísimas, felicísimas, salubérrimas, y
en todas sus calidades, disposiciones y caúsas universales y particulares, conformes y amicísimas de la vivienda
y naturaleza humana. Y la latitud de todas estas Indias
nuestras es desde el medio del clima sexto, segun los
antiguos, y el fin del sétimo, segun la division de los
climas que hacen hoy los modernos, de la parte Norte ó
Septentrion, que hacen 45 grados, hasta el medio del
sexto, segun los antiguos, y fin del sétimo clima, segun
los modernos, que hacen otros 45 grados de aquella parte
de la línea equinoccial á la parte austral, que dije arriba
contarse bien 1.800 leguas, una region y una provincia
ó tierra mejor y más felice y graciosa y alegre que otra;
pues como, segun Tolomeo, y todos los astrólogos, y Aristóteles, y todos los filósofos, y Avicena, Hipocras y
Galeno, y todos los médicos, y despues dellos Santo To—

más, y Alberto Magno, de las calidades y propiedades de las regiones extremas ó medianas y templadas procedan las complixiones de los hombres y animales, y de las plantas y cosas que en ellas nascen, y de las complixiones, ó según las complixiones, se causen á las gentes bajos ó altos, sotiles ó botos, malos ó buenos entendimientos, segun parece arriba por el cap. 23, y todas estas Indias, y por todas partes dellas, sean tierras en toda mediocridad y templanza temperatísimas, unas más y mejores, y otras buenas, pero todas mucho buenas generalmente, y si algun pedazo ó provincia dellas se halla que á la mediocridad exceda es como monstruo y rarísimamente, como en todas las cosas naturales acaece produçir alguna vez por errar el curso ordinario la naturaleza, luego síguese que las gentes de todas estas Indias, desta Isla, islas y Tierra Firme, por razon de la templanza y mediocridad y disposicion suave de las regiones, provincias, reinos y tierras en que viven, naturalmente son de muy templada, y moderada, y favorable complixion, y, por consiguiente, de su propia naturaleza son muy bien intelectivos, de muy buenos juicios, de muy buenos ingenios, y de muy buenos entendimientos, puesto que en cada provincia, por la diversidad de la disposicion de la tierra, por ser alta ó baja, y por otros accidentes, sean los de un lugar más ó ménos que los de otro, como largamente queda demostrado en el capítulo 29. Y porque, como dejamos dicho y probado en los mismos capítulos 23 y 29, las gentes que viven en la region de Grecia, por estar en medio de Asia y Europa, así como tienen el medio segun el lugar, así tienen las disposiciones é inclinaciones medias y mejor proporcionadas, porque ni tienen tanto frio como los de Europa y Septentrion, ni tanto calor como los de Asia, y por consiguiente son intelectivos y artificiosos, no tanto, empero, como los de Asia, y tambien son animosos, ménos, empero, que los de Europa, por manera que cuanto

más se llegan las regiones al medio y templanza del frio
y del calor, tanto más las gentes moradoras dellas participan de la viveza del entendimiento que causa el calor, y del esfuerzo y animosidad de que el frio es causa;
pues como las regiones destas Indias, por toda la mayor
parte dellas, sean temperatísimas, más templadas que
ninguna parte de las que se saben del mundo, y las naciones que las habitan, por consiguiente, alcancen temperatísima complixion y más favorable que otras, síguese
que de su naturaleza no sólo son de buenos y vivos entendimientos más que otras naciones, pero tambien no
les falta naturalmente animosidad y esfuerzo de corazon:
porque regla es general, como muchas veces arriba se ha
dicho, ser los hombres de tierras frias inclinados á lo que
inclina ó dispone el frio, y los de las calientes á lo que
dispone é inclina el calor, y los de las regiones que están
en medio á haberse medianamente participando de ambos
á dos. De que sean de vivos y muy sotiles entendimientos de su natural, evidentísimamente por las razones siguientes abajo parecerá, pero que tengan esfuerzo y
animosidad parece que habrá duda, lo cual no será ménos
evidente á cualquiera que quisiere considerar lo que
vemos por experiencia, porque una gente desnuda, sin
armas ofensivas ni defensivas (porque los arcos y flechas que tienen son por la mayor parte, al ménos por
respecto ó para con nosotros, como juegos de niños),
osen acometer y seguir á otra gente como somos, que
tanta ventaja les hacemos en lo uno y en lo otro, tan
brava y tan feroz y tan armada de hierro, que con una
espada desbarriga uno de nosotros, en una hora, 500 dellos, y mayormente siendo nosotros armados de caballos,
que con una lanza uno, en un cuarto de hora, mata 1.000,
cuando se ven perseguidos y atribulados de los españoles, por defension suya de su vida, patria y libertad, ¿ no
es señal, cierto, de no ser de su natural mucho y bien
animosos y de gran corazon? Desto se referirán, pla-

ciendo á Dios, en otro lugar hartos y notables ejemplos, y algunos señalados vistos por nuestros ojos. No temen la muerte, mucho ménos que otra nacion, porque aunque sus comeres y manjares son muy delicados, como se dirá, todavía tienen suficiente abundancia de sangre, que de no temer las heridas ni la muerte, es, como digimos en el cap. 23, la causa; concuerda con esto y con lo de arriba el dicho de Vejecio, *De Re militari*, libro I, capítulo 2.°: *Omnes nationes quæ vicinæ sunt soli, nimio calore siccatæ, amplius quidem sapere sed minus de sanguine habere dicuntur: ac propterea constantiam atque fiduciam de propinquo pugnandi non habent,* etc. No se podrá bien decir contra esto, que vemos estas gentes comunmente muy tímidas, y por tales en verdad las tenemos, y esto les debe venir de su natural; á lo cual respondemos no tener esta objecion mucha verdad, porque esto.es de *per accidens,* ó accidentalmente, conviene á saber, por causa de las grandes y extrañas crueldades que en ellas hemos usado, como se verá, y por el temor nuestro que en ellas se ha entrañado viviendo en amarguísima y durísima servidumbre, y ésta es sufientísima causa para no solamente á estos, pero á los Scipiones, hacellos de servil condicion y cobardes, como en el cap. 27, largamente y por razones naturales, probamos. Son, pues, los indios, vecinos y moradores naturales de todas estas nuestras Indias, por la mayor parte y generalmente, de su natural, por razon de nacer y morar en tierras temperatísimas al ménos en mediana manera, bien intelectivos, y para las obras de razon bien dispuestos, más ó ménos segun se llegaren más á la mediocridad y templanza las provincias, mayormente las más meridionales, puesto que entre ellos haya grados que, por razon de la disposicion de las tierras, sean unos de más sotiles ingenios y artificiosos que otros, y lo mismo es cuanto á la animosidad y el esfuerzo.

CAPÍTULO XXXIV.

Pruébase allende lo dicho, ser las gentes destas Indias naturalmente de buenos entendimientos por la tercera causa que puede concurrir para esto, y que concurre notoriamente en ellos; ésta es la buena compostura de los miembros, y la, conveniente proporcion de los órganos de los sentidos exteriores, como en el capítulo XXIV referimos. Los indios, pues, de todas estas Indias, por la mayor parte, como sean de muy buenas y favorables complixiones, como queda visto, de necesidad debian ser, como lo son, de buenos cuerpos y todos los • miembros dellos muy bien proporcionados y delicados, áun los más plebeyos y labradores, no muy carnudos ni muy delgados sino entre magrez y gordura, las venas no del todo sumidas ni muy levantadas sobre la carne; esto se ve muy claro si quisiéremos considerar las manos, los dedos, las uñas, los brazos, los pechos, los piés, las piernas, que comunmente se les parecen, por no traer más vestidos de una manta de algodon como un cendal ó almaizar, ó de un lienzo los que más vestidos andan, y mayormente donde todos y del todo andan desnudos, cubiertos sólo aquello que la honestidad y vergüenza cubrir manda, los cuales miembros son y tiénenlos tan juntos, dispuestos y tales y tan proporcionados que no parece sino que todos son hijos de príncipes, nacidos y criados en regalos. Causa esto, eficazmente, la mediocridad de la sangre y del calor natural y de los espíritus que tienen, como se verá adelante, que hacen los cuerpos de los hombres delicados, como en el libro *De Somno et vigilia* dice Aristóteles. Los sentidos exte-

riores alcánzanlos admirables; ellos ven muy mucho de
léjos, y determinan lo que ven, más que otros, parece que
con la vista penetran los corazones de los hombres, y
tienen, comunmente, los ojos hermosos; oyen tambien
muy mucho, huelen cualquiera cosa de muy léjos,
aunque sea entre los montes, lo mismo es del gusto; y,
cierto, dello tenemos experiencia, y aquí no hablamos
á tiento ni, como dicen, de coro. Item el sentido del tacto
tiénenlo en gran igualdad, lo cual se muestra porque
cualquiera cosa lesiva y que pueda lastimar, asi como
frio, calor, azotes ó otra afliccion exterior, muy fácilmente y en muchos grados los aflige, angustia y las-
tima, mucho más sin comparacion que á nosotros y áun
que á los más delicados que hay entre nosotros, no obstante áun el traer los cuerpos y miembros desnudos al
sol, á los vientos y al agua, lo cual les habia de causar
ser duros y robustos, y no tener tan sensible y lastima-
ble aquel sentido del tacto. Item, cualquiera enfermedad
accidental más presto les adelgaza, enflaquece y los
despacha que á otra nacion alguna de los que tenemos
noticia; allende desto, como es notorio á todos los que
los cognoscemos, gentes son los indios para sufrir muy
poco trabajo, y porque han sido puestos despues que acá
venimos en grandes y desordenados trabajos, faltan
dellos muchos millares. Son luego estas gentes todas
universalmente de buenos sentidos exteriores, y en especial de muy temperados y delicados tactos, y por consiguiente, argumento es claro y áun necesario, segun
el Filósofo en el II *De Anima* y en el I de la Política, tener
cuerpos de libres y nobles ánimas, que es decir que tienen naturalmente buenos entendimientos, y son ingeniosos y bien razonables; todo lo cual parece arriba. Las
caras, y rostros, y gestos tiénenlos graciosos y hermosos,
hombres y mujeres, desde su niñez y nacimiento, porque
todos los niños y niñas desde que nacen, y como van
creciendo, son todos comunmente muy graciosos, lindos,

alegres, corderitos vivos, y de buena índole, que es
señal é indicio ó significacion de bondad de las ánimas
dellos natural, y de buenos entendimientos, y que se
perfeccionarian si fuesen ayudados, como parece, por
muchos que crian y han criado los frailes. De aqueste
indicio y significacion habla el Filósofo en el I de la Política, cap. 3.º, diciendo: Que desde el nacimiento de
cada uno y de su niñez, luégo la naturaleza muestra en
los cuerpos y gestos de los niños si tienen ánimas de
libres ó de siervos, conviene á saber, si tienen buenos y capaces entendimientos: *Statim ex generatione
quædam distincta sunt, alia quidem ad imperandum, alia
vero ad parendum,* y pone ejemplo en el ánima que naturalmente es apta para mandar y señorear al cuerpo, y
la razon á la sensualidad, y el hombre á las bestias, y
el género masculino al femenino, y concluye así: *eodem
modo necesse est in cunctis hominibus esse,* etc. Y si despues de hombres, algunos hallamos de grandes y feroces caras ó feos gestos, como en la provincia de Guatemala y en algunas otras partes de Tierra Firme, pero
no en muchas, era la causa de la costumbre que tenian
de con industria hacerse fieras las caras rompiéndose las
orejas y hacellas muy grandes, lo mismo las narices y
los bezos ó labios, poniéndose allí en los agujeros unas
joyas labradas de oro ó de plata, por fin de parecer en
las guerras á los enemigos espantables, ó tambien por
arreo de gallardía. Cuanto á la costumbre de querer parecer fieros en las guerras, ordenaron á los principios
hacerse las caras y cabezas, por industria de las parteras
ó de las mismas madres cuando las criaturas son tiernas
y chiquitas, empinadas y hacer las frentes anchas, de la
manera que en el cap. 29 referimos decir Hipócras,
y Galeno en el libro, arriba muchas veces nombrado, *De
Aere et aqua,* de las gentes de Asia llamadas Onacroce-
phalas, que se hicieron al principio las cabezas luengas
por mostrar ferocidad en las guerras, lo cual comenzó

la industria y despues prosiguió la misma naturaleza, como allí fué dicho, de lo cual parece que en hacer las cabezas y caras fieras, como en otras muchas costumbres, segun parecerá, no fueron solas las gentes destas Indias ni las primeras. Tampoco lo fueron en horadarse las orejas y poner en ellas aquellas cosas de oro, pues en España suelen traer las mujeres zarcillos en ellas, de lo cual los franceses burlan y escarnecen, teniéndolas por barbarísimas; esto no era tenido en otras naciones por feo, pues entre los judíos, y otras gentes debia ser tambien, no solamente las mujeres los traian, pero los hombres se arreaban dello, y esto parece por lo que leemos en el Exodo, y es, que cuando Moisés se tardaba en el monte y los judíos pidieron á Aarón que les diese dioses que adorasen y los guiasen en el desierto, por detenellos y no hacer cosa tan nefanda, mandóles que trujesen todas las joyas que tuviesen de oro que se ponian en las orejas las mujeres é hijos é hijas, creyendo que de pura codicia no las trujeran; pero traidas todas, él, de miedo no lo matasen, hízolas todas fundir, y dicen que por arte del diablo salió hecho un becerro. De donde se colige claro, antiguamente los hombres, ó al ménos los mancebos, acostumbrar á traer zarcillos ó cosas semejantes en las orejas; en otra manera era vituperiosa cosa y gran injuria entre los hebreos horadalles por justicia las orejas, y esto se hacia á los esclavos que eran hebreos, los cuales, si los compraba el señor, mándaba la ley que se sirviese dellos seis años y al sétimo los habia de dejar libres con mujeres é hijos, pero si el tal esclavo no queria recibir la libertad, sino quedarse todavía esclavo, por el amor que al amo y señor tenia, mandaba la ley que con un cincel con que suelen los zapateros sacar los bocados de los agujeros que hacen á los cintos, ó á otras cosas hechas de cuero, horadasen al tal esclavo la oreja, y desde allí habia de ser esclavo perpetuo, y esto era grande afrenta. Tornando al propósito

de los indios, ellos tenian y tienen de su natural buenos
y graciosos gestos, sino que ellos con aquellas superfluidades los desgarraban y hacian y hacen feos, como
acaece hartas veces á las mujeres de España, que, teniendo blancos y hermosos gestos, tantas blandu-
ras se ponen y afeites, que no es poco asco solamente
vellas. En esta isla Española, digo verdad, que hobo
hombres y mujeres muchas de tan buena disposicion
y compostura en los gestos, que aunque los tenian
algo morenos, señaladamente mujeres, podian ser mi-
radas y loadas en España por de buena y egregia hermosura por todos los que las vieran. En la Vega conocí
á mujeres casadas con españoles, y algunos caballeros,
señoras de pueblos, y otras en la villa de Santiago, tambien casadas con ellos, que era mirable su hermosura y
cuasi blancas como mujeres de Castilla, y puesto que
en toda esta Isla, mujeres y hombres fuesen de muy buenos y proporcionados cuerpos y gestos universalmente,
porque aquí no se rompian ni estragaban los rostros más
de sola y delicadamente las orejas para poner algunas
joyas de oro las mujeres, pero donde fué la señalada hermosura y muy comun á todo género, fué en la provincia de Xaraguá, que arriba digimos estar hácia el Poniente desta Isla, hobo. Y yo ví un lugar ó villa que se
llamó de la Vera-Paz, de 60 vecinos españoles, los más
dellos hidalgos, casados con mujeres indias naturales de
aquella tierra, que no se podia desear persona que más
hermosa fuese; y este don de Dios, como dije, muy comun y general fué en las gentes de aquella provincia
más que en todas las desta Isla. Las gentes de las islas
de los Lucayos, que el Almirante descubrió las primeras,
segun arriba digimos, todas á una mano, hombres y mujeres, eran de aspectos angélicos; las de la isla de Cuba,
y más las de la isla de Jamáica, lo mismo; las de los reinos de la Nueva España al rededor de Méjico, las de la
provincia de Xalisco, las de la de Nicaragua, las de la

Tierra Firme hácia Cumaná y del reino de Yucatan,
y las de la costa toda de Guatemala de la mar, que son
las tierras que yo he andado, y otras que no digo, y las
de los reinos del Perú, y la gente de La Florida, y lo
postrero que se descubrió, que es lo de Cíbola, de su
buena y graciosa disposicion y hermosura por los que lo
han visto se publican maravillas. Y es necesario que así
sea en todas por la mayor parte destas Indias, porque,
como habemos dicho, el aspecto y figura del cielo y la ·
virtud de las estrellas, que son causa universal y primera, y la felice disposicion, y suavidad, y mediocridad
de la tierra, y todos los mismos climas, que es la segunda, y próximo continente y todas juntas otras circunstancias, esta graciosa y hermosa disposicion destas
gentes favorecen. Así que, pues que todos los moradores
destas Indias,·por la mayor parte, y en especial los niños
y niñas y adolescentes, sean de buenos aspectos y aca-
tamientos, de hermosas caras y proporcionados miembros
y cuerpos, y esto desde su nacimiento, como el Filósofo
dijo, se muestra, síguese haberles Dios y la naturaleza
dado y dotado y concedido nobles ánimas naturalmente,
y así ser bien razonables y de buenos entendimientos. La
forma ó figura de las cabezas comunmente las tienen
proporcionadas á los cuerpos y á los otros miembros, y
derechas; algunos las tienen empinadas, y las frentes
cuadradas y llanas, como los desta Isla, otros, como los
mejicanos, y algunos de los del Perú, y los de La Florida, las tienen de mejor forma, algo como las que en el
capítulo 24 digimos, de hechura de martillo ó de navío,
que es la mejor forma de todas. Dije algunos de los del
Perú, porque, por la mayor parte, cuasi en cada provincia
tenian propia costumbre y diversa de las otras de formar con industria las cabezas. Y es cosa de maravilla
ver la diligencia é industria que tienen para entallar las
cabezas, mayormente de los señores; éstas de tal manera las atan y aprietan, con lias ó vendas de algodon ó

de lana, por dos y tres años á las criaturas, desde que
nacen, que las empinan un palmo grande, las cuales
quedan de la hechura y forma de una coroza ó de un
mortero de barro muy empinado, y esta costumbre tienen los Ginoveses, y tanta industria y diligencia ponen
para que las criaturas tengan las cabezas muy empinadas, puesto que no redondas sino llanas, como vemos,
que cuasi parecen á las gentes que en esta Isla moraban.
Por privilegio grande concedian los del Perú á algunos
señores, y que ellos querian favorecer, que formasen las
cabezas de sus hijos de la forma que los reyes y los de su
linaje las tenian. Las de las gentes de los Lucayos y de
la isla de Cuba y Jamáica, segun me puedo acordar, las
tenian cuasi como las nuestras ó que más nos parecian en
las figuras dellas; muchos tienen las frentes cuadradas
de moderada grandeza, que es buena señal, como en
el cap. 24 digimos; los cabellos todos comunmente los
tienen negros y moderadamente delgados y correntíos y blandos, y cuando niños no tan negros sino que
tiran á castaños, que significa buena composicion, como
parece allí en el dicho capítulo. Y porque dice el Ecle-
siástico, cap. 19: *Ex visu cognoscitur vir, et ab occursu
faciei cognoscitur sensatus: amictus corporis et risus den-
tium et ingressus hominis enunciant de illo*: En la vista y
en la cara, en el andar y en la risa, se conoce el hombre
y el seso y entendimiento de cada uno; digo verdad, la
cual muchos y todos los que tienen noticia en aquestas
partes la saben si la quieren confesar, que así en los
niños como en los grandes, como en mujeres y hombres,
y señaladamente en los hombres, se ve y conoce tanta
modestia y mansedumbre, tanta composicion, tanta vergüenza, honestidad y mortificacion y madureza en los
actos y meneos exteriores, en la vista, en la risa, en la
compostura de la cabeza é inclinacion de la frente y de
los ojos, y en el andar, y en gran manera en la habla
(que de pura reverencia y humildad mudan la voz, que

si la tienen gruesa y autorizada, la adelgazan y abajan cuando hablan con personas de autoridad, y á quien hayan de tener reverencia), que no parece sino que fueron criados en la disciplina y debajo de regla de muy buenos religiosos. Esto es señal de tener igualdad de complixion, y tambien discrecion y buena razon, cuanto á los principios naturales, no faltalles. No queremos aquí decir ni afirmar que todos, universalmente, en todos sus actos actualmente sean perfectos, y muy acenderados en las obras de perfecta razon, sino que todos universalmente, y por la mayor parte, tienen natural aptitud y habilidad, y muy de propíncuo están en potencia para ser reducidos al acto y actos, siendo instruidos, de todo buen entendimiento y de buena razon, y finalmente, que son hombres de su naturaleza bien razonables y bien inclinados, y dello tienen muy ciertos y naturales indicios y claras señales. Porque mucho es ayudado el entendimiento y la razon ejercitándose por sí mismo con la lumbre natural de la razon y por el oficio della, que es explicando lo que en los primeros principios, que son de sí cognoscidos ó cognoscibles, se contiene implícitamente, ó siendo ayudada por otros que más se hayan ejercitado, y es tambien desayudado cuando las personas se ocupan mucho en las cosas sensuales, mayormente en algunos señalados vicios; pero como arriba en el cap. 22 y 29 se dijo, como los hombres sean de libre albedrío de sí mismos, por eleccion propia que tienen en su mano ó de otros persuadidos, pueden ayudar á los entendimientos para producir buenos actos intelectivos y alcanzar virtudes, ocupándose en buenos ejercicios, y así entendemos hablar aquí de los indios. Así que por la disposicion y hermosura corporal y por la · modestia, vergüenza y honestidad, madureza, composicion, mortificacion, cordura, y los otros actos y movimientos exteriores, que en sí y de sí muestran áun desde niños, los cuales les son innatos y naturales, manifiesta cosa es haberles proveido la naturaleza y su Criador dotado naturalmente de aptitud y capacidad, de buena razon y buenos entendimientos. Son, pues, las gentes naturales destas Indias, universalmente y por la mayor parte de su natural, por razon de la buena compostura de los miembros, por la conveniencia y proporcion de los órganos de los sentidos exteriores, y la hermosura de los gestos ó caras y de todo el *vultu*, la figura de las cabezas, los meneos y movimientos, etc., naturalmente de buena razon y buenos entendimientos.

CAPÍTULO XXXV.

En el capítulo precedente mostrado habemos, la buena disposicion de los cuerpos, y favorable compostura de los miembros y órganos exteriores, y hermosura de los gestos que estas gentes tienen ser buen argumento y señal de tener buenos entendimientos de su naturaleza, y en los capítulos de ántes, la buena complixion y armonía proporcionada de los humores, y tener las tierras donde moran templadas, y otras causas que digimos y otras que diremos ser naturales, las cuales todas ó la mayor parte parece concurrir en estas gentes para que tengan habilidad natural para los actos de razon y de buenos entendimientos; agora, en este capítulo presente y en los siguientes, queremos mostrar en esto tambien, las causas que en el cap. 23 digimos accidentales favorecerles, porque éstas disponen mucho bien los órganos de las potencias interiores aprehensivas, que son, como ya digimos, el sentido comun, la imaginacion, la cogitativa ó fantasía, y la memoria sensitiva. La primera, pues, causa accidental y bien dispositiva de las potencias interiores, es la sobriedad y templanza en el comer y en el beber, y poco mantenimiento; ésta tienen los indios, más que otras muchas gentes, en excelencia, porque todos general, y particularmente, de su naturaleza son abstinentísimos y muy sobrios, de muy poco comer y beber; y esto es notorio á todos los que con verdad y simplicidad les ayudan y favorecen, y áun á todos los que mal les hacen, si lo quieren sin doblez y fielmente decir. Y en tanto grado es verdad esto, que los religiosos y siervos de Dios, que de raíz y de propósito han experimentado y penetrado sus costumbres, no suelen hablar dellos en este caso, sino diciendo que su comer y beber cotidiano es como el de los Santos Padres en el Yermo; y esta comparacion no discrepa mucho, ántes confina con lo propio que destas gentes se ha dicho, porque todos, por la mayor parte, no comen, sino raras veces y acaso, carne ni pescado, y muchas no cosa asada ni cocida. Comun comida es la suya legumbres y yerbas, y frutas, y raíces de las que arriba digimos ages ó batatas, conficionadas ó guisadas con aquella pimienta que, en lengua desta Isla, se llamaba axí, la última sílaba aguda, y en la mejicana chile, la primera sílaba luenga; ésta es muy sana y templada, entre calor y frio, la cual tiempla y adoba mucho la humedad y terrestridad de las dichas raíces. La bebida es generalísimamente agua en todas estas Indias, y donde se alcanza el cacao que es agua fresquísima, y ésta no embriaga, y la chicha en el Perú, que puede y suele embriagar, que se hace del grano que en esta dicha lengua llamamos mahíz. No contradice á esto que algunas veces, y muchas, los indios de la Tierra Firme, con la chicha y otros vinos, se destemplan y emborrachan, porque no es su bebida ordinaria ésta ni la beben por ser destemplados, sino cuando hacen sus convites comunes y fiestas por ceremonias y ritos en honor y religion del culto de sus ídolos; esta costumbre y religion generalmente fué defecto de todos los gentiles por industria del demonio, que, para derrocallos en muchos abominables vicios, les dió manera para privarlos de los sentidos. Esto expresamente San Pedro en su canónica primera nos lo significa: *Sufficit enim præteritum tempus ad voluntatem gentium consummandam, his, qui ambulaverunt in luxuriis, desideriis, vinolentiis, comessationibus, potationibus, et illicitis Idolorum cultibus,* etc.; y San Pablo *Ad Romanos XIII: Non in comessationibus et ebrietatibus et in impudiciciis,* etc.; y es de notar, que no reprenden allí San Pedro y San Pablo sino el exceso de las comidas y bebidas, y tambien hacerlas por religion, y en veneracion de sus dioses, pero no los convites que los gentiles hacian; pues hacer convites absolutamente no es ilícito (y Cristo, ejemplo de sobriedad y templanza, se halló en uno cuando las bodas de Archiclitino), porque, segun el Filósoso en el VII de la Política, en la ciudad bien ordenada debe haber convites y comidas públicas ó comunes, para conservar la familiaridad y amistad entre los ciudadanos, y Platon lo habia dicho ántes en el libro *De Legibus*, diálogo primero, y los romanos tenian convites públicos, unos que llamaron triunfales, que al pueblo hacian los que triunfaban, otros pontificales, que celebraban en sacrificio de los dioses, y otros funerales, que se hacian en las obsequias ú honras de los muertos. Pues asentados á la mesa del convite, ¿quién será tan templado y moderado, que no exceda poco que mucho en el comer ó beber, mayormente aquellos que carecen de fe y cognoscimiento de Dios? Ni tampoco hace contra lo dicho, decir que con nuestro vino, cuando lo pueden haber, algunos se embriagan, porque esto es muy de *per accidens*, ó accidentalmente, por no saber la fuerza del vino, en la cual dificultad cayó Noé, santo hombre, y en esto harto los excusan, como se dirá, otras muchas naciones estimadas por prudentes que todos cognoscemos, y pocos hay que no se les traben los celebros con el vino, fuera de la nuestra Española; y Platon, en el libro XXXIV *De Legibus*, diálogo sexto, dice que emborracharse los hombres no era cosa decente, sino fuere en las fiestas y solemnidades de aquel dios que dió el vino. Entre los indios desta Isla yo vide Señor ó Cacique, que, teniendo harto vino nuestro y de Guadalcanal, lo bebia con tanta templanza, que un monje muy reglado no podia tenella mayor. Y así nos hablamos aquí de lo que por naturaleza estas gentes tienen, y de la costumbre de su comer y beber que tambien les es natural, y no de lo que algunas veces les

acaece hacer, mayormente que áun esto no lo hace cada
uno en su casa en particular, sino cuando se juntan en
comun muchos á los comunes convites, y fiestas, y ceremonias, y ritos, y observancia y honor de sus dioses;
pues como los indios todos en universal sean sobrios y
abstinentes, de poco comer, y la comida sea legumbres y
yerbas, y el pan harto áspero y no muy bueno, como
es el del grano mahíz en toda la Tierra Firme, y el caçabí, que se hace de raíces, muy cenceño y delicatisimo,
y de muy fácil digestion y de ménos sustancia, en todas estas islas, y en alguna parte de Tierra Firme, y por
esto sean de moderada cantidad de sangre y calor, y, por
consiguiente, de pocos huelgos y espíritus pero claros y
sotiles, porque no suben las evaporaciones ni humosida-
des que los suelen turbar, y enturbiar, escurecer, engrosar, y anublar, y confundir y desordenar, como acaece
en los hombres comedores, bebedores y glotones, segun
arriba en el cap. 26 queda dicho, y de allí proceda
que las potencias cogitativa, memorativa, y la imaginacion, sean dispuestas, y bien dispuestas y fuertes para
producir sus actos, y ejercitar sus oficios, y aparezcan á
la imaginacion la forma ó especies, ó imágenes ó intenciones, sensibles, claras, distintas y ordenadas, por cuya
causa el entendimiento fácilmente percibe y forma las
especies inteligibles, por las cuales suele entender, si-
guese de todo lo dicho, necesariamente, que los indios
son de su natural intelectivos, y tienen buenos entendimientos, y son gentes de buena razon, por la primera
causa accidental, que es la sobriedad y templanza del
comer y beber y mantenimiento, que ayuda y dispone
las potencias interiores, que sirven al entendimiento para
poder bien entender. Y argumento manifiesto de su sobriedad y templanza, en el comer ordinario y comun
beber, es multiplicar tanto por la generacion como multiplican, porque hallamos aquestas tierras todas universalmente tan llenas de gentes, que en todo el mundo

parece que nunca se vió ni halló tierra más ni tanto poblada, ni donde más el género humano se multiplicase; vemos esto cada dia, donde hay gente áun despues de la persecucion que les vino, que los ha despoblado y cuasi aniquilado, y de que en otra parte se hará mencion, que las mujeres tienen tres, y cuatro, y cinco hijos, como los dedos de la mano, cuando van por agua al rio llevan dos ó tres delante, y uno en los brazos, y otro en el vientre, y no ha muchos años que parió una mujer india, de la ciudad de Méjico, de un vientre cinco hijos. La razon de esta multiplicacion de la generacion es, segun regla de filosofía (y trátase en los libros *De Generatione et corruptione*, y *De Longitudine et brevitate vitæ*, por el Filósofo, y tambien lo tratan más en particular los médicos), porque los hombres templados en comer y beber son de más fuerte y virtuosa natural complixion, más aptos para engendrar y para mejores ·hijos y de mejor complixion producir, que los comedores y bebedores destemplados; la razon de la razon es, porque así como por el demasiado comer y beber es impedida la buena nutricion del cuerpo, y la luenga conservacion de la vida de un hombre, así por la misma causa se estorba la buena generacion y multiplicacion que pertenece á la humana especie. Y segun Platon, en el libro *De Legibus*, diálogo· sexto, y lugar postreramente alegado, mucho deben el marido y la mujer estar sobre aviso, de vivir, miéntras son casados, templadamente, mayormente cerca del vino, porque siempre se hallen con buen juicio y entendimiento, pues se ignoran el dia y la hora que la mujer conciba en su ayuntamiento, porque va mucho que estando ellos en buena, templada y moderada disposicion la criatura se conciba; por ende conviene, dice Platon, para que lo que se concibiere sea estable y quieto, que los cuerpos de los padres no sean con exceso ó embriaguez, al tiempo de la generacion distraidos (y la razon, segun él asigna, es porque el que está lleno de vino es como con rabia, así en el ánima como en el cuerpo, traido y llevado aquí y acullá, y por tanto como mentecato es inhábil para concebir y engendrar), porque verisímile cosa es, que las criaturas que engendraren los tales nazcan de desiguales complixiones, instábiles y vanos, torcidos en los miembros, como en las costumbres desordenados. Por lo cual, es cosa necesaria que los casados, por toda la vida, y en especial por el tiempo de la generacion, se deben guardar de hacer ó padecer cosa que perturbe la mente y desordene la voluntad, por la cual naturalmente puedan causar alguna enfermedad dañosa en el cuerpo ó en el ánima, ó incurran desvergüenza ó fealdad, porque cualquiera cosa destas, en las ánimas y en los cuerpos de las criaturas que de los tales padres nacen, se imprimen y traspasan, y peores que ellos serán. Todas estas son palabras de Platon.

CAPÍTULO XXXVI.

No poco difiere de esta la causa otra, que arriba en el capítulo 26 digimos ser tambien accidental, que sirve y ayuda muy mucho á la buena disposicion de los entendimientos, y se la abstinencia y templanza cerca de las afecciones sensibles, viciosas, mayormente las venéreas ó sucias. Desta creemos poderse decir con verdad, que son más que otras gentes, por la mayor parte y comunmente, moderados y templados (y pluguiese á Dios que los nuestros no les excediesen cuasi sin alguna medida), como se puede cognoscer por la templanza de usar con sus propias mujeres, que no parece que las tienen para otra cosa sino para sustentar solamente la humana especie, que es el fin de la naturaleza, y no para salir de los límites de la razon; esto se alcanza á saber por las vías que se suelen entender las cosas secretas, por vía limpia y honesta, como lo alcanzan los que procuran limpiar y curar las ánimas. Y desto es uno y muy cierto argumento exterior, que todos los españoles que han estado y están en estas Indias podrán tener experimentado, si de industria no lo quisiesen negar, que en ninguna parte dellas hombre ha visto ni sentido á algun indio obrar deshonestidad, ni con sus mujeres propias, ni con otras casadas ni solteras, ni áun en las tierras donde, como en estas islas, todos andaban desnudos desde los piés á la cabeza (excepto las mujeres que traian obra de dos palmos de tela de algodon con que cubrian sus vergüenzas), hombre no vido, andando y conversando juntos en obras que hacian mujeres y hombres, que por el primer movi-

miento se sintiese alteracion, más que si fuesen hombres
muertos, en las partes inferiores; y si alguno ha visto y
sentido á indio alguna desvergüenza, de obra ó de palabra, no habrá sido sino de los que han criado y tenido
los españoles en sus casas, porque lo aprendieron dellos:
pero desta honestidad no se podrán gloriar muchos de
los nuestros, porque se hallarán millares de indios que
hayan visto y sido testigos de infinitas torpedades co-
metidas por nuestros compatriotas, para nuestra gran
confusion. Es tambien otro argumento de la templanza
destas gentes cerca de los actos venéreos, conviene á
saber, andar descalzos, y mucho mayor si andan del
todo desnudos, porque esto templa y deshecha el deseo, y
amortigua la inclinacion de aquel vicio, segun dicen los
médicos; otro es, lavarse muchas veces en las aguas
frias, como estos se lavan de noche y de dia; otro es, la
poquedad de los manjares, poco comer y poco beber, y
comunmente beber agua, y los manjares ser de poca sustancia y nutrimiento. Item, la poca ociosidad que estas
gentes acostumbraron tener comunmente es tambien
causa que no sean muy inclinadas á caer en aquel vicio;
nunca hallarán indios, por la mayor parte, que en su
casas ó en el campo, mucho que poco, no hagan algun
ejercicio con sus manos, con que no sea de mucho trabajo. Estas causas son propias y cuasi naturales y
acostumbradas á estas gentes, que son señales de no
ser excesivos en aquellas obras, y estas deben procurar
de adquirir los que desean vivir castamente, segun Mag-
nino, médico, con otras que pone en el tratado que hizo
De Regimine sanitatis, parte tercera, cap. 23, pero la
principal es el socorro de arriba; y saber que sólo es
don de Dios dice Salomon ser suma sabiduría. No impide á lo dicho ni contradice los que algunos de nuestros
españoles dicen (lo que yo, ciertamente, nunca tuve por
cierto), conviene á saber, que haya entre estas gentes algunos, y aunque sean muchos, que incurran y se conta-

minen con el dicho nefando vicio, porque no es esto universal, como abajo probaremos, y no es maravilla que en un mundo tan grande y tan luengo, y de tan inmensas naciones lleno, siendo infieles, faltándoles gracia y doctrina, tuviesen y tengan estos y otros muchos vicios, pues entre los que tienen nombres de cristianos no faltan hartos que padezcan las dichas ignominias, y estas pudieron incurrir por algunas causas particulares que abajo señalamos. Nos, empero, hablamos aquí en universal, y por la mayor parte, ser los indios naturalmente bien dispuestos para producir actos de buen entendimiento, y carecer más que otras gentes de los contrarios que á estos pueden impedir, é lo demas que en contra se hallare ha de estimarse como monstruo en naturaleza, que suele muy raro acaecer, segun arriba en cierto capítulo digimos. Y así queda mostrado que, por la moderacion y templanza que tienen cerca de las afecciones y cosas venéreas, al ménos no son ménos dispuestos que otras gentes, para producir buenos actos de razon y entendimiento, los indios. Asignamos otra causa accidental en el cap. 26, que impide los hombres á que sean por algun tiempo bien intelectivos, conviene á saber, la solicitud demasiada y cuidado intenso cerca de las cosas mundanas y temporales, y el contrario della, que es la moderacion, allí pusimos; desta ser estas gentes más adornadas que cuantas en el mundo nacieron, de su naturaleza parece manifiesto. Cuanto de la solicitud de allegar riquezas y bienes temporales, y ambiciones, y usurpar lo ajeno, no se contentando con lo suyo, son más que todas libres. ¿Qué ciudado, ni qué solicitud puede dar pena ni ocupacion del entendimiento, á gente que no pretende más de su propia, no supérflua sino necesaria, sustentacion, la cual con un poco de trabajo corporal tienen cumplida, y no cura en pensar lo que ha de comer mañana, porque lo tiene ya cierto con aquel poquito trabajo? El que no cura de vestirse más de cu-

brirse las carnes con una manta de algodon de una vara
en cuadro, ó de ponerse solamente dos palmos de la
misma tela delante sus vergüenzas, cuando mucho, como
en estas islas que andaban totalmente desnudos se acostumbraba, ¿qué vehemencia podrá tener aqueste cuidado
de se vestir para que deje de bien producir el entendimiento de los tales los actos ordenados de buena razon,
y vacar ó ejercitarse, cuando inducidos y. ayudados y
doctrinados fuesen, cerca de las operaciones intelectuales y espirituales? La gente que no ha menester allegar
de muchos años atras ajuares desde cuasi que nacen las
hijas para las casar, sino que el yerno le viene á rogar
por ella, y si ella se contenta de él y el padre ve que
será hombre para, por su trabajo en la cultura de la tierra,
á sí é á la mujer, y á los suegros cuando sean viejos, po-
derlos sustentar; item, quien no piensa en quitarle el
estado ni la hacienda de su vecino, por fuerza ó por engaño, ó por pleito que piense moverle con ayuda de cohe-
chados letrados, y no tiene puntos de honra queriendo
en el pueblo ó en la provincia señorear, ó dejar á sus
hijos, aunque sean muchos, cada uno con su mayorazgo,
pocos tumultos y ménos perturbaciones tienen en sus
ánimas, y poco impedimento y ofuscacion del entendimiento cualquiera destos cuidados ni todos juntos les
podrán causar. Estas gentes indianas universas deste
orbe, todas, de su natural ó de su costumbre convertida
en naturaleza, carecen de todas estas solicitudes y cuidados, como ya es á todo el mundo claro, por ende manifiesta cosa es, que, por la modestia y templanza que de
estos cuidados alcanzan, son ayudados y favorecidos para
ser intelectivos, por ésta como por las de suso puestas
causas accidentales. No ménos les ayuda, para bien formar los actos de entender y bien razonar, la otra causa
accidental que en el dicho cap. 26 se sigue á la precedente, y ésta es la carencia que naturalmente tienen,
por su buena y laudable complixion que cuasi todas

estas gentes alcanzan, de las pasiones del ánima, que causan en ella gran perturbacion, y, por consiguiente, impiden al entendimiento, las cuales son principalmente, ira, gozo, dolor, temor, tristeza, enojo y rencor, etc. Cuanto á la ira, manifiesta cosa es á todos los que conocen estas gentes en todas las partes destas Indias, la ira que tienen de su naturaleza, la cual tanta es que podríamos afirmar, sin desviarnos mucho de la verdad, haber papagayos, en especial unos muy chiquitos que arriba digimos, capítulo 9.°, llamarse en la lengua desta isla Española xaxabis, la media sílaba luenga, que tienen más ira que los indios; bien creemos que otra generacion en el mundo de las que se tiene noticia no es más quieta, pacífica, más mansa, más benigna, humilíma, y sobre todas pacientísima, y tengo por cierto exceder en todo á la gente que arriba digimos de Asia, segun Hipoçras y Galeno. Desto podríamos traer muchos y muy ciertos ejemplos, pero por no alargar dejarémoslos todos refiriendo algunos. Digo verdad, que habia quince ó veinte años que yo estaba en estas Indias, en los cuales nunca ví reñir indio con indio, hasta un dia que vide dos que se estaban dando de puñadas, las cuales eran tales, poco más que cuando unos gatos entre sí retozan, ó unos niños de cinco años de los nuestros andan burlando; yo, cuando los vide, comencé á llamar testigos, diciendo que diesen testimonio como vian de apuñear dos indios, y pasan de cincuenta años que he vivido y tratado en estas tierras y conversado con diversas gentes, y nunca vide otro tanto. Si acababan de azotar cruelmente los españoles á un indio, porque se fué huyendo de los trabajos de las minas ó de otra parte, ó por lo que quiso cualquiera azotalle, despues de haber sus dolores y desventura llorado, que los llamen y halaguen, no hay más dificultad en aplacalles que á unos niños que lloran dándoles una manzana. No muchos dias atras que á este paso escribiendo yo lle-

gase, me contó un español que, una vez, llegando él y
otros á un pueblo de indios, y dándoles dos gallinas
para que comiesen, dijo uno dellos á éste: «Estos perros,
para que traigan cuanto quisiéremos, no hay mejor industria sino que les deis con esas gallinas en las caras»;
hízolo así, dándolos buenos golpes con ellas: tornan los
indios á traerles todo cuanto tenian en sus casas. Despues, pasados algunos dias ó meses, tornó por aquel pueblo éste, que se llamaba Juan Gomez, que con las gallinas
los habia aporreado, y saliéronsele de una bolsa cerca
de cien reales; vídolos el indio aporreado, y dijole: «Juan
Gomez, ¿has perdido algo?» él miró el freno del caballo,
las espuelas, y lo que traia en las alforjas, y respondió;
«no he perdido nada»; añidió el indio, «mira si has perdido algo», y él afirmando que no, torna el indio á decir;
«mira si has perdido dinero»; el Juan Gomez miró en-
tónce la bolsa, y halló que se le habian salido por cierta
descosedura los reales; saca luégo el indio los reales sin
faltar uno y dáselos. ¡Señal es esta, cierto, de duralles
mucho el enojo, y de tomar de sus enemigos dura venganza! Las injurias que entre sí unos á otros, cuando
reñian y más airados y turbados estaban, y contra quien
se enojaban decian por injuriallo y hacelle mayor daño,
eran, si tenia los ojos zarcos, buticaco, conviene á saber, «andá para hombre, que teneis los ojos zarcos»; si
los tenia negros, peiticaco, hombre de ojos negros; si
tiene algun diente dañado ó le falta, injúrianle diciendo
mahíte, la media silaba luenga; «andá para dañados los
dientes, ó que os faltan dientes», y así de los otros defectos corporales. Estas son las injurias y oprobios y
maldiciones con que, generalmente, de los que quizá se
airaban tomaban y toman sus venganzas, y así les
duran sus enojos como si nunca por ellos pasasen; y en
esto parecen á aquellas gentes, de que dice Haly, el comentador de Tolomeo, que viven al Occidente, cuyas
contenciones son semejantes á las de las mujeres, como

en el cap. 29 fué relatado. Si un indio está durmiendo y otro viene á llamarlo, no sabe despertalle de presto por no dalle pena, sino que estará una hora muy pasito estirándole, si tiene camisa ó manta, de la halda, ó si no la tiene, meneándole del pié poquito á poquito, y con muy blandas y bajas palabras hasta, sin cuasi sentirlo, despertarlo. Esta natural mansedumbre y modestia les viene de la nobleza, templanza y mediocridad de sus complixiones, y ésta nace de la mediocridad y templanza de todas estas indianas regiones, por causa de la igualdad de los tiempos de todo el año; porque no hay muy continuas ó frecuentes en el tiempo mutaciones ó turbaciones, ni de excesivos frios ni de excesivos calores, sino que siempre, ó cuasi siempre, son los tiempos iguales ó cuasi iguales. De donde proviene que ni las mentes de los habitantes son fatigadas con alteracion, estupor, ó espanto grande, por la violencia de los tiempos, ni los cuerpos incurren transmutacion alguna que sea fuerte ó destemplada, de donde se causa que la materia seminal no resciba alteracion mala ni corrupcion dañosa al tiempo de la generacion de los animales, por lo cual nacen las criaturas de templada y noble complixion y mediocridad proporcionadas; esto siempre y comunmente si no es acaso, errando la naturaleza, como los monstruos, ó porque la generacion fué con alguna enfermedad celebrada, y por estas causas puede acaecer salir el contrario pero esto es muy raro. Ya queda dicho arriba, que en las tierras y regiones que hay en los tiempos del año muchas y grandes transmutaciones, y diversidad vehemente de frios, y calores, y lluvias, y nieves y otras variedades, los moradores dellas naturalmente son inquietos, rijosos, feroces, bravos, mal acomplixionados y peor inclinados, y de malas y perversas costumbres, más ó ménos segun mayores y más vehementes, y más frecuentes y continuas fueren las diferencias de los tiempos y transmutaciones. Contra lo

arriba determinado parece ser los frecuentes huracanes
que hay en estas Indias, que son grandes tempestades
por la mar y por la tierra, que no dejan cosa que no
destruyan y echen á perder, naos en la mar, y las heredades y edificios en la tierra, como es manifiesto; huracanes llamaban los indios desta Isla, las dichas tempestades ó tormentas. A esto se responde, que estos eran
muy raros, que por maravilla solian venir de muchos á
muchos años, como tenemos los viejos en estas tierras
experiencia, y, por tanto, poca diversidad ó variedad ó
transmutacion en el tiempo, y, por consiguiente, en las
personas causaban; haberlos de pocos años acá cada
año, y hacer los estragos y destrucciones que por la mar
y la tierra hacen, otra causa oculta que la natural debemos buscar, y no es otra sino nuestros muy nuevos
y muchos pecados, que el discurso de otra nuestra Historia muy claramente mostrará. Como, pues, aquestas
naciones sean de su naturaleza tan benignas, quietas, y
mansas y ajenas de ser perturbadas sus mentes de la
ira, que es pasion impeditiva del entendimiento, manifiesto es, que, por la carencia natural que tienen della,
no podrán ser impedidos en los actos del entendimiento
naturales.

CAPÍTULO XXXVII.

Las otras pasiones del ánima, que pueden causar perturbacion é impedir los actos del entendimiento accidentalmente, son dolor, y temor, y tristeza, y enojo y rencor, destas dos postreras no reinar en estas gentes, por lo que se ha probado de su mansedumbre y benigna complixion y dulce propiedad de su conversacion, manifiesto queda; pero en cuanto á las demas, es aquí de presuponer lo que por las condiciones y propiedades, que se han de aquestas gentes referido, se puede colegir, y es que de su naturaleza, todas ó la mayor parte, son de complixion sanguina, que es de las cuatro complixiones la nobilísima, porque entre todas ellas, las propiedades desta, por su sotileza, claridad y temperancia, en cálido y húmido, son muy favorables al ánima y al cuerpo, y causan en los hombres, naturalmente y por la mayor parte, virtuosas inclinaciones. Una muy comun á todos los sanguinos, segun Alberto, es que son alegres y no puede durar en ellos mucho tiempo tristeza, son dulces, y benignos, y amorosos en el hablar, el vulto ó rostro siempre lo tienen alegre, son amativos y que fácilmente se aficionan en amistad á otros; son risueños y causan risa; son píos, francos y liberales, dispuestos para todas las artes, y otras buenas y laudables condiciones é inclinaciones. Que los indios por la mayor parte sean sanguinos, lo referido, como dije, y lo que luégo se dirá lo testifican. Son todas estas gentes desde niños letísimos, y asi son amigos de tañer, y bailar, y de cantar con la voz cuando les faltan instrumentos; algunos tenian con que hacian sones para bailar, y provocarse á regocijo y alegría, segun á su manera y carencia de instrumentos de hierro para artificios hacerlos podian; son en gran manera benívolos, y dulces y benignos, lo cual manifiestan en recibir los huéspedes y tambien en su despedida. De esta virtud y propiedad, el Almirante primero, que descubrió este mundo, fué, como parece en otra parte, buen testigo. En la Nueva España, cuando les viene algun huésped, desta manera le reciben, conviene á saber: «A vuestra tierra y á vuestra casa venis, en ella podeis estar, no os ha de faltar nada»; y si es persona principal: «Vuestros vasallos y criados somos, bien nos podeis mandar», y otras palabras semejantes; á la despedida: «Mirad mucho cómo vais, no caigais, id paso á paso porque no tropeceis»; y así desta manera. Los recibimientos y despedidas cuanto á las obras, porque lo ya dicho es de palabras, abajo, si place á Dios, se explicará, y los que lo oyeren, si tuvieren buena consideracion, quizá se admirarán. Lo mismo se probará (ser, digo, sanguinos y de sanguina complixion) cuanto á su habilidad y disposicion para todas las artes; desta complixion es muy cierto, singular y evidente argumento, conviene á saber, el sufrimiento y paciencia que en los trabajos intolerables, y nunca otros tantos ni tales imaginados ni imaginables, que han de los españoles padecido, como esta Historia, con verdad, delante de Dios, que es y será testigo y verdad de todo, testificará; creo, cierto, y con verdad entiendo que lo digo, que en toda la masa del linaje humano gente otra no puede más ni tanto sufrir, ántes sobre todas tengo por cierto ser pacientísima, porque padecer y sufrir los trabajos, servidumbre y opresiones, con tan calamitosa y desafortunada vida, como han padecido, no ha podido ser sino por su incomparable paciencia, y por tolerallos con alegría, al ménos no con tanta tristeza como otros lo sufririan. Esto es muy claro por lo que experimentamos en ellos cada dia, porque estando en los trabajos de las minas, que no para hombres de carne, pero aunque fuesen de acero serian insufribles, y llevando cargas de tres y cuatro arrobas de peso á cuestas 50 y 100 leguas de camino, están y van cantando y riendo entre sí, diciendo mil gracias y remoquetes que entre ellos hay, como si fuesen á fiestas por los caminos; de donde parece hacer menor efecto y perturbacion en ellos el dolor y la tristeza, que harian, tanto por tanto, en otras naciones, por su noble condicion sanguina y natural alegría. Sufrir dolores y tormentos diversos y terribles yo los he visto algunas veces, con tanta paciencia y tolerancia, que aunque lloraban y daban de sí angustiosos y dolorosos gemidos, pero, cierto, exceder el dolor y afliccion al sentimiento en demasiada manera claro parecia. El temor, empero, junto con la tristeza de la vida infelice, dura y diuturna servidumbre y cautiverio, que han padecido y padecen, por la imaginacion vehementísima que sobre otras naciones tienen, como abajo diremos, de nunca salir de aquellos males ó venirles otros mayores (y afirmo no ser posibles otros mayores), hace más fuertes efectos en estas gentes que podrian causar en otras, y esto por cuatro razones: La una, por la grandeza, y exceso y acerbidad de los ·agravios, angustias, trabajos, vejaciones y continuas persecuciones, que toda la natural alegría y noble complixion destas naciones ha sobrepujado; la segunda, por la diuturnidad dellas que tanto ven que les duran, por lo cual muchos, perdida la esperanza de jamás salir dellas, se han desesperado y muerto con sus mismas manos, ahorcándose ó tomando cosas ponzoñosas, y ésta la paciencia y sufrimiento totalmente les ha desterrado; la tercera, por la delicadez de sus cuerpos, y miembros, y complixion noble, que causan serles cualquier lesivo, y que puede lastimar, más que á otros penoso, y por esto pueden durar ménos en los trabajos y calamidades que otras naciones, segun vemos por experiencia cuán de golpe han perecido tantos cuentos de gente y cada dia se consumen; la cuarta, por la virtud y fortaleza de su imaginacion, que es más que la de otros vehementísima. Por estas cuatro razones, que cada una dellas por sí es causa, y todas juntas son causas en gran manera eficaces, se han seguido en estas gentes cuatro efectos desastrados y lamentables, y los mismos se siguieran, ellas supuestas, en todo el linaje humano; el primero, las pestilencias que se han en algunas partes destas Indias engendrado, que es cierto proceder de la imaginacion y de la tristeza de los males presentes y pasados, y del temor vehemente de los por venir, y del mal comer y beber, y de los muchos y demasiados trabajos, como arriba comenzamos á decir y más se repetirá abajo; el segundo es, que aquestas naciones, por las angustias y amarguras, y vida, más que dolorosa y amarga que pasan, y el temor continuo y sobresalto de su noble y natural condicion, han degenerado convirtiéndose tan pusilánimes, y de tan serviles ánimos, chicos y grandes, súbditos y señores, que no osan respirar, ántes vienen á dudar si son hombres ó animales, ó á creer que están encantados: y esto es cosa natural en los opresos y en dura servidumbre nacidos y criados, como arriba fué probado. El tercer efecto es, la poca estima, y menosprecio, y abatimiento que los nuestros españoles destas domésticas y humanas gentes cobraron, no por más de por verlas tan mansas, tan pacientes, tan humildes, y con tanta facilidad haberlas sojuzgado, como desnudas y sin armas, y para cualquier servicio y provecho suyo hallarlos tan á la mano, debiéndolas de amar y agradar, honrar y estimar y consolar por las mismas dichas causas. El cuarto, y sobre todos miserando y más que lamentable, los números tan innumerables que dellos han perecido, por las razones ó causas arribas recitadas, sin haber ofendido á nadie; pero de esto la historia será larga. Tornando, pues, á nuestro propósito, dejadas estas causas vehementísimas contrarias del entendimiento, impeditivas y accidentales, manifiesto queda en lo traido arriba, ser todas estas naciones muy ajenas de las pasiones comunes, que pueden perturbar las potencias interiores y así estorbar los actos del entendimiento, como son, la ira, tristeza, dolor, enojo y rencor, y las muy grandes y vehementes serles más que á otras del mundo tolerables, por ser de nobilísima complixion, y carecer de las perturbaciones que proceden de las pasiones del ánima, mucho por la mayor parte. Puédese confirmar todo lo dicho en esta materia, conviene á saber, carecer estas gentes de los impedimentos que suelen ofuscar las dichas potencias interiores, y así no tener tanta libertad el entendimiento para entender, por los mismos efectos de las mismas potencias y mayormente de la imaginacion y memoria, las cuales muestran tenerlas todos comunmente más que otras naciones, claras, fuertes, bien dispuestas en todo y desembarazadas; esto parece, porque cuando los hablan, y cuando ven y oyen, están atentísimos con vivísimos aspectos que parecen penetrar los corazones, y perciben y notan mucho lo que ven y oyen, más que otras generaciones, y entienden muy presto los conceptos ajenos, y parece que se les clava indeleblemente en la imaginacion cualquiera cosa, por sotil y artificiosa que sea. Esto es manifiesto, porque poniéndose un indio en una calle, no muy cerca de la tienda de un platero sino arredrado, porque de que ya los cognoscen los nuestros los avientan luégo que los ven, y mirando un rato cómo labra una joya, por difícil de labrar y de artificio que el platero la obre, luégo se va á su casa y la hace tan perfecta y algunas veces mejor que el artífice á quien hacerla vido primero; por esta y otras muy muchas sotilezas que hacen, solamente con una vez ó dos vellas, les llaman los nuestros oficiales españoles monas, y no osan hacer cosa delante dellos. Pues las cosas que han hecho y hacen en las procesiones, representando actos y farsas sacadas de la Sagrada Escritura, y de nuestra redencion cosas devotas, nadie podrá encarecellas, porque á todos los nuestros seglares y religiosos ponen cada dia en admiracion; ésto, señal es de tener muy limpia y fuerte y muy bien dispuesta la imaginacion. Lo mismo está probado y muy averiguado de la potencia en ellos memorativa, por la buena y favorable disposicion de la cual tienen inmortal memoria, como parece en las cosas diversas y muchas que toman de coro, así de las eclesiásticas y doctrina cristiana, como de las mundanas y seglares de sus historias; á cada paso, en cada ermita ó iglesia se juntan muchos á decir é dicen las horas de Nuestra Señora, de coro, que en breves dias las encomendaron á la memoria, y otras muchas oraciones y devociones, en romance y en latin y en sus lenguas rezándolas ó cantándolas. De la doctrina cristiana no es cosa fácilmente creible, porque veinte y treinta pliegos de papel escritos, hay muchos indios que cuasi todos los han tomado á la memoria, y con pocos tropiezos los recitan sin pena alguna; de cosas antiguas entre ellos acaecidas, y de muchos tiempos pasadas, la memoria tienen por historia; de la artes liberales abajo se referirán cosas notables; luego buenas y limpias, y fuertes y aptas, para ejercitar sus oficios, y servir al entendimiento, y representarle las formas ó intenciones sensibles, tienen estas gentes las potencias, imaginativa, y la memoria, que son las principales de todas las cuatro, ó segun Alberto cinco, potencias interiores. Lo mismo argüiremos, no sofística sino demostrativamente, de la primera dellas, que es el sentido comun, porque, como el sentido comun sea el primero de los interiores, segun su buena ó no buena disposicion así son dispuestos los otros; pues si los ya dichos tienen ó son de buena disposicion, éste será ó terná buena disposicion, como quiera que él en sí reciba las especies ó imágenes de todos los otros y las represente á la imaginacion. El sentido comun tiene por oficio, lo primero aprender ó recibir en sí ó cognoscer todas las imágenes phantasmas ó especies ó sensaciones de los cinco sentidos exteriores; lo segundo juzgar dellas, así como esta es color, y este es son, y aquel es olor, aquello negro, aquello es blanco, dulce ó amargo, lo que no pueden los mismos sentidos exteriores el uno del acto del otro hacer. Entónces tiene buena disposicion el sentido comun cuando la parte del cerebro primera y delantera, donde tiene su celda y órgano, tiene bien dispuesta y proporcionada para obrar los dichos sus actos y oficios, es entónces aquella parte delantera, y celda del sentido comun, apta y bien dispuesta cuando es algo grande y proporcionada la cabeza, ó al ménos no es muy chica, y es salida ó luenga ó empinada, segun en el cap. 25 digimos, y es señal de la buena disposicion del órgano del sentido comun, y, por consiguiente, son los tales de buena capacidad y aprehension, y buen juicio; lo cual hallamos en los indios por la mayor parte, como arriba en el cap. 34 queda dicho, y sin duda son de muy buena aprehension, como prueba lo que se ha mostrado y concluido de la imaginacion. De la cogitativa ó phantasía es lo mismo, por dos razones; la primera, porque como sea potencia que tenga su aposento en el medio del cerebro, entre la imaginativa por la parte delantera, y la memorativa ó la memoria sensitiva por la postrera, si las dos extremas son buenas y aptas para ejercer sus actos y operaciones, síguese que ha de participar de la bondad de ambas á dos extremas, segun aquella regla de filosofía: *Medium participat conditiones et naturas extremorum.* La segunda razon es, porque como aquel lugar donde aquesta potencia tiene su órgano y aposento sea muy cálido de su naturaleza, al cual suban muchos espíritus por lo cual siempre está en continuo movimiento, como parece, que continuamente phantasea, compone; divide y juzga, pasando celérrimamente de la imaginacion, tomando las intenciones ó estimaciones que están en ella que se dicen sensatas, sacando otras no sensatas, quiere decir, que no han pasado ó entrado por alguno de

los cinco sentidos, ni las aprehendió el sentido comun,
como es, que la oveja visto el lobo por el sentido del ver,
y aprehendida la forma del lobo y enviada al sentido
comun, y de allí pasada ó pegada en la imaginacion, esta
potencia phantástica ó cogitativa en los hombres (y por
la estimativa en las bestias), colige la intencion ó estimacion de que el lobo es enemigo, y por consiguiente que se
debe huir, y que cuando oye el balido del cordero, su hijo,
colige la intencion ó estimacion que tiene hambre, de la
cual es movida de le dar las tetas para mamar. Así los pollos, oyendo la voz de la gallina, sacan esta intencion,
que la gallina pretende que todos se ayunten para ponerse debajo sus alas; el perro, si se ve halagar y se le dá
un pedazo de pan, saca intencion de amistad, y luégo él
tambien halaga con la cola, pero si ve amenazarse y que
van hácia él con un palo, colige la intencion de enemistad, y, ó huye, ó arremete á morder al que le amenaza.
Esta intencion ó estimacion de que el lobo es enemigo, y
las otras que se han dicho, no entran por los ojos ni por
los oidos, porque no es cosa la enemistad que se ve ni se
oye, ni se huele, ni se toca, y así no se conoce por alguno de los sentidos, las cuales intenciones ó phantasías,
así no sensadas como las sensadas por los hombres, la
cogitativa las envía que las tenga en guarda la memoria sensitiva, para cuando las quisiere despues tornar á
tomar tornando á phantasear. Así que, como los indios
todos, por la mayor parte, sean de no sólo buenas pero
admirables imaginacion y memoria, como dejamos probado, que son las dos extremas potencias, síguese tener
muy buena la potencia cogitativa ó phantástica, por la
razon primera un poco arriba dicha. Item, como estas indianas gentes sean de muy noble complixion, por la mayor parte, porque sanguinos y de moderada sangre, y
pocos espíritus y claros, por su poco comer y beber y las
otras causas de que arriba hemos hablado largo, síguese
que el calor del órgano desta potencia cogitativa es más

que en otras gentes templado, y que no suben á el demasiados espíritus ni terná tan vehementes y continuos los movimientos, y, por consiguiente, que la dicha potencia alcanzan, como las otras, apta y dispuesta para producir sus actos libre y desembarazadamente, y así, que no ménos que ellas sirve con sus operaciones para que bien y sotilmente entienda el entendimiento; lo cual parece manifiestamente porque son en gran manera reposados en pensar, que no es otra cosa sino ser mucho cogitativos, y ésta es potísima señal de ser bien intelectivos, porque la potencia cogitativa es lo altísimo que tiene la parte sensitiva del hombre, la cual frisa y toca en alguna manera á la parte intelectiva, en tanto grado que participa algo de aquello que es ínfimo ó más bajo del entendimiento. Y esto es el discurso de la razon, segun la regla del Santo Dionisio, cap. 7.º *De Divinis moribus*, donde dice que los principios de las cosas segundas ó más bajas se ayuntan ó frisan con los fines de las primeras ó más subidas; y por esta vecindad tan cercana del entendimiento, esta potencia se llama razon particular (segun dice el Comentador en el 3.º *De Anima*; y rescíbese su sentencia en la filosofia), la cual no está sino en los hombres, en lugar de la cual las bestias tienen la estimativa natural, con la cual forman las intenciones no sensatas que digimos, y por ésta conocen las cosas amigas y enemigas. Esto es de Santo Tomás, en las cuestiones disputadas *De Veritate*, cuestion catorce, artículos 1.º al 9.º Y con esto concluimos lo que en el capítulo 34 comenzamos y en el 26 prometimos, conviene á saber, ser ayudadas estas gentes para tener buenos entendimientos de algunas causas accidentales que disponen la potencia interiores, en especial las aprehensivas, para poder bien servir con sus actos y sensaciones al entendimiento, en lo cual principalmente consiste ser los hombres bien intelectivos.

CAPÍTULO XXXVIII.

Aplicadas las tres causas naturales, de seis que en el capítulo 30 referimos, que pueden concurrir á la nobleza del ánima y á ser los hombres bien intelectivos, á las ánimas destos indios, y á vueltas dellas otras causas accidentales, resta tratar de la cuarta, que es la clemencia y templanza, igualdad y suavidad de los tiempos que comunmente andan con la disposicion de los lugares, y aplicar della lo que sintiéremos convenir á estas gentes. En el cap. 23 se trató largamente, que en las regiones y tierras donde hace los tiempos iguales, y entre sí semejantes, se excluyen las corrupciones y maldad que pueden causarse en las criaturas que se conciben al tiempo de la generacion, así cuanto á los entendimientos como á las inclinaciones y las costumbres. Item, que donde corren vientos ¡boreales, que son el Norte y sus colaterales y los orientales ó sus colaterales, y los aires ó vientos locales son templados, ayudan mucho á la generacion y á que las criaturas sean de buenos entendimientos y buenas inclinaciones. Item, si ayudan las causas particulares, como son las disposiciones de la misma tierra, porque es enjuta, limpia, descubierta, airosa, sus altos y sus bajos, no tiene cercanía ó vecindad con ciénagas, lagos y árboles malos, y otras cosas contrarias, por manera que concurran las causas particulares con la universales, la generacion de los que allí se concibieren y nacieren será naturalmente, por la mayor parte, cuanto á los entendimientos y á las inclinaciones, favorable y loable, y harán ventaja, en ambas á dos propiedades, á las gentes de otras muchas partes. Manifiesto

pues es, y asaz evidentemente por muchas razones naturales queda en muchos capítulos arriba demostrado,
ser todas estas tierras y regiones mucho templadas,
correr los vientos boreales y orientales por ellas cuasi
continuo todo el año, los aires ó vientos locales, clementes, salubres, favorables y sanos; la disposicion de la
misma tierra, y en todas sus partes ser limpia y enjuta,
desavahada, quita y remota de malas vecindades; las
sierras y campiñas, graciosas y bien puestas, las arboledas y selvas que hay, de muchos y muy sanos y saludables y aromáticos árboles, y pocos de contrarias propiedades; las aguas delgadas, corrientes, sanísimas y suaves,
y, finalmente, concurren las causas particulares con las
universales para perfeccionar la felicidad, templanza,
sanidad y amenidad de todo este orbe. Todo esto en todas estas regiones por la mayor parte, y si algun pedazo
ó pedazos de tierra ó region no es tal, háse de estimar
como monstruo en naturaleza y raro, como suele acaecer
en todas las cosas naturales de cuando en cuando. Luego,
necesariamente, las gentes que en estas tierras nacen y
se crian son de buena y laudable complixion, todas
iguales ó cuasi iguales, y de nobles ánimas, y por consiguiente, de su naturaleza, de buenos entendimientos en
universal y por la mayor parte; y si algunas personas
entre ellos hobiere de poca habilidad y que tengan notable falta en sus entendimientos, acaecerá esto en algunas
particulares, pero no que todas las de una provincia ó
region puedan ser tales en general, porque esto es imposible, como los monstruos son imposibles en todas
cualesquiera cosas naturales acaecer por la mayor parte:
y sería herejía afirmar que los tales acaeciesen por la
mayor parte en la naturaleza humana, como habemos
probado en algunos nuestros Tractados. Confírmase todo
lo arriba dicho, al ménos cuanto á gran parte de este
orbe, lo primero, por lo que queda escrito en el cap. 23,
donde se probó, por sentencia de Tolomeo y de Haly, su

comentador, que las gentes que nacen y se crian en las
regiones que están debajo del tercero, y cuarto, y quinto
clima, segun los climas que dividieron los antiguos, y
especialmente en latitud y altura de 34 grados hasta 42,
son natural y generalmente de buenos y sotiles entendimientos, por el sitio, y la templanza, y mediocridad de las
regiones y tierras en que nacen y se crian, y así por concurrir las causas particulares con la universal y superior; dentro de los cuales grados caen ó están grandes y
muchas provincias y partes destas Indias, de una parte
y de otra de la línea. De la parte del Norte cae mucha
tierra y grandes regiones de la Tierrá Firme, que llamamos de la Florida, y la tierra de Cibola, que es tierra
excelentísima y de gentes llena muy discretas y políticas, como en otro libro, si nuestro Dios concediere hasta
entónces la vida, será declarado; de la otra parte de la
línea (equinoccial digo) están las provincias que son
reinos, que se comprenden, segun el vulgo dice, en los
del Perú, y la provincia de Chile, tierra tambien beatísima, y las gentes della no poco sabias y políticas; todo
esto, digo, que cae dentro de los tercero, cuarto y quinto
clima, segun los antiguos. Aquí es de presuponer, si
arriba quizá abiertamente no lo hemos dicho, que á los
climas que contaron, dividiendo la tierra habitable de la
parte Septentrional, los antiguos, corresponden otros
tantos, con las mismas calidades, de la otra parte austral
de la línea, y por aquella manera se divide, segun la
continencia de la natural disposicion, el inferior hemis-
ferio como dividimos el superior nuestro, segun dice Alberto Magno en el libro *De Natura locorum,* tratado I,
capítulo 12, siguiendo á los varones probados y sabios
en filosofía. Solamente destas partes ya dichas destas
Indias, que son lo ménos dellas, se ha probado lo que
pretendemos por lo que alcanzaron de la tierra habitable
los antiguos, pero todo lo demas de este nuevo y grande
orbe, que, como arriba en el cap. 20 declaramos, alcanza

de latitud 90 grados, 45 al Septentrion y 45 al Austro de la línea, que hacen 1.800 leguas, lo cual todo ellos ignoraron, por nuestra experiencia y vista de ojos, cuanto á la felicidad, fertilidad, igualdad, mediocridad, templanza y sanidad de las regiones, clemencia y suavidad de los tiempos, y habilidad, capacidad y sotileza de los entendimientos de las gentes naturales habitadores dellas pertenece, todo nuestro intento asaz plenamente se confirma y manifiesta. Lo segundo (ó tercero), se confirma nuestro intento destas gentes, por lo que arriba en el dicho cap. 29 referimos de las naciones que nacen y moran en Asia la Menor, segun Tolomeo y los demas filósofos y médicos, conviene á saber, que por la mediocridad, templanza, igualdad y bondad de la tierra son las gentes de laudable y moderada complixion, y, por consiguiente, blandas y mansas, modestas, de buenas inclinaciones, amadoras de limpieza, y que naturalmente aman la doctrina y el estudio de las letras, y aptas para las cosas espirituales y que pertenecen á la religion, y, por consiguiente, son hábiles para producir obras del entendimiento; por lo cual, vistas las cualidades de aquellas regiones de Asia, y condiciones de las gentes naturales dellas, y cotejadas con estas tierras y naciones habitadores dellas, no creo yo que otras en el mundo pueden ser más. ni quizá tanto entre sí, que éstas con aquéllas semejantes. Puede asimismo, empero, haber alguna diferencia entre aquestas, como entre aquéllas, en lo tocante á la viveza de los entendimientos y inclinaciones de las costumbres, por razon de algunas causas particulares, como el aire que cerque é hincha la region, y estar en alto ó en bajo el lugar ó villa, casa ó habitacion, ó por la vecindad de montes ó valles, nieves ó lagos y aguas; destos se ha dado doctrina cierta, ó cuasi cierta y probable, arriba en el cap. 29 y en otros, de la cual podrá quien quisiere colegir por estas tierras nuevas dos cosas: la una que podrá prenosticar ó juzgar (aunque no ha de ser con juicio temerario, sino siempre con prudencia y limitacion de lo que á él parece que juzga) la habilidad y disposicion de los entendimientos de las gentes que en cada provincia destas ó poblacion haya, y lo mismo cerca de las inclinaciones y costumbres, al ménos en general; la otra, que si hobiere de poblar y buscar asiento de pueblo, villa, lugar ó ciudad, podrá saber elegir el sitio y asiento para la tal habitacion más congruo y conveniente, más dispuesto, más saludable y proporcionado á la naturaleza humana. Parece, pues, por las razones dichas, y aplicacion de la cuarta causa que suele concurrir á la nobleza del cuerpo humano, y, por consiguiente, la del ánima (que fué la templanza y suavidad de los tiempos, como hobimos puesto en el capítulo 29), ser todas estas universas naciones indianas, naturalmente, no sólo hábiles y de buenos juicios y entendimientos, pero muy hábiles, ingeniosos y muy razonables por la mayor parte.

CAPÍTULO XXXIX.

Cuanto á la quinta causa que concurre á la buena disposicion de los cuerpos humanos, y así á la nobleza de las ánimas, que es la conveniente y proporcionada edad de los padres (y ésta quedó puesta en el cap. 30), y aplicando á ella la parte que á estas naciones cabe, decimos que en algunas partes destas Indias, y en muchas dellas quizá, padecian en esto algun inconveniente por casarse, al ménos las mujeres, temprano, puesto que en otras tenian costumbre del contrario; y es de notar, que aunque casarse las personas de tierna edad comunmente incurran algunos, y quizás muchos, de los defectos que referimos en el dicho cap. 30, en muchas ó en algunas naciones, en éstas, empero, no parecen que se incurren tantos, por faltarles muchas condiciones y cualidades que á otras gentes sobran ántes que faltan, y tener algunas favorables que otras no alcanzan. Esto parece discurriendo por cada uno de los defectos ó inconvenientes que digimos incurrir los que muy temprano se casan: Del primero, que es debilitarse ántes de tiempo y perder las fuerzas, y del quinto, que causa poca vida, y del noveno, que suelen ser las mujeres que muy muchachas se casan incontinentísimas, estos inconvenientes cesan en estas gentes, por la mayor parte, porque, sin alguna duda, como en el cap. 35 digimos, ellas son muy templadas en aquellos actos conyugales, y quizás más por la mayor parte que otras algunas. El segundo inconveniente, que es cuando los padres se casan muchachos y los hijos llegan en algun conocimiento, y se ven cuasi coetáneos y de poco ménos edad, no les ternán la debida re-

verencia y acatamiento, etc., no impide á estas gentes
por su mucha innata y natural mansedumbre y humildad, y otras condiciones que tienen humanas y semejantes; tampoco el tercero, de tener poca experiencia y no
ser hábiles para regir sus casas, en éstos no ha lugar, la·
razon es porque como todas estas gentes tengan pocos
embarazos y cuidados de grandes posesiones, haciendas
y riquezas que hayan de regir, ni pendencias ó pleitos
que hayan de mover, y por ende vivan contentos con no
más de lo muy á la vida necesario, y esto lo tengan tan
á la mano como arriba significamos, poca experiencia ni
prudencia es necesaria para regir sus casas, mayormente
que en todas las cosas son sujetísimos y obedientísi-
mos á sus padres. Cuanto al sexto inconveniente, que es
peligro de las mujeres si cuando niñas se casan por la
estrechura de los vasos, á esto decimos, que aunque á
las mujeres deste orbe desde muchachas las daban maridos, al ménos en estas islas, no corrian el dicho peligro,
porque ó la naturaleza de algun secreto remedio proveia, ó los trabajos que tenian comunmente todas las mujeres de acá, puesto que moderados, ó porque sus comidas no son delicadas, que pariesen sin peligro aunque
fuesen muy muchachas y áun cuasi sin dolor lo causaria,
segun parece por el Filósofo, VII de la Política, cap. 6.°,
y en el libro *De admirandis in natura auditis*, cap. 89, refiere, que las mujeres de los Ligures, que son pueblos de
la provincia de Génova, no en las camas echadas sino
estando trabajando, sin gemido alguno, paren los hijos, y
despues que los raspan y friegan los llevan al rio á lavar, y no por eso dejan de proseguir las obras y trabajos
que hacian; y esto cuenta el Filósofo entre las maravillas de la naturaleza, y lo mismo hacian las mujeres desta
Isla y creo que muchas otras destas Indias. Y porque los
trabajos de las mujeres destas tierras eran continuos,
porque nunca estaban ociosas, y aquéllos eran moderados y nunca excesivos, sin alguna duda por esta causa,

los hijos que producian eran favorecidos, al ménos no impedidos, para ser intelectivos; de aquí podemos bien claro
inferir, que despues que los españoles vinieron á estas
tierras y sojuzgaron estas gentes, y pusieron en el duro
cautiverio con que afligieron, y afligen, y oprimen dura-
mente hombres y mujeres, por los excesivos trabajos y
aflicciones que todos ellos y ellas padecen, de necesidad
ó no engendrarán ni concebirán, ó si engendraren ó concibieren malparirán, y, sino malparieren, las criaturas
que engendraren ó parieren han de ser muy faltas, por
la mayor parte, de cuerpos y fuerzas, de ingenio y entendimiento. Cuanto al cuarto inconveniente, que nacen los
hijos de chicos cuerpos, y el quinto que son de poca
vida, y el sétimo que es imperfecto el mestruo, y así salen
las criaturas diminuidas, á todos tres inconvenientes se
puede responder 'que la gran temperancia y virtudes de
la tierra felice que habitan, y los aires, tiempos y vientos
saludables, y las favorables constelaciones ú otras virtudes secretas de naturaleza, deben suplir el susodicho
defecto de la edad tierna de los padres, y ántes de la
edad conveniente á la buena generacion casar; porque vemos que aunque en algunas y en muchas partes destas
tas Indias nacen los hombres bajos de cuerpo, comunmente, pero son muy bien proporcionados y de miembros recios y de muchas fuerzas, y esto yo lo he visto y
experimentado, y es notorio á todos los que por estas regiones ó provincias estamos: cuanto más que, áun entre
las gentes que hay de bajos cuerpos, hay muy muchos de
altos y muy bien dispuestos cuanto pueden ser en otras
muchas partes, y allende esto hay muchas provincias y
regiones que comunmente son de cuerpos bien grandes.
Dejo de decir de otros que por su proceridad y grandeza
les llamamos en estas islas gigantes, como en otra Historia, si Dios quisiere, se dirá algo; y en el estrecho de Magallanes, ó por allí cerca, se tiene por cierto tener los
hombres de altura doce y trece palmos. Item, la vida de

las gentes destas Indias comunmente y en general es larga, y en muchas partes muy larga, como habemos experimentado viendo viejos de sesenta y setenta y ochenta años, y la razon lo declara por ser todas estas regiones de su naturaleza muy sanas por la mayor parte; la causa desta sanidad es porque todas ellas, en general y por la mayor parte, son cálidas y húmedas templadas, y en otras si son frias no tanto que no venza y sobrepuje al frio el calor del verano, y los principios de la vida en todas las cósas que viven, señaladamente en los animales, son lo húmedo y cálido proporcionado, y más tiempo viven los hombres y animales, y tambien las plantas, en las regiones cálidas que en las frias, *ceteris paribus*, porque lo cálido en estas regiones tales, abriga y conforta lo húmedo, pero en las frias el húmedo congela y espesa y amortigua y áun mata lo cálido. Pues como todas estas tierras destas Indias, por la mayor parte, sean por el húmedo y cálido, y por las otras muchas calidades de suso expresas, temperatísimas, todas y por la mayor parte naturalmente han de ser y son de necesidad sanísimas; desto se ha necesariamente de seguir que todas las gentes, naturales vecinos y habitadores dellas, naturalmente son de larga vida. Así lo dice Aristoles en el libro *De Longitudine et brevitate vitæ*, párrafo último, y Santo Tomás allí tambien lo sigue donde dice, que aquellos hombres ó gentes son de vida más larga que otros, que viven en tierras que son cálidas ó húmedas; ó templadas en ambas á dos calidades, y en las cálidas más que en las frias; luego las gentes destas Indias son naturalmente de larga vida. Item, los que han de vivir mucho, segun el Filósofo, no deben abundar en muchas superfluidades, porque la superfluidad tiene fuerza de contrario; pues los indios, como está probado, no tienen superfluidades sino solamente toman deste mundo lo necesario, luego son de larga vida. Item, los hombres templados en el uso venéreo con sus mujeres son de más larga vida que los dados mucho á aquel vicio, porque éstos son de muy poca vida, porque se les deseca la virtud del húmedo y así se consumen, y, por consiguiente, se envejecen y mueren más presto; y pone ejemplo el Filósofo en los gorriones, que no viven por esta causa dos años, y siempre ménos que las hembras: pues los indios son moderados en esto, luego son naturalmente de larga vida, y bien se confirma por las grandes multitudes que hallamos de gentes, y muchas personas muy viejas, como ya digimos. Lo dicho todo es tambien de Alberto Magno, en el libro *De Morte et vita*, tratado II, capítulos 6.°, 7.°, 8.° y 9.°, y en el *De Natura loci* lo toca en muchas partes. Luego los tres susodichos inconvenientes, cuarto y quinto y sétimo, no han lugar ó no tienen tanta fuerza ó eficacia en las gentes destas partes, aunque no sean los padres de los que nacieren de tanta edad como convernia, y, por consiguiente, no por eso dejarán las gentes destas tierras de ser de buenos entendimientos para producir actos racionales é intelectuales. El octavo tampoco tiene ó tenía eficacia para dejar de parir las muchachas puesto que de poca edad se casen, lo cual, que sea así, la experiencia que con los ojos tenemos habida sea la probanza, pues hallamos, como dije, esta Isla é islas y toda esa vastísima Tierra Firme tan frecuentada y plenísima rebosando de mortales; porque cuasi es de las mujeres destas tierras lo que dice el Filósofo, en el libro *De Admirandis in natura auditis*, cap. 70, de las mujeres de Humbría, provincia de Italia que es en el Florentinado, conviene á saber, que son muy fetosas ó abundosas en los partos y de cada parto paren muchos, y parir uno sólo las acacce muy raro. Y esto baste para cumplir con la causa quinta que suele ó puede concurrir con otras para que los hombres sean bien intelectivos. Cuanto á la sexta y última, de la cual presto nos queremos despedir, diremos que, aunque los manjares destas gentes comunmente no sean favorables al entendimiento, de sí mismos, por ser raices y legumbres y otras cosas muy terrestres,

ó que tienen mucho de terrestridad, contra este inconveniente se provee con la mucha templanza y abstinencia que en sus comidas ordinarias (como en el cap. 34
se dijo) tienen, y otras muchas cualidades que segun por
lo mucho que se ha referido se puede colegir les favorecen. Y con esto concluimos las seis causas naturales,
universales y particulares, que pueden y suelen concurrir,
ó algunas dellas, para poner tales disposiciones en los
humanos cuerpos, que las ánimas que en ellos se infun-
den sean de mucha natural nobleza, y, por consiguiente,
de sotiles y altos entendimientos, como arriba en el capitulo 22 parece. Por todas las susodichas causas seis naturales, y por otras accidentales que se introdujeron hablando de aquéllas, queda, si no me engaño, asaz evidentemente probado ser todas estas indianas gentes, sin
sacar alguna, de su mismo natural, comun y generaI-
mente de muy biem acomplixionados cuerpos, y así dispuestos y bien proporcionados para recibir en sí nobles
ánimas y recibirlas con efecto de la divina bondad y cer-
tísima Providencia, y por consiguiente, sin alguna duda,
tener buenos y sotiles entendimientos, más ó ménos, menores ó mayores, segun más ó ménos causas de las seis
susodichas en la generacion de los cuerpos humanos con-
currieren.

CAPÍTULO CXX.

Referidos ya bien prolijamente los dioses de los gentiles antiguos y de tantos siglos pasados, en lo cual su grosísima ceguedad y engaño se ha bien mostrado, tiempo es de aquí adelante dar noticia de los dioses que aquestas nuestras indianas gentes, ó que de aquellos antiguos idólatras recibieron y heredaron, segun es verisímile, al ménos en mucha parte, ó ellos añidieron é inventaron, para despues en ésto como en lo demas cotejallos: de los primeros, pues primero que otros se descubrieron, conviene hablar de los habitadores de esta isla Española y de las demas, por la órden que al principio comenzamos. Para principio de lo cual es de saber, que las gentes desta Española, y la de Cuba, y la que llamamos de San Juan, y la de Jamáica, y todas las islas de los Lucayos, y comunmente en todas las demas que están en cuasi renglera desde cerca de la Tierra Firme, que se dice [La Florida, hasta la punta de Paria, que es la Tierra Firme, comenzando del Poniente al Oriente bien por más de 500 leguas de mar, y tambien por la costa del mar las gentes de la Tierra Firme, por aquella ribera de Paria, y todo lo de allí abajo hasta Veragua, cuasi toda era una manera de religion y poca ó cuasi ninguna, aunque alguna especie tenian de idolatría. No tenian templos en muchas partes, y los que tenian eran de poca estimacion, porque no eran sino una casa de paja como las otras comunes, algo apartada; no tenian ídolos sino raros, y éstos no para los adorar por dioses, sino por imaginacion que les ponian ciertos sacerdotes, y á aquéllos el diablo, que les podian hacer algun bien, como dalles hijos, y envialles agua, y otras cosas útiles semejantes. No hacian ceremonias exteriores ni sensibles, sino muy pocas, y éstas se ejercitaban por aquellos sacerdotes que ponia por sus ministros el demonio, con ciertas colores que fingian engañados. Principalmente su religion parece que residia en la mente ó estimacion de un Dios, y allí obraban su culto, · puesto que, con los embarazos y persuasiones que el demonio y sus ministros les ponian y hacian, careciendo de doctrina y de gracia, se les mezclasen algunos errores. La gente desta isla Española tenía cierta fe y cognoscimiento de un verdadero y solo Dios, el cual era inmortal é invisible que ninguno lo puede ver, el cual no tuvo principio, cuya morada y habitacion es el cielo, y nombráronlo Yocahu Vagua Maorocoti; no sé lo que por este nombre quisieron significar, porque cuando lo pudiera bien saber no lo advertí. A este verdadero y católico conocimiento de Dios verdadero, se les mezclaron estos errores, conviene á saber, que Dios tenía madre, cuyo nombre era Atabex, y un hermano suyo Guaca, y otros desta manera; debian de ser como gentes sin guia en el camino de la verdad, ántes habia quien della los desviase, ofuscándoles la lumbre de la razon natural que pudiera guiallos. Tenian ciertas estatuas de madera, segun escribió en una carta el almirante don Cristóbal Colon á los Reyes, donde metian los huesos de sus padres (y debian ser los de los Reyes y Señores), y éstas llamaban del nombre de la persona cuyos huesos allí encerraban. Cuenta que, como fuesen huecas, metíase un hombre dentro dellas y alli hablaba lo que el Rey ó Señor le decian que hablase á los populares; y acaeçió que entrando dos españoles en la casa donde una estatua de aquellas estaba, dió un grito, segun parecia, la estatua y habló ciertas palabras, pero como los españoles no se. asombran fácilmente de gritos de palos, ni son tan simples que no cayesen presto en el engaño, llegóse uno y dió del pié á la estatua, y dá con ella de lado, y así descubrió el secreto de lo que dentro estaba. El secreto era, que á un rincon de la casa debia estar un hoyo ó cierto espacio en el rincon cubierto de rama, donde estaba encubierta la persona que hablaba, y ésta tenía una trompa ó cerbatana que metia por el hueco de la estatua, y allí hablando parecia que hablaba la estatua. Dice más el Almirante, que habia trabajado de saber si tenian las gentes desta Isla secta alguna que oliese á clara idolatría, y que no lo habia podido comprender, y que por esta causa habia mandado á un catalan que habia tomado hábito de ermitaño, y le llamaban fray Ramon, hombre simple y de buena intencion, que sabía algo de la lengua de los indios, que inquiriese todo lo que más pudiese saber de los ritos, y religion, y antigüedades de las gentes desta Isla y las pusiese por escrito. Este fray Ramon escudriñó lo que pudo, segun lo que alcanzó de las lenguas, que fueron tres las que habia en esta Isla; pero no supo sino la una de una chica provincia que arriba digimos llamarse Maçorix de abajo, y aquélla no perfectamente, y de la universal supo no mucho como los demas, aunque más que otros, porque ninguno, clérigo, ni fraile, ni seglar supo ninguna perfectamente dellas, sino fué un marimero de Palos ó de Moguer, que se llamó Cristóbal Rodriguez, la Lengua, y éste no creo que penetró del todo la que supo, que fué la comun, puesto que ninguno la supo sino él. Y esto, de no saber alguno las lenguas desta Isla, no fué porque ellas fuesen muy difíciles de aprender, sino porque ninguna persona eclesiástica ni seglar tuvo en aquel tiempo cuidado chico ni grande, de dar doctrina ni cognoscimiento de Dios á estas gentes, sino sólo de servirse todos dellas, para lo cual no se aprendian más vocablos de las lenguas, de «daca pan», «ve á las minas», «saca oro», y los que para el servicio y voluntad de los españoles eran necesarios; sólo este fray Ramon, que vino á esta Isla al principio con el Almirante, parece que tuvo algun celo y deseo bueno, y lo puso por obra, de dar cognoscimiento de Dios á estos indios, puesto que como hombre simple no lo supo hacer, sino todo era decir á los indios el Ave María y Paternóster con algunas palabras, de que habia en el cielo Dios y era criador de las cosas, segun que él podia, con harto defecto y confusamente, dalles á entender. Tambien hobo en esta Isla dos frailes de San Francisco, legos aunque buenos, que yo tambien como á fray Ramon congnoscí, que tenian buen celo, pero faltóles tambien saber las lenguas bien; estos eran extranjeros, ó picardos ó borgoñones, el uno se llamaba fray Juan el Bermejo ó Borgoñon, y el otro fray Juan de Tisim. A este fray Ramon mandó el Almirante saliese de aquella provincia del Maçorix de abajo, cuya lengua él sabía, por ser lengua que se extendia por poca tierra, y que se fuese á la Vega y tierra donde se enseñoreaba el rey Guarionex, donde podia hacer más fruto por ser la gente mucha más y la lengua universal por toda la Isla, y así lo hizo, donde estuvo dos años no más é hizo lo que allí pudo, segun su poca facultad; con él fué uno de los dos religiosos dichos de San Francisco. Tornando al propósito de la religion de la gente desta Isla, lo que pudo este fray Ramon colegir, fué que tenian algunos ídolos ó estatuas de las dichas, y éstas generalmente llamaban ·Cemí, la última sílaba luenga y aguda; éstas creian que les daban el agua, y el viento, y el sol cuando lo habian menester, y lo mismo los hijos y las otras cosas que deseaban tener. Destos eran algunos de madera y otros de piedra; los de madera, cuenta fray Ramon que fabricaban desta manera: Cuando algun indio iba camino y via algun árbol que con el viento más que otro se movia, de lo cual el indio tenía miedo, llegábase á él y preguntábale: ¿Tú quién eres? y respondia el árbol: Llámame aquí á un bohique y él te dirá quién yo soy. Este era sacerdote, ó profeta, ó hechicero, de que luégo se dirá. Venido aquél llegábase á el árbol, y asentado junto á él, y hecha cierta ceremonia, levantábase y referíale las dignidades y títulos de los mayores señores que habia en la Isla, preguntándole ¿qué haces aquí? ¿qué me quieres? ¿para qué me mandaste llamar? dime si quieres que te corte, si quieres ir conmigo y de qué manera quieres que te lleve, porque yo te haré una casa y una labranza; el árbol entónces le respondia lo que queria, y que lo cortase, y daba la manera cómo le habia de hacer la casa, y la labranza, y las ceremonias que por el año le habia de hacer. Cortaba el árbol, y hacia dél una estatua ó ídolo, de mala-figura, porque comunmente hacian las caras de gesto de monas viejas regañadas; hacíale la casa y labranza, y cada año le hacia ciertas ceremonias, al cual tenía recurso como á oráculo, preguntando y sabiendo dél las cosas futuras de mal ó de bien, las cuales él despues á la gente comun predicaba. Todo lo dicho, de hablar el árbol, y pedilles las cosas que les pedian, y mandalles que lo cortasen y hiciesen dél la dicha estatua ó imágen, es posible, con permision de Dios, al diablo, y puede haber sido todo verdad, que haya tenido tales cautelas y mañas para inducir aquestas gentes simples á su culto é idolatría, como parece por muchas cosas que arriba quedan bien declaradas. Y lo primero que el demonio para conseguir su fin tracta es constituir ministros, engañando personas que más para ello dispuestas é inclinadas, resabidas y maliciosas halla; estos fueron siempre, y son, entre los gentiles y naciones que ignoraron y viven sin cognoscimiento del verdadero Dios, los sacerdotes, á quienes primero se muestra y hace algunos particulares regalos, y descubre ó avisa de algunas necesarias verdades para que les den crédito, porque con estos engaña todos los demas. Así debia ser en esta Isla y en estas otras con esta simplicísima gente, donde no habia del todo ni muy abierta y desaforada idolatría, y quizá pocos años habia que

CAPÍTULO CXXI.

Referido lo que las gentes naturales desta isla Española y las comarcanas y circunstantes sentian de Dios y de los dioses, y lo demas tocante á la religion, y lo que parecia oler y saber á idolatría, entremos en el abismo y profundidad de la Tierra Firme, donde', cuanto á algunos reinos y provincias della, excedieron los habitadores dellas en dioses, y ritos, y sacrificios, y culto divino, aunque sacrílego, y celo de religion y devocion, á todas las naciones antiguas de que arriba en muchos capítulos habemos tratado, y á todas las demas que ignoraron al verdadero Dios por todo el mundo. Y primero que descendamos á la multitud de los dioses se ha de saber, que ántes que el capital enemigo de los hombres, y usurpador de la reverencia que á la verdadera deidad es debida, corrompiese los corazones humanos, en muchas partes de la Tierra Firme tenian cognoscimiento particular del verdadero Dios, teniendo creencia que habia criado el mundo, y era Señor dél, y lo gobernaba, y á él acudian con sus sacrificios, y culto y veneracion, y con sus necesidades; y en las provincias del Perú le llamaban Viracocha, que quiere decir Criador, y Hacedor, y Señor y Dios de todo. En las provincias de la Vera Paz, que es cerca de la de Guatemala, así lo han hallado y entendido los religiosos, y tienen noticia haber sido lo mismo en la Nueva España. Pero los tiempos andando, faltando gracia y doctrina, y añadiendo los hombres pecados á pecados, por justo juicio de Dios fueron aquellas gentes dejadas ir por los caminos errados que el demonio les

mostraba, como acaeció á toda la masa del linaje humano (poquitos sacados), como arriba en algunos capítulos se ha declarado, de donde nació el engaño de admi-
tir la multitud de los dioses. Y para que se tenga noticia
de los dioses que aquellas tan infinitas naciones tenian
y adoraban, es de tomar por regla general que por todo
aquello que se sabe de aquella vastísima Tierra Firme, al
ménos desde la Nueva España, y atras mucha tierra de
la Florida y de la de Cibola, y adelante hasta los reinos
del Perú inclusive, todos veneraban el sol y estimaban
por el mayor y más poderoso y digno de los dioses, y á
éste dedicaban el mayor y más suntuoso y rico y mejor
templo, como parece por aquel grandísimo y riquísimo
templo de la ciudad del Cuzco (y otros), en el Perú, el
cual, en riquezas nunca otro en el mundo se vido ni en
sueños se imaginó, por ser todo vestido de dentro, paredes, y el suelo, y el cielo ó lo alto dél, de chapas de
oro y de plata, entrejeridas la plata con el oro, no piezas
de á dos dedos en el tamaño, ni delgadas como tela de
araña, sino de á vara de medir, y de ancho de á palmo y
de dos palmos, gruesas de á poco ménos que media mano,
y de media y de una arroba de peso; los vasos del servicio del sol, tinajas y cántaros, de los mismos metales,
tan grandes que sino los viéramos fuera dificil y casi
imposible creerlo; cabian á tres y cuatro arrobas de agua
ó de vino ó de otro licor, como arriba más largo lo referimos. Por toda la Nueva España tantos eran los dioses,
y tantos los ídolos que los representaban, que no tenian
número, ni se pudieran con suma diligencia por muchas
personas solícitas contar. Yo he visto casi infinito dellos:
unos eran de oro, otros de plata, otros de cobre, otros dé
piedra, otros de barro, otros de palo, otros de masa, otros
de diversas semillas; unos hacian grandes, otros mayores, otros medianos, otros pequeños, otros chiquitos, y
otros más chiquitos; unos formaban como figuras de
obispos con sus mitras, otros con un mortero en la ca-

beza, y allí le echaban vino en sus fiestas, por lo cual se cree ser aquél el dios del vino; otros tenian figuras de hombres, otros de mujeres, otros de bestias como leones, tigres, perros, venados; otros como culebras, y éstas de varias maneras, largas, enroscadas y con rostro de mujer, como se suele pintar la culebra que tentó á Eva; otros de águilas y de buhos, y de otras aves; á otros daban figura del sol y de la luna, y á otros de las estrellas; á otros formaban como sapos y ranas y peces, que decian ser los dioses del pescado. Destos llevaron el de un pueblo que estaba cabe una laguna (ó rio ó agua) á otro pueblo; pasando por allí luégo ciertas personas, y pidiéndoles que les diesen para comer algun pescado, respondieron que les habian llevado el dios de los peces, y por esta causa ya no lo tomaban. Tenian por dios al fuego, y al aire, y á la tierra y al agua, y destos figuras pintadas de pincel, y de bulto, chicas y grandes. Tenian dios mayor, y éste era el sol, cuyo oficio era guardar el cielo y la tierra; otros dioses que fuesen guardadores de los hombres y estuviesen por ellos como abogados ante aquel gran dios; tenian dios para la tierra, otro de la mar, otro de las aguas, otro para guarda del vino, otro para las sementeras; y para cada especie dellas tenian un dios, como para mahiz ó trigo uno, para los garbanzos, ó habas, ó frísoles otro; otro para el algodon, para cada una de las frutas otro, y así de las otras arboledas y frutales y cosas de comer, otros. Tenian tambien dios de otras muchas cosas que les eran provechosas, hasta de las mariposas, y de las que les podrian hacer mal, como de las pulgas y langostas, y dellas tenian muchas figuras é ídolos muy bien pintados de pincel, y de bulto, grandes y bien labrados. Item, tenian dios de las guerras, otro para que los guardase de sus enemigos, otro de los matrimonios, y otro muy principal dios para que los guardase de ofender al dios grande. El año de aquellas gentes mejicanas tenian trescientos y sesenta y cinco

dias, y diez y ocho meses y cinco dias tenía el año, y
cada mes veinte dias, y la semana de trece dias, de lo
cual tenian constituido un calendario, y para cada dia
. de la semana, y del mes, y del año tenian su ídolo con
su nombre propio, y estos nombres, ya eran de hombres,
ya de nombres de mujeres que tenian ó habian tenido
por diosas, y así todos los dias estaban-ocupados con estos ídolos, y nombres, y figuras, de la manera que nuestros breviarios y calendarios tienen para cada dia su
santa ó santo. Era ley entre algunas de aquellas gentes
que los reyes y señores tuviesen continuos en sus casas
seis dioses, los caballeros y nobles cuatro, y dos los plebeyos y populares. Los dioses comunes que tenian en los
templos y en los altares estaban puestos por su órden,
tantos á una parte como á otra, y en medio de todos tenian puesto un grande ídolo mayor que todos, con una
máscara de palo, dorada, y con unos cabellos muy negros,
y muy enmantado con unas mantas blancas de algodon,
como sábanas, muy albas y muy limpias; tenian ídolos
en los patios de las casas, y en los lugares eminentes,
como montes ó sierras, y collados, y puertos ó subidas
altas; teníanlos tambien cabe las aguas, como cerca de
las fuentes, adonde hacian sus altares con gradas cubiertos, y en las principales fuentes habia cuatro altares
puestos á manera de cruz, unos enfrente de otros. De
aquellos altares habia en los caminos por muchas partes
con sus ídolos, y en los barrios y cuasi por toda la tierra y á toda parte, como humilladeros y oratorios para
que tuviesen los caminantes lugares sacros en que adorar y sacrificar, donde quiera que allegasen. Plantaban
en aquellos lugares cipreses y ciertas palmas silvestres,
para que estuviesen acompañados y adornados los oratorios y altares, en lo cual remedaban á los gentiles pasados, poniendo aquellas arboledas y haciendo aquellas
florestas artificiales que llamaban lucos, no por el fin
que aquéllos, conviene á saber, para cometer allí de dia

y de noche muchos feos pecados, sino para ornamento y
en reverencia de los dioses que honraban. Habia en la
provincia de los Totonos ó Totonacas, que son, ó por
mejor decir eran, las gentes que estaban más propin- .
cuas á la costa de la mar ó ribera del Norte, viniendo de
Castilla á la Nueva España, en fin es la provincia primera de la Nueva España, una diosa muy principal, y
ésta llamaban la gran diosa de los cielos, mujer del sol,
la cual tenía su templo en la cumbre de una sierra muy
alta, cercado de muchas arboledas y frutales de rosas y
flores, puestas todas á mano, muy limpio y á maravilla
fresco y arreado; era tenida esta diosa grande en gran
reverencia y veneracion, como el gran dios sol, aunque
siempre llevaba el sol en ser venerado la ventaja; obedecian lo que les mandaba como al mismo sol, y por
cierto se tenía que aquel ídolo desta diosa les hablaba.
La causa de tenella en gran estima, y serle muy devótos
y servidores, era porque no queria recibir sacrificio de
muerte de hombres, ántes lo aborrecia y prohibia, y
los sacrificios que ella amaba y de que se agradaba y les
pedia y mandaba ofrecer eran tórtolas, y pájaros, y conejos, los cuales le degollaban delante; teníanla por abo-
gada ante el gran dios, porque les decia que le hablaba
y rogaba por ellos. Tenian grande esperanza en ella, que
por su intercesion los habia de enviar el sol á su hijo,
para librarlos de aquella dura servidumbre que los otros
dioses les pedian de sacrificarles hombres, porque lo tenian por gran tormento, y solamente lo hacian por el
gran temor que tenian al demonio, por las amenazas que
les hacia y daños que dél recibian. A esta diosa trataban con gran reverencia, y reverenciaban sus respuestas, como de oráculo divino y más que otros señalado,
los Sumos Pontífices ó Papas y todos los sacerdotes.
Tenia especialmente dos continuos y peculiares sacerdotes, como monjes, que noche y dia la servian y guardaban; éstos eran tenidos por hombres santos, porque

eran castísimos y de irreprensible vida para entre ellos,
y áun para entre nosotros fueran por tales estimados
sacada fuera la infidelidad. Era tan virtuosa y tan ejem-
plar su vida, que todas las gentes los venian á visitar
como á santos, y á encomendarse á ellos, tomándolos
por intercesores para que rogasen á la diosa y á los dioses por ellos; todo su ejercicio era interceder y rogar por
la prosperidad de los pueblos y de las comarcas y de los
que á ellos se encomendaban. A estos monjes iban á
hablar los Sumos Pontífices, y comunicaban y consultaban sus secretos y negocios arduos, y con ellos se acon-
sejaban, y no podian los monjes hablar con otros, salvo
cuando los iban á visitar como á santos con sus necesidades. Cuando los visitaban, y les contaban cada uno sus
cuitas, y se encomendaban á ellos, y les pedian consejo,
ayuda y favor, estaban las cabezas bajas sin hablar palabra, en cuclillas, con grandísima humildad y mortificacion, honesta y triste representacion; estaban vestidos de pieles de adives, los cabellos muy largos encor-
donados ó hechos crisnejas, no comian carne, y allí, en
esta vida, y soledad, y penitencia, vivian y morian por
servicio de aquella gran diosa. Cuando alguno dellos
moria elegia el pueblo otro (porque iban por eleccion
como abajo se verá), el que se elegia era estimado por de
buena y honesta vida y ejemplo, no mozo, sino de sesenta y setenta años arriba, que hobiese sido casado y á
la sazon fuese ya viudo. Estos escribian, por figuras, historias, y las daban á los Sumos Pontífices ó Papas, y los
Sumos Pontífices las referian despues al pueblo en sus
sermones. Tenian otra diosa los mejicanos y los de su
comarca, de otra calidad que la ya dicha, de la cual
dicen ó fingen que una vez se les tornaba culebra, y afir-
mase por cosa notoria; otras veces se transfiguraba en
una moza muy hermosa, y andaba por los mercados
enamorándose de los mancebos, y provocábalos á su
ayuntamiento, el cual cumplido los mataba; y esto puede

ser verdad de historia, y que el demonio usase con aquella gente de tantos engaños transfigurándose, permitiéndolo Dios por sus pecados; y como estas transforma-
ciones el demonio por prestigios haga, arriba fué asaz
declarado.

CAPÍTULO CXXII.

Veneraban y adoraban tambien por dioses á los hombres que habian hecho algunas hazañas señaladas, ó inventado cosas nuevas en favor y utilidad de la república, ó porque les dieron leyes y reglas de vivir, ó les enseñaron oficios ó sacrificios, ó algunas otras cosas que les parecian buenas y dignas de ser satisfechas con obras de agradecimiento. En la ciudad Mejicana tenian un gran dios, cuya estatua estaba en el templo grande y principal de la ciudad, de que arriba se hizo mencion, el cual llamaban Uchichibuchtl, que correcto y comun vocablo llamamos Uchilobos; éste, con dos hijos suyos, ó segun otros dicen dos hermanos llamados, Texcátepocatl el uno, el cual fué señor y dios de la ciudad de Tezcuco, y Camachtl, el segundo hijo ó hermano que señoreó la provincia de Tlaxcala, y en ella lo tuvieron por dios (y fingen los Tlaxcaltecas que la mujer de éste se convirtió en la sierra donde está fundada la su ciudad de Tlaxcala y vinieron éstos de hácia el Poniente, de la generacion que se dice Chichimecas), fueron grandes capitanes esforzados, y entre ellos valerosos hombres, los cuales señorearon por grado ó por fuerza aquellas provincias de Méjico, Tezcuco y Tlaxcala, cuyos propios naturales habitadores y aborígenes eran la gente que se llaman Otomíes. Dícense aborígenes las gentes que habitan en algunas tierras que son tan antiguas, que no se sabe dellas de donde trujeron origen, y así las gentes antiquísimas que se hallaron y poblaron á Italia y estaban derramadas por ella cuando Eneas vino á ella se dijeron aborígenes, cuasi sin orígen, ó que no se sabía su orígen. Así lo refiere Salustio y Trogo Pompeyo en el principio del libro XLIII, y Dionisio Alicarnasso, libro I, y Tito Livio en el principio de sus Décadas, y Solino, capítulo 2.º y 8.º Este Uchilobos fué el que primero puso por sobrenombre á Méjico Theonustitlan, porque era su genealogía de los Thehules Chichimecas, que viene de Thehuthiles, que es una fruta que llamamos tunas, vocablo desta isla Española, y porque della se mantenian aquellos Thehules Chichimecas; traia por armas ó in-, signias el dicho Uchilobos las tunas, las cuales agora tiene la ciudad de Méjico por concesion real. Este Uchilobos amplió la ciudad y dió órden para que se hiciesen las calzadas por la laguna, porque de la ciudad se pudiese salir por tierra enjuta sin tener necesidad de canoas ó barcos; puso tambien órden en los templos y sacrificios, y fué el primero que inventó y mandó que se sacrificasen hombres, el cual sacrificio en toda aquella tierra nunca fué ántes hecho ni visto. Dicese de éste, que en su vida quiso que lo celebrasen por dios, aunque no con tanta soberbia quizá, y áun sin quizá, como Nabucodonosor, que mandó á Holofernes que todos los dioses de las tierras estirpase, para que todas las naciones que sojuzgase á él sólo adorasen por dios, como parece en el libro de Judith, cap. 3.º, 5.º y 6.º Y Cayo Calígula, Emperador de Roma, envió por todo el imperio su imágen, mandando que todos por dios lo adorasen, y que le constituyesen templo, llamándose hijo de Júpiter, y constituyó sacerdotes suyos, y singulares y exquisitos sacrificios; y á su estatua de oro que mandó poner en su templo en Roma, ordenó que cada dia le sacrificasen pavones y faisanes, y otras aras preciosísimas y costosas. Todo esto dice de él Suetonio, y Josefo, libro XVIII, cap. 15 de las Antigüedades, y otros autores. Herodes Agrippa poco ménos que aquéllos con su soberbia ofendió, sufriendo del pueblo lisonjero divinos honores, por lo cual luégo envió Dios un ángel que lo hirió de tal plaga que fué consumido de gusanos, porque no dió la honra que se debia á sólo Dios; así se lee en el capítulo 22 de los Actos de los Apóstoles. Al propósito de Uchilobos tornando, ya digimos arriba, en cierto capítulo, que sobre los altares del templo grande habia dos ídolos como gigantes, creemos que eran las imágenes de los dos hermanos de este Uchilobos, pero la estatua de éste estaba puesta sobre la capilla de los susodichos dos; ésta era grandísima y espantable, della y de las otras dos abajo se dirá más largo. Aquestos dos sus hermanos edificaron la ciudad de Tezcuco y á Tlaxcala, y ordenaron sus ritos y sacrificios, y despues de muertos los tuvieron y veneraron por sus dioses. Del de Tezcuco, que se llamaba Texcátepocath, se cuenta que vivo se metió en el volcan de la Sierra Nevada, que está cerca de allí, y que de aquel lugar les envió el hueso de su muslo, el cual pusieron en su tem-'plo por su principal dios, y dello se jactan mucho los de Tezcuco; y de este hecho tomó nombre'Popocateptl el dicho volcan. El tercero, que fué Camachtl, edificó y señoreó á Tlaxcala y sus provincias; era gran cazador, del cual fingen que tiraba una saeta con su arco hácia el cielo, y que de la ida y vuelta que hacia la saeta mataba gran número de aves y animales, de que mantenia toda su gente. Pero el más celebrado y mejor, y digno sobre todos los dioses, segun la reputacion de todos, fué el dios grande de la ciudad de Cholola, que está dos leguas de donde agora es la ciudad de la Puebla de los Angeles, que llamaron Queçalcoatl; éste, segun sus historias, vino de las partes de Yucatan á la ciudad de Cholola, y era hombre blanco, crecido de cuerpo, ancha la frente, los ojos grandes, los cabellos largos y negros, la barba grande y redonda. A éste canonizaron por su sumo dios y le tuvieron grandísimo amor, reverencia y devocion, y le ofrecieron suaves y devotísimos y voluntarios sacrificios, por tres razones; la primera, porque les enseñó el oficio de la platería, el cual nunca hasta entónces se

habia sabido ni visto en aquella tierra, de lo cual mucho
se jactan ó jactaban todos los vecinos naturales de aquella
ciudad; la segunda, porque nunca quiso ni admitió sacrificios de sangre de hombres ni de animales, sino solamente de pan y de rosas, y flores y perfumes, y olores;
la tercera, porque vedaba y prohibia con mucha eficacia
las guerras, robos y muertes, y otros daños que los hiciesen unos á otros. Cuando quiera que nombraban delante dél guerras ó muertes ó otros males tocantes á
daños de los hombres, volvia la cara y tapaba los oidos
por no los ver ni oir; lóase tambien mucho dél que fué
castísimo y honestísimo y en muchas cosas moderatí-
simo. Era en tanta reverencia y devocion tenido este
dios, tan visitado y reverenciado con votos y peregrina-
ciones en todos aquellos reinos, por aquellas prerogativas, que áun los enemigos de la ciudad de Cholola se
prometian venir en romería á cumplir sus prometimien-
tos y devociones, y venian seguros, y los señores de las
otras provincias ó ciudades tenian allí sus capillas y
oratorios y sus ídolos ó simulacros, y sólo éste entre todos los otros dioses se llamaba el Señor, *antonomaticè* ó
por excelencia, de manera que cuando juraban y decian
por nuestro Señor, se entendia por Queçalcoatl y no por
otro alguno, aunque habia otros muchos en toda la
tierra y que eran dioses muy estimados; todo esto por el
amor grande que le tuvieron y tenian por las tres susodichas razones, y la razon general y en suma es, porque
en la verdad el señorío de aquel fué suave, y no les pidió en servicio sino cosas ligeras y no penosas, y les enseñó las virtuosas, prohibiéndoles las malas y nocivas ó
dañosas mostrándoles aborrecerlas. De donde parece, y
parecerá más claro abajo, que los indios que hacian y
hoy hacen sacrificios de hombres no eran ni es de voluntad, sino por el miedo grande que tienen al demonio
por las amenazas que les hace, que los ha de destruir y
dar malos tiempos y muchos infortunios, si no cumplen

con él el culto y servicio que por tributo en señal de su señorío le deben, por el derecho que de tantos años atras sobre aquellas gentes pretende tener adquirido. Afirman que estuvo veinte años con ellos, despues de los cuales se tornó por el camino que habia venido, llevando consigo cuatro mancebos principales, virtuosos, de la misma ciudad de Cholola; y desde Guaçaqualco, provincia distante de allí ciento y tantas leguas hácia la mar, los tornó á enviar, y entre otras doctrinas que les dió fué, que dijesen á los vecinos de la ciudad de Cholola, que tuviesen por cierto que en los tiempos venideros habian de venir por la mar, de hácia donde sale el sol mediantes las estrellas, unos hombres blancos con barbas grandes, como él, y que serian señores de aquellas tierras, y que aquellos eran sus hermanos. Los indios siempre esperaron que se habia de cumplir aquella profecía, y cuando vieron los cristianos luégo los llamaron dioses, hijos y hermanos de Queçalcoatl; aunque despues que conocieron y experimentaron sus obras no los tuvieron por celestiales, porque en aquella misma ciudad fué señalada, y no otra hasta entónces igual en las Indias y quizá ni en mucha parte del orbe, la matanza que los españoles hicieron. Otros dicen que siempre creyeron los de Cholola que habia de volver á gobernallos y consolallos, y que cuando vieron venir los navíos á la vela de los españoles, decian que ya tornaba su dios Queçalcoatl, que traia por la mar los templos en que habia de morar, mas cuando desembarcaron dijeron, «muchos dioses son estos (que en su lengua dicen Tequeteteuh), no es nuestro dios Queçalcoatl». A estos cuatro discípulos, que tornó á enviar Queçalcoatl del camino, recibieron luégo los de la ciudad por señores, dividiendo todo el señorío della en cuatro tetrarchas, quiero decir cuatro principados, cada uno de los cuales tenía la cuarta parte del señorío de la tierra (ó de la provincia, ó de la ciudad, ó del reino), como quiera que ántes la ciudad se rigiese con regi-

miento político y no real. De estos cuatro primero señores descienden los cuatro señores que hasta que llegaron los españoles tuvieron, y hoy dura dello alguna
señal tal cual en aquello que se les ha dejado, y con
hartos pocos vecinos en el señorío de cada uno. A este
dios mismo veneraron en la provincia de Tlaxcala, y le
hicieron muy suntuoso y notable templo, al cual llamaron por otro nombre, conviene á saber, Camastle; al
mismo adoraban en Huexucingo, que corrompido el vocablo nombran muchos Guaxocingo, debajo del nombre
de Camastle. Queçalcoatl, en aquella lengua mejicana,
quiere decir ó significar una cierta manera de culebra
que tiene una pluma pequeña encima de la cabeza, cuya
propia tierra donde se crian es en la provincia de Xicalango, que está en la entrada del reino de Yucatan,
yendo de la de Tabasco; fuera de esta provincia de Xicalango, pocas ó ninguna destas culebras, segun se
dice, se han visto. Afirman los indios que aquestas culebras, en ciertos tiempos, se convierten en pájaros ó
aves de las plumas verdes, de las cuales hay muchas en
la dicha provincia de Xicalango, y son entre los indios
muy preciadas. Esta conversion puede ser por ventura
naturalmente, corrompiéndose las culebras primero, por
podricion ó podrimiento, y de aquella cosa podrida en-
gendrarse aquellas aves, como muchas cosas se engendran de otras ya podridas, como trata el Filósofo en
el IV de los Metauros, ó por arte diabólica ó presti-
giosa, como arriba queda declarado; y esto para engañar
los que Dios permite que sean engañados. Tuvieron en
toda esta tierra otro dios en grande reverencia, y era el
dios del agua, que llamaron Tlaluc, á quien ofrecian
muy costoso sacrificio como se dirá.

CAPÍTULO CXXIII.

En el reino de Yucatan, cuando los nuestros lo descubrieron hallaron cruces, y una de cal y canto, de altura de diez palmos, en medio de un patio cercado muy lucido y almenado, junto á un muy solemne templo, y muy visitado de mucha gente devota, en la isla de Cozumel, que está junto á la Tierra Firme de Yucatan. A esta cruz se dice que tenian y adoraban por dios del agua-lluvia, y cuando habia falta de agua le sacrificaban codornices, como se dirá; preguntados de dónde habian habido noticia de aquella señal, respondieron que un hombre muy hermoso habia por allí pasado y les habia dejado aquella señal, porque dél siempre se acordasen; otros diz que afirmaban que porque habia muerto en ella un hombre más resplandeciente que el sol: esto refiere Pedro Mártir en el cap. 1.º de su cuarta Década. Otra cosa referiré yo harto nueva en todas las Indias, y que hasta hoy en ninguna parte dellas se ha hallado, y esta es, que como aquel reino entrase tambien, por cercanía, dentro de los límites de mi obispado de Chiapa, yo fuí allí á desembarcar como á tierra y puerto muy sano; hallé allí un clérigo, bueno, de edad madura y honrado, que sabia la lengua de los indios por haber vivido en él algunos años; y, porque pasar adelante á la cabeza del obispado me era necesario, constituílo por mi vicario, y roguéle y encarguéle que por la tierra dentro anduviese visitando á los indios, y con cierta forma que le dí les predicase. El cual, á cabo de ciertos meses y áun creo que de un año, me escribió que habia hallado un señor principal, que inquiriéndole de su creencia y religion

antigua, que por aquel reino solian tener. le dijo que
ellos cognoscian y creian en Dios que estaba en el cielo,
y que aqueste Dios era Padre, Hijo y Espíritu Santo, y
que el Padre se llamaba Içona, que habia criado los
hombres y todas las cosas; el Hijo tenía por nombre Bacab, el cual nació de una doncella siempre virgen llamada Chibirias, que está en el cielo con Dios. Al Espíritu Santo nombraban Echuac. Içona dicen que quiere
decir el Gran Padre; de Bacab, que es el Hijo, dicen que
lo mató Eopuco, y lo hizo azotar, y puso una corona de
espinas, y que lo puso tendidos los brazos en un palo,
no entendiendo que estaba clavado sino atado ; y así
para lo significar extendia los brazos), donde, finalmente, murió; estuvo tres dias muerto, y al tercero que
tornó á vivir y se subió al cielo, y que allá está con su
Padre. Despues de ésto, luégo vino Echuac, que es el
Espíritu Santo, y que hartó la tierra de todo lo que habia menester. Preguntado qué queria decir Bacab ó Ba-
cabab, dijo que Hijo del Gran Padre, y de este nombre
Echuac que significa mercader. Y buenas mercaderías
trujo el Espíritu Santo al mundo, pues hartó la tierra,
que son los hombres terrenos, de sus dones y gracias tan
divinas y abundantes. Chibirias suena Madre del Hijo
del Gran Padre. Añidia más, que por tiempo se habian
de morir todos los hombres, pero de la resurreccion de
la carne no sabian nada. Preguntado cómo tenian noticia destas cosas, respondió que los señores lo enseñaban á sus hijos, y así descendia de mano en mano; y
que afirmaban más, que antiguamente vinieron á aquella tierra veinte hombres (de los quince señala los nombres, que porque es mala letra y porque no hace al caso
aquí no los pongo, de los otros cinco dice el clérigo que
no halló rastro), el principal dellos se llamaba Cocolcan,
á éste llamaron dios de las fiebres ó calenturas, dos de
los otros del pescado, otros dos de los cortijos ó heredades, otro que truena, etc.; traian las ropas largas, san-

dalias por calzado, las barbas grandes, y no traian bonetes sobre sus cabezas, los cuales mandaban que se confesasen las gentes y ayunasen, y que algunos ayunaban el viérnes porque habia muerto aquel dia Bacab; y tiene por nombre aquel dia himis, al cual honran y tienen devocion por la muerte de Bacab. Los señores todas estas particularidades saben, pero la gente popular solamente cree en las tres personas Içona, y Bacab, y Echuac y Chibirias, la Madre de Bacab, y en la madre de Chibirias, llamada Hischen, que nosotros decimos haber sido Santa Ana. Todo lo de suso así dicho me escribió aquel padre clérigo llamado Francisco Hernandez, y entre mis papeles tengo su carta; dijo más, que llevó á aquel señor ante un fraile de San Francisco que por allí estaba, y lo tornó á decir todo delante el religioso, de que ambos quedaron admirados. Si estas cosas son verdad, parece haber sido en aquella tierra nuestra Santa Fé notificada, pero como en ninguna parte de las Indias habemos tal nueva hallado, puesto que en la tierra del Brasil que poseen los portugueses se imagina hallarse rastro de Santo Tomás Apóstol, pero como aquella nueva no voló adelante, todavia, ciertamente, la tierra y reino de Yucatan dá á entender cosas más especiales y de mayor antigüedad, por los grandes y admirables y exquisita manera de edificios antiquísimos y letreros de ciertos caractéres que en otra ninguna parte. Finalmente, secretos son estos que sólo Dios los sabe.

CAPÍTULO CXXIV.

En el reino de Guatemala, donde tuvieron noticia del diluvio ántes dél, dicen algunos que tenian y adoraban por Dios al Gran Padre y á la Gran Madre que estaban en el cielo, y lo mismo despues del diluvio, y que llamándolos cierta mujer principal, encomendándose á ellos, le apareció una vision y que le dijo: «no llames así, sino desta manera, que yo te acudiré», del cual nombre agora no se acuerdan, pero que les parece que aquel nombre es lo que agora nosotros les decimos ser Dios. Despues, creciendo y multiplicándose las gentes, se publicó que habia nacido un dios en la provincia, 30 leguas de la cabeza de Guatemala, llamada Ultlatlan, y la provincia nombramos agora la Vera Paz, de que hablaremos si Dios quisiere abajo, el cual dios llamaron Exbalanquen. Deste cuentan, entre otras fábulas, que fué á hacer guerra al infierno, y peleó con toda la gente de allá, y los venció y prendió al rey del infierno y á muchos de su ejército; el cual, vuelto al mundo con su victoria y la presa, rogóle el rey del infierno que no le sacase, porque estaba ya tres ó cuatro grados de la luz, y el vencedor Exbalanquen con mucha ira le dió una coce diciéndole, vuélvete y sea parà tí todo lo podrido y desechado y hediondo. El Exbalanquen se tornó, y en la Vera Paz, de donde habia salido, no le rescibieron con la fiesta y cantos que él quisiera, por lo cual se fué á otro reino, donde le rescibieron á su placer; y deste vencedor del infierno dicen que comenzó sacrificar hombres. Donde quiera que por aquellas tierras ofrecian sacrificio de cosas vivas, tenian ciertos cuchillos de piedra, que

llamamos de navaja, muy agudos, los cuales dicen que
cayeron del cielo, y que cada pueblo y personas tomaron los que habian menester; á estos cuchillos llamaban manos de dios y del ídolo á quien sacrificaban. Estos cuchillos, como cosa muy sacra por matar con ellos
las cosas vivas que ofrecian en sacrificio, en tantá reverencia los tenian, que los adoraban en gran manera y en
gran manera los tenian en veneracion; hacíanles muy
ricos cabos con figuras, segun podian, de oro, y de plata,
y de esmeraldas si las podian haber, ó al ménos de tur-
quesas, como de obra que llamamos mosáico, de la cual
obra mucho ellos y en muchas cosas obraban: teníanlos
siempre con los ídolos en los altares guardados. Los ídolos que comunmente tenian por todas aquellas partes
eran figuras de hombres y mujeres esculpidas en piedras de diversos colores, y de aves, y de otros animales;
en cierta parte se halló un ídolo como una cabeza de
caballo, como sacados los ojos y los vasos dellos vacios,
y parecia que siempre corria dellos sangre; cosa, dicen,
admirable de ver. Toda esta tierra, con la de la que propiamente se dice la Nueva España, debia tener una religion y una manera de dioses, poco más ó ménos, y
eftendiase hasta la provincia de Nicaragua y Honduras,
y volviendo hácia la de Xalisco, llegaba, segun creo, á
la provincia de Colima y Culiacan; de allí adelante, la
vuelta del Norte 60 leguas, otra manera tienen de religion, como se dirá, cuanto á los sacrificios, pero tienen
sus ídolos, no muchos sino uno ó algunos en cada pueblo, donde los reyes y señores van á orar y á ofrecer sus
sacrificios. En toda la tierra y reinos de Cibola, que contiene muchas provincias por ser grande tierra, que tiene
más de 300 leguas y llega hasta la mar del Sur, toda
muy poblada, y contiene infinitas naciones, no habia ni
hay ídolo ni templo alguno, sólo tienen y adoran por
Dios al sol, y á las fuentes de agua dulce; en algunas
partes destas tienen cognoscimiento de un Dios verda-

dero que está en el cielo, y parece que en adorar el sol
entienden adorar á él. Esto es en el Rio Grande, donde
fué á entrar descubriendo Hernando de Alarcon, enviado
á descubrir por la mar por el virey de la Nueva España
D. Antonio de Mendoza; por aquel rio subió ochenta y
tantas leguas, donde vido y conversó con muchas gentes
habitantes de una banda y de la otra, y hallóse haber llegado por el mismo rio á 80 leguas de Cibola, donde andaba la otra gente que por tierra el Visorey susodicho
á descubrir envió. Lo mismo es en la grande y luenga
tierra que llamamos la Florida, donde caben inmensas
naciones, ningun ídolo, ni templo, ni sacrificio sensible
se halla; así lo afirman todos los que por diversos tiempos y en diversas armadas por aquellas tierras han andado, y el que más dello supo fué Alvar Nuñez Cabeza de Vaca, un caballero natural de Jerez de la Frontera. Este, habiendo vivido y andado por aquellas tierras nueve continuos años, en la relacion dellas que al
Emperador dió dice aquestas palabras, en cuasi al cabo
della: «Dios Nuestro Señor por su infinita misericordia
quiera que en los dias de Vuestra Majestad, y debajo
de vuestro poder y señorío, estas gentes vengan á ser,
verdaderamente y con entera voluntad, subjetas al verdadero Señor que las crió y redimió, lo cual tenemos por
cierto que así será, y que Vuestra Majestad ha de ser el
que ha de poner ésto en efecto; que no será tan difícil de
hacer, porque, en 2.000 leguas que anduvimos por tierra y
por la mar en las barcas, y otros diez meses, que despues
de salidos de captivos, sin parar anduvimos por la tierra,
no hallamos sacrificios ni idolatría», etc. Estas son sus
palabras. Dice tambien más un poco ántes, que hallaron
cierta gente, ya al cabo de su peregrinacion (digo al
cabo, cerca de cuando hallaron cristianos en los reinos
de Xalisco ó en las provincias cercanas dellos), la cual,
preguntada en quién adoraban, y á quién sacrificaban y
pedian el agua para sus labranzas, y la salud para ellos,

respondieron que á un hombre que estaba en el cielo; preguntados cómo se llamaba, dijeron que Aguar, y que creian que él habia criado todo el mundo y las cosas dél; tornáronles á preguntar cómo sabian aquello, respondieron que sus padres y abuelos se lo habian dicho, que de muchos tiempos tenian noticia desto, y sabian que el agua y todas las buenas cosas las enviaba aquél. Cabeza de Vaca y sus compañeros, que eran tres, les dijeron que aquel que ellos decian lo llamaban ellos Dios, y asi lo llamasen ellos, y lo sirviesen y adorasen; respondieron que todo lo tenian bien entendido, y que asi lo harian, etc. Esto dice Cabeza de Vaca. Dejada esta parte occidental y septentrional destas Indias, y pasándonos á la otra parte meridional donde cae la costa que decimos de Paria, y por allí arriba y abajo, cuasi por todas aquellas partes, las gentes dellas tenian, poco más y poco ménos, una manera de religion, teniendo algunos ídolos y dioses propios, pero en universal todos pretendian haber uno comun de todos, y este era el sol; templo, empero, ninguno. Yendo todavía la vuelta del austro ó Mediodía, hasta donde se dice la tierra del Brasil, que es un pedazo de la Tierra Firme, que, por concierto y conveniencia de los reyes de Castilla y Portugal, cupo á los portugueses, la punta ó cabo de la cual tierra soliamos llamar el cabo de San Agustin, por toda ella no tienen ni adoran ídolos, ni tienen conocimiento alguno de Dios, solamente á los truenos deben dar y atribuir alguna divinidad, porque los llaman Tupana, que significa como cosa divina ó sobrenatural. Así lo escriben los religiosos de la Compañía de Jesús, que fueron á predicar y predican en aquella parte, y deste nombre Tupana usan para darles cognoscimiento del verdadero Dios. Dicen asimismo aquellos predicadores que allí están, que, de ciertos en ciertos años, vienen unos hechiceros de luengas tierras, fingiendo traer santidad, y al tiempo de su venida, los mandan alimpiar los caminos, y vánlos á rescibir con danzas y fiestas segun su costumbre, y ántes que lleguen al lugar andan las mujeres de dos en dos por las casas, diciendo públicamente las faltas que hicieron á sus maridos, y unas á otras, y pidiendo perdon dellas; en llegando el hechicero con mucha fiesta al lugar, entráse en una casa escura, y pone· una calabaza que trae en figura humana en la parte más conveniente para sus engaños, y mudando su propia voz como de niño, y junto de la calabaza, les dice que no curen de trabajar, ni vayan á las roças, porque el mantenimiento por sí crecerá y que nunca les faltará que comer, que por sí se vendrá á casa; dicen más, que los palos con que cavan se irán á cavar, y las flechas se irán al monte á cazar para traer caza que coma su señor, y que han de matar muchos de sus enemigos. Promételes larga vida, y que las viejas se han de tornar mozas, y las hijas que las den á quien las quisiere; y otras cosas semejantes les dice y promete, con que los engañan, creyendo que en la calabaza debe de haber alguna cosa divina que les dice aquellas cosas. Y acabando de hablar el hechicero, comienzan á temblar todos, en especial las mujeres, con grandes temblores en sus cuerpos, que parecen endemoniadas, como de cierto lo son, echándose en el suelo, y espumando por las bocas; y en esto les hace creer el hechicero que entónces les entra la santidad, y á quien esto no hace tiene por malo y no digno de tanto bien. Ofrecen despues desto al hechicero cada uno de lo que tiene muchas cosas; hácense tambien médicos, y en las enfermedades les hacen muchos engaños con sus hechicerías. Estos son los mayores contrarios que los predicadores del Evangelio tienen, porque hacen entender á los dolientes, que les meten en los cuerpos cuchillos y tijeras y cosas semejantes, con las cuales dicen que los matan: en sus guerras se aconsejan con ellos, allende que tienen muchos agüeros de ciertas aves. Todo esto escriben aquellos padres de la Compañía de Jesús á sus hermanos, á Portugal, desde la tierra del Brasil. Con esto se confirma lo que arriba digimos, que el demonio lo primero que acostumbró, al principio que quiso introducir en el mundo la idolatría, fué constituir ministros y sacerdotes della, por engaño que hacia á los más dispuestos que para ello en malicia y astucia hallaba, para que por medio de aquellos, su poco á poco, á todos los demas engañase, y como éstos sean, por sus ficciones y prestigios que hacen, de los pueblos y gente simple venerados y acatados, y así alcanzan honra, y estima, y dádivas, y lo que más la soberbia y codicia les demanda, y por la predicacion de la fe y la doctrina cristiana todo aquello se les desbarate, de allí es, y siempre fué, que ningunos otros, á la predicacion y doctrina del Evangelio y á la introduccion de la religion cristiana, fueron ni se hallaron mayores ni iguales contrarios. Esto es y será bien claro, al que leyó y leyere las vidas y historias de los Apóstoles y de los Mártires, donde parece que muchas veces estaban los pueblos para se convertir y recibir la fe y el bautismo, y los sacerdotes de los ídolos, con el autoridad que con los reyes tenian, movian sedicion y escándalo, y así lo estorbaban. Ejemplo tambien tenemos del cual no podemos dudar, como quien más contradijo al Redentor, y principalmente le causó la muerte, fueron los sacerdotes del pueblo judáico, segun testifican los Evangelistas; la razon dello era, porque si admitieran la ley Evangélica, parecíales que su sacerdocio perecia, y, por consiguiente, perdian sus provechos temporales y toda su autoridad. Quiero aquí entreponer una cosa bien al propósito notable. Muchos años ha que ví predicar al obispo de Velandia, de la órden de Santo Domingo, egregio en letras y santidad predicador, en el convento de San Pablo de Sevilla, el cual dijo que cuando los judíos moraban en Castilla, disputando y tratando con los sacerdotes y rabíes de aquella ley en la ciudad de Segovia, y reprendiéndoles de su engaño y ceguedad diciendo:

«¿Vosotros no veis vuestro engaño en esta y en esta profecía y en este paso y en aquel de la Sagrada Escritura? ¿porque teneis engañados estos desventurados?» y otras semejantes razones y palabras con que los convencia, afirmó que le respondian: «Señor, bien lo vemos, pero ¿qué quereis que hagamos, que nos dan de comer éstos?» etc. De manera, que por no perder lo que interesaban sus provechos, su crédito, honra y autoridad, puesto que sabian tener el pueblo engañado, enseñaban y conservaban el pueblo en sus errores y resistian impugnando la verdad. Y así es entre los turcos y moros y todo género de infideles, que los sacerdotes que llaman alfaquíes son los que resisten y más resisten á la doctrina divina, como principales contrarios escogidos y bien instruidos ministros para estos efectos por Satanás. Por esta causa deben los predicadores del Evangelio, donde quiera que entre infieles, de cualquiera secta que sean, fueren á predicar, principalmente armarse contra los sacerdotes, y procurar de desengañarlos y persuadirlos, y atraerlos por bien cuanto pudieren, ó persiguiéndoles si hobiere facultad, y débese trabajar mucho delante todo el pueblo en quitalles el crédito que la gente dellos tiene y toda su autoridad, porque, éstos derrocados ó ganados, la conversion de todo el pueblo con el favor de Dios está en la mano. Algunos destos, en algunas destas nuestras Indias, se cree convertirse, pero yo entiendo que son pocos y con gran dificultad, porque como más poseidos é instructos del demonio, y que para pervertir y poseer las ánimas mayor ayuda que otro alguno le hacen, ménos lugar dan al Espíritu Santo. La misma querella escriben los religiosos de la Compañía de Jesús que están en la India, y provincias que tratan los portugueses, diciendo que de los sacerdotes de aquella gentilidad son más impugnados é infestados. Tornemos al propósito: Pasando adelante de las tierras del Brasil, se siguen luégo las grandes provincias del rio que hoy llaman de la Plata, donde tienen poblado los nuestros cierta ciudad que llaman la Asumpcion; afirman todos los que vienen de allá, que por 400 leguas de sus alrededores, que dura una sola lengua, es la gente, segun su natural, virtuosísima, y que carece de toda exterior señal de idolatría, solamente tienen cuenta con estimar por más excelente criatura que otras el sol, pero no se les conoce sacrificio ni ceremonia que le hagan por Dios.

CAPÍTULO CXXV.

Dando la vuelta hácia atras desta misma costa ó ribera de la mar hasta la dicha provincia de Paria, y de allí corriendo la costa y tierra que va por el Poniente abajo, en la cual entran las provincias de Cumaná, cerca de la cual está la isleta de Cubagua, donde se solian pescar las perlas (y en esta provincia de Cumaná, y quizá por mucha tierra, la costa abajo y arriba, sin alguna duda, tambien se halló por nuestros religiosos, que allí algunos años trataron, reverenciar la cruz, y con ella se abroquelaban del diablo, salvo que la pintaban desta manera X, y desta ⋉ , y quizás con otras revueltas que no llegaron á nuestra noticia; llamaban la cruz en su lengua pumuteri, la media sílaba luenga) item, las provincias de Venezuela, y Santa Marta y Cartagena y otras hasta la Culata, que dijeron, el golfo de Urabá, la última sílaba aguda, y la del Darien con la costa de la mar, y las provincias ó tierra que se siguen algunas leguas la tierra dentro, ningun ídolo, ni templo, ni sacrificio se ha visto ni se cree tener ni haber tenido aquellas gentes. Sólo están proveidos de los susodichos sacerdotes, ministros puestos por aquel nuestro capital enemigo, y hablando con éstos saca los efectos dellas que, de las otras se han dicho. Lo mismo era en toda la costa del Sur, desde Panamá hasta cuasi la provincia de Nicaragua, y en la del Norte por el Nombre de Dios y la provincia de Veragua, y de allí por toda aquella tierra que corre hasta Honduras, creo que podré decir exclusive, cuanto á algunos ritos y cosas; tenian conocimiento alguno de Dios verdadero, y que era uno que moraba en el cielo, al cual, en la lengua de las gentes habitadoras de la provincia del Darien, y creo que tambien de Veragua, llamaban Chicuna, la media sílaba, si no me engaño, luenga; querian decir por este nombre Chicuna principio de todo. A éste ocurrian con todas sus necesidades, pidiéndole remedio dellas, y á él hacian sus sacrificios. El mismo conocimiento de un Dios se tenía en la provincia de Honduras y Naco, y donde se pobló la ciudad de Gracias á Dios, y hasta los confines de Guatemala, creyendo haber un Dios criador de todo. Con todo esto reverenciaban al sol, y á la luna, y al lucero del alba, y les ofrecian sacrificios; tenian eso mismo dioses de palo y de piedra, que presidian en el agua y en el fuego, y de las sementeras y de otras muchas cosas; tenian, no ménos, diosas, que eran abogadas ó que presidian en las cosas tocantes á las mujeres y niños, y los mismos dioses y religion creo que se extendia, más y ménos, poco, por todas las provincias de Guatemala. Dando la vuelta para la provincia de Urabá, y de allí entrando por la tierra adentro hácia el reino de Popayan, y el que dicen de Granada, donde se contienen innumerables naciones, no se halla templo, ni estatuas ó ídolos que parezcan serles dioses, sino que en las casas de los señores de los pueblos ó de las provincias habia un aposento apartado, muy esterado, limpio y adornado, que parecia como oratorio, y allí habia muchos incensarios de barro, donde quemaban muchas resinas y cosas aromáticas, y entre ellas unas yerbas muy menudas, de las cuales algunas tenian una flor negra y otras blanca. En otras partes y casas de otros señores habia, entrando en ellas, una renglera de imágenes de bulto, quince y veinte en número, hechas de palo, á la hila puestas, tan grandes como un hombre; las cabezas de calavernas de hombres, los rostros ó caras de cera de diversos visajes ó disposiciones. Estas imágenes ó estatuas, más se cree ser los señores y antecesores de aquellos que señorean

en aquel principado, que ídolos que tengan por dioses,
puesto que dicen que aquéllas sirven de oráculos, porque cuando llaman los sacerdotes al demonio entra en
ellas y dá de allí sus respuestas á lo que le preguntan;
ó quizás los mismos sacerdotes se meten dentro, y ellos
son los que hablan, responden ó informan, como arriba
hemos mostrado de otras muchas naciones. En algunas
partes de la provincia de Popayan, las gentes dellas, ó
por ventura no todos sino sólo aquellos sacerdotes de
que todo este orbe abundaba, henchian cueros de tigres
de paja, y dentro dellos les hablaban y respondian los
demonios, y así aquellos eran sus oráculos. Por esta manera iba la religion, cuanto á los dioses de todas las naciones que habia en todas las provincias que habemos
nombrado, y otras que dejamos de nombrar, que duran
por muchas leguas en ancho y largo hasta entrar en los
reinos del Perú, en algunas poco más, y en otras poco
ménos; y así todas, cuasi por la mayor parte de este orbe,
tienen algun cognoscimiento del verdadero Dios, puesto
que se lo mezcla y ofusca el demonio, en unas partes
más y en otras ménos, segun le es permitido por Dios,
con algunos y con muchos errores, por medio de aquellos sus ministros sacerdotes.

CAPÍTULO CLXVI.

Bendito sea Dios que me ha librado de tan profundo piélago de sacrificios como aquellos gentiles, que ignoraron tanto tiempo el verdadero sacrificio, navegaron sin tiento, de los cuales, aunque mucho he dicho, mucho más decir pudiera; de aquí adelante, segun la órden que traemos, será bien referir los sacrificios de estas nuevas naciones nuestras, que vulgarmente llamamos Indias. Y comenzando, como en lo demas, desta Española grande isla, digo asi: Como segun las noticias que los hombres y naciones alcanzaron y hoy alcanzan de Dios, así le sirven, honran y veneran, constituyéndole templos, sacerdotes, ceremonias y sacrificios, que todo esto se funda, procede y se deriva de lo primero, que es el conocimiento, como por todas, y cuasi sin número, las razones y ejemplos que con tan gran discurso habemos traido se ha visto, y las gentes de aquesta Isla y todas las de su circuito tenian delgado, débil y confuso conocimiento de Dios, aunque más limpio ó ménos sucio de las horruras de idolatría que otras muchas, de allí les provino que no tuvieron ídolos ó muchos dioses, sino pocos ó cuasi ningunos, ni templos ni sacerdotes sino muy pocos ó cuasi ningunos, solos aquellos que arriba llamamos hechiceros y médicos, y, por consiguiente, fueron muy pocos los sacrificios puesto que tuvieron algunos. Destos diré lo que sé y lo que vide, y lo que otros experimentaron. Hallamos que en el tiempo de coger las mieses de las labranzas que labraban y sembraban, las cuales eran del pan que se hacia de raíces y de los ages y batatas y del mahíz, daban cierta parte como primicias, cuasi haciendo gracias de los beneficios recibidos; esta parte ó primicias de los frutos, como no tenian señalados templos, ni casas de religion, como arriba se ha dicho, poníanla en la casa grande de los Señores y Caciques, que llamaban Caney, ofreciéndola y dedicándola al Cemí; aquel decian ellos que enviaba el agua, y daba el sol, y criaba todos aquellos frutos, y les daba los hijos, y los otros bienes de que abundaban. Todo aquello que desta manera ofrecian se estaba allí, ó hasta que se pudria ó los niños lo tomaban, ó jugaban ó desperdiciaban, y desta manera se consumia. Antes que se descubriese la Nueva España y las provincias de Naco, y Honduras y el Perú, por ver el cuidado que los indios de aquestas Islas, en especial desta Española y de Cuba, tenian de dar esta parte de los fructos que cogian como primicias, y gastarlo en ofrenda de aquella manera, comencé á advertir ser de ley natural la obligacion de hacer á Dios sacrificio que ántes habia leido y no visto, como Santo Tomás prueba en la *Secunda secundæ,* cuestion 85, art. 1.°, diciendo así: *Oblatio sacrificiorum pertinet ad jus naturale,* etc., y arriba se dijo por sentencia de Porfirio, que todos los antiguos ofrecian las primicias; y lo que todos los hombres hacen sin ser enseñados, y de sí mismos se inclinan á obrar, es argumento claro ser aquello de ley natural, como tambien arriba destas inclinaciones naturales se declaró algo. Preguntando yo á los indios algunas veces, «¿quién es aqueste Cemí que nombrais?» respondiánme, «el que hace llover y hace que haya sol, y nos dá los hijos, y los otros bienes que deseamos»; añidia yo: «ese Cemí que hace eso, me lleve á mi el alma». De aquí tomaba ocasion de predicarles de Dios algo, aunque por aquellos tiempos (para mi confusion lo digo) no me habia hecho Dios la gran merced que despues me hizo, dándome cognoscimiento de las necesidades que aquestas gentes de su salud temporal y espiritual padecian, habiendo en ellas disposicion para ser traidas á Jesucristo prontísima y admirable, y tambien de la estrecha obligacion que los cristianos que á estas tierras venimos tenemos de socorrer á prójimos tan necesitados. De lo dicho parece seguirse, tener las gentes destas islas cognoscimiento, aunque confuso, de un Dios, como arriba dejamos tratado. Ya digimos arriba como en esta Isla tenian ciertas estatuas aunque raras, en éstas se cree que á los sacerdotes que llamaban behiques hablaba el diablo, y tambien los señores y reyes cuando para ello se disponian, de manera que aquéllas eran sus oráculos; de aquí procedia otro sacrificio y ceremonias que ejercitaban para agradallo, que él debia habellos mostrado. Este se hacia por esta manera: Tenian hechos ciertos polvos de ciertas yerbas muy secas y bien molidas, de color de canela ó de alheña molida, en fin, eran de color leonada; éstos ponian en un plato redondo, no llano sino un poco algo combado ó hondo, hecho de madera, tan hermoso, liso y lindo, que no fuera muy más hermoso de oro ó de plata; era cuasi negro y lucio como de azabache. Tenian un instrumento de la misma madera y materia, y con la misma polideza y hermosura; la hechura de aquel instrumento era del tamaño de una pequeña flauta, todo hueco como lo es la flauta, de los dos tercios de la cual en adelante se abria por dos cañutos huecos, de la manera que abrimos los dos dedos del medio, sacado el pulgar, cuando extendemos la mano. Aquellos dos cañutos puestos en ambos á dos ventanas de las narices, y el principio de la flauta, digamos, en los polvos que estaban en el plato, sorbian con el huelgo hácia dentro, y sorbiendo recibian por las narices la cantidad de los polvos que tomar determinaban, los cuales recibidos salian luégo de seso cuasi como si bebieran vino fuerte, de donde quedaban borrachos ó cuasi borrachos. Estos polvos y estas ceremonias ó actos se llamaban cohoba, la media sílaba luenga, en su lenguaje; allí hablaban como en algarabía, ó como alemanes confusamente, no sé qué cosas y palabras. Con esto eran dignos del coloquio de las estatuas y oráculos, ó por mejor decir del enemigo de la naturaleza humana; por esta manera se les descubrian los secretos, y ellos profetaban ó adevinaban, de allí oian y sabian si les estaba por venir algun bien, adversidad ó daño. Esto era cuando el sacerdote sólo se disponia para hablar y que le hablase la estatua, pero cuando todos los principales del pueblo para haccr aquel sacrificio, ó que era (que llamaron cohoba) por permision de los behiques ó sacerdotes, ó de los señores, se juntaban, entónces verlos era el gasajo. Tenian de costumbre, para hacer sus cabildos y para determinar cosas arduas, como si debian de mover alguna de sus guerrillas, ó hacer otras cosas que les pareciesen de importancia, hacer su cohoba, y de aquella manera embriagarse ó cuasi. Y esta manera de consultar, bien llenos de vino y embriagos ó cuasi, no fué la primera en éstos, porque segun Herodoto en el libro I, y Estrabon en el fin del libro XV, los persas, cuando habian de consultar de cosas grandes y de grande importancia, la usaron, porque nunca lo hacian sino miéntras comian y bebian y estaban de vino bien cargados, y aquel consejo y las determinaciones que dél sacaban decian ellos ser más firmes que las que con la sobriedad y templanza eran deliberadas. Yo los ví algunas veces celebrar su cohoba, y era cosa de ver cómo la tomaban y lo que parlaban. El primero que la comenzaba era el señor, y en tanto que él la hacia todos callaban; tomada su cohoba (que es sorber por la narices aquellos polvos, como está dicho, y tomábase asentados en unos banquetes bajos, pero muy bien labrados, que llamaban duhos, la primera sílaba luenga), estaba un rato la cabeza á un lado vuelta y los brazos puestos encima de las rodillas, y despues alzaba la cara hácia el cielo hablando sus ciertas palabras, que debian ser su oracion á Dios verdadero, ó al que tenian

por dios; respondian todos entónces cuasi como cuando
nosotros respondemos *Amen*, y esto hacian con grande
apellido de voces ó sonido, y luégo dábanle gracias, y
debian decille algunas lisonjas, captándole la benevolencia y rogándole que dijese lo que habia visto. El les daba
cuenta de su vision, diciendo que el Cemí le habia hablado y certificado de buenos tiempos ó adversos, ó que
habian de haber hijos, ó que se les habian de morir,
ó que habian de tener alguna contencion ó guerra con
sus vecinos, y otros disparates que á la imaginacion estando turbada de aquella borrachera le venian, ó por
ventura, y sin ella, el demonio para los engañar é introducir en ellos su culto les habia traido. Tenian mil patrañas y como fábulas, segun parece las que fingian entre
los antiguos griegos y latinos los poetas, puesto que los
poetas pretendian en muchas de sus ficciones, aunque no
en todas, alguna moralidad y alegorías para inducir los
hombres á buenas costumbres, estos no sabemos lo que
por aquellas sus fantasías entender ó que se entendiese
querian. Como lo que contaban del Cemí de Buyayba,
(que creo que era un pueblo), y el Cemí nombraban Vaybrama, la penúltima sílaba luenga, el cual en una guerra
que tuvieron decian haber sido quemado, y que laván-
dolo con zumo de las raíces que arriba digimos llamarse
yuca, de que hacian el pan cazabí, le crecieron los brazos y
le nacieron otra vez los ojos, y le creció el cuerpo; y porque la yuca ó raíces dichas era en aquel tiempo chiquita, despues que con el agua della lo lavaron fué, dende
adelante como agora lo es, gorda y muy crecida. Este
Cemí causaba, segun ellos creian, enfermedades á los
hombres, por las cuales acudian á los sacerdotes ó behiques, que eran sus profetas y teólogos como está dicho;
éstos respondian que aquello les venia porque habian
sido negligentes ú olvidadizos en traer pan cazabí y
ages, y otras cosas de comer para los ministros que bar-
rian y limpiaban la casa ó ermita de Vaybrama, buen

Cemí, y que él se lo habia dicho. Otras ficciones muchas y patrañas les hacian entender aquellos behiques, que si no pretendian significar alguna alegoría ó moralidad, como los antiguos poetas, eran invenciones del demonio ó grandes desvaríos.

DE LAS INDIAS. 473

CAPÍTULO CLXVII.

Otro sacrificio rito ó devocion tambien tenian, y éste era grande ayuno, y comenzó en ellos desta manera: Refiere fray Ramon el ermitaño, que arriba digimos cuando hablamos de los dioses desta Isla, que vino á ella cinco años ántes que yo, que habia fama y credulidad en esta Isla, que cierto cacique y rey dellos hizo cierta abstinencia al Señor Grande que vive en el cielo, del cual se debia el conocimiento ú opinion de un Dios del cielo en los demas derivarse; el abstinencia fué que seis ó siete dias estaban' encerrados sin comer cosa alguna, sino cierto zumo de yerbas para no del todo desfallecer, con el cual zumo tambien el cuerpo se lavaban: y debian tener virtud aquellas yerbas, como la yerba del Perú que llaman coca y las otras de que trata Plinio, y arriba hicimos dellas mencion. Durante aquel ayuno, con la flaqueza de la cabeza les venian ó les aparecian ciertas formas ó imaginaciones de lo que deseaban saber, ó, á lo que es de creer, que el demonio se las ponia y pintaba por los engañar, porque dado que el primer cacique ó señor ó señores que aquel ayuno y abstinencia inventó ó principió, la hiciese por devocion del Señor que está en el cielo, y á él quisiese ó entendiese pedir que le dijese ó respondiese á lo que deseaba, empero los que despues la prosiguieron debíanla de hacer en honor de los cemíes, ó ídolos ó estatuas, ó de aquel que con ellas del conocimiento del verdadero Dios desviarlos trabajaba, el cual poco á poco algo en este caso siempre con ellos ganaba, como les faltase, segun muchas veces se ha dicho, gracia y doctrina. Esto se puede argüir por lo que

los que fuímos primero en la isla de Cuba de los vecinos
della y de la ceremonia que usaron alcanzamos. En
aquella Isla era extraño el ayuno que algunos hacian,
principalmente los behiques, sacerdotes ó hechiceros, y
espantable; ayunaban cuatro meses, y más, continuos
sin comer cosa alguna, sino sólo cierto zumo de yerba ó
yerbas, que solamente para sustentarlos que no muriesen bastaba, de donde se colige que debian ser de grandísima virtud aquellas yerba ó yerbas, mucho más que de
las que Plinio, libro XXV, cap. 8.°, y arriba referimos,
habla. Y esta es la misma coca que en las provincias del
Perú es tan preciada, como parece por testimonio de religiosos y de indios que han venido del Perú, que la vieron y conocieron en la dicha isla de Cuba, y en mucha
abundancia. Macerados, pues, y atormentados de aquel
cruel y aspérrimo y prolijo ayuno, que no les faltaba
sino espirar, decíase que entónces estaban dispuestos y
dignos que les apareciese y de ver la cara del Cemí, que
no podia ser otro sino el demonio; allí les respondia é in-
formaba de lo que le preguntaban, y lo que más él para
engañarlos les añadia, todo lo cual despues á la otra
gente los behiques denunciaban y persuadian. Solamente aqueste indicio y engaño de idolatría, y no otro
que alcanzáramos, habia en la isla de Cuba, porque ni
ídolo, ni estatua, ni otra cosa que á idolatría oliese hallamos. Y esta parece cosa maravillosa, que de tanta
virtud sea el ayuno y abstinencia, que áun á los demonios es agradable, y que pidiesen á sus servidores tan
diuturna maceracion de la carne, que no fuesen hábiles
para ver su infernal presencia sino los que tenian mor-
tificados y cuasi muertos los sentidos, como se recreen
más en la embriaguez y glotonería de los suyos, como
sea la fuente y la madre de donde se originan todos los
vicios, segun San Juan Crisóstomo, cap. 27, homi-
lia 58, sobre San Mateo, y siendo aquella virtud una de
las armas con que han de ser derrocados, como el

Salvador nos dejó avisados: *Hoc genus demoniorum non ejicitur nisi in oratione et jejunio.* San Mateo, 17. Pero este ayuno y abstinencia no la persuadian ó mandaban hacer sino por su antiquísima y profunda soberbia, por la cual querian usurpar, como el honor y culto de Dios, la virtud, no en cuanto virtud sino en cuanto por pedirla querian dar á entender que amaban las virtudes, por cobrar más crédito con los hombres, y para vejar y atormentar con aquella áspera é infructuosa maceracion en esta vida los cuerpos, como en la otra las ánimas, por el odio que tienen á los hombres, y así siempre se huelgan de sus tormentos y trabajos, usando con ellos de su entrañable crueldad. Tornando al propósito del cacique ó señor que habia comenzado aquel ayuno, decian, y era pública voz y fama, que habiendo hablado con cierto Cemí, que tenía por nombre Yocahuguama, le habia dicho que los que despues que él fuese muerto fuesen vivos, poco gozarian de sus tierras y casas, porque vernia una gente vestida que los señorearia y mataria y que se moririan de hambre; de allí adelante creyeron ellos que aquella gente debia ser los que llamamos caribes, y entónces los llamaban y llamábamos caníbales. Todo esto refiere fray Ramon haber de los indios entendido. Algunas otras cosas dice confusas y de poca sustancia, como persona simple y que no hablaba del todo bien nuestra castellana lengua, como fuese catalan de nacion, y por tanto es bien no referillas, sólo quiero decir lo que afirma de un indio ó indios que él tornó cristianos, que matándolos otros indios, por el aborrecimiento que tenian á los españoles, decian á grandes voces: «Dios naboría daca, Dios naboría daca», que quiere decir, en la lengua más comun y más universal desta Isla, «yo soy sirviente y criado de Dios», y éste se llamaba Juan; y desta manera y con estas palabras murió otro llamado Anton, que era su hermano. Naboría queria decir sirviente ó criado, y daca quiere decir yo. Y así dijo

destos fray Ramon haber sido mártires; de lo cual ninguna duda puede quedar á algun cristiano si por la fe ó
por no dejar la fe, ó por otra virtud alguna los mataran;
pero no los mataban por ésto, porque nunca indios algunos jamás tal hicieron, sino porque vivian con los españoles, ó les loaban ó defendian á quien todos tanto
desamaban, ó porque quizás les hacian aquellos indios,
por mandado de los españoles, algun daño, como habemos visto desto asaz harto, y en estos casos harta merced les hizo Dios si por confesar ser sus sirvientes y
criados se salvaron, pero no por ser mártires. La misma
manera de religion de la desta isla Española estimé y
entendí siempre que tenian las gentes de las islas comarcanas, sin tener idolos muy estimados (en la isla de
Cuba ningunos hallamos), ni ofrecelles sacrificios, más de
aquellos ayunos, y de las mieses que cogian cierta parte,
y no ceremonia sino aquellas cohobas con que se cuasi
embriagaban. Los más limpios destas heces, en este caso,
de todos fueron, segun entendí siempre, la simplicísima
gente de los Lucayos, los cuales muchas veces á los
Séres, nacion felice, arriba he comparado; destos, ninguna
señal de idolatría, ni creencia mala, ni figura ó imágen
ó estatua exterior sentimos que tuviesen, ántes creemos
que con sólo el conocimiento universal y confuso de una
primera causa, que es Dios, y que moraba en los cielos,
pasaban, y así en contar sus sacrificios no hay por qué
detenernos.

CAPÍTULO CLXXXI.

No creo haber hecho poco en cumplir con la relacion
que convenia (segun la órden y propósito que traemos)
hacer de los sacrificios de los grandes reinos que com-
prendemos en lo que llamamos La Nueva España, que
tienen todos juntos de ámbito más creo que de 800, y
áun sin quizá de 1.000 leguas, comenzando de la provincia de Xalisco, y acabando en las de Honduras y Nicaragua. Lo cual concluido, pasémonos á la otra ala de
la Tierra Firme, que es la del Sur, y corrella hemos comenzando de la punta de Paria, una vez al Levante y
otra por el Poniente, como se corrió cuando de los dioses hicimos mencion, de lo cual, presto, placiendo á
Dios, nos expediremos. En la provincia de Paria é isla
de la Trinidad, que está con ella pegada, y de allí por la
costa del Levante, ó por mejor decir hácia el Sur ó Mediodía, por la tierra del Brasil y hasta las provincias del
Rio de la Plata, ya se dijo arriba no tener ídolos ó cuasi
ninguna religion, ó poca, sino en algunas partes donde
habia algunos hcchiceros, ministros del diablo, que los
inducian en algunos supersticiosos errores y agüeros y
otros resabios de idolatría, por manera que sacrificios no
tenian ningunos, porque como de todo el discurso que
habemos traido, refiriendo los dioses, y templos, y sacerdotes, y sacrificios de las gentes antiguas y destas
indianas, puede colegirse, segun el concepto y estimacion que los hombres de Dios alcanzaron así le tuvieron
la devocion y le constituyeron los templos, y hobo el sacerdocio é inventaron y ordenaron los sacrificios, y, por
consiguiente, fueron en ceremonias más ó ménos reli-

CAPÍTULO CXCVII.

Probado en los precedentes capítulos generalmente haber tenido todas estas gentes buena gobernacion, y guardando entre sí todas las especies y distinciones que suelen hacerse de justicia, por argumento fortísimo, conviene á saber, mostrando que, si de otra manera fuera, sustentarse tanta gente junta, y en tan grandes poblaciones y ciudades, á vivir vida social y política, como los hallamos que vivian mucho y largo tiempo, fuera imposible, de aquí adelante, para prosecucion desta sexta parte, que el Filósofo asigna que ha de tener la ciudad ó república bien ordenada, y por sí suficiente, que es tener jueces y quien gobierne, y que la gobernacion sea justa y cual conviene á la buena policía, queremos referir en particular la gobernacion y regimiento (segun que muchas veces vimos, y en las partes donde no estuvimos tuvimos noticia, dada por personas fidedignas y religiosas de Santo Domingo y San Francisco, y tambien buenos seglares), que las gentes de todas estas Indias tenian en islas y Tierra Firme; donde tambien contaremos sus costumbres, porque á la mala ó buena gobernacion parece pertenecer. Y porque no gastemos tiempo en tratar de las tres diferencias de gobernacion susodichas, pues deste trabajo ellas mismas nos han librado, esto debemos suponer, que en todas estas Indias, universalmente, si no fué en muy pocas provincias ó cuasi ningunas, las cuales nombraremos á su tiempo si Dios quisiere, no tuvieron otra especie de principado y gobernacion sino de las tres susodichas la primera, conviene á saber, la de uno que es rey y reino, la cual es la más natural y entre todas la más excelente,

y semejante á la con que el padre rige y gobierna á sus
hijos; asi lo afirma y prueba el Filósofo, libro VIII, capítulo 7.° de las Eticas. De donde parece cuánto más siguieron estas naciones lo más natural y mas razonable
de los principados y regimientos, en sus policías, que
otras muchas; y esto, argumento es no débil de su buen
juicio y prudencia natural, y mejor que en las otras,
pues hallaron y escogieron lo mejor, y más perpetuo y
más seguro, para el gobierno de sus repúblicas, entre
las cosas más necesarias para las perpetuar, lo que no
hicieron muchas otras. Supuesto, pues, que fueron gobernadas y regidas por uno que es rey, comencemos á
ejemplificar, como solemos, por esta felicísima isla Española. En ella cognoscimos cinco principales reyes que la
gobernaban principaban y regian, cuyos nombres eran:
del primero, Guarionex, que reinaba en todo lo más felice
de toda la Real Vega, de que arriba tantas excelencias
digimos; del segundo, Guacanagarí, y éste principaba
en lo postrero della, que llamaban Marien, y éste fué el
primero que trató cristianos, porque allí fué á parar el
almirante don Cristóbal Colon que descubrió estas Indias,
y recibió él, y todos los cristianos que con él venian,
paternal, y gracioso, y admirable recibimiento, y no pa-
gables, y áun no pagados ni agradecidos despues, muchos beneficios. El rey tercero se llamaba Behechío,
la penúltima luenga, y reinaba en la provincia llamada
Xaraguá, en la parte del Occidente; este Rey tenía una
hermana que habia por nombre Anacaóna, en la penúltima el acento, mujer de gran prudencia y autoridad,
muy palanciana y graciosa en el hablar, y en sus me-
neòs, y que fué muy devota y amiga de los cristianos
desde que los comenzó á ver y á comunicar con ellos.
El cuarto rey fué Caonabó, la última luenga, que señoreaba en la provincia llamada Maguana, contérmina ó
que partia términos con la de Xaraguá, y oriental á ella;
éste fué valerosísimo y esforzado señor, y de mucha

gravedad y autoridad, y segun entendimos los que á los principios á esta Isla vinimos, era de nacion Lucayo, natural de las islas de los Lucayos, que se pasó dellas acá, y por ser varon en las guerras y en la paz señalado, llegó á ser rey de aquella provincia, y por todos muy estimado. Díjose tambien que fué casado con la dicha señora, hermana del rey Behechío, Anacaóna. El quinto rey ó reino, fué del todo oriental, cuya tierra se nos ofrece primero cuando á esta Isla venimos de Castilla, que llamaban los indios Higuéy, la letra *e* luenga, y el nombre del rey era Higuanamá, la última luenga tambien; y en nuestro tiempo reinaba una mujer vieja, muy vieja, puesto que no supe, cuando lo pudiera saber, si este nombre Higuanamá fué propio de aquella Reina ó comun de los reyes de aquel reino, como los reyes de Egipto se llamaron todos Faraones, como se llamaban reyes. Los señores que á estos cinco reyes obedecian eran innumerables, y yo conocí grande número dellos, y no poco señores sino que tenian súbditos infinitos. Decíase tener Guarionex, rey de la Vega Real, otro rey ó señor por vasallo, entre otros, llamado Uxmatex, que señoreaba en la provincia de Cibao (que digimos arriba llamarse Haytí, la última aguda, de donde se denominó toda esta Isla), que cuando lo llamaba el rey Guarionex le venia á servir con 16.000 hombres de pelea. El rey ó señor que principaba en la provincia de Haniguayaba, tengo presuncion que era señor y rey libre por sí; la razon que me mueve es, por estar aquella provincia al último cabo y más occidental desta Isla, bien 50 y más leguas del reino ó de la ciudad real de Xaraguá, donde tenía principalmente su silla el rey Behechío, y porque habia muchos señores otros en aquella provincia, que parece haber sido súbditos de Haniguayaba, y militar debajo de su señorío, y por ventura fué lo mismo en otras partes desta Isla, sino que de sabello en aquellos tiempos poco cuidado tuvimos: como el rey ó señor de los

Ciguayos, llamado Mayobánex, la penúltima luenga, que
no fuese subjecto al rey de la Vega, Guarionex, puesto
que, por librar de la prision ó persecucion que los españoles hacian á Guarionex, padeció grandes trabajos ha-
ciéndoles muchas guerras, no sé decir si lo hacia como
por su rey y señor, ó como á quien puesto en gran necesidad se le habia encomendado. Lo mismo pudo ser en
el reino ó provincia de Higuey, donde habia muchos señores, y en especial uno que se llamó Cotubanamá, la
última ¡luenga, que yo bien conocí, de quien arriba hablamos; éste fué valentísimo hombre, y de gran gravedad y autoridad, y se defendió valerosísimamente muchas veces y por muchos dias, con su persona y gente,
de los cristianos que le hicieron guerra, del cual hablaremos más largo, si place á Dios, en nuestra Historia general, libro II; así que no sabré afirmar que fuese súbdito á la reina Higuanamá. Habia en esta Isla y en cada
reino della muchos nobles y estimados por de mejor sangre que los demas, y que tenian cargo sobre otros como
de regillos y guiallos; éstos, en la lengua comun desta
Isla, se llamaban nitaynos, la y letra luenga, nobles y
principales. Tres vocablos tenian con que pronunciaban
el grado y la dignidad ó estado de los señores, el uno
era Guaoxeri, la última sílaba luenga, el cual ser el menor de los tres grados, como nosotros decimos á los caballeros «vuestra merced», significaba; el segundo era
Baharí, la misma última luenga, y éste como á mayor señor que el primero, como cuando á los señores de título
decimos «señoria», ellos Baharí lo llamaban; era el tercero
y supremo Matunheri, asimismo el acento en la postrera
sílaba, que á solos los reyes supremos, como nosotros á
los reyes decimos « Vuestra Alteza», ellos Matunheri lo
aplicaban. Entre todos estos cinco principales reinos, fué
el más ilustre el del rey Behechío, en aquella provincia
ó ciudad real de Xaraguá, porque tuvo muy muchos señores que á su reino y jurisdiccion suprema pertenecian;

y eran por todos, si no me engaño, por lo que despues
vimos, más de 100 y quizás más de 200, porque hobo,
señaladamente en aquellas provincias de al rededor de
Xaraguá, mucha nobleza. Excedian todas las gentes
deste reino de Behechío á todas las desta Isla, en la lengua ser más delgada y de mejores y suaves vocablos
polida; excedian lo mismo en ser hombres y mujeres de
más hermosas facciones, y disposicion natural de los
cuerpos y gestos que era cosa de maravilla. Yo cognosci
y vide algunos años despues que á esta Isla vinimos una
villa, en el mismo asiento que el rey Behechío tuvo su
casa real, de 60 ó 70 españoles vecinos, casados todos con
de aquellas señoras ó mujeres de los señores ó hijas, que
eran tan hermosas, cuanto podian ser las más hermosas
damas que hobiese en nuestra Castilla. Señaladas fueron
algunas en hermosura en el reino de Guarionex y en otras
partes desta Isla, pero no tan en comun y general como las
gentes del reino de Behechío; en otras muchas cosas eran
estas gentes más polidas, por las cuales habia entre nosotros tal manera de decir, que aquel reino de Xaraguá
era la corte desta Isla. Todas estas gentes vivian desnudas, los hombres desde los piés hasta la cabeza, las mujeres casadas, desde algo más abajo de la cinta hasta la
rodilla, poco más y algo ménos, con cierta manera de
faldillas hechas y muy bien hechas de algodon, se cubrian; y puesto que por toda esta Isla se hacian éstas de
algodon y las hamacas en que dormian, pero en hacer y
labrar cosas de algodon, la gente de Xaraguá era la
prima. Todas las doncellas vírgenes, miéntras lo eran,
ninguna cosa de sus cuerpos se cubrian; las camas en que
dormian, que llamaban hamacas, eran de hechura de una
honda, cuanto á lo ancho, puesto que aquello ancho tenia
un estado y medio y dos estados, y uno de longura, y
todo de hilos de algodon torcidos, no como red atrave-
sados, sino á la luenga extendidos; atravesaban por todo
lo ancho ciertas tejeduras de otros hilos, como randas,

de dos dedos en ancho, y habia de una á otra, por res-
peçto de lo luengo que tenía toda ella, un palmo y más y
ménos; á los cabos de la longura de toda ella, que digimos tener un estado, quedan muchas asas, un palmo de
luengo apartadas de la postrera randa, y estas asas son
de todos los hilos que la hamaca en el luengo tiene, y
en esto no es como honda que tiene solamente un ramal
ó cuerda de una parte y de otra: allí, en cada una de
aquellas asas, ponen unas cuerdas muy delgadas y bien
hechas y torcidas, de mejor materia que de cáñamo pero
no tan buena como de lino (y ésta llaman cabúya, la penúltima luenga), de la manera puestas como si quisié-
semos ponellas en las mallas cabeceras de una red cua-
drada, de un cabo y de otro, para haber de colgar la red
de ambas partes y que quedase en el aire suspendida.
Estas cuerdas son tan luengas como una buena braza,
las cuales van á juntarse al cabo como una rosca chica
y áun como una manilla; de aquellas dos roscas ó manillas se asen con otras cuerdas recias, de gordor de un
dedo, muy polidamente hechas, mejor que la hechura de
trenza, y átanlas á sendos palos de una parte y de otra,
y queda en el aire suspensa, y así se echan en ella, que
es buena cama y limpia para tierra donde no hace frio.
Tiene más, que siendo de dos estados de ancho y uno de
luengo, como dije, no pesa toda ella ocho libras, y pué-
denla llevar debajo del sobaco; finalmente, para por camino es propísima. Tres lenguas habia en esta Isla distintas, que la una á la otra no se entendia; la una era de
la gente que llamábamos del Macoríx de abajo, y la otra
de los vecinos del Macoríx de arriba, que pusimos arriba
por cuarta y por sexta provincias; la otra lengua fué la
universal de toda la tierra, y ésta era más elegante y más
copiosa de vocablos, y más dulce el sonido; en ésto, la de
Xaraguá, como dije arriba, en todo llevaba ventaja y era
muy más prima.

CAPÍTULO CXCVIII.

La gobernacion que estos reyes y todos los señores inferiores por toda esta Isla puesta tenian, era naturalísima, porque en ninguna cosa de la paterna que los padres usan con sus hijos, teniendo fin principalmente al bien dellos como libres, diferia; tratábanlos como si todos los súbditos fueran sus propios hijos, y ellos como á propios padres, por amor y no por temor, los reverenciaban y obedecian; y en tanto grado amaban los indios á sus reyes por la dulce gobernacion ó obras de padre que dellos recibian, que cuando los señores andaban escondidos por los montes, huyendo de los españoles, mandaban á sus indios, que si alguna vez los españoles alguno dellos tomasen, que por ningun tormento que les diesen los descubriesen, y así lo hacian; y que cuando los llevasen atados, hallando algun despeñadero, se derrocasen de allí abajo, y llevasen, si pudiesen, el español ó españoles que los llevaban atados, consigo: poníanlo asi por obra sin faltar un punto, y esto es certísimo. Y era tanta la humanidad que los señores usaban con sus vasallos y súbditos indios, que sin punta ni resabio de presuncion alguna, no sólo junto con ellos y á la mesa, pero del mismo plato ó vaso en que los señores comian, que comiesen y tomasen por su mano el manjar los admitian, y esto vide yo muchas veces, y asi hablo como testigo de vista. No debe parecer poquedad esta tan humilde conversacion ó comunicacion destos reyes y señores con sus súbditos, pues los antiguos reyes tan humilde y moderado estado tenian, que segun Herodoto, libro VIII de su Historia, sus propias mujeres les guisa-

ban la olla y lo que habian de comer: y en aquellos tiempos se puede presumir que los súbditos podian comer con
los reyes, y pluguiera á Dios que todos los reyes vivie-
ran hoy, y de vivir en tal simplicidad fueran contentos,
porque harto mejor que hoy le va al linaje humano le
fuera. Y siendo, como eran, estas gentes tan sin número
en esta Isla, y que un rey y señor tenía en su reino y
señorío infinitos, no pasaba más trabajo en los gobernar
que un padre de familias tiene con su casa sola, mujer é
hijos; y cierto, no en muchas partes del mundo se hallará
esta maravilla. No se sabía qué cosa fuese hurto, ni adulterio, ni fuerza que hombre hiciese á mujer alguna, ni
otra vileza, ni que dijese á otro injuria de palabra y
ménos de obra, y cuando alguna vez por gran maravilla
recibia enojo alguno de otro, la venganza que dél tomaba
era decille, si era zarco de los ojos, buticaco, que quiere
decir, anda, para zarco de los ojos; y si tenía los ojos negros, xeyticaco, y si le faltaba algun diente, mahite,
anda, que te falta un diente, y asi otras injurias desta
manera. Y es verdad, como arriba en un capítulo dije,
que habia veinte años que yo estaba en esta Isla, y
nunca ví reñir en ella, ni en otra parte, indio con iñdio,
sino una vez en la ciudad de Santo Domingo, que vide
reñir dos, y estábanse dando el uno al otro con los hombros ó con los codos, estando quedas las manos, que no
mataran una mosca si donde se daban con los hombros
la tuvieran; entónces yo, admirado de ver cosa tan nueva, llamé á ciertos españoles que allí estaban, haciendo
testigos. En lo de hurtar, doy testimonio de lo que muchas veces por los ojos vide, y esto es, que no teniendo
puertas en las casas, ni arcas, ni llaves, ni cerraduras,
como entónces no las teníamos, se andaban los talegones llenos de oro, y áun no de granos para que estuviesen contados, sino menudo como si fuera molido, en
especial en las minas, en unos como dornagillos hechos de ciertas hojas de palma, donde poníamos nues-

tras ropillas, que tambien por aquellos tiempos eran pocas, y metiendo las manos cada hora los indios que teníamos en casa muchas veces al dia, y trayendo cada
hora de una parte á otra los talegones, con 500, y 600
y 1.000 castellanos que tenian, nunca se halló que un
grano ni una punta hiciese ménos algun indio, ni tal
sospecha en nosotros caia. Y cierto, con mucha verdad
podemos decir de aquellas gentes lo que por refran suele
decirse, haber sido tan fieles y tan sin sospecha de hacer
ménos cosa alguna, que se les podia fiar, como infinitas
veces se hizo, oro molido. Asaz hobo gentes por el mundo
á quien hicieron estas ventaja en carecer deste vicio de
hurtar; entre los alemanes harto usado era, y ni pena ni
alguna infamia incurrian si hurtaban fuera de su ciudad,
decian que aquello era para ejercitar los mancebos, porque no fuesen perezosos y cobardes; tampoco tuvieron
por pecado matar hombres, segun cuenta Julio César,
libro VI, *De Bello gallico*. Aulo Gelio, libro XI, cap. 18,
dice, los Lacedemonios tener por gran honra y gloria
ser los mancebos ladrones, porque con aquel ejercicio
aprendian á ser sotiles y saber muchas maneras y cautelas, y hacerse á los trabajos para las guerras, con tanto
que no hurtasen por hacer mal ni por ser ricos. Allí dice
ser tambien lícito el hurtar en Egipto, y Diodoro, libro IV, cap. 3.°, afirma que habia en Egipto una ley que
mandaba, cuando alguno quisiese darse al oficio de hurtar, fuese ante el Sumo de los sacerdotes y dijese su
propósito, y diese por escrito su nombre, y todo lo que
hurtaba lo habia de presentar ante el Sumo sacerdote;
lo mismo los dueños de las cosas hurtadas, en hallándo-
las ménos, se habian de presentar y escribir sus nombres, y declarar las cosas que les faltaban, con el dia y
la hora que les faltaron: esto asi hecho, de las cosas
hurtadas sacábase la cuarta parte para el ladron, y lo
demas el dueño lo llevaba. Daban la razon desta ley los
Egipcios; que como fuese imposible excusarse los hur-

tos, era mejor excusarse algun daño que no perdello todo al que se lo hurtaban: otras muchas naciones fueron vencidas deste vicio. Eran tan honestos cuanto al conversar con sus mujeres, que nunca hombre de los españoles vido ni oyó decir que se sintiese algun acto dellos tocante á la tal conversacion, burlando ni de veras. Cuanto al vicio nefando, es verdad lo que aquí afirmo, que, en muchos años que tuve cognoscimiento destas gentes y traté con ellas, nunca sentí, ni entendi, ni oí, ni sospeché, ni supe que hombre de los nuestros sintiese, ni entendiese, ni sospechase, ni oyese decir que indio alguno de toda esta Isla tal pecado cometiese, y ha más de treinta años que caí en hacer particular inquisicion dellos; y confesando á una señora india, viuda y vieja, bien antigua, que habia sido casada con un español de los antiguos que yo cognoscí, preguntéle si en los tiempos pasados, ántes que viniésemos los españoles á esta Isla, habia algo de aquel vicio, respondióme que no, porque, si algun hombre hobiera maculado dello, las mujeres (dijo ella), á bocados lo comiéramos ó lo matáramos, ó otras semejantes palabras que me dijo. Finalmente, que deste pecado y de comer carne humana, y de otra semejante desvergüenza y miseria, fueron limpísimos y exentísimos los habitantes desta Isla. No se jactarán de la carencia deste vicio los sabios de Grecia, que cada uno tenía su mozo por mancebo, y tampoco los franceses, entre los cuales los mozos se casaban unos con otros sin vergüenza y sin pena; así lo refiere Eusebio, libro VI, cap. 8.º *De Evangelica præparatione*. Y es cierto lo que arriba en cierto capítulo dije, y quiérolo repetir, que algunas veces oí decir á algunos españoles destas gentes (aunque para dejallos de fatigar en los trabajos, tenian, segun creo, poca piedad dellos): ¡oh qué gente tan bienaventurada era ésta, si cognoscieran á Dios y tuvieran nuestra fe! No mirando más de aquello que veian, porque debieran pasar con la consideracion adelante, y cognoscer que para que les diéramos la fe y no para servirnos dellos nos los habia descubierto la Providencia divina. Pues asi como ser la mujer, y los hijos, y la familia de una casa pacífica, modesta y bien morigerada, careciente de vicios y de hacer mal á nadie, testifica y manifiesta la bondad, prudencia, solicitud y buen regimiento, y cuidado cerca della del padre de familias, de la misma manera, y áun mucho más, ser tan gran número de gentes tan modestas, tan benignas, tan concertadas, tan pacíficas, tan obedientes, tan limpias y exentas de vicios, y tan honestas, sin alguna duda, testimonio claro daban de la bondad, prudencia, solicitud y cuidado de la justicia, y justa gobernacion de sus reyes y señores que tenian, y los regian y gobernaban. Y si alguno dijere que no debia causarlo sino las buenas inclinaciones y condicion natural de aquestas gentes, que de su naturaleza eran mansas, humildes, pacíficas, y de todos los inconvenientes de la virtud naturalmente apartadas, y no por la solicitud de los reyes que los gobernaban, digo que al ménos ninguno negará que destas buenas inclinaciones, y condicion, y disposicion, mansedumbre, humildad, modestia y benignidad naturales, á los mismos señores y reyes no les cupiese parte; y así, todos, señores y súbditos, eran dotados de bondad natural, y, por consiguiente, todos eran felices, bienaventurados. Con todo esto, mucha y grande parte de la inocente vida, modestia y humana é inoxia conversacion, y buenas costumbres, y carencia de vicios de los súbditos, dependia de la bondad y buena órden puesta, regimiento y gobernacion de los reyes y señores, y de los buenos ejemplos que de sí á todos daban, viviendo bien y no haciendo obras contra razon; esto testifica la divina Escritura Ecclesiastes, cap. 10: *Secundum judicem populi sic et ministri ejus, et qualis rector civitatis tales et habitantes in ea.* Y exponiendo lo que dijo de los príncipes que no son los que deben, ni go-

biernan los pueblos segun justicia, y los enderezan en
buenas costumbres, añade luégo allí: *Rex insipiens per-*
det populum suum, dejándolos ir sin rienda, que es la ley,
por la corrupcion de los males. De los buenos pone lo
contrario: *Et civitates inhabitabuntur per sensum pruden-*
tium. De manera, que mucho hace para la bondad ó maldad de los pueblos, y para la multiplicacion ó disminucion de los hombres, la bondad ó maldad de los reyes,
por lo cual, en los Proverbios, cap. 14, Salomon atribuye á gloria del Rey la multitud, en el reino, de las
gentes, y á vicio y culpa suya la poquedad de los vecinos y moradores: *In multitudine populi dignitas regis, et*
in paucitate plebis ignominia principis, como que lo uno
y lo otro esté y haya estado en su mano. No se les
usurpe, pues, á los reyes y señores desta Isla lo que la
Santa Escritura en general dice y atribuye á todos los
del mundo, y pues hallamos estos pueblos tan nume-
rosos de gentes y tan bien morigerados, entendamos que
la solicitud, cuidado y prudencia, y buena órden y justo
regimiento de los que los gobernaban, el cual era como
de verdaderos padres, que tenian por fin hacellos buenos y multiplicallos, y en aquella multitud y bondad
conservallos, era mucha y grande y la mayor parte; y en
esto hicieron estas gentes á los españoles antiquísimos
excesiva ventaja, conviene á saber, que tuvieron reyes
que los rigiesen y bien gobernasen, de los cuales care-
cieron nuestros españoles por muchos siglos de los pasados, hasta que para se defender de los guerras tiránicas de los romanos, siguieron y no eligieron á Viriato,
como á hombre muy cauto y experto en huir y saberse
guardar de los peligros, y con esto muy esforzado, al
cual por pura necesidad sufrieron que los capitanease,
no por virtud, porque no querian tener á quien obedecer
ni quien á sus barbáricas obras, robos y maleficios pusiese regla ni tasa. Este Viriato hizo guerras fortísimas
contra los romanos, defendiendo á España por tiempo de

diez años, en los cuales hizo señalados estragos. Todo esto cuenta Trogo Pompeyo y su abreviador Justino, que fué español, en el libro XLIV, donde su Historia acaba: *In tanta seculorum serie nullus illis Dux magnus preter Viriatum fuit, qui annos decem Romanos varia victoria fatigavit: adeo feris propriora quam hominibus ingenia sunt. Quem ipsum, non judicio populi electum, sed ut cavendi scientem declinandorumque periculorum peritum, sequuti sunt,* etc. De manera que los ingenios y condicion de los españoles eran más propios de fieras bestias que de hombres. Y abajo dice que las mujeres tenian oficio de labrar y cavar los campos y las heredades, y cuidado de las cosas de casa, y los maridos con las armas en las manos andaban á robar, porque no tengamos presuncion que venimos de los cielos de virtudes muy adornados. Y abajo del todo, con que acaba toda su Historia, dice de la gente de aquel tiempo que moraba en España, ser pueblo bárbaro y fiero, traido á vivir debajo de leyes por el Emperador Octaviano : *Populumque barbarum ac ferum legibus ad cultiorem vitæ usum traductum,* etc. Gobernaban (porque al propósito tornemos) los reyes desta Isla *manu* • *regia,* conviene á saber, sin leyes, por su buen albedrío, tantos pueblos y tantas gentes que eran sin número. Y estas palabras, sin número, se hallarán haber escrito en sus cartas á los católicos reyes el Almirante primero, que vido, cuando descubrió y trató esta Isla, esta manera de gobernar los pueblos los buenos reyes, *manu regia,* que es por su buen juicio y albedrío; sin leyes se gobernó la romana república á los principios. Algunas guerras tenian, pero rarísimas; las causas dellas eran, segun entendimos, por alguna de tres, como arriba señalamos: la una, porque algunos de otros reinos venian á cazar en los campos, dentro de los término del otro reino; la otra, si venian á pescar en los rios; la tercera, cuando algun rey ó señor se concertaba con el otro que le diese su hija ó hermana por mujer, y le enviaba por

ello ciertas preseas, y el otro por alguna razon que le
movia no se la enviaba, ó la daba á otro; pero, por la
mayor parte, siempre todos vivian pacíficos. Esto se
muestra en la relacion que el Papa hizo en la Bula de la
concesion destas Indias á los reyes de Castilla, informado por la que los Reyes Católicos le hicieron, segun lo
que el Almirante destas gentes habia sentido; dice así:
*In quibus scilicet Insulis quamplurimæ gentes pacifice vi-
ventes, et ut asserunt nudæ incedentes, inhabitant*, etc. Las
armas ofensivas, ya digimos arriba que eran flechas y
arcos, y unas varas tostadas como dardos, los cuales ti-
raban con cierta industria, como si salieran de una ballesta de las antiguas que llamaban de garrucha; las
flechas eran los cohollos de las cañas, que acá son más
recios que los de Castilla, y por casquillos les ponian
unas espinas de pescado, que despues de entradas en la
carne no podian salir sin desgarrar della buena parte;
algunas puntas ponian de pedernal en algunas flechas.
Poníanles cierta yerba ponzoñosa, que de cosas ponzoñosas conficionaban, puesto que hay pocas en esta Isla,
ó ningunas, y así la yerba desta Isla hacia poco daño;
de la misma manera tenian las flechas otras gentes antiguas, como cuenta Herodoto de los Etiopes, libro VII,
y que las ponian por casquillos puntas de pedernal. Armas defensivas no tenian ninguna, sino sólo los pellejos
de fuera, porque todos andaban desnudos como los pa-
rieron sus madres; y para gente desnuda no eran poco
dañosas estas armas.

CAPÍTULO CXCIX.

Cuanto á los casamientos que entre aquestas gentes habia, no ·entendimos que tomasen por mujer hermana, ni prima hija de hermanos, ni que tuviesen los particulares más de una; tampoco alcancé ni alcanzamos, porque tuvimos todos, clérigos, y frailes, y seglares, de escudriñar estas cosas poco cuidado, si sus casamientos eran perpetuos ó por alguna causa las repudiaban, puesto que muchas y muchos vide casados ó ayuntados hombres y mujeres, viejos de edad y que tenian hijos y grandes hijos, que parecia haber mucho tiempo que eran casados, y en sus casamientos no haber habido mudanza; tampoco caimos en inquirir con cuáles ó con cuántas ceremonias se casaban. Los reyes y señores tenian muchas mujeres, no supe hasta qué tantas; del rey Behechío se dijo que tuvo 30: cuál fuese la principal, ó si eran todas iguales, tambien todos lo ignoramos. Lo mismo de las herencias, del todo punto no lo penetramos más de haber entendido que no los hijos de los señores sino los de sus hermanas sucedian en sus estados, la razon que daban era porque no eran tan ciertos ser sus hijos lo que por hijos tenian como los que parian sus propias hermanas, y de las hermanas eran ciertos ser sus hermanas, pues habia parido á ellos y á ellas una sola madre. Los señores y los demas compraban á los padres las hijas que habian de ser sus mujeres, enviándoles por paga ciertas sartas de cuentas que llamaban cibas, por excelencia, que quiere decir piedras, porque cibas llamaban á todas las piedras, y cibas á estas cuentas, por excelencia, como cosa que tenian por muy preciosa y de gran estima;

estas piedras ó cuentas arriba digimos que parecian poco
ménos que muelas podridas. Daban tambien por precio
ciertas hojas de guanín, que era cierta especie de oro
bajo que ellos olian y tenian por joyas preciosas, para
ponerse colgadas de las orejas; pesaban, las que de mayor peso eran, obra de medio peso ó de un ducado, y en
tanto grado era estimado este guanín, la última luenga,
destas gentes por el olor que en él sentian, ó por alguna
virtud que haber en él creian, que acaeció valer aquellas
hojas, que no pesaban sino lo que digo, entre los mismos
españoles, para dallas á la hija de algun cacique y
señor de aquellos, porque el señor les diese á ellos lo
que pretendian, cien y más castellanos; llamaban en su
lengua á estas hojas y joyas de las orejas taguaguas, la
media sílaba luenga. Gentes de las antiguas hobo por el
mundo que tuvieron las costumbres mismas que éstas en
lo de sus casamientos, y muchas, otras naciones, harto
viles, feas, irracionales, y no ménos desvergonzadas, en
la cuales aquestas hicieron á aquellas incomparable
ventaja......................................

CAPÍTULO CCIII.

Cerca de las mujeres de los reyes, habia en esta isla Española, segun lo que en aquellos primeros tiempos pudimos entender, otra costumbre harto áspera, pero no singular en el mundo, y esta fué, que las mujeres se enterraban con los maridos y señores; las ceremonias ó manera del entierro, y si vivas ó primero muertas las echaban en cuevas ó sepulturas, no lo alcanzamos y tampoco lo escudriñamos. Esto sólo fué, como dije, de los reyes y señores, no de los hombres particulares, la cual costumbre hallamos asaz entre muchas naciones haber sido celebrada y muy guardada, y tenida tambien por virtud, y señal de fidelidad, y castidad observada á sus maridos, y corona de que las buenas mujeres se arreaban y jactaban......................................

De lo dicho parece que los reyes y señores que hobo en esta Isla, si mandaban enterrar consigo á sus mujeres ó alguna dellas, no fueron los primeros que aquesta ley pusieron en el mundo, ni parece haber sido tan cruel ni más irracional que la que habia en otras partes, ni fué tampoco en estos reinos general, porque sólo los señores la usaban y no los particulares, como entre otras muchas gentes por altos y bajos se acostumbraba, y así en esta parte aquestas, llegarse más cerca de razon y alongarse más léjos de crueldad que las demas, mostraron. Y si las mujeres de su propia voluntad, con alegría por morir con sus maridos, se mataban ó se consentian matar, lo que, como apunté, no averiguamos, pueden ser alabadas de .

fieles á sus maridos, y atribuilles corona de castidad.
Todo lo cual no deroga á la buena gobernacion que las
gentes desta Isla tenian, como ni á la de los griegos, si
en lo demas era buena, derogaba, ántes por el contrario
en alguna manera la adornaba.

CAPÍTULO CCIV.

Porque las costumbres buenas ó malas de las gentes pertenecen á la buena ó mala gobernacion, como arriba se dijo, por ende prosigamos adelante algunas otras costumbres que restan de referir, que los moradores desta Isla en sus tiempos solian tener. Las mujeres destas islas, y mayormente desta, era cosa maravillosa con cuán poca dificultad y dolor parian, cuasi no hacian sentimiento alguno más de torcer un poco el rostro, y luégo, que estuviesen trabajando y ocupadas en cualquiera oficio, lanzaban el hijo ó hija, y luégo lo tomaban y se iban y lavaban á la criatura, y á sí mismas, en el rio; despues de lavadas daban leche á la criatura, y se tornaban al oficio y obra que hacian. Lo mismo cuenta el Filósofo en el tractado *De Admirandis in natura auditis*, que las mujeres Ginovesas hacian, y refiérelo por maravilla; desto tambien hace mencion Estrabon, en el tercer libro de su Geografía, y lo mismo cuasi toca de las mujeres de España en alguna provincia. Tenian tambien de costumbre, cerca de los que enfermaban, una que juzgábamos entónces los españoles ser bestialísima y apartada de toda razon, porque ignorábamos el fin que pretendian y lo que usaban en el mundo otras muchas discretas y políticas naciones; ésta era, que en enfermando la persona, mujer ó hombre, si estaba muy mala, la sacaban de casa los parientes y deudos, y la ponian cerca de allí en el monte; allí le ponian algunos jarros de agua, y otras cosas de comer, sin que con ella estuviese persona alguna. Creo que la requerian de cuando en cuando y la lavaban, porque por principal medicina usaban lavar los enfermos, aunque quisiesen espirar, con agua fria, lo cual, ó hacian por la continua costumbre que tenian cada hora, estando sanos, por limpieza lavarse, ó por supersticion, creyendo que el agua tenía virtud de limpiar los pecados y dar sanidad corporal, como arriba desto asaz digimos. Debian ponellos apartados en el monte, porque los enfermos así lo querian, como refieren Solino, cap. 65, y Pomponio Mela, libro III, capítulo 7.°, de algunas gentes de la India, conviene á saber, que cuando alguno se hallaba muy viejo ó agraviado de grande enfermedad, se iba él mismo ó se hacia llevar muy léjos á lugar apartado y secreto, para morir más sin congoja estando en soledad y no viendo hijos, ni mujer, ni cosa que pena le diese; y ésto, para entre gente á cuya cabecera no habian de estar frailes trayéndoles á la memoria que se acordasen de la pasion de Jesucristo, no era sin fundamento de prudencia. Podian nuestros indios tener sin éste otros dos fines ó alguno dellos; el uno el gran miedo que tenian de las fantasmas de noche, y éstas llamaban hupias, la penúltima luenga, y hupia no era otra cosa sino el ánima del hombre, porque así llamaban el ánima, y cuando alguna fantasma les aparecia de noche, con verdad ó que se les antojaba en la imaginacion, decian que era la hupia, conviene á saber, el ánima de alguno que á ellos venia; de aquí creiamos que debia el demonio aparecer algunas veces á algunas particulares personas, allende los sacerdotes que llamaban behiques, de quien arriba queda dicho, para los atemorizar, y engañar, y causar algunos malos prestigios. El otro fin, en sacar los enfermos fuera de las casas y ponellos en el monte ó apartados de allí, pudo ser aquel que á otras naciones antiguas movia, ú otro semejante; éste fué para que todos los que por allí pasasen ó llegasen diesen parecer con qué aquel mal se curase, si por ventura ellos habian dél sanado habiéndolo tenido. Así lo cuenta Herodoto de la gente de Babilonia, libro I, conviene á saber, que tenian una ley sabiamente puesta, por la cual, en cayendo enfermo alguno lo sacaban luégo á la plaza, para que todos los que allí se hallasen, y por allí pasasen, diesen parecer sobre aquella enfermedad, si por caso la habian padecido ó supiesen que otro della hobiera sido curado, y con qué medicina; y á ninguno le era lícito pasar de donde hobiese enfermos sin preguntar de qué ó cómo enfermado habian, para dalles consejo, segun lo que de aquella enfermedad le parecia. Esta ley ó costumbre, dice Estrabon, libro III de su Geografía, que tuvieron los Bastetanos, pueblos del Andalucía en nuestra España, y que fué uso muy viejo de los de Egipto. Algo mejor y más pio era que el que algunos de la India cerca de sus enfermos tenian: cuenta Herodoto, libro III, que cuando alguna persona enfermaba, de cualquiera enfermedad que fuese, si éra hombre, los hombres, familiares, y criados, ó deudos suyos luégo lo mataban, y alegaban que si en él crescia el mal se enflaqueceria, y, comiendo dél, las carnes dellos se les corromperian, y no aprovechaba nada que él negase estar enfermo, porque de morir habia, el cual muerto, con gran fiesta lo comian; y si la enferma era mujer, las mujeres, criadas, ó sirvientas, ó deudas, lo mismo que los varones al varon, ellas á ella hacian: á los que llegaban sin enfermedad á viejos, tambien los mataban, y en convites los comian. Por estas dos causas, de matar los enfermos y los viejos, entre aquellas gentes se hallaban viejos por maravilla; todo esto es de Herodoto. Cierto, muy ajenos de tan crueles bestialidades fueron las gentes inocentísimas desta Isla, y asi, harto ménos bárbara gobernacion que otras naciones tuvieron, éstas tenian. Otra manera tenian de curar los enfermos los desta Isla; ésta era, que los sacerdotes ó hechiceros, que arriba digimos llamarse behiques, les tomaban los brazos desde los hombros, con ambas manos, estregándolos y soplando, y lo mismo las piernas, y por todo el cuerpo, cuasi como que con aquel estregar y soplar echasen el mal fuera, y esto creo hacian entender á la simple gen-

te, y por ventura decian algunas palabras llamando al
demonio, con quien debian tener hecho pacto. Cerca de
los muertos, no supimos más sino que los enterraban en
sepulturas, creo que en el monte, apartados de la casa
donde morian, por el miedo que habian de las fantasmas
como se dijo; por luto se tresquilaban, y esta fué costumbre de los Mylesios y de otras muchas gentes, como
refiere Alexander ab Alexandro, libro III, cap. 7.º Otras
costumbres tenian estos indios no muy limpias, cuanto
al comer, segun la limpieza de que hoy las gentes políticas usamos; pero sí señalaremos haber tenido algunas
gentes las mismas y otras peores, no nos maravillare-
mos dellas. Una era, que de los conejos que cazaban y
tenian por nombre hutías, y de las otras cosas vivas,
ninguna cosa de lo que tenian dentro, como eran las
tripas, rellenas como se estaban, ni de lo de fuera sino
era el pelo sólo, desechaban; y así ponian en sus cazue-
las las tripas con el estiércol que tenian, sin lavarlas,
donde las cocian con su pimienta y otras yerbas y cosillas que allí mezclaban, y despues de cocidas las yantaban. Esta, cierto, por gran suciedad debe ser tenida, y
lo es, porque parece que causa horror y asco naturalmente á la complixion humana; pero si consideramos
los que se mantenian de carnes de serpientes y dragones, animales tan horribles naturalmente á los hombres, parece que la naturaleza es aparejada para engendrar mucho más horror y más vehemente asco, y hacer
á éstos excusados. Aquéllos son una gente que llaman
los autores Trogloditas, pueblos de Africa ó de Etiopía;
así lo toca la divina Escritura en el Salmo 73: *Tu confre-
gisti capita draconis dedisti eum escam populis Ethiopum*:
tráelo Herodoto, libro IV, donde dice que todo género de
culebras, lagartos, y de los animales que andan ras-
treando por el suelo, comen. A los dragones quítanles
ciertas partes negras, donde saben que tienen la ponzoña, mayormente las lenguas, y todo lo demas comen

sin peligro; desto tambien son testigos Solino, cap. 44,
y Pomponio, libro I, cap. 8.º Cuanto á lo que toca á la
suciedad de comer aquellos rellenos estas gentes, quié-
rolas más excusar con otra más sucia obra que hacian
mis españoles, porque aprendamos á no menospreciar
nacion alguna por barbáricas costumbres que tenga, ni
pensemos que, por tenellas cuan barbáricas sean, luégo
nos deben sujecion y podemos maltratallas, ántes conozcamos la inmensidad de la deuda que á Dios debemos en sacarnos con su evangélica predicacion y doctrina de tanta y mayor ceguedad y barbaridad, y no ce-
semos de darle gracias. Cuenta Estrabon, libro III, pági-
na 110 de su Geografía, y Diodoro, libro VI, cap. 9, una
costumbre de los españoles, aunque no de todos, tan vil
y tan sucia, que no creo que bárbaro alguno del mundo
tuvo jamás otra tal ni que tanto asco causase, la cual
es esta, y sea referida salva toda honestidad y reverencia: Tomaban de los orines que estaban muy podridos en
las letrinas que llamamos nécesarias, y con ellos los
cuerpos se lavaban. Otra era peor y más abominable,
conviene á saber, que con la misma suciedad y estiércol
de los hombres, así podrida y antigua, bien majada, los
maridos y las mujeres se limpiaban muy bien los dientes;
porque se vea qué tales estarian los labios y los carrillos por de dentro, y áun tambien los paladares: de lo
cual escarnece harto Estrabon, y dice que vivian vida
con costumbres brutales y depravadas. De aquí se suelta
una duda que un religioso y varon de mucha bondad
tuvo, cerca de los indios moradores de la provincia de
Cumaná, Tierra Firme, cuya vecina era la isleta de Cubagua, donde solian las perlas pescarse; este religioso,
viendo aquellos indios traer siempre aquellas yerbas, que
arriba digimos causarles una costra muy negra en los
dientes, dudaba y decia que aquella costumbre tan sucia y fea era grande inconveniente para que aquellas
gentes recibiesen el Santo Sacramento del altar, y, por

consiguiente, tenian impedimento para que la fe se les predicase. Cuanto á lo de recibir el Santo Sacramento decia muy gran verdad, porque si aquella costumbre despues de la fe recibida les durara, eran indignísimos de ser absueltos en el Sacramento de la confesion; y mucho más indignos de comulgar, porque fuera grandísima irreverencia, é indecencia y crímen muy grande, llegarse con bocas tan sucias al santo altar; pero, cierto, harto más indecentes y sucias, sin alguna comparacion, eran las bocas y todos los cuerpos de mis españoles, lavándose con aquel agua de azahar y limpiando los dientes con aquellos confites molidos de anís ó de culantro preparado. Y esto supuesto, podráse bien responder á la duda de aquel padre, lo primero, que no se les habia de dejar de predicar la fe por aquella y ni por otras tachas peores que tuviesen; lo segundo, pues que con la predicacion y doctrina de nuestra santa fe se quitó á nuestros españoles tan vil y tan sucia costumbre, y más impeditiva de llegarse dignamente al Santo Sacramento que la de los indios de Cumaná, que tambien, con la misma fe y doctrina, la suya con el favor divino se les quitara, si la diligencia debida hobiera habido. Otra costumbre tuvieron los desta Isla, tan poco limpia, y era que comian los piojos de la cabeza, porque decian que aquéllos no eran otra cosa sino de su carne y sangre nascidos, y que por eso la carne y sangre suya se restituian; no fueron éstos solos en el mundo, porque la tuvieron y tienen hoy los Tártaros, segun Mustero, en el libro V de su universal Cosmografía, los cuales se comen los mismos piojos unos á otros, no sólo de la cabeza pero de cualquiera parte donde los crien, y comiéndolos dicen aquestas palabras: «Así haré á mis enemigos». Esta costumbre tambien tuvieron los Budinos, pueblos de Scythia, segun Herodoto, libro IV; de aquella gente habla Plinio, libro IV, cap. 12. Tenian otro uso nuestros indios, que parecia vicio, pero no por vicio sino por

sanidad lo hacian,. y éste fué que acabando de cenar
(cuya cena era harto delgada), tomaban ciertas yerbas en la boca, de que arriba digimos parecer á las
hojas de nuestras lechugas, las cuales primero las mar-
chitaban al fuego y envolvíanlas en una poca ceniza, y
puestas como un bocado en la boca sin tragallo, é idos
al rio, que siempre lo tenian cerca, les provocaba echar
lo que habian cenado, y despues de lavados volvíanse y·
tornaban á hacer colacion; y como todo el comer dellos
fuese siempre de dia y de noche, tan poco y de tan pocas cosas, parece claro que no lo hacian por glotonía
sino por hallarse más ligeros y vivir más sanos. No lo
hacian así algunos, al ménos uno conocí yo, de los nuestros españoles, y áun era harto persona honrada, del
cual se decia que tomaba las mismas yerbas y hacia el
efecto de los indios, por tornar otra vez á cenar. Destos
eran los que por hartar su gula dividieron la traganto-
nería en cuatro miembros, en almuerzo, yantar, cena,
y comensacion ó colacion segun decimos; destas cuatro
paradas de gula usaban los antiguos griegos, segun escribe Philemon, y porque la colacion ó comensacion era
más excesiva que la cena, tenian necesidad de vomitar
lo que habian cenado cada hora. Destos tales dijo Séneca, *Edunt ut vomant, vomunt ut edant,* y llamábanse
gormadores; desto trata largamente Celio, libro XXVIII,
capítulo 2.º Y asi parece cuánta ventaja hicieron aquellos griegos, y otras naciones tambien del mundo, á éstas
en las glotonerías y excesos execrables de la gula, porque su comida destas, puesto que luégo de mañana al-
morzaban y luégo íbanse á trabajar en sus labranzas ó
á pescar, ó á cazar, ó hacer otros ejercicios, despues al
mediodia yantaban, y comunmente lo demas que restaba
del dia gastaban en bailes, y cantos, ó en jugar á la pelota, á la noche cenaban, y á la postre hacian la susodicha colacion, era, digo, toda esta su comida tan liviana,
que, como ya se dijo arriba, toda era sin encarecimiento

muy poco ménos que la penitencia que hacian en el desierto los Santos Padres. Comian carne de aquellos animalicos que parecian ratones, comian pescado de los rios con el pan cazabí, comian por fruta de las raices llamadas ages y batatas, que son como quien come turmas de tierra ó como nabos', aunque harto mejores y de mejor sabor; todo en tan poca cantidad, que tengo por cierto cualquiera de nosotros comer más en una comida que dos dellos en cuatro. Las cosas cocidas que comian eran siempre con mucha de la pimienta que llamaban axí, la última sílaba luenga, y más comun que otro manjar era cocer mucha junta de la dicha pimienta, con el sabor de sal y del zumo de la yuca ó raíces de que hacian el pan cazabí, que digimos arriba servir de vinagre, y esto comian como quien come berzas ó espinacas bien guisadas. Cazaban los animalillos dichos quemando los yerbazales y atajándolos muchos indios juntos dellos, porque no criaban en cuevas como nuestros conejos, sino en la haz de la tierra entre la yerba. Pescaban con redes muy bien hechas en los rios, y en la mar los que la alcanzaban, con anzuelos hechos de huesos de pescados; tambien con flechas á los pescados grandes; eran grandes y maravillosos nadadores. Tenian sus barcos, como queda dicho, hechos de un madero cavado que llamaban canoas, donde cabian 50 y 100 hombres, y destos se usan en todas estas Indias; los remos son como palas de horno, aunque las puntas agudas y muy bien hechos. Destos mismos barcos usaban en España los antiguos, en especial en el Andalucía, segun Estrabon, libro III, y áun de pellejos hacian los barcos, hasta que vino á España Bruto, de Roma, segun el mismo dice. Eran muy amigos de sus bailes, al son de los cantos que cantaban y algunos atabales roncos de madera hechos todos sin cuero ni otra cosa pegada; era cosa de ver su compas, asi en las voces como en los pasos, porque se juntaban 300 ó 400 hombres, los brazos de los unos puestos sobre los hombros

de los otros, que ni una punta de alfiler salia un pié más
que el otro, y así de todos. Las mujeres por sí bailaban
con el mismo compas, tono y órden; la letra de sus cantos era referir cosas antiguas, y otras veces niñerías,
como «tal pescadillo se tomó desta manera y se huyó»,
y otras semejantes, á lo que yo en aquellos tiempos entendí dellos. Cuando se juntaban muchas mujeres á rallar
las raíces de que hacian el pan cazabí cantaban cierto
canto que tenía muy buena sonada. Era bien de ver
cuando jugaban á la pelota, la cual era como las de
viento nuestras, al parecer, mas no cuanto al salto que
era mayor que seis de las de viento; tenian una plaza
comunmente ante la puerta de la casa del señor, muy
barrida, tres veces más luenga que ancha, cercada de
unos lomillos de un palmo ó dos de alto, salir de los
cuales la pelota creo era falta. Poníanse 20 y 30 de cada
parte, á la luenga de la plaza; cada uno ponia lo que
tenía, no mirando que valiese mucho más lo que el uno
más que el otro á perder aventuraba, y así acaecia, despues de que los españoles llegamos, que ponia un cacique un sayo de grana y otro metia un paño viejo de
tocar, y esto era como si metiera cien castellanos. Echa-
ba uno de los de un puesto la pelota á los del otro, y re-
batíala el que se hallaba más á mano, si la pelota venia
por alto, con el hombro, que la hacia volver como un
rayo, y cuando venia junto al suelo, de presto, poniendo la
mano derecha en tierra, dábale con la punta de la nalga,
que volvia más que de paso; los del puesto contrario, de
la misma manera la tornaban con las nalgas, hasta que,
segun las reglas de aquel juego, el uno ó el otro puesto
cometian falta. Cosa era de alegría verlos jugar cuando
encendidos andaban, y mucho más cuando las mujeres
unas con otras jugaban, las cuales no con los hombros
ni las nalgas, sino con las rodillas la rebatian, y creo
que con los puños cerrados; la pelota llamaban en su
lengua batéy, la letra e luenga, y al juego, y tambien al

mismo lugar, batéy nombraban. Concluyendo con las costumbres de las gentes desta Isla, segun lo que acaso y no de industria en aquellos tiempos supimos, y que agora tan tarde nos acordamos, su contar no se extendia á más de los dedos de las manos y tambien los de los piés, y asi de veinte no pasaba; hasta diez tenia cada número su nombre, como á uno decian hequetí, la última luenga, por dos decian yamocá, por tres canocúm, las últimas luengas tambien, por cuatro yamoncobre, la penúltima luenga, etc.; los otros, hasta diez, se me han olvidado: si habian de significar once ó doce ó más, juntaban ambas manos, y apartaban uno ó dos ó más dedos de los piés, y si querian decir veinte, señalaban piés y manos. Esta simple y corta manera de contar les bastaba para cumplir con su simplicidad y natural necesidad, como todas las cosas para la vida necesarias tuviesen presentes y en abundancia, y no hobiesen de ir á tratar en Flandes como los burgaleses, ni tener como ellos libros de caja; como bastaba á los Albanos habitadores de Albania, cerca de Armenia, contar hasta ciento porque no sabian contar más, segun dice en el libro XI Estrabon. Y ciertamente, ésta y todas las otras costumbres arribas contadas, tampoco polidas y delgadas de las gentes desta Isla, ninguna cosa derogaban á su gobernacion buena, pues tenian en abundancia todo lo necesario á la vida humana, y vivian en paz y quietud sin hacer daño alguno á nadie, y carecian de mil abominaciones y abusos irracionales, y no ménos innaturales y bestiales, como de otras muchas hemos contado. En todo lo cual queda manifiesta la gran ventaja que á todas ellas hicieron, y, por consiguiente, con legítima razon les podemos atribuir lo que algunas veces oí decir (como arriba he dicho) á los nuestros españoles: Que cuanto á lo natural, y que se podia sufrir sin fe y conocimiento de Dios, ellos eran bienaventurados.

CAPÍTULO CCV.

Declarada la gobernacion y costumbres de las gentes sin número que aquesta isla Española habitaban, podríamos lo mismo afirmar de la isla de San Juan, y de la de Jamáica, y de la de Cuba, y de las muchas otras que llamábamos de los Lucayos, añadiendo á éstas más simplicidad palomina, más sosiego y más tranquilidad, porque no parecia en algunas destas islas, en especial Jamáica y Cuba, y las de los Lucayos, sino que Adan en las gentes dellas no habia pecado. El oficio que tenian los reyes destos Lucayos era como el de los reyes de las abejas, el cual no era otro sino tener cuidado de cada uno de los súbditos, como si fueran todos hijos de un padre; era mayordomo de todos, tenía cargo de mandar que hiciesen sus sementeras cuanto al pan, que fuesen á cazar y á pescar, traíanselo todo y él repartia á cada casa lo que habia menester para sustentarse. Lo mismo hacia en todas las cosas que les eran necesarias, mandando á cada persona y personas lo que habia de hacer, y en qué se habian de ocupar; estos vocablos, mio ni tuyo, no sabian qué fuese, ni qué querian decir. Con ninguna persona de otras islas tenian pendencia, ni litigio; la palabra del Rey tenian por ley, y toda su vida no era sino lo que se dice de la edad ó siglo dorado; todo esto refiere así Pedro Mártir, cap. II, sétima Década. De las otras islas, como las de Guadalupe, y Dominica, y otras que por aquel renglero hácia la Tierra Firme de Paria van á dar, tener sus reyes, y señores, y regimiento para entre sí se gobernar y conservar, no hay que dudar, pues todas estaban pobladas y llenas de gentes, y conformes en el bien político, y tambien para hacer á otros mal, por las razones que arriba trujimos generales, conviene

á saber, que sin justicia, ninguna sociedad, congregacion, ayuntamiento de gentes, república, ni reino, ni comunidad se puede, junta y en su ser de ayuntamiento,
sin desparcirse, conservar. Pero las costumbres de las
naciones que habitaban, y habitan hoy en aquellas islas, que á los principios que á estas tierras vinimos llamábamos caníbales, y agora se nombran caribes, son
destas otras que ya nombramos diferentísimas y muy
extrañas, porque, segun es pública voz y fama desde
que aquestas Indias se descubrieron, infestan y salen de
sus propias islas y tierras por hacer guerra á los de otras
partes, islas y Tierra Firme, que viven quietas y en paz
sin ofender á nadie, sólo por fin de los prender y traer
para comerlos, como otros van á cazar venados. A esta
corrupcion y bestialidad deben haber venido por alguna
mala costumbre que tomaron de alguna ocasion accidental, que se les ofreció á los principios cuando lo comenzaron, y de allí usándolo en ellas se fueron confirmando
y corroborando tanto, que se les convirtió en otra como
naturaleza, más que por inclinacion y complixion depravada ni por el aspecto ni influencia de las estrellas; porque como todas aquellas islas están debajo de un clima,
ó cuasi, con las destas otras, y las gentes desta, y Cuba,
y Jamáica, y de los Lucayos, sean tan bien acomplixio-
nadas, parece que así lo habian de ser aquéllas, y, por
consiguiente, habian de carecer naturalmente de costumbre tan mala y tan bestial. Ya queda dicho arriba
que por tres maneras pueden los hombres venir, segun
el Filósofo, libro VII, cap. 8.°, en aquel vicio de comer
carne humana: ó por tener la naturaleza corrupta, y
perversa complixion desde su nacimiento, y ésta les
viene por la indisposicion de la tierra y destemplanza de
los aires; ó por alguna enfermedad de epilepsia, que es
gota coral, ó manía, que es locura, ú otra enfermedad;
ó por depravada costumbre, comenzada desde la niñez,
criándose con personas malas que aquellas corrupciones

y bestialidades usaron. Y así, como estas tierras todas sean tan felices y templadas, y la clemencia de los aires tan suaves y deleitables, y las constelaciones que influyen sobre ellas por los efectos conozcamos ser muy favorables, todo por la mayor parte, como por muchas razones queda en algunos capítulos arriba persuadido, y áun quizá probado, por ende parece que no debieron incurrir en aquel vicio bestial sino por costumbre originada y principiada en alguna particular persona ó personas que hobiesen caido en alguna enfermedad, ó por alguna gran hambre que hobiese acaecido que los constriñese á comer carne humana, como muchas veces ha en el mundo acaecido, y nuestros españoles lo han hecho en estas Indias y en España, segun abajo parecerá, ó por otra semejante ocasion accidental; ó tambien pudo ser que alguno ó algunos naciesen con alguna perversa inclinacion y desordenada complixion diferente de todos los otros, como errando la naturaleza suelen nacer los monstruos, que por acaecer muy raro, como de cosa muy nueva y pocas veces vista, nos maravillamos. De aquestos principios y orígenes accidentales y raros se puede haber tan mala costumbre derivado, y por las islas y partes de Tierra Firme, donde se dice aquel vicio usarse, que de las islas á Tierra Firme, ó de Tierra Firme á las islas, se haya pegado; finalmente, se hobo entablado, multiplicado y corroborado sin infamia de los cuerpos celestiales, ni de la clemencia de los aires, ni del sitio y disposicion de las tierras, ni tampoco de las complixiones de las gentes, á toto genere, y en universal y por la mayor parte hablando. Las partes de Tierra Firme, donde se ha dicho por nuestros españoles que comian carne humana, son en algunos lugares, no en muchos, de hácia y encima de la costa de Paria, y en la tierra del Brasil, que es la costa adelante hácia el Levante, y en las provincias de Popayan y otras por allí; tambien por la provincia de Guatemala, la gente que llamaban los Achíes que por las sierras habitaban; en la Nueva España no la comian tan de propósito, segun tengo entendido, sino la de los que sacrificaban como cosa sagrada, más por religion que por otra causa. En otras muchas é infinitas partes érales cosa horrible y abominable, como las gentes de la Florida, que llegando los españoles, que fueron en el desastrado é infelice viaje y conquista, segun ellos llaman de Pánfilo de Narvaez, á tanto extremo de hambre, que se comieron unos á otros, viéndolos los indios, de tal manera se escandalizaron, que si lo vieran al principio, como lo vieron al cabo, sin duda los mataran, y fuera para otros muchos dellos que habia por allí vivos mucho daño. Así lo dice Cabeza de Vaca que fué uno dellos, en su triste itinerario, puesto que no supe si él comió tambien de la carne humana; y dice que muchos se comieron unos á otros hasta que uno sólo quedaba, y, como era solo, no habiendo quien lo comiese escapaba: cuando alguno se moria, el otro ó los otros le hacian tasajos, con que lo que les duraban se sustentaban. Lo mismo cuenta Estrabon, libro IV de su Geografía, que acaeció en Francia y en España estando cercados, haber comídose unos á otros: *In obsidionalibus quoque necessitatibus idem factitasse Galli et Hispani aliique complures dicuntur;* y habla de las islas de Inglaterra é Hibernia, cuyas gentes dice ser *Andropophagi,* que quiere decir comedores de carne de hombres, y llámalos *manducones magni,* tragones grandes de hombres: *Andropophagi, id est, hominum carne vescentes manduconesque magni.* Aunque parece atribuirlo segun algunos á los de Hibernia, que está junto con Inglaterra, pero San Gerónimo, en el libro II contra Joviano, parece declararlo, donde afirma que siendo él mancebo vido comer carne humana á los de Escocia (que son ingleses, porque la que agora llamamos Inglaterra y Escocia no son dos sino sola una Isla, puesto que agora está repartida en dos reinos y tenga

dos reyes): y añade San Gerónimo más; que las nalgas
de los pastores, y los pezones de las tetas de las mujeres,
tenian por más sabrosos y estimaban por sus deleites.
Los Masagetas ningun término tienen de vida, porque,
cuando alguno llega á muy viejo, júntanse sus parientes
y con otras bestias lo sacrifican, cuyas carnes despues
de cocidas las comen y hacen gran fiesta, y este género
de muerte tienen por dichosisimo; á los que mueren de
enfermedad, porque los tienen por desdichados en no
haber merecido ser sacrificados, no los comen sino en-
tiérranlos: esto dice Herodoto al fin del libro I. Y aunque
algunas naciones usaron comer carne humana, pero la
fuente de toda esta bestialidad fueron los Scythas, y por
ventura naciones algunas dellos vinieron á poblar parte
desta Tierra Firme, de donde se pegó y cundió á las
gentes que por acá la tuvieron esta pestilencia. Dellos
dice Estrabon, libro IV y libro VII, que les fué costumbre propia comer carne humana: *Atqui commanducando-
rum hominum morem Scytharum esse traditur;* más agravia
y encarece Solino, cap. 25, este vicio reinar en los Scythas que otro alguno de los escritores, porque dice dellos
ser impia gente, por tener por manjar las entrañas de los
hombres, y que, por temor de no ser comidos dellos, muchas gentes de sus al rededores huyeron á otras lejanas
tierras, por manera que habia muy grandes despoblados
y desiertos inmensos, por huir dellos, y lo mismo dice en
el cap. 63, donde los llama gente aspérrima; Pomponio
Mela, libro II, cap. 1.°, y libro III, cap. 6.°, hace tambien
mencion dellos. La gente llamada Chalybes, que vive ó
vivia en Ponto, region de Asia la Menor, y fueron los
que primero hallaron el hierro, segun aquello del Virgilio:

India mittit ebur molles sua thura Sabei
Et Chalybes nudi ferrum, etc.

estos, dice Solino, no discrepar de los Scythas en ser
crudelisimos, donde dá á entender ser antropófagos, co-

medores como ellos de carne humana; y dice más abajo, que entre los antropófagos comedores de carne humana, se numeran los Essedones, que de los mismos manjares se gozan, los cuales tienen una costumbre, que en la muerte de sus padres, juntados todos sus deudos y parientes, cuando los llevan como á enterrar, van cantando y regocijándose y con sus propios dientes los hacen pedazos á bocados, y juntas aquellas carnes con otras de animales cómenlas haciendo gran convite y fiesta, solamente la cabeza desollada ó el casco della cubren de oro, y usan della para beber sus bebidas como de taza ó de copa. Herodoto dice, libro IV, que la tal cabeza ó casco della dorada tienen por ídolo del padre, y cada año le hacen sacrificios y ceremonias; y más adelante por aquel libro, dice de los Melanchlenis, que son pueblos septentrionales, y se llaman así porque siempre andan vestidos de cosas negras, que comen carne humana. Cierta gente de la India, que se llaman de Callacia, comen también los padres, segun Herodoto, libro III; y segun Solino, cap. 45, y Pomponio Mela, libro III, cap. 7.°, no sólo á los padres, pero tambien á los otros propincuos: y comiendo de sus entrañas hacen gran fiesta, y esto no lo estiman por crímen, sino por obra de piedad que obran con ellos. Cuenta Munstero, en el libro V de su Cosmografía universal, que la gente de la isla Java, que es en la otra mar de Asia la Mayor, solia, cuando veian los padres muy viejos y que ya no habian provecho dellos, sacarlos al mercado y vendíanlos á los que allí venian que acostumbraban comer carne humana, los cuales luégo allí en su presencia los mataban y los comian como manjar bien sabroso. Refiere asimismo de los Tártaros, que los cuerpos de los enemigos que cautivan en las guerras, para mostrar su crueldad, de la cual se jactan, y la venganza que dellos desean tomar, los asan en un asador al fuego, y, ayuntados muchos para los comer, con los dientes como lobos los despedazan y así los comen, habién-

doles bebido primero la sangre. Mucho cruel bestialidad
es ésta; no sé si los caribes destas tierras que della están.
inficionados pueden llegar á más ni á tanto, puesto que,
si es verdad todo lo que dellos los nuestros dicen, no es
en ellos chica sino grande, sólo quiero que cojamos de
aquí, que no fueron estas gentes solas en este pecado, y
que así como Cristo y su Santa Iglesia á las otras no
menospreciaron, y con la predicacion de la fe aquellos
vicios dejáron, como dice Eusebio y abajo se mostrará,
por la misma manera nosotros á éstas no debemos menospreciar, considerando que quizá tiene la divina Providencia entre ellos muchos y muy muchos predestinados, que sin alguna duda tiene al fin de salvar. Y en
cuanto á lo que toca al principal propósito que traemos
de la gobernacion, sintamos tambien que aquellas costumbres corruptas en los que las padecen no derogan,
como ni á las antiguas y modernas de otras partes, á saberse bien gobernar.

CAPÍTULO CCXLII.

Pasadas estas provincias de Guatemala y de la Vera
Paz y el reino de Yucatan, que está en sus espaldas, sí-
guense las que llamamos de Gracias á Dios y Comaya-
gua, y el valle de Ulancho, y Zula, y Naco, yendo hácia
el Oriente por la tierra dentro, entre las dos mares, y
hácia la mar del Sur la felicísima provincia de Nicaragua, y á la del Norte la de Honduras y Veragua; y puesto
que cuando hablábamos arriba del reino de Mechocan,
digimos que habíamos entendido en la provincia de Honduras y Nicaragua se elegian ciertos jueces para que
gobernasen tantos meses, debia ser algun pueblo, ó por
ventura nos fué aquesto no muy averiguado. Finalmente,
como ya hemos en algunas partes dicho, todas las Indias parece haber tenido el regimiento real, muy pocas
partes sacadas, y así creo ser averiguado en todas las
provincias y reinos agora nombradas, y las de Tierra
Firme desde Paria, Cumaná, Venezuela, y Santa Marta,
y Darien, y el Cenú, y la tierra dentro las provincias de
Popayan, y, sin haber duda alguna, el Nuevo Reino de
Granada, que llamaban en aquella lengua Bogotá, la última silaba aguda. Todas estas provincias y reinos tenian sus reyes y señores, á quien obedecian los pueblos
que por señores los reconocian, de cuya manera de gobernacion, como fueron acabados presto, al ménos los de
ambas á dos costas ó riberas de la mar, yendo de Guatemala por el Oriente hasta Panamá y Nombre de Dios,
y tambien por no haber habido en aquellas provincias
religiosos que para predicalles aprendiesen sus lenguas,
los cuales solos son los que saben y penetran sus secre-

tos, tener noticia no pudimos; de algunas costumbres
cuasi comunes á todos, ó al ménos á muchos de los que
de personas seglares oimos, podemos algo decir. Todas las gentes, desde Nicaragua hasta el Darien, que
eran infinitas, que hay más de 400 leguas de tierra, andaban desnudos, cuanto á los hombres todos los cuerpos, sus vergüenzas algunos traian metidas, los pobres
y gente comun, dentro de unos caracoles, otros en unas
calabacillas, otros atadas con unos cordelejos, sumidas
todas dentro de las tripas ó de la barriga, que cuasi cosa
dello no parecia, otros en unos embudos de oro muy
bien hechos; las mujeres, desde la cinta abajo, traian
unas faldillejas de algodon hasta la media pierna y más
algo, como digimos de las mujeres que en la Española
vivian: las doncéllas andaban del todo, hasta ser casadas, desnudas. Los señores en algunas partes se vestian unas camisetas de algodon, sin mangas hechas, no
muy bajas de la rodilla. Todos ellos y ellas se adorna-
ban las orejas de zarcillos tan grandes como manillas,
y las narices y los pechos con unas águilas y collares
como medias lunas; joyas de oro cuantas ellos podian
haber traian. Usaban traer los cabellos luengos, pero
tranzados y vueltos para las frentes, como las mujeres
de Castilla, y otros ceñíanlos por el colodrillo; poníanse
tambien coronas, y guirnaldas, y unos brazaletes y patenas de oro muy finos; poníanse en las gargantas de las
piernas y brazos muchas sartas de cuentas de huesos de
pescados y algunas de piedras, las señoras traian una pieza
grande de oro, á manera de peto, señalados en ellos sus
pechos y tetas. En las guerras, los hombres traian sobre sí
todas sus más ricas joyas, venian pintados los cuerpos y
gestos de bixa, como digimos de los desta Isla, que es color
bermejo; peleaban con piedras los que iban á la delantera,
y lanzas y dardos tostadas las puntas, y macanas, y arcos, y flechas; sonaban cornetas de caracoles grandes, y
daban grandísimos alaridos que hacian temblar las car-

nes á sus enemigos, y aunque en las guerras eran valen-
tísimos y osaban morir, pero todavía amaban y deseaban la paz y posesion de sus casas y haciendas. Cuando
los señores y caciques se casaban, guardaban estas ceremonias: Enviaba sus capitanes y principales hombres
por mensajeros al padre de aquella que habia elegido
por esposa, rogándole de su parte que tuviese por bien
de darle su hija por mujer y compañera para cuanto du-
rase la vida, el cual se la llevaba luégo con gran fiesta
y compañía. En otras partes de por allí enviaban presentes algunos, de caza ó de otras comidas; acostumbraban algunos otros que despues que el padre de la moza
la concedia, venia el que la deseaba con sus capitanes y
compañía á casa del suegro, y allí concertaban el dote
que le habia de dar con ella; luégo el esposo volvíase á
su tierra, de donde por un mes entero le enviaba un
presente cada dia; pasado el mes, volvia muy acompa-
ñado á recibilla, dentro de un apartado ó retraimiento
en que se habia criado y estado encerrada desde niña,
sin ser vista, porque ninguno la veia sino eran unos niños
que la llevaban la comida; el suegro dábale lo que por dote
le habia prometido, y cada uno de sus deudos tambien
le daba sus dones segun podia: cortábanles los cabellos
por las orejas en señal de la libertad que en casarse perdia. Pero la gente comun tenía de costumbre de servir
en sus labores un año al padre de la que por mujer queria, de la manera que Jacob sirvió á Laban por sus hijas Rachel y Lya; cumplido el año, era ley que luégo se
la entregase por pago de su servicio. Dijose que los señores y los súbditos podian tener cuantas mujeres con
su hacienda ó trabajos sustentar pudiesen. Fuera de madre y hermana, todos los demas deudos casarse tenian
por lícito. Parian las mujeres cuasi sin ningun dolor, y
luégo que acababan de parir se iban al rio y lavaban á
si é á lo que habian parido. Cerca de los difuntos, sepultura y entierros, guardaban los ritos y ceremonias si-

guientes: Cuando el Rey enfermaba, luégo hacian consultar los sacerdotes ó hechiceros á sus oráculos, que no
eran otra cosa sino los demonios con quien tenian hecho su pacto y concierto, y si se le respondia que era
enfermedad por la cual habia de fenecer la vida, la mitad de todas sus joyas y riquezas de oro echaban en el
rio cuasi por ofrenda y sacrificio al agua, que quizá veneraban, ó al dios en que, segun su opinon, creian. Ya
se dijo arriba cómo por mucha parte de las tierras y
provincias de que vamos diciendo adoraban á un solo
Dios, que llamaban Chicuna, que quiere decir principio
de todo, que moraba en el cielo, á quien ocurrian en todas sus angustias y necesidades y ofrecian sus sacrificios; así que, puede colegirse, que aquella mitad de las
joyas y riquezas ofrecian al principio de todo, que tenian
por Dios del cielo, para que los guiase por su camino. La
otra mitad de sus riquezas, despues que espiraba, con él
junto en la sepultura la ponian; hacian grandes llantos
y lamentos cuando el cuerpo metian en la sepultura, que
era, segun dicen, como un silo hueca, hecha encima de
las puntas de los cerros. Heredaba el estado y señorío el
hermano y no los hijos, y por ventura, cuando faltaba
hermano, heredaban los sobrinos hijos de las hermanas,
por la incertidumbre que habia de que fuesen los hijos
propios hijos. Esta costumbre tenian las gentes moradoras de la provincia de Panamá, que agora es puerto del
Perú en la mar del Sur. En otras provincias de la misma
tierra que llevamos en la mano, hacian en los entierros
de los señores lo dicho, y añadian enterrar ó echar con
ellos en las sepulturas las mujeres y personas, sirvientes
llamadas, vivas, para que le acompañasen por el camino
y sirviesen, y no les faltase compañía en la otra vida:
ponianles tambien mucha comida y vinos de lo que beber
solian. Ponian una estaca de árbol sobre la punta del se-
pulcro para señal, que se hace gran árbol en breve dias.
Tornados á casa, sus parientes y amigos se cortaban los

cabellos por luto y tristeza; duraban los llantos y obsequias un mes entero, á cabo del cual, juntos todos los
principales del pueblo, alzaban por señor al mayor hijo.
En otras partes, como en la provincia del Darien, hacian
lo mismo en los entierros de sus señores, pero envolvian
los cuerpos con todas las joyas de oro en unas hamacas
hechas de tela de algodon tejida, que se ponian en el aire
(como desta isla Española se dijo, puesto que las desta
Isla no eran de tela sino de hilos torcidos), y en torno
de la hamaca, donde él estaba envuelto, ponian sus armas con que salia á las guerras, y si era hombre ó persona plebeya, poníanle los instrumentos del oficio de que
vivia. Poníanle tambien mucha comida, y bebida y cosas de bastimentos; vueltos á casa, los vivos, hacian
grandes meneos y cantos proporcionados á los muertos,
y tristes, como acá hacemos las honras á los que se nos
mueren. En aquellos cantos refieren con lástima los es-
fuerzos y valentías que habia hecho en las guerras, y
buenas obras en la paz, miéntras vivia; levantaban por
señor al hijo mayor, con todo el poder, dignidad y autoridad que el padre tenía. Estas obsequias, ó cantares
lúgubres, ú honras, como los cristianos hacemos los
aniversarios, estas gentes por todo un año diz que hacian. Otras gentes de otras provincias desta tierra de que
referimos, cuando el señor cercano á la muerte se sentia mandaba juntar todos los suyos, para que en su presencia alzasen por señor á su hijo; despues de muerto
llorábanlo terriblémente, y envolvíanlo en sus propias
mantas de algodon, y, liándolo con ciertas cuerdas, po-
nianlo en unas parrillas hechas de madera, y debajo en-
cendian fuego manso y suave, para que poco á poco se le
consumiese todo lo que habia en él húmedo y así quedase todo enjuto y seco; durante aqueste artificio, cantaban sus endechas de muertos muy tristes, refiriendo
las miserias desta vida, y cuán vil cosa es el hombre
pues al cabo aunque suba en gran prosperidad, y hon-

ra, y riquezas, viene la muerte que de todo le priva. De allí llevábanlo con los mismos cantos de tristeza y menosprecio del mundo á meter en la sepultura, con todos los esclavos, que allí ahogaban primero, para que fuesen á servillo; quemaban luégo las armas suyas y todas cuantas cosas para su servicio tenía, por no acordarse dél cuando las viesen. Comun fué aquesta costumbre de enjugar los cuerpos de los muertos al fuego, para que se perpetuasen sin del todo corromperse, á muchas gentes por muchas provincias de aquesta tierra. En una provincia della hobo un gran señor llamado Pomogre, muy nombrado los tiempos pasados, cuando los españoles entraron en ella á los principios, lo uno por ser valeroso y esforzado de su persona, y lo otro, y principal, porque de oro era muy rico; éste, sabiendo una. vez que un capitan llamado Vasco Nuñez de Balboa iba en su busca, salióle á recibir con siete hijos, y, recibido con grande alegría en su pueblo y casa, comenzóle á mostrar todo cuanto tenía. Su casa era de tan extraña grandeza, que los cristianos admirados, queriendo medirla, hallaron que tenía de largo 150 pasos, y de ancho más de 80; era de madera muy bien hecha y de paja cubierta. Dentro de una sala que estaba en medio vieron gran número de cuerpos de muertos, secos, colgados de la cumbre, todos con las joyas y atavíos de oro que siendo vivos en las partes de sus cuerpos traer solian; todos eran los reyes antecesores de aquel señor Pomogre. Por manera, que como en otras partes, con bálsamo y especies aromáticas, sin corrupcion se conservaban los cuerpos muertos, así aquellas gentes los conservaban con aquella industria de fuego. Dió de su voluntad este señor á los cristianos 4.000 pesos de oro, que en aquel tiempo, ántes que el Perú se descubriese, que ha causado ser poco cuanto oro hay en el mundo, era mucho. Y es bien decir aquí, aunque fuera de nuestro propósito presente, lo que en presencia del dicho señor hicieron los cristia-

nos sobre la partija, los cuales, sobre si luégo allí el oro
se partirian, ó lo llevarian para despues por partir, comenzaron, con palabras recias y meneos, turbados á reñir;
entendiéndolo el hijo mayor de los siete que el señor
habia traido consigo, pone los ojos en el capitan y comenzó á decirle: «Maravillado estoy, valiente capitan,
del mucho caso que de tan poca cosa haceis, habiendo
llegado á punto de os perder como si yo viera que venian enemigos contra enemigos; si deste oro mucha
gana teneis, la cual veo que no sólo os fuerza á la destruccion destas nuestras tierras, pero áun á la de vosotros mismos, yo os llevaré á la region de Tubanamá,
donde hartareis vuestra codicia de grandes riquezas;
pero sabed que para llegar allá habeis de pasar por
tierra de fieros caribes que comen carnes humanas, y si
vuestra ventura y esfuerzo fuese tal, y trajésedes 1.000
cristianos para que pasásedes á otra gran mar mayor que
este nuestro Océano, mi padre y yo os ayudaríamos con
todo lo que pudiésemos para poner en efecto lo que de-
seais», etc. Todo esto escribió un español llamado Tobilla, el cual, segun afirma, hizo diligencia para lo saber.
Contentóse muy mucho destas nuevas Vasco Nuñez y
sus compañeros, y desde allí comenzó á tratar de buscar la mar del Sur, y así fué el primero que la descubrió el año de 1513, al principio del mes de Junio.

CAPÍTULO CCXLIII.

Tenian todas las gentes destas provincias que vamos contando muchas maneras de bailes y cantares; costumbre muy general en todas las Indias, como tambien la hobo en todas las naciones antiguas, gentiles y judíos, segun arriba largamente queda explicado. Todas las veces que el señor de la provincia ó del pueblo casaba su hija ó hijo, ó enterraba persona que le tocaba, ó queria hacer alguna sementera, ó sacrificar, por grande fiesta mandaba juntar los principales de su tierra, los cuales, sentados en torno de una plaza y sino en lo más ancho de su casa, entraban los atambores, y flautas, y otros instrumentos de que usaban; luégo tras ellos allegábanse muchos hombres y mujeres adornados cada uno con las mejores joyas, y si se vestian de algo, al ménos las mujeres, con lo mejor que alcanzaban: poníanse á las gargantas de los piés y en las muñecas de las manos sartales de muchos cascabeles, hechos de oro y otros de hueso. Si andaban todos desnudos, pintábanse de colorado los cuerpos y las caras, y, si alcanzaban plumas, sobre aquellas tintas se emplumaban, de manera que lo que la justicia entre nosotros dá por pena á las hechiceras ó alcahuetas tenian ellos por gala: todos al son de sus instrumentos musicales cantaban unos y respondian otros, como los nuestros suelen hacer en España. Lo que en sus cantares pronunciaban era recontar los hechos, y riquezas, y señoríos, y paz, y gobierno de sus pasados, la vida que tenian ántes que viniesen los cristianos, la ve-

nida dellos, y cómo en sus tierras violentamente entraron, cómo les toman las mujeres y los hijos despues de
roballos cuanto oro y bienes de sus padres heredaron
y con sus propios trabajos allegaron. Otros cantan la
velocidad, y violencia, y ferocidad de los caballos; otros
la braveza, y crueldad de los perros, que en un credo los
desgarran y hacen pedazos, y no ménos el feroz denuedo
y ésfuerzo de los cristianos, pues, siendo tan pocos, á
tantas multitudes de gentes vencen, siguen y matan:
finalmente, toda materia que á ellos es triste y amarga la
encarecen allí representando sus miserias y calamidades.
En algunas partes, tras aquellos entran otros armados,
con grandes alaridos, como si rompiesen por alguna batalla, y arrebatan las mujeres que mejores les parecian en
el corro, y salidos fuera estaban con ellas el tiempo que
querian, sin ser parte los maridos para estorballo estando
presentes, aunque fuesen los propios señores, por no quebrantar tan loable costumbre; por manera que, áun hasta
en las burlas, las armas daban para pecados no chica
osadía. Esto era imágen de las Bacchanalias feisimas que
los romanos y otras gentes hicieron, y áun que quizá hoy
hacen algunas, como arriba digimos; aunque estos destas
naciones con mucha ventaja no fueron tan feos y deshonestos como aquellos, como arriba bien claro parece. Cansados de bailar, y cantar, y de referir y llorar sus duelos,
sentábanse á comer en el suelo donde tenian aparejadas
sus pobres comidas, por mucho que las quisiesen hacer
espléndidas, porque todo cuanto los indios quieran juntar,
es todo laceria comparado á nuestros excesivos y desa-
forados banquetes; eran gallinas, ó venados, ó conejos, ó
pescados de mar ó de rios, segun de la una parte ó de la
otra están más cerca, y éstos asados ó cocidos, y no haciendo dellos tan esquisitos y superfluos manjares como
nosotros hacemos. Y si la comida duraba dos y tres horas nunca ni una sola vez bebian, sino, despues de hartos, venia la bebida, la cual era vino hecho de mahíz que

para emborrachar tiene harta fuerza; ésta era traida en vaso de oro, quien lo tenía, y tambien de ciertas calabazas muy más hermosas y útiles que las nuestras, que los desta isla Española llamaban hibueras, y los de la Nueva España xicaras: bebian hasta no poder más ó que se acababa el vino aparejado y se vaciaban las vasijas. Dicen que se bebian unos á otros, como nuestros flamencos, y áun nuestros españoles que fácilmente toman las costumbres ajenas, no tienen mucho empacho de hacerlo, porque cuando afeáremos los defectos destas gentes escupamos al cielo. En aquellas bebeduras ó borracheras, despues de bien cargados, consultaban y determinaba la justicia ó el aparato de las guerras, y las otras cosas graves que se debian hacer, si es verdad lo que un español, que arriba dije llamarse Tobilla, de la gente destas provincias por escrito refiere; y, porque desto hace muchos ascos, acordémonos que los alemanes y otras naciones que arriba nombramos, despues de muy llenos de vino, hacian lo mismo. En toda la tierra y en sus provincias, que en el precedente capítulo y en este corremos, ó en la mayor parte della, el sobredicho ni otro alguno dijo de las gentes que en ella vivian, que tuviesen alguno de los tres defectos que de otras se afirman, conviene á saber, comer carne humana, ni sacrificar hombres, ni el pecado de sodomía; solamente dice Tobilla, que ciertos españoles hallaron en cierto rincon de una de las dichas provincias tres hombres vestidos en hábitos de mujeres, á los cuales por sólo aquello juzgaron ser de aquel pecado corrompidos, y no por más probanza los echaron luégo á los perros que llevaban, que los despedazaron y comieron vivos, como si fueran sus jueces. Pues bien pudo ser que aquellos no sirviesen de aquello, sino, por no ser para mujeres, fuese costumbre usada entre aquellas gentes que tomasen vestidos femíneos, para dar noticia de su defecto, pues se habian de ocupar en hacer las haciendas y ejercicios de mujeres,

como algunas naciones hicieron, segun arriba dejamos
dicho; y podemos estar ciertos que si hobiese más nueva
de ser maculadas más gentes de aquesta tierra de aquel
vicio y defectos, que nunca lo callaran los españoles ni
lo dejara de escribir Tobilla.

CAPÍTULO CCXLIV.

Dejemos ya la tierra y provincias que habia desde que dimos fin á la relacion de las costumbres de las gentes que habitaban en el reino de Guatemala, y de la Vera Paz, y las comarcanas hasta el Darien, las cuales poco más ó poco ménos entre sí diferian, y tomemos la costa de Paria y lo que se sigue por ella hasta que tornemos á juntarnos con el mismo Darien, ó con las provincias cercanas dél, las cuales todas no mucho en las costumbres difirieron; de donde podemos argüir las que las demas por la tierra dentro tener pueden. Puesto que como haya tan infinitas gentes y diversas lenguas y diversas regiones, y debajo de aspectos diversos y constelaciones ó influencias que inclinan los hombres á obrar bien ó mal, aunque no fuerzan ni son causa eficaz de las elecciones, quedando siempre la libertad del libre albedrío exenta, necesario es que haya diversas costumbres; las de Paria, pues, y Cumaná, y Chiribichi, y por alli abajo, á lo que tenemos entendido, tenian las siguientes: Cuanto á la gobernacion, ésta era de uno como de las otras partes habemos dicho, porque en cada pueblo gobernaba un señor, y quizá en cada provincia principal señor uno era; la manera de gobierno en particular ni las leyes con que se regian, aunque algun tiempo estuve en aquella tierra, no lo procuré aunque pudiera. Todos andaban desnudos, metidas solamente sus vergüenzas en unas calabacitas, ó encogidas dentro de las barrigas, por las atar con ciertos hilos como de otros se dijo. Las mujeres tambien cubiertas con las medias faldillas de algodon, de que ya tratamos arriba; cortábanse

los cabellos hasta el medio de las orejas, y por hermosura se horadaban las orejas y las narices, donde ponian
ciertas piezas de oro, ó hechas de las ostias de las perlas,
que más que el oro las precian. En las guerras, de todo
cuanto tienen de oro (aunque por aquí hasta más abajo
poseen poco) se atavian; son en ellas diligentísimos y
agilísimos, peleaban con arcos y flechas con yerba mor-
tífera, y en acertar los tiros son certísimos. Desque llegan
los muchachos á diez ó doce años, traen todo el dia, si no
es cuando beben ó comen, en la boca dos bocados del tamaño de una nuez de las hojas de un árbol que llamaban
hay, como de arrayan, uno en el uno y otro en el otro car-
rillo, las cuales, cierto, son las hojas que en el Perú llaman coca, que en tanto precio segun es notorio las estiman. Estas hojas les fortifican los dientes y muelas de tal
manera, que nunca en toda su vida se les pudren ni sienten
dolor en ellas, pero páranles toda la dentadura como una
azabaja muy negra. Por injuria llaman á los españoles
muchachos y mujeres, por verlos que se precian tener
blancos los dientes, lo mismo nos atribuyen por tacha
que traemos las barbas crecidas, llamándonos bestias
fieras. Tienen sus heredades de aquellos árboles por
mucha órden puestos, como ponemos nuestros olivos,
los cuales curan y cultivan con suma diligencia, y todos
de regadío; cercaba cada uno su heredad de aquellos
árboles, con su valladar, solamente dejando tanto abierto,
para puerta, cuanto hilo de algodon puede tener un
hombre ceñido. Tenian por gran sacrilegio, si alguno
entrase y pisase la heredad de su vecino, teniendo por
cierto que como violador de cosa sagrada habia de perecer presto. Para que destas hojas puedan gozar las gentes de la tierra dentro, que no las tienen, hácenlas polvos, y, porque duren sin corromperse mucho tiempo, hacen cierta cal de ciertos caracoles y almejas que se
crian en una sierra, la cual con el polvo de las hojas
mezclan; esta cal, poniéndola en los bezos, alguno que

nunca se la haya puesto, se los para tan duros como
suelen tener las manos de callos los que cavan con azadas continalmente, pero los que lo acostumbran no
sienten aquella dureza; estos polvos mezclados desta
manera guardan en ciertas cestillas de cañas ó carrizos
muy bien hechas, para los mercaderes que á sus mercados con oro ó joyas de oro hechas, y con mahíz, su trigo,
y con esclavos, á comprallos y conmutallos, para sanidad,
conservacion y perpetuidad de sus dientes, vienen. Tienen de noche sus velas de trecho en trecho, los cuales,
como pregoneros, dan voces y responden los más propincuos con diligencia, porque se entienda que no se han
dormido; preguntados que por qué ponen en se velar
tanta solicitud, dicen que porque no los hallen sus enemigos desapercibidos. El tiempo que más calor hace
(puesto que allí hace poco siempre, ántes hace lo más del
tiempo fresco), lávanse ántes, y cuando más templado
despues del sol salido, cada dia. Untanse tambien muchas veces por gentileza con cierto ungüento (por ventura es lo que en la Española se llamaba bixa), y sobre
ella ponen muchas plumas de aves como en nuestra España, como ya digimos, se hace por justicia á las alcahuetas. Entre ellos, aquel se tiene por más poderoso y
más noble y caballero que más canoas ó barcas alcanza,
y más parientes ó deudos tiene, y que mayores hazañas
sus pasados hicieron. Cuando alguno injuria ó hace algun daño á otro, siempre trabaja de se satisfacer de su
enemigo. Presumen mucho de sus arcos y flechas por
la yerba ponzoñosa que para ellas tienen, la cual se
conficiona y compone de aguijones de avispas, y de cabezas de cierta hormigas, y de ciertas manzanillas, y de
zumos de yerbas, y de leche de cierto árbol, y de otras
cosas mortíferas; y no todos saben hacer ni hacen la
dicha yerba sino solas unas mujeres viejas, las cuales á
ciertos tiempos encierran, forzadas y aunque les pese,
que nadie trate con ellas, y dánles todos los materiales

de ponzoñas de que se compone la yerba. En dos dias hacen y cuecen su mortífero ungüento, y hecho abren la puerta de la casa los de fuera, y si hallan las viejas sanas, que no estén cuasi muertas, castíganlas dándolas pena, porque no hallar las viejas cuasi muertas no tienen la yerba por buena, porque de sólo el olor que las que la hacen reciben, para ser bueno, han de quedar cerca de muertas, y por tanto aquélla la echan por ahí como cosa sin provecho. Cualquiera que es herido della, muere cuasi rabiando cuando comienza á obrar; miéntras no beben (porque causa gran sed), está como suspensa su virtud algun tiempo, y áun acaece veinticuatro horas, en bebiendo, luégo el herido rabia: nuestros españoles ningun remedio saben ni tienen, los indios sí. Nuestros religiosos que allí conversaron algunos años, vieron muchos indios della heridos, porque riñen entre sí muchas veces, pero ninguno della vieron muerto sino una mujer que no quiso sufrir la cura porque debe ser quizá penosa; los demas acuden luégo al remedio, y por eso ninguno muere. Mucho han trabajado los españoles por saber de los indios la contrayerba, pero nunca lo han podido sacar dellos. Los heridos de la yerba, puesto que no mueran, viven la vida despues muy trabajosa, porque se han de guardar de muchas cosas de ántes agradables; lo primero han de ser continentes al ménos por dos años, del vino toda la vida, y de comer demasiado sino solamente lo necesario, y de los trabajos, porque si no se abstienen de lo dicho mueren presto. Cuando navegan, va uno en la proa de sus barcos, que llaman en aquella lengua pyragua, la media sílaba luenga, que deja de andar y vuela, el cual va cantando, y al son de su voz todos los remadores, sin discrepar un punto, reman. Las mujeres miéntras son mozas y jóvenes, son y viven bien honestas, despues que son mayores no tienen tanta constancia. Las mujeres, así como los hombres, corren, y saltan, y nadan, y hacen cualquiera cosa de ligereza, y

van con los hombres á las guerras; paren los hijos sin
dolor, facilísimamente, ni se regalan ni echan en cama,
ni curan de alguna delicadeza; á las criaturas que paren
ponen dos almohadillas, una en la frente y otra al colodrillo, para hacer levantadas las cabeza y anchas las
frentes. Las doncellas, de que son ya casaderas, tiénenlas
dos años encerradas los padres, que ninguno las ve, y
por esta guarda tan estrecha muchos desean tenerlas
por mujeres; los señores tienen cuantas mujeres quieren,
pero los populares con una sola son contentos. Tienen
el adulterio por cosa fea, y así despues de casadas se
guardan de cometello, y cuando algun yerro dello acaece, no castigan la mujer sino al adúltero dan la pena,
y es de muerte segun creo; puédese, empero, repudiar la
mujer por aquéllo. Para las bodas destas doncellas todos
los vecinos se convidan, y las mujeres convidadas traen
consigo de sus manjares y vinos cuantos pueden traer á
cuestas. Los hombres traen haces de cañas y de yerba
para sobre palos hacer la casa de la nueva novia, segun
su manera; hecha la casa, el novio y la novia, segun la
facultad que tienen, se adornan y atavian con sus joyas
de oro y de piedras de diversos colores, hechas de huesos
de pescados y de piedras que ellos estiman por cosa muy
rica y buena, de las cuales si carecen los vecinos se las
prestan. Entónces la nueva novia está sentada apartada
entre las doncellas, y el novio entre los hombres mozos
y viejos; cercan la novia cantando las doncellas, y al
novio los mancebos; viene un barbero, ó que tiene tal
oficio, y corta al esposo los cabellos por las orejas, y á
la novia, una mujer, solamente los de la frente junto á
las cejas; el cabello del colodrillo dejánselo: venida la
noche, toma la esposa al esposo por la mano, y de allí
que se vayan juntos se les dá licencia. Todos los hombres acostumbran á comer juntos, y las mujeres nunca
con ellos. Son muy amadoras las mujeres de la gobernacion de sus casas, y ejercítanla con diligencia; los

hombres en cazar, y en pescar, y en bailes, son sus ejercicios, y en las guerras. Aman en extremo grado los
cantos y bailes, y esto es comunísimo en todas las Indias, y lo fué por todo el mundo entre los antiguos gentiles; la costumbre destos era, que cuando cuasi amanecia y queria anochecer, lo que llamamos en España
entre lubrican ó entre dos luces, comenzaban con diversos instrumentos, en especial unos atabales que
hacian de un madero, haciéndolo hueco y con ciertos
agujeros, y con cantos y saltos, al son de las voces y atabales comiendo y bebiendo, por ocho dias enteros no
paraba la fiesta. En ella, cada uno se ponia y sacaba todas
sus joyas y haberes á cuestas: unos, zarcillos de oro en
las orejas; otros, con patenas de oro en los pechos; y
otros, coronas dello en las cabezas; otros, con cascabeles hechos de hueso, y con caracoles y almejas que
suenan como cascabeles, puestas sobre las pantorrillas
y á los pescuezos, y sobre todo pintados de colores diversos los cuerpos: y aquel se tiene por más hermoso y
digno de que en más que á los otros lo tengan que á
nosotros pareceria más feo. Andaban todos cantando, á la
redonda yendo y viniendo, las manos de los unos con
las de los otros juntas, dando mil saltos y haciendo mil
gestos; decian nuestros frailes haberles visto en estos
bailes y juegos gastar seis horas sin descansar ni tomar
resuello. Cuando eran amonestados por el pregonero, ó
que tenía oficio de aquello, que viniesen los más cercanos á hacer fiesta á la casa ó plaza del señor, los criados
de su casa desherbaban y limpiaban el camino que no
hobiese áun paja, ni piedra, ni trompezadero alguno; los
que de más léjos venian de los lugares comarcanos, ántes que llegasen á casa del señor, en un llano, se apa-
rejaban como en son de guerra, é iban paso á paso ti-
rando flechas, bailando y cantando bajo, y desque llegaban cerca levantaban la voz, y decian repitiendo
muchas veces: «Hermoso dia hace, hermoso dia hace,

hace hermoso dia». El principal de cada lugarejo guiaba
y regulaba los suyos, bailando, y saltando, y cantando
todos juntos, con tanto compas y órden, que las voces, y
saltos, y meneos de todos no parecian sino voz, y saltos, y movimientos de sólo uno. De cada compañía iba
uno delante, vueltas las espaldas, hasta la puerta de la
casa del señor, entrando en la casa, no cantando, uno
fingia que cazaba, otro que pescaba, los demas modestamente saltando; y así entrados, usando del arte oratoria
como si la hobieran estudiado, alababan al rey ó señor
y á sus progenitores y sus hazañas con diversos gestos
y ademanes. Esto hecho, siéntanse todos en el suelo callando; vienen luégo las comidas, y comen hasta hartarse y beben hasta embeodarse, y el que más bebe y se
destempla es de todos por más valiente y valeroso estimado. Las mujéres guardan en el beber y comer aquellos dias gran templanza, por socorrer á sus maridos en
aquellas borracheras, y así por ley á cada mujer es
mandado que en aquellos trabajos bacanales, como tu-
tora, de su marido tenga cuidado; en los cuales las mujeres son las sirvientas y coperas desta manera, que al
primero dan las mujeres á beber, y aquél levántase y
dá á beber al más cercano, y el otro al otro, y así los
demas hasta el cabo. Despues de muy borrachos todo su
negocio es reñir y tomar sus arcos y flechas con yerba
ó sin yerba, como las hallan, y allí se acuchillan y des-
calabran; despues de gastado ó apaciguado el calor y
virtud del vino, que se pueden levantar y tornar á sus
casas, tornan á cantar otros cantos de tristeza, y las
mujeres muy más tristes debe ser por las borracheras
pasadas. Estiman no ser hombre el que en el beber se
templase, porque les parece que no puede saber las cosas
venideras el que no cayere de borracho.

CAPÍTULO CCXLV.

Tenian ó habia entre estas gentes unos sacerdotes que llamaban en su lengua Piachas, muy expertos en el arte mágica, tanto que se revestia en ellos el diablo y hablaba por boca dellos muchas falsedades, con que los tenia captivos, en su servicio bien asentados y descuidados; á estos Piachas tienen por cosa santa, y en gran reverencia y estimacion. Escogen de los muchachos de 10 y 12 años, los que, por conjeturas que tienen, les parece que son por naturaleza inclinados y dispuestos para ser instruidos en el arte mágica, de la manera que nosotros conjeturamos por señales algunas ser nuestros muchachos hábiles, más que otros, para que estudien gramática y otras ciencias; estos escogidos, envíanlos á ciertos lugares apartados en los montes solitarios, donde viven de aquellos Piachas muy viejos maestros de aquella arte, debajo de cuya regla y disciplina, como en escuela, están dos años en grandísima severidad y aspereza de vida. No comen cosa que tenga sangre ó la crie, con solas yerbas y bebiendo agua los crian; de todo pensamiento carnal, cuanto más de obra, se abstienen; nunca, en aquellos dos años, padre, ni madre, ni pariente, ni amigo los ve. De dia no ven á sus maestros, sino de noche van los maestros á ellos, y entónces les dictan y enseñan ciertos cantos y palabras con que despiertan, ó incitan, ó provocan, ó llaman los demonios, juntamente con las ceremonias y arte de curar los enfermos; pasados los dos años, vuélvense á sus casas con cierto testimonio de los Piachas, sus maestros, de que ya traen suficiente sciencia del arte que han aprendido, como entre nosotros el que sale de los estudios y Universidades, con el arte de medicina ó de otra facultad, trae su título; los parientes, ó vecinos, ó amigos no llaman en sus enfermedades á los suyos para que los curen sino á los ajenos. Y segun la variedad de las enfermedades usaban diversos modos, para los curar, de supersticiones, y, por consiguiente, así era diversa la paga que hacian á estos hechiceros ó médicos. Si el dolor es liviano, tomaban los médicos ciertas yerbas en la boca y ponen los labios en el lugar del dolor, y de alli chupan con fuerza hácia sí, y dan á entender que atraen ó sacan el mal humor; salen luégo de casa con ambos á dos carrillos como llenos del mal humor, y escúpenlo fuera y maldícenlo muchas veces, y afirman que luégo el enfermo será sano, porque con aquel chupar fué de las venas el mal desarraigado. Pero si el mal es recio, como de calenturas grandes ó de otra enfermedad grave, de otra manera lo curan: Va el Piacha y visita el enfermo, lleva en la mano un palillo de cierto árbol, que el conoce aprovechar para causar vómito, y échalo en una escudilla ó vaso de agua que se empape, y siéntase cabe el enfermo, afirmando que el demonio tiene en el cuerpo, al cual luégo todos creen y ruéganle todos los deudos, que pues así es que le ponga remedio; él lame y chupa todo el cuerpo del enfermo diciendo ciertas palabras entre dientes, con lo cual dice que atrae de los tuétanos el demonio que está dentro, toma luégo el palillo que está empapado en agua y con él se refriega luégo los paladares hasta el gallillo, y de allí lo mete al garguero y se provoca á vómito, y echa de sí cuanto ha comido. Dá grandes sospiros, ya tiene temblores, ya se hace estremecer con voces, ya dá grandes gemidos como si fuese un toro que lo agarrochasen con muchos tiros; córrenle del pecho gotas de sudor por dos horas, de la manera que corren por las canales las gotas de agua lluvia, con otros tormentos que allí por esta causa padece. Preguntándole nuestros religiosos que por qué se causaba tanto dolor y angustia en aquella medicina, respondia que todo aquello era menester para sacar el demonio de los meollos de los huesos del enfermo, con aquellas palabras que constriñen los demonios, y con aquel chupar y trabajos que allí padecia. Despues que el Piacha de este modo era macerado y afligido revesaba cierta cantidad de flema espesa, y en medio de ella una cosa redonda muy negra, y estando el Piacha medio muerto, á una parte, apartaban de la flema aquello negro y salian fuera de casa dando voces, y lanzábanlo cuanto podian léjos, reiterando estas palabras muchas veces: Maytonoroquian, Maytonoroquian, que quiere decir, «el demonio arriedro vaya de nosotros, arriedro vaya de nosotros»; todas estas cosas concluidas, tenía por cierto el enfermo y todos familiares y deudos que habia de sanar del todo muy presto; pedia el médico por sus trabajos y medicinas el premio, y dábanle de muy buena voluntad la paga en mahíz, que es su trigo, y otras cosas de mantenimiento; dábanle tambien joyas de oro, los que las tenian, para las orejas ó narices ó para los pechos, que llamaban caricuries en una lengua de las de por aquella tierra. Nuestros religiosos afirmaban que nunca vieron persona que aquellos curasen de la dicha manera que muriese; y ésto no es maravilla, que por divina permision aquéllos sanasen por arte y diabólica industria, y así diesen al demonio más crédito y permaneciesen en su ceguedad, porque segun la justicia divina ser alumbrados y salir de su error no merecian: desto hartos ejemplos en otras muchas naciones gentiles antiguas dejamos arriba dichos. Ya tambien queda en algunos capítulos referido, como todas las naciones del mundo antiguas, ántes de la predicacion evangélica, fueron corruptas, así como de la idolatría tambien de querer saber las cosas futuras, para lo cual tenian sus oráculos, donde iban con sus dudas y pregun-

tas, y los demonios se las soltaban y les respondian, y
para los tener más por suyos, tenian grandes industrias
cognosciendo las causas naturales y los efectos que necesariamente por natural discurso procedian, y otras
veces acaso, permitiéndolo Dios, acertaban en lo que les
decian; por la misma manera, estas gentes míseras, por
tantos tiempos dejadas entrar por sus errados caminos,
como de todas las del mundo en la Escritura Santa se
escribe, tuvieron el mismo error comun á todos los hombres, miéntras sin lumbre de fe de Cristo vivieron. Estos,
pues, tenian por oráculo á los dichos Piachas hechiceros,
los cuales, sin duda, debian tener hecho pacto con los
demonios, y aquello debian aprender en los dos años que
conversaban en aquellas escuelas y debajo de la doctrina de aquellos maestros; á éstos consultaban, y con sus
dudas y preguntas iban á ellos de los tiempos ó temporales malos ó buenos, de las lluvias, de las secas, de las
enfermedades y sanidad, de la paz, de la guerra, de los
caminos que querian hacer, del suceso de las cosas, de la
venida de los cristianos, que tenian por más que mortí-
fera pestilencia; á todo lo cual, y de otras cualesquiera
cosas dudosas y futuras, segun que Dios les permitia,
respondian por órden como los preguntantes querian.
Ejemplo desto vieron nuestros religiosos, que como estaban solos, sin cristiano alguno otro en aquella provincia y pueblo de Chiribichi, que llamaron Santa Fé
(donde yo tambien estuve algun dia), deseaban que viniese algun navío; sintiéndoselo los indios, dijeron que
para tal dia vendria un navío y tantos marineros y hombres dentro, y los vestidos que traian, y otras cosas particulares, y así acaeció sin errar en cosa de como lo
habian dicho. Otra cosa denunciaron para creer más difícil: tres meses ántes que acaezcan los eclipses de la
luna, cuando han de suceder, lo dicen, y tiénenlo por
mal agüero, y siempre temen que les ha de venir algun
infortunio y alguna gran miseria ó pérdida; en todo

aquel tiempo andan tristísimos, y con grandes ayunos y tristes cantos y sones la tristeza significan: las mujeres mayormente lloran, las doncellas que son en edad de se casar se sacan sangre, rompiendo las venas de los morcillos de los brazos y piernas con una espina. Toda la comida ó bebida que hallan hecha al tiempo del eclipse, en la mar ó en el raudal de los rios lo echan; abstiénense de cualquiera que sabrosa ó deleitable sea, en tanto que la luna su trabajo padece. Tornando la luna á cobrar su luz, son extraños los saltos, los juegos, los cantos y regocijos que hacen de alegría. Hácenles los Piachas entender que el sol, estando muy enojado, airadamente dió á la luna una gran herida, y que la sana cuando torna en su ser, aplacada su ira. Cuando por mandado del Rey ó Señor que tienen, ó ruego de algun amigo, quieren llamar los demonios que vengan para preguntalles alguna duda ó para otro efecto, de la misma manera que arriba declaramos que en el oráculo de Apolo en la doncella Pithia el demonio se le revestia, en el Piacha lo mismo se le reviste; efectúase de esta manera: Entra de noche el Piacha en un rincon de una casa muy oscuro, apagadas todas las lumbres, y mete consigo algunos mancebos valientes, y á la hora de las diez siéntase en un bajo asiento, los mancebos estando en pié siempre; comienza con palabras, dellas inteligibles y otras confusas, á clamar, tañen ciertas cosas que suenan como si tocasen campanillas, y con sonido triste, cuasi como llorando, con estas palabras al maligno espíritu diciendo: « prororuré, prororuré », la última luenga, repitiéndolas muchas veces, y son palabras como de ruego. Si el demonio tardaba en venir, más ásperamente se angustia y aflige, y si todavía no viene, produce las palabras ó versos que aprendió de los maestros cuando estuvo en aquella escuela, y enojado amenaza al demonio con el rostro tuerto, mandando y forzándole que venga. Cuando sienten que aquel honrado huésped viene, tañen todos los instrumentos que tienen y hacen cuantos estruendos pueden, y el demonio acomete al Piacha, como si un hombre muy feroz á un niño acometiese; dá con él en el suelo, donde padece grandes tormentos, acude luégo el más esforzado mozo de los que para estar presentes fueron admitidos, y él ó aquel por cuyo mando ó ruego el triste del mago Piacha se puso en tanta pena, propone las dudas y preguntas de lo que desean saber. El espíritu inmundo responde á cada cosa por la boca de aquel que tantos dolores padece. Pregunta el mozo tambien qué premio será justo que al Piacha por aquella buena obra se le dé, mahíz, su trigo, comida ó bebida, oro ó joyas, y segun lo que el demonio manda así de su trabajo es satisfecho. Y porque lo que se ha dicho por ejemplo cierto parezca y se crea, quiero de nuevo referir la obra siguiente, puesto que arriba queda ya referida: El principal religioso que, con celo de dilatar la fe católica y traer aquellas gentes á su Criador Jesucristo, pasó á aquella provincia, fué un santo varon llamado fray Pedro de Córdoba, dotado de toda prudencia, doctrina, gracia de predicar señalada, y de otras muchas virtudes que en su persona resplandecieron, y éste fué el que primero trujo y fundó la Orden de Santo Domingo en estas Indias y la sustentó en gran rigor de religion, tornándola con verdad al estado primitivo; este siervo de Dios, estando en el valle de Chiribichi, donde habia edificado con grandes trabajos y penitencias suyos y de los buenos religiosos que allí pasó consigo, queriendo probar y examinar si era verdad lo que de aquellos oráculos y Piachas se decia (porque, segun se certificó por los religiosos, en obra de tres meses, divinalmente más que por su industria, supo y penetró la lengua, que por allí no es poco difícil), puso ciertos muchachos, que tenian en el convento enseñándoles la divina doctrina, por espías, para que cuando el Piacha estuviese en aquella obra lo llamasen. Llamáronlo cuando ya tenia el diablo en el cuerpo el Pythio ó Piacha. El siervo de Dios, armado primero de fe viva, toma otro religioso por compañero, y púsose una estola al cuello, en la mano derecha un vaso de agua bendita con su hisopo, y en la izquierda la cruz de Cristo. Entrado en la casa oscura, manda á los indios que traigan luégo lumbre ó enciendan los tizones que estaban amortiguados, porque siempre tienen fuego, y comienza por estas palabras: «Si eres demonio al que á este hombre atormentas, por la virtud de esta· señal de la cruz de Jesucristo, la cual tú bien conoces y has experimentado muchas veces, te conjuro que de aquí no te vayas sin mi licencia, hasta que primero me respondas á lo que te preguntare». Preguntóle muchas cosas en latin y otras en romance castellano, y tambien creo que en la misma lengua de los indios; el demonio le respondió á cada cosa de las que le preguntó en la lengua del mismo Piacha. Entre otras le mandó que le dijese dónde llevaba las ánimas de aquellos de Chiribichi; primero mintiendo, que es su costumbre, dijo que á ciertos lugares amenos y deleitosos. Mientes, enemigo de la naturaleza humana, dijo el santo; finalmente, constreñido con la virtud de la cruz, confesó la verdad diciendo: «Llévolos á los fuegos eternos, adonde con nosotros padezcan las penas de sus abominables pecados». Mandó el santo á los indios que estaban presentes que por toda la tierra lo publicasen, lo cual hecho, mandóle diciendo: «Sal de este hombre, espíritu inmundo», la cual palabra dicha, se levantó el Piacha como asombrado y ajeno de sí mismo, y así estuvo algunos dias ó tiempo, no pudiendo sino con dificultad tenerse sobre los piés; despues de tornado en sí, acordándose de lo que habia padecido, maldecia al demonio y daba grandes quejas dél porque tanto tiempo le habia el cuerpo atormentado. Todo esto es verdad, y el compañero que llevó el santo varon lo testificó, porque él, segun era varon perfecto y de gran prudencia, humildad y autoridad, ni hombre se lo preguntó, ni él creo que á hombre lo dijo. Todas las cosas que se han en estos dos capítulos referido, de la gente de Cumaná y de Chiribichi, refiere á la letra Pedro Mártir en la octava Década, 8.° y 9.° capítulos.

———

CAPÍTULO CCXLVI.

Y porque tambien Pedro Mártir, en su sétima Década, capítulo 4.º, refiere una maldad y testimonio que le dijeron los que infamar por mil vías estas gentes pretenden, que áun que tengan pecados y miserias del ánima, como infieles, no por eso permite la caridad que de lo que no tienen ó no cometen les condenemos, y en lo que es razon no dejemos de volver por ellos, mostrando que si algunos daños nos hacen no los hacen sin justicia y sin causa, supuesto los que de nosotros reciben, y en algunos casos, como en matar frailes, su ignorancia: Cuenta Pedro Mártir, que ciertos de los muchachos que habian criado los religiosos en su monasterio, en el mismo valle de Chiribichi, juntaron gentes de las vecinas, y, como desagradecidos, destruido el monasterio, mataron los frailes. Destruido fué el monasterio y muertos dos frailes que habia en él, y si hubiera ciento yo no dudo sino que los mataran, pero es gran maldad echar la culpa á los que los religiosos habian criado, puesto que puede haber sido que algunos de los que con los religiosos habian conversado y venian á la doctrina, en la muerte dellos se hobiesen hallado; quien tuvo la culpa y fueron reos de aquel desastre, por lo que aquí diré con verdad, quedará bien claro. Háse aquí de suponer, que los indios de aquella costa ó ribera de la mar tenian muy bien entendido que uno de los achaques, que los españoles tomaban para saltear y captivar las gentes de por allí, era si comian carne humana, y desta fama estaba toda aquella tierra bien certificada, y asombrada, y escandalizada. Salió un pecador llamado Alonso de Hojeda, cuya

costumbre, y pensamientos, y deseos eran saltear y tomar indios para vender por esclavos (no era este Alonso
de Hojeda el antiguo que en esta isla Española y en estas Indias fué muy nombrado, sino un mancebo que áun
que no hobiera nascido no perdiera el mundo nada); éste
digo que salió de la isleta de Cubagua, donde se solian
pescar las perlas, con una ó con dos carabelas y ciertos
cofrades de aquella profesion, él por capitan, para hacer
algun salto de los que acostumbraban, y llegó á Chiribichi, que dista de la dicha isleta 10 leguas, y váse al
monasterio de nuestros religiosos, y allí los religiosos le
recibieron, como solian á los demas, dándoles colacion y
quizá de comer ó de cenar. Hizo llamar el Alonso de Hojeda al señor del pueblo, cacique llamado Maraguay, y
quizá por medio de los religiosos que enviarian algun
indio de sus domésticos que lo llamase, porque el monasterio estaba de una parte de un arroyo y el pueblo
de la otra, que con una piedra echada no con mucha
fuerza llegaban allá. Venido el cacique Maraguay, apartóse con él y un escribano que llevaba consigo, y otro
que iba por Veedor, y quizá más, y pidió prestadas unas
escribanías y un pliego de papel al religioso que tenía
cargo de la casa, el cual, no sabiendo para qué, se lo
dió con toda simplicidad y caridad. Estando así apartados, comienza á hacer informacion y preguntar á Maraguay si habia caribes por aquella tierra, que son comedores de carne humana; como el cacique oyó aquellas
palabras, sabiendo y teniendo ya larga experiencia del
fin que pretendian los españoles, comenzóse á alterar y
alborotar diciendo con enojo: «No hay caribes por aquí,
no», y váse desta manera escandalizado á su casa. El
Hojeda despídese de los religiosos (que por ventura no
supieron de las preguntas hechas á Maraguay nada, ó
quizá lo supieron), y váse á embarcar; partido de aquel
puerto, desembarca cuatro leguas de allí en otro pueblo
de indios, llamado Maracapana, la penúltima luenga,

cuyo señor era harto entendido y esforzado, el cual, con toda su gente, reciben á Hojeda y á sus compañeros como á ángeles. Finge Hojeda que viene á rescatar, que quiere decir conmutar ó comprar mahíz ó trigo y otras cosas, por otras que él llevaba, con las gentes de la sierra tres leguas de allí, que se llamaban Tagáres, la sílaba de en medio luenga. Otro dia pártese Hojeda con los suyos la sierra arriba de los Tagáres; recíbenlos, como solian á todos los españoles, como á hermanos. Trata de compralles ó conmutalles cincuenta cargas de mahíz de indios cargados, y pide que se las lleven cincuenta indios á la mar, y promete de allá pagalles su mahíz y el corretaje; fíanse dél y de su palabra, como, sin les quedar duda de lo que les prometian los españoles, acostumbraban. Llegados á la mar, viérnes temprano, en el pueblo de los indios donde habian desembarcado, echan los cincuenta Tagáres las cargas en el suelo y tiéndense todos como cansados, segun en las tierras calientes suelen hacer; estando asi en el suelo echados los indios, los españoles que los traian y los que en las dos carabelas habian quedado, y que allí para esto los esperaban, cercan los indios descuidados y que esperaban del mahíz y de la traida su paga, echan manos á las espadas y amonéstanles que estén quedos para que los aten, sino que les darán de estocadas; los indios levántanse, y queriendo huir (porque tanto estimaban como la muerte llevarlos los españoles por esclavos) mataron á cuhilladas ciertos dellos, y creo que tomaron á vida, y ataron, y metieron en las carabelas treinta y siete, pocos más y no creo que ménos, si no me he olvidado. Por los heridos que se escaparon, y por mensajeros que el señor de aquel pueblo, que llamaban los españoles Gil Gonzalez, luégo envió, súpolo Maraguay el cacique de Chiribichi donde residian los frailes, y por toda la tierra fué luégo aquella obra tan nefaria publicada, con grandísimo alboroto y escándalo de toda la provincia y de las circunstantes, que, por tener como por prendas rehenes y fiadores á los religiosos, estaban todas de semejantes obras descuidadas. Pues como Maraguay vido que los frailes dieron el papel y escribanía para inquirir si por aquella tierra habia caribes, que era el título que los españoles tomaban para captivar y hacer las gentes libres esclavos, y que los frailes asimismo rescibieron á Hojeda y á sus compañeros con alegría, y los convidaron y los despidieron como á hermanos, y luégo cuatro leguas de allí, en el pueblo de su vecino y quizá pariente Gil Gonzalez, cometió aquella traicion y maldad tan grande, y á los Tagáres con tan indigna cautela, viniendo con tanta simplicidad y seguridad confiándose, haber hecho tan irreparable daño, y el mismo cacique Gil Gonzalez afrentado de que se le hobiese violado la seguridad y comedimiento natural, que se debia del hospedaje á su tierra, pueblo y casa, recibiendo á los españoles como amigos, y viniendo los Tagáres seguros y en confianza, como á tierra y pueblo de señor que no habia de consentir que se les hiciese injuria ni recibiesen agravio; estas consideraciones así representándoseles, y concluyendo que los religiosos que habian recibido y tenian en su tierra les eran contrarios, y allí no debian estar sino por espías de los españoles para cuando lugar tuviesen captivarlos y matarlos, como parecia por lo que habia entónces Hojeda hecho, y otras muchas malas obras, insultos y daños que otros muchos españoles habian hecho por aquella costa arriba y abajo en las tierras y pueblos comarcanos, y desto nunca cesaban, que no habia otro remedio sino hacer venganza ellos de aquel Hojeda, y de aquellos que allí estaban, y Maraguay á la misma hora matase los frailes, y defender que desde adelante ningun hombre de los españoles en toda aquella tierra jamás entrase, y, para lo efectuar, que sería tiempo conveniente el domingo que se seguia, porque aquellos dias solian principalmente salir á tierra de los navios los cristianos. Esta determinacion tendida por

toda la tierra por infinitos mensajeros que se despacharon, que suelen los indios ir volando, concede Maraguay
que así era necesario, y que el domingo él daria buena
cuenta de los frailes. Apercibiéronse todas las gentes
comarcanas para el domingo con sus armas; pero porque
tan gran maldad, segun el juicio divino tenía determinado, se habia de castigar ántes, con su poca vergüenza
y temeridad el Hojeda, con los más de su compañía que
se habian embarcado en las carabelas cuando llevaron
los indios que prendieron el viérnes en la tarde, salió á
tierra el sábado de mañana, y entra en el pueblo con tan
buen semblante, y alegría, y descuido, como si no hobiera hecho nada. El Gil Gonzalez, señor de aquel pueblo, como hombre muy prudente que era y muy recatado, rescibíole asimismo con gran disimulacion y alegré
cara, como solia de ántes, y tratando de dalles de al-
mozar, viendo que si esperara al domingo, como tenian
concertado, no hallara quizá tal lance, la gente que estaba aparejada, della en las casas, della por las florestas
cercanas, dan sobre ellos infinitos indios con grita espantable, y ántes que se revolviesen tenian al Hojeda,
y á los más de su cuadrilla, despachados, y solos unos
pocos que sabian nadar, que se echaron en la mar y hobieron lugar de llegar á los navíos, se escaparon. Toman
sus piraguas los indios, y van á las carabelas y combá-
tenlas de tal manera, que los que en ellas restaban
tomaron por sumo y final remedio huir alzando las velas, y creo que, si no me olvido, no pudieron tomar las
anclas sino cortar los cables ó amarras y dejallas perdidas. Maraguay, como tenía ménos que hacer, por tener como corderos en aprisco encerrados los frailes, no
quiso darse priesa ni cumplir lo que á su cargo era el sábado. El domingo de mañana, estando el uno de los dos
religiosos revestido en el altar para tomar la casulla y
comenzar su misa, y el otro, que era un fraile lego, como
un ángel confesado para comulgar, llaman á la portería;

va éste á abrir á quien llamaba, entra un indio con cierto presentillo, como solian traer, de cosas de comer para los frailes, y así como entró raja, la cabeza al bienaventurado con una hacha que traia so el sobaco. No sintiendo cosa dello el de misa, que estaba en el altar poniendo el espíritu en Dios, aparejándose para celebrar, llega el mismo indio pasito por detras, y hace la misma obra que al otro en la cabeza con la hacha; acude luégo mucha gente y ponen fuego á toda la casa, robando lo que quisieron robar. En otro estado, parece haber tomado á los dos frailes Maraguay, que á Hojeda y sus discípulos Gil Gonzalez. Todo esto es pura verdad, y así sabemos que acaeció porque de los mismos que se escaparon se supo, y á uno dellos recibimos despues en esta isla Española, y dimos el hábito para fraile; y lo de Maraguay aguardar al domingo para el sacrificio de los frailes, creo que se supo de algunos indios que despues lo confesaron; y desde á no muchos dias llegué yo á aquella provincia y pueblos, con cierto recaudo para ayudar á los religiosos en la conversion de aquellas gentes, que todos deseábamos, y hallélo todo perdido y desbaratado, pero supe de frailes y seglares ser lo que tengo dicho público y tenido por verdad averiguada. Agora juzguen los prudentes, y que fueren verdaderos cristianos, si tuvieron justicia y derecho indubitable de matar al Hojeda y á su compaña, y ocasion de sospechar que los frailes les eran espías y enemigos, viéndoles dar papel y escribanía para el título de hacer esclavos, y otros actos de amistad con los españoles siendo de su nacion, y áun asegurándoles los religiosos muchas veces que de los españoles no habian de recibir miéntras ellos allí estuviesen algun mal ó daño. Y aunque aquellos inocentes siervos de Dios padecieron injustamente, y sin duda podemos tener que fueron mártires, pero creo que no les pedirá Dios la muerte dellos por las ya dichas causas solamente. ¡Ay de aquellos que fueron y fuesen causa del escándalo! El

Vicario de aquella casa en esta sazon estaba 10 leguas
de allí, en la isleta de las Perlas con los que allí moraban,
con su compañero ó compañeros; por ventura habia ido
á predicarles: sabida la obra hecha de los que en las carabelas se escaparon, encargó á todo el pueblo de españoles que allí estaba que tomasen todos los navíos que
allí habia, y fuesen á Chiribichi á ver qué habia sido de
los religiosos, pero la gente de toda la tierra, puesta en
armas, defendiéronles la entrada, y finalmente, visto que
todo estaba quemado y asolado, no dudaron de la muerte
de los bienaventurados y así se tornaron. Este religioso,
indignatísimo contra todas aquellas gentes, mirando solamente la muerte de los frailes y la destruccion de la
casa, sin pasar más adelante, con celo falto de la debida
ciencia de que habla San Pablo, fué despues á Castilla,
y en hablar en el Consejo de las Indias contra todos los
indios, sin hacer diferencia, fué muy demasiadamente in-
considerado y temerario; dijo abominaciones de los indios en general, sin sacar alguno, afirmando tener grandes pecados, y dijo dellos muchas infamias segun cuenta
Pedro Mártir. Lo que dello el divino juicio ha juzgado no
podemos alcanzallo, pero al ménos podemos conjeturar
haberlo Dios en esta vida por aquello ásperamente castigado, porque sabemos, que, siendo él en sí buen religioso, segun tal lo cognoscimos, llegando á estado de ser
electo por Obispo y con harta honra y favor sublimado, le
levantaron tantos y tan feos testimonios, que no dijo él
de los indios muchos más, y al cabo el mismo Consejo de
las Indias, ante cuyo acatamiento habia ganado grande
autoridad, le casó la eleccion y sustituyó para Obispo de
la misma iglesia otro en su lugar, y él, recogido en un
lugarejo harto chico que tuvo por patria, vivió muchos
dias y años, solo y fuera de la órden, muy abatido y an-
gustiado, y no sé si en alguna hora de toda su vida se
pudo consolar. Podríamos afirmar con sincera verdad
tener experiencia larga, que ninguno religioso, ni clé-

rigo, ni seglar hizo ni dijo daño y mal contra estos tristes indios, ni en algo los desfavoreció, que la divina justicia en esta vida, cuasi á ojo de todos, no lo castigase, y
por el contrario, ninguno les favoreció, y ayudó, y defendió, que la misma divina bondad en este mundo no lo
favoreciese y galardonase; lo que toca á la otra vida,
como irá á los unos y á los otros, cognoscerlo hemos
cuando apareciéremos ante su juicio divinal. Y esta digresion incidentalmente hicimos por lo que escribió destas gentes de Chiribichi Pedro Mártir, por haber sido
cosa de pocos sabida y en sí muy señalada.

CAPÍTULO CCXLVII.

Tornando al hilo que llevamos en las manos de las costumbres de aquella gente de Paria y las demas de aquella costa abajo, resta decir lo que tenian y hacian en los entierros y sepulturas de los muertos, y con cuanta diligencia algunas ceremonias guardaban. Los cuerpos de los reyes, y señores, y nobles entre ellos, poníanlos extendidos sobre ciertas parrillas hechas de cañas, que allá son muy gruesas, y duras, y macizas, como creo arriba hobimos significado, poniendo fuego de ciertas yerbas, muy manso y suave, debajo, el cual, destilando, consumia toda la humedad gota á gota, y quedaban muy secos y dispuestos para que sin corromperse durasen como si fueran embalsamados; éstos ponian colgados en los rincones y los tenian como dioses de las casas, que los antiguos gentiles llamaban Penates. Los cuerpos que desta manera no secaban (debian ser los que no eran de señores ó personas principales), hacian dentro de sus casas una sepultura, y allí con lloros y plantos los enterraban; pasado un año que lo habian enterrado, convidaban toda la vecindad, más ó ménos segun el estado y autoridad del difunto lo requeria, y traia cada uno de los convidados la comida y bebida, segun podian; llegado, juntos luégo á prima noche, abren la sepultura y sacan los huesos, y luégo, alzando las voces, con alaridos, todos lloran. Siéntanse todos en el suelo al rededor dellos, tomados los piés con sus propias manos, y ponen las cabezas entre sus rodillas, y esto es obra de gran tristeza; extienden despues los piés, levantan las manos y las caras hácia el cielo y dan espantosos

gritos y aullidos: las lágrimas que de los ojos les salen
y la bascosidad de las narices no se la limpian, porque
cuanto más sucios parecen tanto mayores obsequias
creen hacer al difunto. Despues, quemando los huesos,
solamente lo alto del casco de la cabeza guardan, y llé-
valo la más generosa de las mujeres á guardarlo en su
casa como cosa sagrada; esto acabado, son acabadas las
obsequias ó cabo de año, y cada uno de los convidados
se vuelve á su casa. Tienen por cierto que las ánimas de
los hombres son inmortales, y que despues que se mueren van á vivir á ciertas montañas ó florestas, y en cuevas perpetuamente viven donde tienen de comer y beber; dicen que oyen voces de las cuevas, y que son las
ánimas que por allí andan vagando. Ya digimos arriba
cómo tenian en reverencia la cruz, y con ella se abroquelaban y mamparaban contra el diablo. Las gentes de
la costa y todas de por aquella tierra no se halla que
sacrificaban hombres ni tenian otro ningun sacrificio, si
quizá no usaban por sacrificio algunas que no sabemos
ceremonias; tampoco creo que las de la costa comian
carne humana, y si algunos por allí hay es la tierra
dentro. Del pecado nefando, algunos de los nuestros los
han infamado dello, pero yo no sé cómo alguno de los
españoles puede ser testigo de aquella fealdad no habiéndolo visto, y que no lo haya visto parece porque no
hay hombre alguno que cosa deshonesta pueda, por vista
ni por algun indicio suficiente, juzgar de ninguna nacion
destos indios, segun en ello son en lo exterior honestos
y recatados. Toda esta costa de la mar abajo de Venezuela, y Santa Marta, y Cartagena, y el Cenú, y golfo
de Urabá, y á la frontera del Darien, creo ser todas unas,
poco más ó poco ménos, como ya he dicho, las costumbres. En la provincia del Cenú, la última sílaba aguda,
que está la tierra dentro sobre lo que llamamos Cartagena,
cuarenta ó cincuenta leguas, hobo alguna y áun quizá mucha diferencia cuanto á las sepulturas, la razon es porque

aquella provincia era por las naciones propincuas y lejanas el lonsario y comun lugar dedicado para las sepulturas; mandábanse y traíanse allí á enterrar todos los
que algo eran en el Cenú, y con sus cuerpos se ponian
todas sus riquezas y joyas. Las sepulturas eran desta
forma, conviene á saber, un hoyo grande cuadrado, y,
si era de señor ó persona de cualidad, poníanle cierta
madera por encima y la tierra sobre ella, por manera que
la sepultura quedaba toda hueca, y en medio ponian el
cuerpo, y al rededor dél las armas con que peleaban, y
todas sus joyas de oro y cuanto precioso podian haber;
ponian dentro comida y bebida, y hallóse tenaja de agua
en algunas tan clara, como si fuera de rosas sacada dos
dias hobiera por alcatara, pero no osaron los nuestros
della beber. Otras sepulturas abrian, y en las paredes
della hacian concavidades cuanto cupiesen los cuerpos,
y despues henchian toda la sepultura de tierra, por manera que no tocaba en el cuerpo tierra alguna, como arriba de otras se dijo. Esta provincia del Cenú fué tan
nombrada y devota de nuestros españoles, por las riquezas de oro que en las sepulturas habia y dellas sacaron,
como lo era de los indios por el entierro de los cuerpos y
su devocion. Por la tierra dentro hácia los reinos de Popayan, hacian las sepulturas con mayor artificio, porque
eran muy hondas y de bóveda, muy bien labradas, y
siempre la boca ó puerta hácia dónde sale el sol; ponian
en ella muchas ollas llenas de joyas de oro, y de lo más
fino si allí lo alcanzaban, y sus vestidos y armas con
ellos, y mucha comida y bebida tambien. Otras, en otras
partes por aquella tierra, se hacian tan grandes como un
pequeño cerro, y dentro della edificaban una bóveda
muy ensolada de losas, dentro de la cual meten el
cuerpo del difunto lleno de mantas, y con él, despues de
haber emborrachado, las más hermosas de sus mujeres,
con el vino de mahíz y de otras yerbas, y otros algunos
muchachos vivos para su servicio; en la muerte de los

señores en otras partes se tresquilan sus mujeres, y ellas se matan las que eran más queridas. En cierta provincia llamada Tauya, cuando muere algun señor ponen el cuerpo en una hamaca, que como se ha dicho es como á manera de honda, colgada en el aire, y al rededor encienden fuego, y debajo unos hoyos donde caiga lo que se derritiere, despues que el cuerpo está medio seco vienen los deudos y gentes á llorallo con grandes lamentos, y acabados beben asaz de su vino y rezan ciertas oraciones: acabado esto, envuelven el cuerpo en muchas mantas de algodon y métenlo en un ataud, y tiénenlo asi algunos años, y despues que está bien seco lo entierran en sepulturas que hacen en sus mismas casas. En otras provincias, muerto el señor, en los cerros altos hacen muy hondas las sepulturas, despues de hechos muchos lloros meten dentro el cuerpo, envuelto en mucho número de mantas las más ricas que poseia, y á una parte sus armas, y á otra mucha comida, y capaces cántaros de vino, y sus plumajes y joyas de oro, y á los piés echan algunas mujeres vivas, las más hermosas y queridas suyas. En otras, más adelante, despues de envueltos los cuerpos en muchas de las dichas mantas, que son de tres varas de largo y dos de ancho, y en ellas le ponen joyas de oro, revuélvenles despues á los cuerpos una cuerda que hacen de tres ramales, que tiene más de doscientas brazas; las sepulturas comunmente son en cerros altos, y otras dentro de sus casas. En la provincia que llaman Cali, en un valle llamado Lile ó cerca dél, habia un pueblo en medio del cual estaba una gran casa de madera muy alta, redonda, con una puerta en medio della; en lo alto habia cuatro ventanas, por las cuales entraba la luz, cubierta de paja. En lo alto estaba una larga tabla que la atravesaba de una parte á otra, encima de la cual estaban puestos muchos cuerpos de hombres por órden, ó los cueros dellos llenos de ceniza; teníanles hechos los rostros de cera, con sus propias cabezas, de manera que parecian hombres vivos; tenian dardos algunos en las manos, otros lanzas, y otros macanas. En toda la tierra que hasta esta provincia de Cali atras queda, tienen ó tenian sus reyes y señores y gobierno ordenado, y habia inmensa multitud de gentes, las cuales, segun queda manifestado, sin leyes y justicia no pudieran ser gobernadas ni tanto tiempo sustentadas. Hay gentes por allí grandes tratantes y mercaderes, mayormente de sal que llevan de unas partes á otras muy lejanas, de donde traen mucho oro, y algodon, y ropa hecha dél, y otras cosas que por la sal conmutan; tienen y usan de unas como romanas pequeñas y de pesos para la contratacion de su oro. Son grandes comedores de carne humana, segun dicen, de los que tienen por enemigos que prenden en las guerras; del vicio contra natura no son coinquinados, ni se ha oido ni sospechado que en toda la tierra hasta aquí lo haya, segun afirman nuestros cristianos que cerca desto no saben callar nada: tampoco hay memoria de sacrificar hombres, porque como no tengan ídolos, segun arriba se dijo, ni templos, ni sacrificios, sino alguna manera de incienso quemar, no sabemos á quién, sólo se ha en alguna parte hallado. A las gentes de allí se siguen otras que son muchas, llamados Pastos; ni comen carne humana, ni ofrecen sacrificio de hombres, ni por memoria se siente cosa en ellos que huela el pecado nefando. Y porque destas provincias no tenemos mucha noticia más de la dicha, que es cuasi general, y es bien ahorrar tiempo y pasar á lo que es más, de aquí adelante, placiendo á Dios, trataremos de la gobernacion que tenian las del Perú, que comienza desde la dicha provincia de Pasto.

FIN DEL QUINTO Y ÚLTIMO TOMO.

ÍNDICE.

—

APÉNDICE.

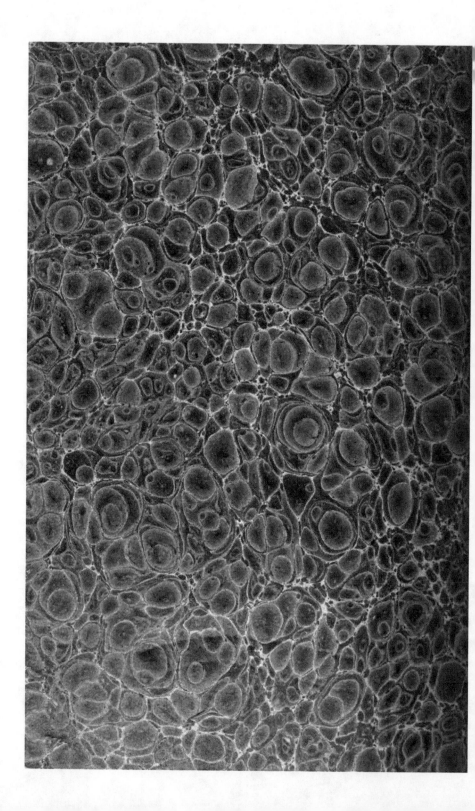

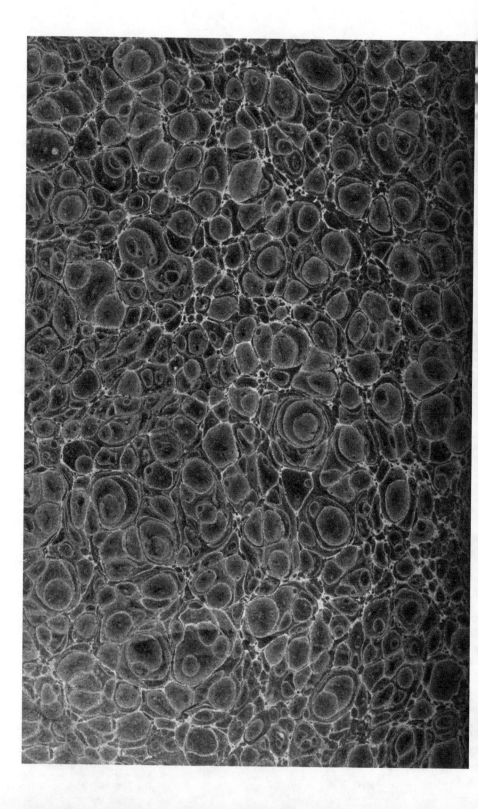

CPSIA information can be obtained
at www.ICGtesting.com
Printed in the USA
LVHW051020100723
752005LV00003B/17